Für meine Mutter

Und solang du das nicht hast,
Dieses: Stirb und Werde!
Bist du nur ein trüber Gast
Auf der dunklen Erde.

Goethe: Westöstlicher Divan, *Selige Sehnsucht*

Bibliographische Information der Deutschen Bibliothek:
Die Deutsche Bibliothek verzeichnet diese Publikation in der
Deutschen Nationalbibliographie; bibliographische Daten sind im
Internet über http//dnb.ddb.de abrufbar.

Copyright © 2008 Hanskarl Kölsch
www.hk-koelsch.de
Titelgestaltung: H. Weidner
Autorenfoto: R. Rode

Herstellung und Verlag:
Books on Demand GmbH, Norderstedt
ISBN: 978-3-8370-6470-4

Hanskarl Kölsch

Ovid: *Die Metamorphosen*

Zitate orientieren sich an:
zweisprachige Ausgabe von Erich Rösch
Heimeran Verlag München, 1952

Publius Ovidius Naso

Inhalt

OVID	11
Ovid – sein Leben und seine Zeit	13
Ovids Werke	15
Amores (Liebesgedichte)	15
Heroides (Heroinen)	17
Ars amatoria (Liebeskunst)	19
Remedia Amoris (Heilmittel gegen die Liebe)	21
Fasti (Jahreskalender)	23
Die Verbannung	25
Tristium libri (Bücher/Gedichte gegen Trübsal)	27
Epistula ex ponto (Briefe vom Schwarzen Meer)	28
Ibis - *eine Schmähschrift*	29
Metamorphoseon libri	31
Versmaß	34
I. PENTADE	37
1. BUCH	40
Proömium (Prolog) – Vers 1 bis 4	40
Schöpfung: vom Chaos zum Kosmos (1 ff.)	43
Die vier Weltzeitalter (89 ff.)	45
Gigantomachie (151 ff.)	45
Götterversammlung (161 ff.)	46
Die große Flut (253 ff.)	47
Deucalion und Pyrrha (254 ff.)	47
Orakel der Themis (367 ff.)	48
Das neue Menschengeschlecht (384 ff.)	48
Python (416 ff.)	49
Apollo und Daphne (452 ff.)	49
Jupiter und Io (568 ff.)	53
2. BUCH	57
Der Palast des Sonnengottes (1 ff.)	57
Phaetons Fahrt mit dem Sonnenwagen (150 ff.)	58

Weltenbrand (304 ff.)	59
Die Heliaden (340 ff.)	59
Cygnus (367 ff.)	59
Helios (381 ff.)	60
Ironie der Phaetongeschichte	60
Jupiter und Callisto (401 ff.)	61
Callistos Schicksal – Frauenschicksal in Rom	66
„Index"-Geschichten (531-832)	67
Apollo und Coronis (596 ff.)	67
Chiron und seine Tochter (633 ff.)	69
Battus (676 ff.)	71
Mercur und Herse (708 ff.)	71
Aglaurus – Invidia (730 ff.)	73
Ironie der Indexgeschichten	74
Zeus und Europa (833 ff.)	75
3. B U C H	77
Der Drachenkampf (28 ff.)	78
Actaeon (138 ff.)	79
Jupiter und Semele (253 ff.)	80
Einschub: Tiresias-Geschichte (316 ff.)	81
Narzissus und Echo (339 ff.)	82
Ironie	86
4. B U C H	87
Menschliche Schuld und Einsicht	87
Die Geschichten der drei Minyas-Töchter	89
1. Tochter: *Pyramus und Thisbe* (5 ff.)	89
2. Tochter: *Mars und Venus* (167 ff.)	93
3. Tochter: *Salmacis und Hermaphroditus* (271 ff.)	97
Antike Ästhetik	99
Die Verwandlung der Minyas-Töchter (389 ff.)	99
Athamas und Ino (416 ff.)	100
Cadmus und Harmonia (563 ff.)	101
Perseus (604 ff.)	102
Der Flug des Perseus um die Erde (615 ff.)	103
Das Haupt der Medusa (772 ff.)	104

5. BUCH	105
Phineus auf der Perseus-Hochzeit (1 ff.)	107
Die Heimkehr des Perseus (236 ff.)	109
Pallas Minerva/Athene bei den Musen (250 ff.)	109
„Die Puppe in der Puppe"	111
Die Muse erzählt ... (269 ff.)	113
II. PENTADE	121
Übergang von Göttern zu Heroen	124
6. BUCH	125
Arachne (1 ff.)	125
Niobe (146 ff.)	127
Die lykischen Bauern (313 ff.)	129
Marsyas (382 ff.)	131
Pelops (401 ff.)	132
Procne und Philomene (412 ff.)	133
Orithya und Boreas (675 ff.)	137
7. BUCH	139
Die Rahmenhandlung der 2. Pentade	139
Medea und Jason in Kolchis:	143
Das Goldene Vlies (1 ff.)	143
Die *THESEIS* (Theseus-Handlung)	151
8. BUCH	163
Scylla und Nisus (1 ff.)	163
Labyrinth in Kreta. Krone Ariadnes (152 ff.)	165
Daedalus und Ikarus (183 ff.)	166
Kalydonische Eberjagd (260 ff.)	169
Theseus bei Flussgott Achelous (547 ff.)	174
Metamorphose von Perimele (590 ff.)	175
Metamorphose Philemon und Baucis (616 ff.)	176
Verwandlungsgott Proteus (728 ff.)	178
Erysichthon und seine Tochter Mestra (738 ff.)	179
9. BUCH	181
Die *HERCULEIS* (Hercules-Handlung)	181
Zweikampf Achelous und Hercules (8 ff.)	181
Nessus (98 ff.)	185

Metamorphose des Lichas (211 ff.)	187
Der Tod des Hercules (229 ff.)	188
Geburt des Hercules (273 ff.)	191
Metamorphose der Dryope (324 ff.)	192
Verjüngung von Iolaos (394 ff.)	193
Ende der Verjüngungen (394 ff.)	194
Byblis (454 ff.)	197
Iphis (666 ff.)	201
10. B U C H	205
Die *ORPHEIS* (Orpheus-Handlung)	205
Hochzeit – Besuch der Unterwelt (1 ff.)	207
Zweiter Verlust Euridices (11 ff.)	209
Apollo und Cyparissus (106 ff.)	210
Die Lieder des Orpheus (143 ff.)	211
Ganymed und Jupiter (155 ff.)	212
Hyacinthus und Apollo (162 ff.)	213
Cerasten und Propoetiden (217 ff.)	214
Pygmalion (243 ff.)	215
Myrrha (298 ff.)	219
Venus und Adonis (519 ff.)	223
Hippomenes und Atalanta (560 ff.)	224
III. P E N T A D E	229
11. B U C H	233
Der Tod des Orpheus (1 ff.)	233
Bestrafung der Bacchantinnen (67 ff.)	235
Midas und das Gold (85 ff.)	236
Wettstreit von Pan und Apollo (146 ff.)	237
Trojas Mauern (194 ff.)	238
Die Peleus-Handlung (221-409)	239
Peleus und Thetis (221 ff.)	239
Peleus bei Ceyx (266-406)	240
Daedalion und Chione (291 ff.)	241
Ceyx und Alcyone (410 ff.)	243
Priamos-Sohn Aesacus (749 ff.)	247
Überleitung zum historischen Troja	249

Troja – vom Mythos in die Historie	253
12. BUCH	257
Die Griechen in Aulis (1 ff.)	259
Das Haus der FAMA (39 ff.)	260
Achills Zweikampf mit Cygnus (72 ff.)	266
Gelage im Zelt des Achilles (146-579)	269
Caenis und Caenus (182 ff.)	270
Der Trojanische Krieg als Saalschlacht	271
Kampf der Lapithen und Centauren (210-535)	272
Centaurenliebe (393 ff.)	277
Nestors Aristie (439 ff.)	278
Der Tod des Caeneus (459 ff.)	279
Hercules und Perclymenus (536 ff.)	280
Tod des Achilles (580)	282
Ovids Sicht des Krieges	283
13. BUCH	287
Der Waffenstreit (1-398)	287
Rede des Ajax (1 ff.)	289
Rede des Ulixes (125 ff.)	293
Die Entscheidung (382 ff.)	308
Objektivität der Überlieferung	308
Selbstmord des Aiax (384)	309
Trojas Ende (399 ff.)	310
Schicksal der Troerinnen: Hecuba (422 ff.)	313
Aurora und Memnon (576 ff.)	315
Ovids Trojanischer Krieg	316
Aeneas bei *Homer* und *Vergil* und *Ovid*	317
Orakelfahrten bei *Vergil* und *Ovid*	323
Ovids Pazifismus	326
Scylla (730 ff.)	328
Acis und Polyphem (750 ff.)	329
Scylla und Glaucus (898 ff. bis XIV, 74)	331
14. BUCH	335
Übergang vom 13. Ins 14. Buch	335
Glaucus und Circe (1 ff.)	337

Dido und Aeneas (78 ff.)	339
Sibylle von Cumae: Der Orkus (101 ff.)	341
Alte Gefährten: Irrfahrtengeschichten (158 ff.)	346
Circe: Picus und Canens (440 ff.)	351
Ovid und der Mythos	354
Vergils Seelenwanderung – Ovids Nachwelt	355
Aeneas erreicht Latium (441 ff.)	357
Der Tod des Turnus (566 ff.)	363
Die Apotheose des Aeneas (581 ff.)	363
Pomona und Vertumnus (622 ff.)	367
Gründung Roms – Sabinerinnen (772 ff.)	373
Apotheose des Romulus (805 ff.)	375
Ovids „Aeneis"	378
15. B U C H	379
Gründung von Croton (1 ff.)	379
Pythagoras (60 bis 478)	381
Lehre vom Wandel (143 ff.)	383
Pseudowissenschaft (361 ff.)	389
Aufstieg und Untergang von Macht (420 ff.)	393
Mythologie und Naturwissenschaft	397
Vision vom Untergang des Römischen Reiches	401
Numas Friedensherrschaft (479 ff.)	403
Egeria: Schicksal des Hippolytus (497 ff.)	405
Kult und Saklarwesen (552 ff.)	407
Aesculap (626 ff.)	409
Das historische Rom	413
Caesar (745 ff.)	415
Caesars Verstirnung – Augustus (807 ff.)	417
Caesar/Augustus – Saturn/Jupiter (850 ff.)	418
Die Huldigung an Augustus (861 ff.)	420
Der Schluss (871-879)	421

Publius Ovidius Naso

OVID

Die Tat ist alles, nichts der Ruhm[1] – Seit Cheops um 3.000 v.Chr. eine Pyramide für sich errichten ließ, gilt diese als das größte der sieben Weltwunder; über den Pharao selbst ist fast nichts bekannt geblieben. Auch von dem Dichter, der um 700 v. Chr. die ersten literarischen Kunstwerke schuf, *Die Ilias* und *Die Odyssee*, ist nur der Name bekannt: Homer; mindestens acht kleinasiatische Städte streiten um seinen Geburtsort – Person und Leben bleiben ein Rätsel. Zwischen diesen beiden Schöpfern unsterblicher „Taten" und uns liegen Jahrtausende. Aber auch von William Shakespeare, dem größten aller neuzeitlichen Theaterdichter, ist weit weniger bekannt, als seine Biographen glauben machen wollen: seine Londoner Jahre, in denen er 38 Dramen schrieb, die nach 400 Jahren noch zur Hauptattraktion der Theaterspielpläne der Welt gehören, liegen in totalem Dunkel – auch wenn das 19. Jahrhundert eifrig versuchte, den Menschen aus seinem Werk zu enträtseln – auch trotz aller spannenden Romane über die geheimnisvolle Dark Lady seiner Sonette. „Wissen" wir wirklich, was für ein Mensch Mozart gewesen ist? *Die Tat ist alles, nichts der Ruhm.* Der *Ruhm* preist nur den Menschen; in der *Tat* überlebt seine Leistung, die auch in späteren Epochen eine zeitgemäße Botschaft künden kann.

Die *Metamorphosen* beginnen mit der großartigsten aller Verwandlungen: mit der Schöpfung. Nach fast 12.000 Versen gipfeln sie in einer übersinnlichen Metamorphose des Dichters in sein Buch, das ihn überleben wird – *vivam* –

---

[1] Goethe, *Faust II*, Vers 10.188

Publius Ovidius Naso

Von **Publius Ovidius Naso**, einem Klassiker der lateinischen Literatur, wissen wir das Geburtsjahr 43 v.Chr., das Todesjahr ist „ungefähr" 17 n.Chr. Wir besitzen sein gesamtes Opus und haben doch keine Vorstellung von dem Menschen Ovid. Die verbreitete Auffassung, über seine Persönlichkeit sei mehr bekannt als von den anderen Dichtern im „Goldenen Zeitalter" römischer Literatur,[2] gründet auf einem Irrtum: der Dichter, der in seinen Werken häufig „ich" sagt, spielt dabei immer eine „Rolle": wo er über biographische Daten hinausgeht, gibt er nichts Preis von seinem wirklichen „Ich".

Der tragische Moment seiner Biographie, die Verbannung des Fünfzigjährigen aus Rom an das Ende der römischen Welt am Schwarzen Meer, liefert Historikern und Altphilologen immer noch Anlass zu Spekulationen; konkret überliefert und bewiesen ist nichts. Auch das „ich" des Verbannten in den *Tristien*[3] ist eher politisch opportunistisch als psychologisch zu interpretieren.[4]

---

2 *Goldenes Zeitalter* der römischen/lateinischen Literatur: Cicero (106-43), Lukrez (97-55), Catull (84-54), Vergil (70-19), Horaz (65-8), Livius (59-17), Tibull (48-19), Properz (50-16), Ovidius (43 v.Chr-17 n.Chr.).
Silbernes Zeitalter: Dichter des 1. Jh. n.Chr.: Seneca, Lukan, Juvenal, Martial, Plinius d.J. und d.Ä., Tacitus.
3 *Tristien*. 5 Bücher „*Gedichte der Trübsal*". Elegien mit Briefcharakter, entstanden zwischen 8 und 12 n. Chr.
4 Siehe Kapitel „Die Verbannung".

Ovid – sein Leben und seine Zeit

Am 20. März des Jahres 43 v.Chr. wurde Publius Ovidius Naso in Sulmo (dem heutigen Sulmona) in der Nähe von Rom geboren – fast genau ein Jahr nach der Ermordung Caesars an den Iden des März 44 v. Chr. Er stammte aus einer wohlhabenden Adelsfamilie und wurde wie die Söhne aller einflussreichen Familien in Rom zum Studium der Rhetorik und Rechtswissenschaft bestimmt, um als Beamter oder Anwalt Karriere zu machen.

Gerade kündigte sich *das Goldene Augusteische Zeitalter*[5] an. Octavian hatte im Jahre 31 v.Chr. in der Seeschlacht bei Aktium die Flotte von Antonius und Kleopatra besiegt, Ägypten erobert, und war später als Alleinherrscher im Triumphzug nach Rom zurückgekehrt; zwei Jahre später ernannte er sich zum „Augustus".[6]

Das Goldene Zeitalter der lateinischen Dichtung begann. Properz und Tibull veröffentlichten Elegien,[7] Horaz den 1. Band Satiren, Vergil die Eklogen[8] …

---

5 *Augusteisches Zeitalter*: Bezeichnung für die Ära, in der Kaiser Augustus (Octavian) in Rom regierte (27 v.Chr. - 14 n.Chr.). In Spanien, Asien, Dalmatien, Gallien wurden die Grenzen des Römischen Reiches stabilisiert und in Rom eine moderne Verwaltung aufgebaut. Das führte zu Wohlstand, Stabilität und äußerem Frieden, der Voraussetzung für die kulturelle Blüte der Epoche.
6 *augustus* lat.: hochheilig, ehrwürdig, erhaben, ehrfurchtsvoll.
7 *Elegie* griech: Klagelied; wehmütig resignierendes Gedicht. In Deutschland von Klopstock als epische Form etabliert; Goethe (*Römische Elegien*), Schiller (*Das Ideal und das Leben*), Hölderlin (*Menons Klage um Diotima*), Rilke (*Duineser* Elegien), Ingeborg Bachmann.
8 *Eklogen*: Hirtengedichte.

Ovid: sein Leben und seine Zeit

Schon als Achtzehnjähriger feierte Ovid bemerkenswerte Erfolge mit ersten Gedichten und begab sich nach dem Tod des Vaters auf Studienreisen nach Griechenland und Kleinasien. Nach kurzem beruflichem Gastspiel in niederen Ämtern verzichtete er mit 23 Jahren auf eine Zukunft im gehobenen Staatsdienst und wandte sich ganz der Dichtung zu. Es war Vergils Todesjahr.

Als wohlhabender Erbe einer Ritterfamilie konnte er in der römischen Gesellschaft ein sorgenfreies und extravagantes Leben führen. In den folgenden zehn Jahren veröffentlichte er seine *Amores* (Liebesgedichte) und *Heroides*[9].

Nach dem Tod von Horaz (8 v.Chr.) wurde Ovid populärster Autor Roms. Er publizierte über die Zeitenwende **Ars amatoria** (Liebeskunst), **Remedia amoris** (Heilmittel gegen Liebe) und begann die **Metamorphosen** (Verwandlungen) und **Fasti** (ein römischer Festkalender). Die Arbeit an diesem auf 12 Bücher projektierten Jahreskalender bricht ab mit der Verbannung aus Rom.

Im Exil entstanden die **Tristium libri** (Gedichte der Trübsal), die Ovid regelmäßig an Freunde in Rom schickte; der eigentliche „Adressat" war Augustus. Aber auch die konkreten Bitten um Begnadigung, die *Epistulae ex Ponto* (Briefe vom Schwarzen Meer), blieben erfolglos.

Ovid starb drei Jahre nach Augustus etwa 17 n. Chr. an seinem Verbannungsort als Ehrenbürger der Stadt.

---

9 *Heroides*: Heroinen, Frauen der mythischen Vorzeit, klagen in fiktiven Briefen an ihre fernen Geliebten ihr Liebesleid.

Ovids Werke

Amores (Liebesgedichte)

Erste Klagegedichte der Liebe (Elegien) stammen von Catull.[10] Von Tibull[11] kam die Wehmut hinzu. Den entscheidenden Einfluss auf Ovid brachten die Elegien von Properz.[12] Für Catull, Tibull und Properz bildete das persönliche Erleben die Triebkraft ihrer Klagelieder über untreue Frauen und unerfüllte Liebe; es waren emotionale Äußerungen ihres privaten Liebeslebens. Bei Ovid dagegen scheint nichts persönlich erlebt oder erlitten zu sein. Er bedient sich der elegischen Motive (Untreue, Eifersucht, Kuppelei, Leidenschaft, Melancholie) und gestaltet mit ihnen fiktive augenblickliche und fortdauernde Liebesschicksale. Während Catulls Lesbia, Tibulls Delia und die Cynthia bei Properz zwei unter Pseudonym besungene Frauen aus Fleisch und Blut sind, ist Ovids „Geliebte" Corinna ein Phantasieprodukt. Er beraubt die Elegie des persönlichen Erleidens und erhebt sie zur reinen Kunstform.

---

10 *Catull* (um 84 bis ca. 54 v.Chr.); Liebes- und Hassgedichte an eine gewisse Lesbia. In politischen Schriften wandte er sich gegen Julius Caesar. Er wurde nur etwa 30 Jahre alt. Sein Einfluss reicht von den Liebesdichtungen von Ovid und Horaz bis zu den Odendichtungen der Renaissance.
11 *Tibull*: (um 48 bis 19 v. Chr.); der letzte der ihm zugeschriebenen Gedichtbände enthält Liebesgedichte, die von einer zeitgenössischen Dichterin Sulpicia verfasst wurden; es sind dies die einzigen erhaltenen Gedichte einer römischen Frau.
12 *Properz*: (um 50 bis ca. 16 v. Chr.); seine Liebes(klage)Elegien wenden sich an seine untreue Mätresse Cynthia und schwanken zwischen enthusiastischen Liebesbeteuerungen und depressiver Resignation. Wie die anderen gehörte er zu dem Dichterkreis um den sprichwörtlichen Maecenas.

Ironisch lästernd, raffiniert witzig und frech frivol parodiert Ovid das Typische der Liebeselegie: die Klage des Liebhabers über die Erfolglosigkeit seines erotischen Werbens um eine untreue Hetäre – und führt die Gattung damit ad absurdum. Dennoch bleiben die Gesetze der Elegie in allen Dichtungen Ovids bestehen – bis der elegisch Klagende Ovid zum in der Verbannung Verzweifelten wird.

In den *Amores* zeigt die Anordnung der Gedichte eine thematische Steigerung – einige paarweise, einige gegensätzlich – man könnte alle auch als fortlaufende Liebesgeschichte lesen. Im Verlauf der Sammlung lockert sich das Verhältnis zwischen Dichter und Thema spürbar: der anfänglich dominierenden Werbethematik im ersten Band folgen im zweiten leichtlebige Liebeleien und realistische Grobheiten; sogar zwei Gedichte über Abtreibungen (13 und 14). Das dritte Buch macht dann deutlich, dass der Dichter die Elegiedichtung ausgeschöpft hat: Die Themen erweitern sich, der Kontakt zur Geliebten ist nicht mehr unbedingt körperlich; sie kann weit entfernt sein. Schließlich findet sich mitten unter den Liebeselegien eine Klage ganz anderer Art: der ergreifende Nachruf auf den Tod von Tibull. Es ist das erste Beispiel einer erschütterten Äußerung über den Tod eines Künstlers.[13]

---

[13] **Bruckner** erhielt die Nachricht vom Tod Richard Wagner während der Komposition der 7. Symphonie und fügte das Liebes-Todes-Thema aus *Tristan und Isolde* im 2. Satz ein. – **Thomas Mann** erfuhr während der Arbeit an *Tod in Venedig* vom Tod Gustav Mahlers und verlieh der Hauptfigur der Erzählung dessen Züge. –
Goethe *Faust II*, 9.903: Der Tod von Euphorion erhält Züge von Lord Byron, der gerade im griechischen Freiheitskampf verstorben war. (zu Eckermann, 5. Juli 1827).

Heroides

Heroides (Heroinen)

In fiktiven Briefen klagen mythologische Frauen fernen Geliebten ihr Liebesleid: Penelope schreibt an Odysseus, Briseis[14] an Achilles, Phaidra[15] an Hippolytos, Dido[16] an Aeneas, Hermione[17] an Orestes, Deianeira[18] an Herakles, Ariadne[19] an Theseus, Medea[20] an Iason, die historische griechische Dichterin Sappho[21] an Phaon. Später verfasste Ovid noch weitere Briefpaare, u.a. Helena an Paris.

---

14 *Briseis* wird in Homers *Ilias* dem Achill als Ehrenjungfrau zugewiesen und ihm von Agamemnon streitig gemacht.
15 *Phaidra*: liebt ihren Stiefsohn Hippolytos; als er sie keusch zurückweist, klagt sie ihn der Vergewaltigung an.
16 *Dido*, Königin von Karthago, verliebt sich in Aeneas; er verlässt sie wegen seiner mythischen Aufgabe der Gründung Italiens.
17 *Hermione*: Tochter von Helena und Menelaos; wird mit Orest (Sohn von Agamemnon, Mörder seiner Mutter Klytaimnestra) verlobt, muss aber Neoptolemos (Sohn Achills) heiraten.
18 *Deianeira*: Gattin des Herakles. Als sie dessen Untreue vermutet, schickt sie ihm ein Gewand, an dem er verbrennt.
19 *Ariadne*: Tochter von König Minos auf Kreta; gibt Theseus einen (Ariadne-)Faden, um aus dem Labyrinth des Minotaurus heraus zu finden; auf der Flucht verlässt er sie.
20 *Medea*: Königstochter in Kolchis (Krim); verliebt sich in den Argonauten Jason und hilft ihm mit magischen Fähigkeiten, das Goldene Vlies (Widderfell) zu entführen. In Korinth verstößt Jason Medea und heiratet die dortige Königstochter. Aus Rache tötet sie ihre gemeinsamen Kinder.
21 *Sappho*: (um 600 v.Chr.); bedeutendste Lyrikerin der Antike; versammelte zum Aphrodite-Kult junge Mädchen im heiratsfähigen Alter auf Lesbos und unterwies sie in Poesie, Musik, Gesang und Tanz. („Lesbische Liebe"). Sie verfasste neun Bände mit Oden, Hochzeitsgedichten, Elegien und Hymnen, in denen sie die Ideale einer Kultur der Frauen im Dienst der Musen preist. - Nach Ovid stürzt sie sich aus Kummer über ihre unerfüllte Liebe zu dem Jüngling Phaon von einem Felsen ins Meer

Heroides

Für die Heroinen-Briefe typisch ist Ovids Stil, jedes einzelne poetische Stück als ein abgeschlossenes Kunstwerk zu gestalten. Es entstehen höchst differenzierte Charakterbilder und komplizierte psychologisch durchleuchtete Liebesleid-Geschichten.

Die vielfältig variierbaren Themen der Elegie werden meisterhaft ausgeschöpft: Eifersucht, Trennung, Treue, Betrug, Naivität, Raserei, (romantische) Todessehnsucht.

Für diese gesteigerten Gefühle bietet die Briefform alle Möglichkeiten einer subtilen Intimität. Indem Frauen, deren Schicksale aus der Mythologie bekannt sind, einen ganz bestimmten Augenblick ihres Lebens beschreiben, entsteht eine irisierende Spannung zwischen den Briefschreiberinnen und dem Leser, der von dem tragischen Widerspruch zwischen aktuellen Emotionen der Betroffenen und der aus der Mythologie bekannten „Biographie" fasziniert wird. Ovid spielt ein raffiniertes Spiel mit dem begrenzten Wissen seiner Gestalten und der überlegenen Kenntnis des Publikums.

Ars amatoria (Liebeskunst)

Liebeskunst verlangt (1. Buch, 35): *Zuerst suche zu finden, was du zum Lieben erwählest, trittst du als neuer Soldat unter Cupidos Gewehr. Danach ist das zweite Geschäft (labor: Arbeit), die Erkorene dir zu gewinnen. Das dritte soll sein, dass lange daure der zärtliche Bund.*

Pragmatisch erfährt der Liebhaber sogar Anweisungen zur Körperpflege (1, 505 f.), und im dritten Buch folgen entsprechende Ratschläge für die Frau: sie solle Schmuck anlegen und sich schön machen: *Pflegst du die Trauben, sprudelt der Wein* (3, 101 f.). Werbung darf nie aufhören (2, 297): *Trägt sie Purpurgewand, so preise die Purpurgewänder. / Trägt sie ein koisches Kleid, so rühme das koische Zeug. / Prangt sie in Goldbrokat, so sage, sie sei dir teurer als Gold. / Geht sie in zottigem Flausch, lobe den zottigen Flausch. / ...Tanzt sie, bewundere den Arm, und singt sie, bewundere die Stimme. ...Doch hüte dich, dass bei solchen Worten du nicht als Heuchler erscheinst, / oder gar dein Blick dich Lügen straft. ...Auf ewige Zeit raubt es mit Recht das Vertrauen.*

In der Ansammlung und Reihung von Appellen entsteht nie die Atmosphäre trockener Belehrung. Ovid zeichnet seine Kunst des Werbens in witziger und ironischer Leichtigkeit. Die scheinbar unendliche Vielfalt von Bildern, Analogien und Ideen verhindert eine eintönige Aufzählung der Erfolg versprechenden Verhaltensweisen des Liebhabers und der Liebhaberin. Verbindungen zur Mythologie blitzen kurz auf und werden durch Parallelen mit der Realität des römischen Alltags im Augusteischen Zeitalter zu konkreten hilfreichen Erfahrungen und Belehrungen gestaltet. Anzügliche Frivolitäten sind verdeckt unter einem Schleier von Spott.

Ars amatoria

Skandalös und empörend, wie es die Literatur bisher nicht kannte, beruft sich die *Ars amatoria* auf die Tradition der Liebeselegie und unterläuft so die bigotte Moral des augusteischen Rom. Gefährlich bleibt aber, dass Ovid nicht wie seine Vorgänger eigenes Erleben poetisch gestaltet, sondern *Regeln* eines *Werbens mit allen Mitteln* als objektivierte Verhaltensweise empfiehlt. Das Verhältnis von Dichter und Werk hat sich umgekehrt: nicht die persönliche Befindlichkeit des Dichters sucht Ausdruck in der Kunst, sondern die Kunstform dient dem Dichter als Mittel, Allgemeingültiges zu formulieren.

Von früheren freizügigen Anleitungen zur Liebe wie dem indischen *Kamasutra* unterscheidet sich Ovid *Ars amatoria* essentiell: sie ist keine Einführung in die „Technik" der Liebe, sondern in ihre „Kunst"; nicht Anatomie, sondern Psychologie; nicht Sexualität, sondern Erotik. Und als echtem Römer geht es Ovid immer auch darum, den Einzelnen nicht als unabhängiges Individuum zu verstehen, sondern als kultiviertes, verantwortliches Glied der Republik. Liebe ist kein privates Phänomen, sondern Voraussetzung für eine humane Gesellschaft. Deshalb kann man die „Liebeskunst" nicht als eine anonyme Anleitung verstehen; sie repräsentiert immer auch den Dichter, der sich verantwortlich als „Lehrer" einbringt. Seine „Lehre" ist die Lehre der römischen Kultur: ein zivilisierter, mit Geist und Kunst erfüllter, der politischen und gesellschaftlichen Realität zugewandter, staatlicher Organismus. Die Verfeinerung dieser Kultur liegt für den gebildeten Römer in den Möglichkeiten einer „Kunst der Liebe".

Remedia Amoris (Heilmittel gegen die Liebe)
Die „Liebesmedizin" ist kein Heilmittel für die Liebe, sondern eins gegen Sichverlieben. Scheinheilig wehrt sich der Dichter damit gegen die heftige Kritik an der *Ars* (361): „Unlängst haben gewisse Leute mich schrecklich verrissen, ihrer gestrengen Zensur schien meine Muse zu frech. Aber solange die ganze Welt mich liest mit Vergnügen, gönn' ich den Leuten den Spaß, feinde mich an, wer da will."

Angriffe kamen aus dem konservativen Lager, das durch die sittenstrenge Gesetzgebung des Augustus[22] so einflussreich war wie die Puritaner der Shakespearezeit. Sechs Jahre später musste Ovid ins Exil ans Schwarze Meer, und in seinen Briefen aus der Verbannung vermutet er, der Kaiser habe durch die locker frivole Kunst seines Ersten Dichters die sittliche Erneuerung des Staates, die Besinnung auf „alte Römertugenden", karikiert gesehen. Denn die *Ars* war in einer politisch misslichen Zeit erschienen: Wohlstand und die äußere Sicherheit begannen zu wanken, Getreideknappheit, steigende Steuern, Feuersbrünste in der Stadt, Aufständen in Germanien. (Die Schlacht im Teutoburger Wald 9 n.Chr. war eine Folge dieser Entwicklung). Und vor allem: die Herrschernachfolge war nicht gesichert.[23]

---

22 Die Ehegesetze stellten Ehebruch verheirateter Frauen sowie Verführung einer Römerin unter Strafe. Verhandelt wurde vor einem Schwurgerichtshof, die Strafe reichte bis zur Verbannung. Umgekehrt wurden Senatoren- und Ritterstand mit Privilegien zu Heirat und Kinderzeugung motiviert.

23 Augustus war dreimal verheiratet: die erste Ehe blieb kinderlos; aus der zweiten stammte seine Tochter Julia; seine dritte Frau Livia brachte zwei Söhne mit in die Ehe. Um die Nachfolge zu sichern, adoptierte Augustus 4 n.Chr. seinen Stiefsohn Tiberius.

Remedia amoris

Der Künstler Ovid spürt die Krise und ist so hochmütig, mit dem neuen Werk seine Feinde in eine Falle zu locken: die *Remedia* sind nur scheinbar das bußfertige Gegenstück zur *Ars*. Das Thema ist das gleiche geblieben: „die Liebe". Auch Stil und Wortwahl sind geradezu identisch. „Heilmittel gegen die Liebe" sind in Wirklichkeit eine Fortsetzung der „Kunst der Liebe": sie beschreiben ihr Ziel so offenherzig wie die *Ars* – nur von der Kehrseite. Witzig und ironisch frivol werden „Heilmittel" gegen Verlieben angeboten, aber in dem hoffnungslosen Versuch, der Liebe zu entgehen, spiegelt sich nichts anderes als deren Allmacht. Was vorgibt, die erotische freie Liebe aus dem Leben verbannen zu wollen, ist in Wirklichkeit ein glanzvoller Lobpreis der Unbesiegbarkeit des alles beherrschenden Lebensprinzips: „Amor".

Remedia täuscht vor, die Liebe theoretisch analysieren zu wollen, aber sie wird realistisch bewertet durch ironisierte sinnbildliche Szenen aus dem (moralisch) „gesunden" Landleben und mit Beispielen aus der Mythologie (etwa Odysseus bei Zauberin Kirke, Vers 263 f.).

Die *Remedia* sind bewusst als Gegenstück konzipiert und verweisen permanent mit Analogien und Wertungen auf das Vorgängerstück. Für den fundierten Kenner der *Ars amatoria* bedeutet dies eine Fundgrube von Assoziationen und Wertungen. Die zeitgenössischen Leser des Augusteischen Zeitalters waren, soweit sie zur Oberschicht gehörten, literarisch hochgebildet, und verstanden die Andeutungen des Dichters nur zu gut. Den heutigen Lesern bleibt dagegen manche politisch gewagte Analogie unzugänglich.

Fasti (Jahreskalender)

Der poetische Jahreskalender in elegischen Distichen[24] sollte in 12 Büchern erscheinen – ein Buch für jeden Monat des Jahres. Vollendet wurden nur Januar bis Juni. Ovid arbeitete daran bis zu seiner Verbannung, und die Widmung für Augustus war ein letzter Versuch, das Exil abzuwenden.

Die *Fasti* beschreiben jeden Tag des Jahres in seiner astronomischen und meteorologischen Konstellation und den kultischen Traditionen. Sie erläutern die etymologische Entstehung der Monatsnamen, die Überlieferungsgeschichte der römischen Feste und der altrömischen Kultstätten. Die Gliederung des Kalenderjahres nach Feiertagen und Bräuchen scheint ein Huldigung an Augustus: *„Andere mögen singen von Waffentaten des Cäsar* (Kaiser)*, ich singe von seinen Altären".*[25] Ovid präsentiert sich als treuer Anhänger der augusteischen Kulturpolitik: die in Frieden und Wohlstand borniete Weltmacht Rom soll sich ihrer alten Werte wiederbesinnen. Es ist das „Regierungsprogramm" des Augustus, und der Begründer des Weltreiches wird auch die moralische Erneuerung bewirken. Doch Ovid wäre nicht Ovid, wenn seine Kunst diese Vordergründigkeit nicht ironisieren würde. Mythologische Vergangenheit verbindet sich mit historischer Gegenwart. Seine Frauengestalten wie Lucretia (2. Buch, Vers 685 ff.) sind „moderne" Römerinnen.

---

24 *Distichon* (griech: „Zweizeiler"); Verspaar aus einem daktylischen (lang-kurz-kurz) Hexameter (6 Daktylen) mit darauf folgendem Pentameter (5 Daktylen).

25 Vergils *Aeneis* beginnt: *Arma virumque cano.* „Waffentaten und den Mann (Aeneas) besinge ich."

Fasti

Zwei Pole der Dichtung spiegeln die politischen und sozialen Pole Roms:

Der Kriegsgott Mars, mythischer Vater des Stadtgründers Romulus, und die Liebesgöttin Venus, mythische Mutter von Aeneas, dem sagenhaften Gründer von Italien, auf den sich auch das Kaiserhaus zurückführt.

Mars und Venus erscheinen als Planeten am Himmel: als kultische Gegensätze, und in ihren traditionellen Überlieferungen des gesellschaftlichen und des religiösen Brauchtums.

Die Verbannung

Augustus, dem die Wertschätzung durch Intellektuelle und Künstler wichtig war, förderte Ovid bis zu dessen 50. Lebensjahr. Im Jahre 8 n.Chr. entzog er ihm seine Gunst und verbannte ihn nach Tomis am Schwarzen Meer (dem heutigen Konstanza in Rumänien). Ovid selbst nannte als Ursache die Veröffentlichung der *Ars amatoria*, die dem auf strikte Moral im Staate bedachten Kaiser anstößig erschienen sei.[26] Es wäre verständlich: der Dichter erhebt Rom zur Traumstadt der freien Liebe und gibt Anleitungen für nichteheliche Liaisons. Zwar verteidigte er seine Dichtung, aber in den Briefen aus dem Exil gibt es Andeutungen von Reue über ominöse Verfehlungen.[27] Möglicherweise ließ Augustus Ovid fallen, weil er in einen Sittenskandal im Kaiserhaus verwickelt war; der spätantike Autor Apollinaris berichtet eine Romanze Ovids mit einer der Prinzessinnen. Affären waren in der kaiserlichen Familie an der Tagesordnung.[28] Aber vielleicht liegen die Ursachen zur Verbannung des Dichters, der Augustus trotz scheinbarer Verehrung mit geistreichen Sticheleien attackierte, doch in seinem Werk.

---

26 Das Charakterbild des „sittenstrengen" Augustus bleibt in der Forschung umstritten. Die wichtigste Quelle für die römische Kaiserzeit (27 v.Chr. bis 395 n.Chr.), der Historiker Sueton (69-140 n.Chr.), überliefert u.a., dem Kaiser seien von seiner Gattin Livia junge Mädchen zugeführt worden.

27 *Fasti* (II, 133 ff.): Er habe den Kaiser „mit kränkenden Worten attackiert" und dieser habe berechtigt „persönlich Rache genommen".

28 Im gleichen Jahr wie Ovid wurden wegen Verschwörungsverdacht die beiden Kaiserenkelinnen Agrippa und Julia verbannt. Deren Mutter Julia, Tochter aus der zweiten Ehe von Augustus, war bereits 2 v.Chr. verbannt worden.

Verbannung

In den *Fasti* (die nach dem Verbannungsurteil abbrechen), erzählt Ovid eine verräterische Legende: Ein Priester drang während eines Unwetters in den Tempel der Vesta ein, um ein Götterbild zu retten. Den Schluss der Geschichte verschweigt er: nämlich dass der Eindringling von der Göttin mit Blindheit bestraft wurde, weil er als Mann den heiligen Raum der jungfräulichen Vestalinnen entweiht hatte. In diesem Tempel hatte Octavians Rivale Marcus Antonius sein Testament hinterlegt. Auf geheimnisvolle Weise gelangte es in die Hände Octavians, der es öffentlich verlesen lies, und damit dem Mitbewerber um die Herrschaft den entscheidenden Schlag versetzte. Wurde Octavian durch einen Religionsfrevel Augustus? Und offenbart das Ovid verdeckt in den Fasti?

Tristium libri

Tristium libri (Bücher/Gedichte gegen Trübsal)

Im Jahre 8 n.Chr. wurde Ovid ans Schwarze Meer verbannt; es war für einen Römer das Ende der Welt. Hier entstanden bis 12 n. Chr. fünf Bücher als Briefe gestalteter Elegien. Das erste Buch mit 11 Elegien gibt die Empfindungen während der Seereise ins Exil wieder; das zweite verfasste er nach der Ankunft in Tomis (heut Konstanza): es ist eine fast 600 Verse umfassende „Verteidigungsrede".

Jedes Jahr schickte Ovid einen Band zur Publikation nach Rom: an seine Frau, an Freunde und auch an anonyme Empfänger. Der wahre Adressat war Augustus, den er direkt nicht nennen durfte.

Der Inhalt der *Tristien* ist denn auch eine Sammlung von Begnadigungs-Argumenten: die Verteidigung seines Lebenswandels und seiner Dichtung; die Beschreibung der für einen Römer unerträglichen öden, kalten, regnerischen und abgeschiedenen Schwarzmeer-Gegend; das Unglück des Dichters, der von Lesern und Anregungen für sein literarisches Werk abgeschnitten ist.

Ein fiktiver Spaziergang durch Rom und der nächtliche Abschied (1. Buch, 3)[29] reflektieren rührend das Heimweh und die Sehnsucht nach der lebensvollen und kulturell strahlenden Hauptstadt des Reiches.

In der 10. Elegie des vierten Buches finden sich autobiographische Hinweise. Allerdings lehrt die Erfahrung von Goethe bis Thomas Mann, dass in solchen Selbstzeugnissen eine Grenze zwischen Dichtung und Wahrheit schwer zu ziehen ist.

---

[29] Dies regte Goethe an, seine Italienische Reise mit einem solchen Abschied ausklingen zu lassen.

Epistula ex ponto (Briefe vom Schwarzen Meer)
Während die *Tristien* bei aller Verzweiflung doch Hoffnung auf Heimkehr atmen, strahlen die vier Bücher der *Epistulae* (ebenfalls Elegien in Briefform) Schmerz, Trauer, Resignation und Gebrochenheit aus. Der Verbannte kann nur noch hoffen auf Versöhnung durch die Zeit. Er deutet das Bekenntnis einer Schuld an, die er nicht näher benennt und besteht auf seiner Loyalität gegenüber dem Kaiser. Als Zeugen ruft er einflussreiche Personen namentlich an, die sich am Kaiserhof für ihn verwenden sollen. Das seelische Leid des Dichters spiegelt sich in der zerrissenen Grundstimmung der Elegien: glückliche Erinnerungen an das Leben in Rom wechseln mit der Einsicht in seine scheinbar hoffnungslose Situation in der barbarischen Fremde.

Die subjektive Elegie von Catull und Properz hat eine neue Dimension gewonnen: nicht mehr der Schmerz einer unglücklichen Liebe, sondern der Schmerz über ein persönliches Schicksal und über die deprimierende Hilflosigkeit gegenüber dem Unrecht.

Ibis

Ibis[30] - *eine Schmähschrift*

In den ersten Jahren des Exils entstand diese „Schmähschrift" in 322 elegischen Distichen.[24] Sie ist einem Pamphlet des bedeutenden griechischen Dichters Kallimachos[31] nachempfunden, dessen Exemplar nur in Fragmenten erhalten ist. Bei Kallimachos und Ovid liefert der Vogel den Schimpfnamen für einen ungenannten persönlichen Feind. Der Ibis war zwar in Ägypten heilig und wurde kultisch verehrt, aber weil er sich auch von Abfällen und Ungeziefer ernährt und sich mit seinem langen gebogenen Schnabel selbst „klistiert", gilt er als ekelhaft, schmutzig und anrüchig.

Das Pamphlet beginnt mit phantastischen Verwünschungen und eine endlose Litanei von Flüchen bildet den ersten Hauptteil. Im zweiten Teil folgt eine Reihe grotesker Geschichten (*historiae caecae*: „finstere, verblendete, unergründliche" Geschichten) mit einer apokalyptischen Aufzählung aller Qualen und Torturen, die aus der Mythologie und Geschichte bekannt sind – der Dichter möchte sie alle für seinen Feind aufgespart wissen. Den Gipfel aller Verwünschungen bildet ein Fluch, dem Gegner müsse die Marter gewünscht werden, die alle beschriebenen übertrifft: ein Exil in Tomis am Schwarzen Meer.

---

30 *Ibisvögel*: langbeiniger, langhalsiger Stelzvogel; langer, nach unten gebogener Schnabel. Im Altertum waren die Ibisse den Ägyptern heilig, weil sie zur Zeit des Nilhochwassers kamen. Tote Ibisse wurden mumifiziert und in Gräbern bestattet. In der ägyptischen Kunst war der Ibis ein verbreitetes Motiv. Er lebt heute nur noch im südlichen Irak.

31 *Kallimachos*: (um 305 bis etwa 240 v.Chr.); griechischer Dichter und Gelehrter; 20 Jahre lang Leiter der Alexandrinischen Bibliothek.

Ibis

Die Literaturgeschichte hat den *Ibis* lange gering geschätzt wegen der offenbar engen Anlehnung an das (teilweise verlorene) Original des Kallimachos; man vermutete sogar eine reine Übersetzung. Aber Ovid treibt hier etwas auf die Spitze, was den Reiz und das Geheimnis seiner *Metamorphosen* ausmacht: Die Ideen und wörtlichen Zitate aus der Vorlage des Kallimachos werden durch ihr spezifisches Umfeld verfremdet und neu gewichtet. Roms literarisch gebildete Schicht verstand die reizvollen Anspielungen, die sich durch Übertragung einer 300 Jahre alten Vorlage auf zeitgenössische Zustände ergaben. Die *Metamorphosen* sind in weiten Teilen nur durch solche intertextuellen Bezüge in ihrer Hintergründigkeit zu interpretieren.

Nicht zuletzt ist Ovids *Ibis* das einzige überlieferte Werk eines kuriosen, aber in der Antike durchaus bedeutenden originellen Genres: die literarische Schimpfkanonade. Die Liebeselegie hat hier einen bizarren „Seitenzweig" erzeugt: Aus der resignierenden und verärgerten Beschimpfung der untreuen Geliebten entwickelte sich ein bösartig spottendes, aber in der seltsamen Kombination von klagender Elegie, mythologischen Geschichten und Volkstümlichkeit zwischen Ernst und Spaß kaum zu lokalisierendes Phänomen. Hass widerspricht dem Humanen und ist die primitivste Gefühlsäußerung. Aber die hasserfüllten Segenswünsche, dem Feind das eigene Schicksal zu gönnen, sind in ihrer raffinierten Ironie kaum ernst zu nehmen, obwohl das Unglück des Verfassers für ihn äußersten Ernst bedeutet.

Metamorphoseon libri[32]
Bücher über Verwandlungen

Die 15 Bücher zu je 700 bis 900 Versen (insgesamt 11.978 Verse) entstanden in den Jahren 1 v.Chr. bis etwa 10 n.Chr. – sie wurden im Exil beendet.

Das Werk ist keine „Sammlung" von Sagen, sondern die etwa 250 Verwandlungsgeschichten aus der griechischen und italischen Mythologie wachsen zusammen zu einem einzigartigen poetischen Werk, das die Geschichte der Welt und der Menschheit erzählt.

Es beginnt mit der Entstehung der Welt und endet in der Lebenszeit des Dichters. Mehrere hundert Einzelfiguren und ihre Schicksale sind der Stoff, aus welchem der Dichter die umfassendste aller möglichen Geschichten formt. Obwohl die erzählte Zeit der *Metamorphosen* als viele Jahrtausende umfassend vorzustellen ist, und sie deshalb weder eine durchgehende Handlung noch einen Helden haben können, bilden die fast 12.000 Verse ein harmonisches poetisches Gesamtkunstwerk.

Hinter den aus der Mythologie bekannten Erzählungen verbirgt sich neben der großartigen Unterhaltung des Lesers durch die spritzige, ironische, humoristische Darstellung – auch der in ihrem Verhalten sehr „menschlichen" (unmoralischen) Götter, hinter denen sich römische Politiker verbergen – tiefgründig Philosophisches, Zwischenmenschliches und Gesellschaftspolitisches; die politische Tagesaktualität ist nicht zu übersehen.

Jede einzelne Verwandlung fordert ihre Interpretation, und fast immer auf mehreren Ebenen.

---

[32] *Metamorphose*: griechisch „Verwandlung".

Metamorphosen

Die Fülle der Geschichten wird formal gebündelt durch das Motiv der Metamorphose. Die Entstehung der Welt (Kosmogonie) ist Verwandlung von Chaos in Kosmos.[33] Auf den Uranfang folgen Sintflut und Göttergeschichten, und danach die Zeit der Heroen (mythische Helden). Durch den Sagenkreis des (geschichtlichen) Trojanischen Krieges wird Anschluss an die reale historische Zeit hergestellt, und über den mythischen Gründer Italiens, Aeneas, der aus Troja flüchtend nach odysseischen Irrfahrten das Land in Besitz nimmt, gelangt das Werk schließlich zur Ordnung (Kosmos) des Römischen Imperiums. Es endet mit der Apotheose von Caesar und Augustus. So entsteht der Eindruck einer fortlaufenden historischen Abhandlung der Weltgeschichte (I, 4: *Carmen perpetuum*: kontinuierliches Gedicht).

Am Ende steht die herrlichste Metamorphose: Der Dichter verwandelt sich für die Erinnerung zukünftiger Leser in sein Werk, dessen Ruhm niemals endet. Aber Metamorphosen haben kein Ende: Wenn seither über zwei Jahrtausende hinweg das Buch in immer neuem Verständnis gelesen wurde, ist auch dies wieder eine Metamorphose. Welt und Leben unterliegen dem Prinzip „Alles fließt."[34]

---

[33] *Kosmos*: griechisch: 1. Weltall, 2. Schönheit, 3. Ordnung.
[34] *Heraklit*: (um 550 bis ca. 480 v.Chr.), griechischer Philosoph, Vorsokratiker; lehrte, dass die Welt in stetem Wandel begriffen sei. In seiner Naturphilosophie (nur in Fragmenten überliefert) betrachtete er das „Werden" oder „Fließen" als wesentlichen Bestandteil der Wirklichkeit, das allen Dingen, auch den scheinbar unveränderlichen, zugrunde liegt. „Niemand kann zweimal in denselben Fluss steigen"; nur der Name des Flusses ist gleich geblieben; das Wasser ist neu und der Mensch ist verändert. – Alles ist Metamorphose.

Metamorphosen

Die Verwandlungsgeschichten repräsentieren einen „aufgeklärten" Mythos: denn recht eigentlich erzählen sie von Göttern in Menschengestalt und von Menschen in Göttergestalt. Bisweilen entsteht daraus eine satirisch-komische Verfremdung durchaus ernsthafter Hintergründe, etwa wenn das Götterkonzil als römische Senatsversammlung dargestellt wird, in dem Jupiter augenfällig als Augustus amtiert; oder wenn die Zauberin Kirke aus den Irrfahrten des Odysseus als römische Kurtisane erscheint. Das Kultisch-Religiöse erscheint „säkularisiert", die Mythen erhalten eine faktische Bedeutung. Die Menschen werden nicht mehr von Göttern geleitet, sondern ausschließlich von ihren Trieben wie Liebe, Sehnsucht, oder Machtbedürfnis. An der Medea-Geschichte wird tiefenpsychologisch dargestellt, dass die Menschen nur scheinbar von Vernunft und Moral geleitet werden; in Wirklichkeit unterliegen sie unterbewussten Kräften. Zweitausend Jahre später bewies es Sigmund Freud

Erst nach Ovids Tod konnte das in der Verbannung fertig gestellte Werk nach Abschriften von Freunden veröffentlicht werden.

Versmaß

Hexa-meter („6 Metren");
6 Daktylen[35]: „lang kurz kurz"
– v v   – v v   – v v   – v v   – v v   – v
(letzter Dyktylos verkürzt)
Zwei Kürzen können durch eine Länge ersetzt werden: – – statt – v v
Beispiel: 1. Vers der *Metamorphosen*:
In nova fert animus mutatas dicere formas
– v v | – v v | – – | – – | – v v | – v

Wenn ein Wort mit einem Vokal endet und das nächste mit einem Vokal beginnt, werden die beiden Vokale verschmolzen zu einer langen Silbe. Beispiel: Das Goldene Weltzeitalter, dessen erste Verse jeder Lateinschüler auswendig lernen muss, beginnt (I, 89):
*Aurea prima **sata est** aetas quae vindice nullo*
(„Erstes Alter wurde das Goldene, ohne Gesetz")
Es wird gelesen:
*Aurea prima **sata-st*** (mit langer letzter Silbe).
– vv | – v v | –

Der Hexameter hat einen Hiatus (Zwischenraum; „Atemholen") in der Mitte des Verses:
der „männliche" Hexameter nach der Länge:
– v v   – v v   – | v v   – v v   – v v   – v
der „weibliche" Hexameter nach der Kürze:
– v v   – v v   – v | v   – v v   – v v   – v

(*Ilias* und *Metamorphosen* sind „männlich", die *Odyssee* ist „weiblich".)

---

35 Daktylos: griechisch „Finger"; der lange und zwei kurze Glieder des Fingers.

Metamorphosen

Es ist zu lesen (mit Hiatus – Pause – in der Mitte):
In nova fert animus | mutatas dicere formas

Im Deutschen Vers gilt die Qualität: das Versmaß entsteht durch Heben und Senken der Stimme; deshalb kann ein guter Schauspieler durch geschickte Betonung auch Prosa als Vers sprechen und umgekehrt.

Im Griechischen und Lateinischen gilt Quantität: eine Silbe kann auf Grund der Sprachgesetze nur entweder lang oder kurz sein. Daher kann nicht wie im Deutschen das Versmaß durch Betonung bestimmt werden.

In den antiken Versdichtungen überlagern sich also zwei verschiedene „Sprachmusikalitäten" gleichzeitig: der (psalmodierende) Versrhythmus der Längen und Kürzen, und die sinngebende Wortbetonung (Heben der Stimme). Beides zusammen ist oft synkopisch (Akzent auf einer Kürze), was das kunstvolle Lesen antiker Verse für den modernen Leser ungeheuer schwierig macht. Das übliche Schüler-Lesen verdeutscht die antiken Verse, indem es bei Längen die Stimme hebt und bei Kürzen senkt, was die Wortbetonung häufig karikiert.

1. Vers der *Metamorphosen*:
In nova fert animus | mutatas dicere formas
– v v – v v –   – – – – v v – v

Falsche Lesart (Hebung der Stimme auf der Länge):
Ín nova fért animús | mutátas dícere fórmas
– v v – v v –   – – – – v v – v

Korrekte Betonung (Hebung der Stimme nach dem Wortsinn):
In nóva fert ánimus | mutátas dícere fórmas
– v v – v v –   – – – – v v – v

Die Metamorphosen

I. PENTADE

Buch 1 – 5

Metamorphosen   1. Pentade

1. Pentade Buch 1 - 5

                                                                    Vers

1. Buch: Von der Schöpfung bis Phaeton
- Prooemium (Prolog) 1
- Vom Chaos zum Kosmos 5
- Götterversammlung; Große Flut 163
- Python; Apollo und Daphne 416
- Jupiter und Io 568

2. Buch: Von Phaeton bis Europa
- Phaeton 1
- Cygnus 367
- Callistos Vergewaltigung 401
- Chiron und seine Tochter 633
- Mercur und Herse 708
- Aglaurus – Invidia 730
- Zeus und Europa 833

3. Buch: Von Cadmus bis Pentheus und Bacchus
- Zeus und Europa auf Kreta 1
- Cadmus – Gründung Thebens 3
- Jupiter und Semele 253
- Narzissus und Echo 339
- Pentheus 511

4. Buch: Von Minyas-Töchtern bis Perseus
- Menschliche Schuld und Einsicht
- Die drei Minyas-Töchter 1
- Die 1. Tochter: Pyramus + Thisbe 5
- Die 2. Tochter: Mars + Venus 167
- Die 3. Tochter: Hermaphroditus 271
- Verwandlung der Minyas-Töchter 389
- Athamas und Ino 416
- Cadmus und Harmonia 563
- Perseus 694

Metamorphosen   1. Pentade

5. Buch: Von Perseus bis Ende Pierus-Töchter
- Perseus und Phineus … 1
- Heimkehr des Perseus … 236
- Pallas Athene bei den Musen … 250
- Eine Muse erzählt … 269
- König Pyreneus … 269
- Raub der Proserpina … 359
- Arethusas Verwandlung … 572
- Triptolemus und Lynkeus … 642
- Das Ende der Pierus-Töchter … 662

1. BUCH
von der Schöpfung bis Phaeton
Proömium (Prolog) – Vers 1 bis 4

In nova fert animus mutatas dicere formas
  Dichten heißt mich der Geist von Gestalten, verwandelt
Corpora. Di, coeptis – nam vos mutastis et illas
  in neue Leiber, Götter – denn ihr habt auch sie einst verwandelt
Adspirate meis primaque ab origine mundi
  inspiriert mein Werk, und leitet vom Ursprung der Welt
Ad mea perpetuum deducite temporis carmen.
  bis herab in meine Zeit mein stetig fließendes Lied.

In diesen nur vier Versen des Prologs sind zwei unterschiedliche Interpretationen möglich, so dass es sich auch für den Latein-Unkundigen empfiehlt, die Verse beispielhaft für die verschiedenen Bedeutungsebenen der Dichtung zu betrachten.

Die obige Übersetzung verbindet den Anfang des ersten Verses (*nova*: neu) mit dem Anfang des zweiten (*corpora*: Leiber/Gestalten). Also: „(Verwandlung) in **neue Gestalten**." Wenn man den Vers musikalischer liest, so wie er im metrischen Rhythmus wirkt: mit der Atempause in der Mitte (in *nova fert animus* – Pause – *mutatas dicere formas*), dann bleibt *nova* (neu) verbunden mit *animus* (Geist/Sinn), und es entsteht eine andere Bedeutung: Nicht mehr: „Mein Sinn treibt mich, in <u>neue</u> Leiber verwandelte Wesen zu beschreiben", sondern: *Zu* **Neuem** *treibt mich der* **Sinn**: *zu berichten von verwandelten Gestalten*. Das kommuniziert auch sinnvoll mit der Bitte an die Gottheit (Musenanruf), diesem Beginnen (Verwandlung der überlieferten Dichtkunst in eine neuartige) gewogen zu sein; „denn" (*nam*) auch jene (*et illas*) – die Gestalten – haben sie verwandelt.

Metamorphosen   1. Pentade   1. Buch

Ovids frühere Dichtungen waren (Liebes-)Elegien; die *Metamorphosen* repräsentieren die **neue Gattung**: das Großepos:[36] 12.000 Hexameterverse mit Geschichten von Göttern und Heroen.

Die zweite Vershälfte (nach dem „Atemholen") benennt den **Inhalt des Neuen**: Verwandlungen (*mutatas formas*: verwandelte Gestalten).

Ovid dichtet also nicht inhaltlich naheliegend: „Der Sinn treibt mich, Gestalten, die in **neue Körper** verwandelt wurden, zu beschreiben", sondern: „**Neues liegt mir im Sinn**: Gestalten zu beschreiben, die verwandelt wurden in (andere) Köper".

Formal umschließen das „Neue" am Anfang und die „Körper" am Ende des Satzes das Objekt in der Mitte: die ursprünglichen Gestalten. Der neue Körper ist nur die neue Hülle für die Gestalt.

Dies wird in den *Metamorphosen* zum philosophischen Prinzip: nach der Verwandlung empfindet der/die Verwandelte mit der gleichen Seele wie zuvor; die Wesen erhalten keine neue Identität, nur ein neues Aussehen und eine neue Wesenhaftigkeit: Tier, Stern, Pflanze, Stein ... sie bleiben sie selbst.

Der zentrale Begriff des ganzen Werkes – *mutatas* (**Veränderung**) – steht in der **Mitte** des ersten Verses; **vor** diesem das *Neue* – **nach** ihm die *Körper*. *Mutatio* heißt auch „Umtausch" – die Erscheinung wird getauscht, die Rolle wird getauscht. Verwandlungen sind das Eintreten in neue Rollen.

---

36 *Epos* ist definiert: Hexameterdichtung, Große Form (viele Verse), heroische Gestalten. Nach den Homerischen Epen *Ilias* und *Odyssee* und der *Aeneis* von Vergil wagt Ovid als erster wieder diese große Form.

Metamorphosen   1. Pentade   1. Buch

Am Ende des 2. Verses gibt es ein Überlieferungsproblem: heißt es *illas* oder *illa*?

illas (Plural „jene") bedeutet: die zum Gelingen des Werkes angerufenen Götter haben „auch jene" (die Gestalten) verwandelt;

illa (Singular „jenes") bedeutet: „Ihr Götter seid meinem **Dichten** (*animus*: Geist, Vorhaben) gewogen, denn **auch das** habt ihr verwandelt." Der Dichter wendet sich nicht dem „Neuen" zu, sondern die Götter (Homer ruft im ersten Vers der *Ilias* die Muse als „Göttin" an) haben das Vorhaben des Dichters, wieder eine Elegie zu schreiben, **verwandelt** in eine neue Kunst.

In der Lesart „illa" (jenes, das Werk) beschreiben bereits die ersten beiden Verse eine **Metamorphose**: der Werkplan des Dichters wurde verwandelt: von der Elegie zum Epos; von der Kleinform zur Großform.

Sein Epos wird ein *perpetuum carmen* (Vers 4) sein: ein **ununterbrochenes** Lied in 3 Pentaden (Fünfergruppen): es wird stetig fließen von dem Ursprung der Welt und dem Wirken der Götter unter den Menschen (1. Pentade), über das Heroenzeitalter mythischer Helden (2. Pentade), bis in die Gegenwart des Römischen Imperiums: *ad mea tempora*: „in meine Zeit" (3. Pentade).

Aber die *Metamorphosen* sind kein „Epos" im Sinne der Vorgänger Homer und Vergil – sie sind eine **Neue Kunst**: alte epische Großform mit heroischem Inhalt, der aber nur den äußeren Handlungsrahmen liefert für die elegische (statt heroische) Deutung. Die Zeit der heroischen Dichtung ist vorbei – mit Ovid wird das Epos elegisch: **menschlich**.

Metamorphosen   1. Pentade   1. Buch

Schöpfung: vom Chaos zum Kosmos (1 ff.)

*Vor dem Meere, dem Land und dem alles bedeckenden Himmel / Zeigte Natur in der ganzen Welt ein einziges Antlitz. / **Chaos** ward es benannt: eine rohe gestaltlose Masse, / nichts als träges Gewicht und, uneins untereinander, / Keime der Dinge, zusammengehäuft in wirrem Gemenge.* (I, 5-9)

Der erste, der die Entstehung der Welt beschrieb, war um 700 v.Chr. der Grieche **Hesiod**.[37] Auch bei ihm steht das Chaos vor der Gestaltwerdung, dem Kosmos. Aber Hesiod nennt es „den Schlund, die gähnende Leere". Absolutes Nichts. Der Gott **Eros**, die Liebe, gibt dem Chaos Gestalt.

Ganz anders **Ovid**: die Materie ist vorhanden; aber sie ist gestaltlos und wirr durcheinander gemischt. Auch bei Ovid wird das Gestaltlose von einem Gott geordnet: die vier Elemente erhalten ihren Wirkungsbereich. Pax und Concordia, Friede und Eintracht, stiftet der Gott in dem undifferenzierten Wirrwarr der Kräfte (21-31). Es entsteht eine spannungsreiche Harmonie. „Wer es auch war von den Göttern" (32) – der Schöpfergott ist **anonym**.

Nach der Scheidung der Elemente erhalten diese ihre Gestalt (32-68): die Erde wird eine mächtige Kugel, die Meere strömen auseinander, Berge und Täler entstehen und begrünen sich.

Es werden fünf Klimazonen geschaffen, die Luft mit vier Winden (Himmelsrichtungen), zuletzt der Äther. Nun beginnen sich auch die Gestirne aus der gestaltlosen Masse zu lösen und frei am Himmel zu strahlen (70).

---

37 Hesiod: *Theogonie* (Götterentstehungslehre)

Metamorphosen   1. Pentade   1. Buch

Es entstehen die Lebewesen (74 f.), Fische, Vögel, Säugetiere, und schließlich der, welcher „höheren Sinn hat und die übrigen beherrschen kann": der Mensch. Wie der Mensch geschaffen wurde, bleibt Geheimnis. „Mag sein, aus göttlichem Samen" (79). Geformt ist er nach dem Ebenbild der Götter.

Die gesamte Schöpfung ist ein überwältigendes Kunstwerk und der Dichter beschreibt den Schöpfer als den ersten Künstler. Aber alles was er erschafft, wird wieder zugrunde gehen: zunächst in der Sintflut, dann im Großen Weltenbrand. Das Goldene Zeitalter wird dem Silbernen weichen, dieses zerbricht und degeneriert zum Ehernen, die heutigen Menschen schließlich leben im kriegerischen, zerstörerischen Eisernen Zeitalter.

Dem Erzähler kommt es nicht auf die Darstellung glücklicher Vollkommenheit an. Alles Geschaffene wird unweigerlich wieder zerstört werden. Aus dem Chaos entsteht ein Kosmos, der Kosmos wandelt sich wieder in Chaos, dieses wiederum in Kosmos, und immerwährend so weiter. Vom ersten Moment der Schöpfung an ist alles *Metamorphose*: ein Wechselspiel von Werden und Vergehen. Der Errichtung einer Ordnung folgt die Auflösung. Im 15. Buch, das die reale Wirklichkeit Roms behandelt, wird Ovid daran erinnern, dass alle jemals ruhmreichen Städte untergingen und von anderen abgelöst wurden, die wiederum untergingen. Es ist seine (im Exil geschriebene) Erkenntnis, dass auch die Republik seiner noch als Goldenes Augusteisches Zeitalter verstandenen Epoche untergehen wird – ein unglaublicher Affront gegen das politisch verordnete „Ewige Rom".

Metamorphosen   1. Pentade   1. Buch

Die vier Weltzeitalter (89 ff.)

Ovid deutet die Entwicklung mythologisch: Die ersten Menschen waren von Natur aus gut. Im **Goldenen** Zeitalter herrschte ewiger Frieden und Frühling; es gab keine Waffen, weil es keinen Streit gab, und die Erde brachte Früchte in Fülle.

Als Jupiter seinen Vater Saturn in den Tartarus stürzte, begann das **Silberne** Zeitalter. Jupiter schuf die vier Jahreszeiten, und die Menschen mussten sich Behausungen bauen gegen Wetter und Feinde. Sie spannten Stiere vor den Pflug und bearbeiteten die Erde.

Gewalt und Habgier kamen in die Welt, die Menschen wollten Güter besitzen, teilten die Erde unter sich auf und durchwühlten sie nach Gold. Sie begannen sich zu bewaffnen und gegeneinander zu kämpfen. Es war das **Eherne** Zeitalter.

Gigantomachie (151 ff.)

Rohe Gewalt setzte diesen ersten drei Phasen der Welt ein Ende: Die schlangenfüßigen, tausendarmigen Giganten versuchten den Himmel zu stürmen. Sie türmten Gebirge aufeinander, um die Götter zu entmachten. Jupiter vernichtete sie mit seinem Blitz. Aber aus ihrem Blut entstand ein neues Menschengeschlecht, das **Eiserne**; es war gewalttätig und ohne Achtung vor den Göttern.

Jupiter „seufzt" über die Menschen und ruft die Götter zur Beratung in seinen Palast.

Metamorphosen   1. Pentade   1. Buch

Götterversammlung (161 ff.)

Jupiters Palast liegt an der Milchstraße, und seine Fahrt über den Himmel an den Palästen der anderen Götterwohnungen vorbei zu dem Regierungssitz am Ende der Sternenstraße gerät zu einer phantastischen Epiphanie.

Es ist typisch für Ovids plötzliches Changieren zwischen Ernst und Ironie, und seine Vermischung von Mythologie und Realität, dass er ganz deutlich die Milchstraße vergleicht mit dem Palatin-Hügel, der vornehmsten Wohnlage Roms, wo der Palast des Augustus stand. Jupiters Auffahrt kannten die Römer: es war die Auffahrt vorbei an den noblen Senatorenhäusern, hinauf zum Herrscherpalast.

Maßgeblich für Jupiters Plan, die Menschen zu strafen, war sein Erlebnis bei **Lycaon**, dem König von Arkadien.[38] Der hatte die Göttlichkeit Jupiters mit einem Mordanschlag testen wollen. Lycaons Strafe ist die Verwandlung in einen **Wolf**; nun wütet er unter den Tieren wie er als Mensch unter Menschen wütete, denn getreu dem Metamorphosengesetz hat sich sein Wesen nicht „verwandelt".

Alle Götter loben Jupiters Entscheidung, die Menschheit zu vernichten, sind aber traurig, weil ihnen dann keine Opfer mehr gebracht werden und die Erde von den Tieren verwüstet wird. (Die angedeutete Komik weist voraus auf die Beschreibung der Sintflut, die der Travestie sehr nahe kommt).

---

38 *Arkadien* im Zentrum der Peloponnes galt in der Antike (und später in der Romantik) als innerer, seelischer Ort der Glückseligkeit. Dass gerade der König von Arkadien als Sinnbild der menschlichen Verworfenheit gilt, zeigt die extrem hohe moralische Schuld der Menschen.

Metamorphosen   1. Pentade   1. Buch

Die große Flut (253 ff.)

Zunächst plante Jupiter, die Erde mit seinem Blitz zu zerstören, aber er fürchtete, dass der Weltenbrand den Himmel versengen wird. Deshalb entscheidet er sich für die Sintflut. Mit seiner gewaltigen Faust presst er die Wolken, und ungeheure Wassermassen prasseln auf die Erde. Sein göttlicher Bruder Neptun rammt seinen Dreizack in die Erde, und ein Tsunami überschwemmt das ganze Land bis zu den Türmen. „Da war alles Meer" (292). Delphine schwimmen durch die Wälder und stoßen sich an den Zweigen, Wölfe kraulen mitten in der Schafherde, Löwen und Tiger kämpfen gegen die Wogen.[39].

Deucalion und Pyrrha (254 ff.)

Nur der Parnass[40] ragt noch aus den Fluten, und an seinem Gipfel ist ein kleiner Kahn „gelandet", in ihm die einzigen beiden guten Menschen. Jupiter ist gerührt (325 ff.: „von so vielen Tausenden Einer, von so vielen Tausenden Eine, frei von Schuld"). Der oberste Gott vertreibt die Regenwolken, die er selbst herbeigerufen hatte. Neptuns Sohn Triton saugt mit seiner tönenden Meeresmuschel die Überflutung ab. Berger und Wälder tauchen wieder auf. „Wiedergeschenkt ist der Erdkreis" (348).

Deucalion und Pyrrha, Kinder der beiden Brüder Prometheus und Epimetheus, sind die einzigen Überlebenden dieser Natur-Metamorphose.

---

[39] *Seneca* (4 v.Chr. - 65 n.Chr.), Philosoph, Staatsmann, Dichter, kritisierte: „Es ist reichlich bedenkenlos, über einen Weltuntergang Witze zu reißen" (*Naturales questiones*, III, 27,13)

[40] *Parnass*: Berg bei Delphi; Sitz der Musen.

Metamorphosen   1. Pentade   1. Buch

Orakel der Themis (367 ff.)

Die Göttin der Gerechtigkeit und Mutter der Schicksalsgöttinnen (Parzen) gibt ein *Orakel*, das Deucalion und Pyrrha nach langem Rätseln lösen: die „Gebeine der Großen Mutter" (383), die sie hinter sich werfen sollen, sind die Steine der Erde. Aus ihnen entsteht das neue Menschengeschlecht.

Das neue Menschengeschlecht (384 ff.)

Diese Metamorphose der Steine wird naturwissenschaftlich untermauert: was erdig ist in den Steinen, wird Fleisch, das Harte wird Knochen, Adern bleiben Adern. Und so wie Marmorstatuen den Menschen ähnlich sind, entstehen lebendige Menschen aus dem Gestein. Die Deutung ist gar tiefenpsychologisch (414): „Wegen dieses Ursprungs sind wir ein hartes Geschlecht."

Alle übrigen Lebewesen entstehen nach der sogar heute noch verbreiteten Legende von einer Urzeugung aus dem Nilschlamm: die ägyptischen Bauern glaubten, nach der jährlichen Überschwemmung „beim Wenden der Schollen unzählige Tiere" (425) zu entdecken, die aus Schlamm und Hitze sich in Lebewesen verwandeln.

Sie mussten die alte Welt überwinden - hinter sich lassen – eine neue Epoche der Menschheit musste entstehen.

Metamorphosen   1. Pentade   1. Buch

Python (416 ff.)

Die nach der großen Flut aus der Erde gezeugten Lebewesen waren nicht nur die vor der Flut bekannten; es entstanden auch neue Lebensformen, unter ihnen die Riesenschlange Python, ein Drachen, der die Menschen in Schrecken versetzte. Der Gott Apollo tötete sie mit seinen berühmten Pfeilen. Damit der Ruhm seiner Tat niemals vergehe, stiftete er die Pythischen Spiele in Delphi.[41] Die Sieger wurden mit Eichenlaub bekränzt (450): „denn den Lorbeer gab es noch nicht".

Apollo und Daphne (452 ff.)

Nach dem Sieg über die Pythonschlange verhöhnte Apollo den Liebesgott Cupido (Amor): Der „geile Knabe" (*lascive puer*) solle seine Pfeile sparen; der Bogen sei Symbol des Gottes, der den „giftgedunsenen Leib" des Drachens erlegt habe. Liebesflammen könne man auch mit der Fackel entzünden, ohne mit Pfeilen zu verletzten. In „wildem Zorn" schoss Cupido zwei Pfeile ab: den spitzen goldenen, liebestoll machenden, „jagt er Apoll durchs Gebein ins innerste Mark" (473); den stumpfen bleiernen, der unempfindlich macht gegen Begierde, schoss er auf die Nymphe Daphne im Gefolge der Jagdgöttin Diana. (Es war unnötig: Daphne empfand Liebe als „Befleckung" und hatte von ihrem zur Heirat drängenden Vater das Zugeständnis erhalten, unvermählt als Jungfrau der Göttin Diana zu dienen).

---

41 *Pythische Spiele*: Die ersten *Olympischen* Spiele wurden 776 v.Chr. veranstaltet. Danach wurden weitere Spiele in Delphi (*Pythien*), Nemea (*Nemeen*) und Korinth (*Isthmien*) begründet.

Metamorphosen　　1. Pentade　　1. Buch

Der goldene Pfeil wirkt sofort: Apollo „liebt, sieht und begehrt" (*amat, visaeque cupit*, 490; eine Persiflage auf Caesars *veni vidi vici*: „ich kam, sah und siegete.") die schöne Daphne (499 ff.): „Er sieht ihre strahlenden Augen ... ihre Lippen ... er preist ihre Finger, die Hände, die Arme ... aber noch mehr begehrt er, was ihm verborgen bleibt."

Daphne flieht vor dem aufdringlichen Werber, und während der wilden Verfolgungsjagd hat Apollo noch Atem genug, eine lange Rede zu halten, in der er der Flüchtenden mit rationalen Argumenten zum Nachgeben rät (504 ff.): sie könne stürzen und sich ihren zarten Fuß an Dornen verletzen; sie solle langsamer fliehen, dann werde er sie auch langsamer verfolgen; er sei kein struppiger Hirte, sondern der Sohn Jupiters: Apollo, Gott der Heilkunst ...

Aber Daphne flieht immer panischer. „Der Wind entblößt ihre Glieder" (527), was ihren göttlichen Verfolger erst Recht zur erotischen Raserei treibt. Apollo jagt sie „wie der Rüde den Hasen ... mit vorgereckter Schnauze". Als Daphne schon seinen Atem im Nacken spürt, fleht sie zu ihrem Vater, dem Flussgott, er solle ihre Gestalt, durch die sie den Gott reize, „verderben".

Im gleichen Moment beginnt ihre Metamorphose: ihr Körper erstarrt, die Haare werden zu Blättern, die Arme zu Zweigen, die Füße schlagen Wurzeln in der Erde, ihr Gesicht verwandelt sich in einen Baumwipfel. Apollo umschlingt in seinem rasenden Begehren den Stamm und legt sein Ohr an die Rinde, um das Herz der Begehrten schlagen zu hören.

Metamorphosen   1. Pentade   1. Buch

Das Wunder der Verwandlung schuf einen neuen Baum: den *Lorbeerbaum* (557 ff.):
- Künftig soll der Lorbeer die Sieger der Pythischen Spiele bekränzen;
- die siegreichen römischen Feldherren werden ihn im Triumphzug tragen;
- er wird die „Burg auf dem Hügel" (das Kapitol) und „das Tor des Augustus" schmücken.

Der erste Vergewaltigungsversuch der *Metamorphosen* wurde durch eine Metamorphose verhindert. Ironie: der Gott Apollo, der mit seinen Pfeilen die Menschheit von einem Drachen erlöst hat, ist selbst nicht gefeit gegen den Pfeil des Liebesgottes. Es ist eine der tiefenpsychologischen Beobachtungen Ovids, dass „Amors Pfeile" unterbewusste Triebe freisetzen.

Auch in Homers *Ilias* verüben die „Unsterblichen" vom Olymp dieselben Schandtaten wie „die Sterblichen". Aber schon in der bald folgenden *Odyssee* waren die Götter *moralisch* geworden, und im Römischen Reich des Augustus, dem der höchste Gott Jupiter persönlich „Dauer ohne Ende" prophezeit hatte, wurden die Götter als Wesenheiten ohne Fehl hoch verehrt. Ovid begeht Blasphemie, wenn er die erste Metamorphose in äußerster Not vor der Vergewaltigung einer Jungfrau durch Jupiters Sohn, (den Gott der Musen), in Szene setzt.

Der göttliche Held hat die Gewalt der Python besiegt, und scheut seinerseits vor Gewalt nicht zurück, um sein Ziel zu erreichen. Eine aus den Fugen geratene Ethik zeigt sich auch darin, dass der Jäger eine keusche Dienerin der Jagdgöttin jagt – und zwar mit Heimtücke („fliehe langsamer, dann verfolge ich dich langsamer.")

Ovids Zynismus ist ätzend: Apollo „liebt, sieht und begehrt", aber das implizierte Endziel, den Sieg, (Caesars „vici") erreicht er nicht; das erstrebte sexuelle Vergnügen wird ihm vor der Nase „wegverwandelt" – und zwar in den Lorbeer, der künftige Sieger schmücken wird.

Der Zynismus ist noch größer: Die Milchstraße ist die Palatin-Auffahrt zum römischen Regierungssitz, sie wird gesäumt von den Häusern der Senatoren. Jupiter ist Augustus, und Apollo repräsentiert die Machthaber im Reich. Das ethisch vorbildliche „ewige Rom" geht seinem Untergang entgegen; das „Goldene Zeitalter des Augustus" besteht nur noch in der Propaganda der Herrschenden.

Metamorphosen   1. Pentade   1. Buch

Jupiter und Io (568 ff.)

Die Flussgötter tagen. Nur einer fehlt: Inachus. Er vermehrt seine Wasser mit seinen Tränen, denn er trauert um seine verschollene Tochter Io. Sie wurde vom höchsten Gott vergewaltigt.

Als Jupiter die schöne Jungfrau erblickte, wollte er sie in den Schatten eines Haines locken und bot der Ängstlichen seinen Schutz als oberster der Götter. Io fürchtete diesen „Schutz" und floh. Was Apollo nicht gelang, gelingt seinem Vater Jupiter. Er hüllte Io in eine Wolke „und raubte ihre Unschuld" (*rapuitque pudorem*, 599).

Für das Opfer sind die Folgen der Vergewaltigung tragisch, für den Leser zunächst komisch. Juno, die Gattin Jupiters, wunderte sich über die plötzliche Dunkelheit auf der Erde und schöpfte Verdacht, „denn sie kannte recht gut die Schliche ihres schon so oft erwischten Gemahls" (606). Auf der Suche nach ihm stieg sie vom Himmel herab auf die Erde und beseitigte die Nebel. Der untreue Gatte ahnte (schlechtes Gewissen bei Göttern ist nicht bekannt), dass Juno ihm nachspioniert und wollte sein Problem mit einer Metamorphose lösen: er verwandelte die entjungferte Io in eine Kuh. Seltsamer Trost (612): „Auch als Rind ist sie schön".

Auf Junos Fragen nach der Herkunft der Kuh rettete sich Jupiter in immer absurdere Lügen. Schließlich verlangte Juno die Kuh als Geschenk, was Jupiter nach kurzer Erwägung seiner Situation nicht ablehnen konnte (617): „Die Geliebte verschenken, ist grausam; es nicht zu tun, macht ihn verdächtig".

Metamorphosen 1. Pentade 1. Buch

Die misstrauische Juno kannte zwar die Wahrheit noch nicht, aber sie übergab die Kuh prophylaktisch dem hundertäugigen Argus zur Bewachung.

Argus gewährleistet absolute Aufmerksamkeit: es schlafen immer nur zwei Augen, die 98 anderen rundum bleiben wach. Tagsüber führte er Juno auf die Weide, nachts wurde sie gefesselt. Auch in der Verwandlung behielt sie ihr Wesen: flehend wollte sie die Arme zu Argus erheben, aber sie hat keine mehr, und wenn sie klagte, erschrak sie vor ihrem Muhen. Als sie am Ufer des Inachus weidete, erkannte der Vater die Tochter nicht. Aber die Kuh kann schreiben: mit den Hufen im Sand verriet sie dem Vater Identität und Schicksal. Inachos beklagte sein Schicksal: sein Schwiegersohn wird ein Stier sein und seine Enkel Kälber. Dieser Schmerz wird ihn auf ewig quälen, denn als Flussgott ist er unsterblich. (654 ff.).

Endlich konnte Jupiter das Leid seiner flüchtigen Geliebten nicht mehr mitansehen. Er schickte den Götterboten Mercur[42] auf die Erde, um Ios Bewacher Argus zu töten.

Hier erscheint in den *Metamorphosen* zum ersten Mal eine Erzähltechnik, die später immer differenzierter und raffinierter ausgestaltet wird: die Verschachtelung; in der Geschichte wird erzählt, wie jemand eine Geschichte erzählt, in der jemand eine Geschichte erzählt ...

---

42 *Mercur*: Die Griechen/Römer hatten für alles auf Erden eine zuständige Gottheit: Ares/Mars für den Krieg, Aphrodite/Venus für die Liebe ... Hermes/Mercur war der Gott der Kaufleute, Diebe und Homosexuellen.

Metamorphosen   1. Pentade   1. Buch

Als Hirte mit Panflöte gewinnt Mercur das Vertrauen von Argus und überschüttet ihn den ganzen Tag über mit Geschichten, um alle seine hundert Augen zu ermüden.

Am Abend erzählt Mercur dem Argus eine Metamorphose: In Arkadien verfolgte der Hirtengott Pan die Nymphe Syrinx. Sie floh vor seiner Bedrohung und flehte zu ihren Schwestern, den Flussnymphen, sie durch Verwandlung ihrer Mädchengestalt vor dem Mann zu retten. Ihr Wunsch ging in Erfüllung und sie wurde zum Schilfrohr. Seither wird aus diesem Rohr die Panflöte – die Syrinx – geschnitzt.

Mercur will immer weiter erzählen, aber er sieht, dass alle hundert Augen eingeschlafen sind, und ersticht den schlafenden Argus. (Ein Meisterstück der Selbstironie: der Dichter der *Metamorphosen* beschreibt, dass es zum Einschlafen kein besseres Mittel gibt, als Metamorphosen zu erzählen).

Juno trauert um ihren treuen Wächter und versetzt seine Augen auf das Pfauengefieder – auch das ist eine Metamorphose.[43]

Um Ios Leiden zu beenden, schwört Jupiter seiner Gattin, sie nie mehr zu betrügen – was allerdings auch übersetzt werden kann: sie nie mehr *mit Io* (als Kuh) zu betrügen. Auf der Flucht durch Ägypten wird Io dann durch Juno von ihrem Schicksal erlöst: In einer detaillierten Anatomie wird die Kuh in eine Frau zurückverwandelt. (Anfangs hat Io Hemmungen zu sprechen, weil sie ihr Muhen fürchtet). Die Ägypter verehren sie fortan als Göttin Isis.

---

[43] Es ist ein Grundsatz der Götterlehre wie des römischen Rechts: Was ein Gott verfügt hat, kann ein anderer nicht rückgängig machen; er kann nur etwas Neues verfügen.

Metamorphosen   1. Pentade   1. Buch

Ovid scheint zu sagen: die Römer haben ja schon eine seltsame Götterlehre – aber die Ägypter verehren als höchste Göttin eine Kuh ...

Das 1. Buch endete mit dem Beginn einer neuen Geschichte, die noch nicht als solche erkennbar ist: es beginnt die tragische Geschichte des Helios-Sohnes Phaeton (I, 747 bis Schluss).

Die in eine Frau zurückverwandelte **Io** wird „von der Schar im Linnengewande" (Priester der Göttin Isis) verehrt. Als Frucht der Vergewaltigung gebiert sie den **Epaphus**, der als Isis-Sohn Horus verehrt wird.

In arrogantem Stolz auf seine Abstammung vom höchsten Gott gerät **Epaphus** in Streit mit **Phaeton**, dessen Abstammung vom Sonnengott **Helios** er in Frage stellt; seine Mutter **Clymene** habe die göttliche (geistige) Vaterschaft nur vorgetäuscht, um einen Fehltritt zu verbergen.

Phaeton beginnt an seiner Identität zu zweifeln und verlangt von der Mutter Beweise. Clymene beschreibt ihm den Ort im Osten (Indien), wo der Palast des Sonnengottes zu finden ist. Dort solle er vom Vater selbst Gewissheit erhalten.

Phaeton sieht sich schon als Sohn des Sonnengottes „in den Äther erhoben" und eilt durch viele Länder bis nach Indien zum Haus der Sonne.

Ende des 1. Buches

2. BUCH
von Phaeton bis Europa

Der Palast des Sonnengottes (1 ff.)

Der Sonnenpalast korrespondiert in seiner Beschreibung mit der Kosmogonie:[44]
Die *Weltzeitalter* bestimmen das Bildprogramm der unbeschreiblich prächtigen Ausstattung des Palastes: *Golden* die Säulen, *Silbern* das Licht, aus *Eisen* die Pforte mit den Bildern der *Schöpfung*: das Meer und die Länder, Götter und Nymphen, und über allem der Himmel.

Phaeton wird geblendet vom Glanz des Vaters, auf dessen Thron die Zeit abgebildet ist: Tage, Monate, Jahre, Jahrhunderte, und die *Jahreszeiten*, wie sie von Jupiter im Silbernen Zeitalter geschaffen wurden (I, 117 f.).

Er bittet den Sonnengott um ein „Pfand", das die Zweifel an seiner Identität beseitigt, und Helios schwört, ihm jeden Wunsch zu erfüllen, der ihn als Sohn ausweist. Spontan verlangt Phaeton, den Sonnenwagen des Vaters einmal über den Himmel führen zu dürfen.

In einer leidenschaftlichen, von Angst um den Sohn getragenen Mahnrede beschreibt Helios den Lauf der Sonne durch das Weltall als Drohbild für die Hybris seines sterblichen Sohnes: Steil ist der Aufstieg des Wagens am Morgen, am Mittag erreicht er den höchsten Punkt, der selbst den Gott schwindeln machen kann, dann stürzt er sich am Abend „kopfüber jählings in die Tiefe" (69).

---

[44] „Metamorphose" bestimmt auch die Erzähltechnik: Ovid scheint sich zu wiederholen, aber dann verwandelt sich die scheinbar bekannte Geschichte in eine andere.

Während der Tagesfahrt dreht sich der Himmel in wirbelndem Kreis und führt die Gestirne herauf und hinunter, immer entgegen der Fahrtrichtung des Sonnenwagens.[45] Wilde Tiergestalten bedrohen die Fahrt: Stier, Löwe, Widder, Skorpion, Schlange. Krebs und Schütze lauern. Nur dem Helios gehorchen die feuerschnaubenden Rosse; nicht einmal Jupiter könnte den Wagen führen. Wenn es eines Pfandes bedarf für den Sohn, dann ist es die Vaterangst. Doch Phaeton besteht auf dem Eid des Gottes und Helios muss ihn einhalten. Er gibt ihm letzte Ratschläge, immer genau die harmonische Mitte zu suchen: fährt der Wagen zu hoch, verbrennt er den Himmel, fährt er zu tief, die Erde.

Phaetons Fahrt mit dem Sonnenwagen (150 ff.)

In allen Bildern und in fast jedem Wort wird die Fahrt zum Sinnbild jugendlicher Überheblichkeit und ihrer Folgen: Der Sohn hat nicht genügend „Gewicht" und das Gefährt schlingert haltlos wider die Ordnung aus den richtigen Geleisen; erst jetzt wird dem Lenker klar, dass er sich auf die Fahrt begeben hat, ohne den rechten Weg zu kennen; er kennt nicht einmal die Namen der Flügelrosse. Trotz zunehmender Helligkeit wird es ihm „schwarz vor den Augen" (181). Genau in der Mitte der Fahrt (200) entgleiten ihm die Zügel. Der Sonnenwagen verlässt seine gesetzliche Bahn und rast „ohne Gesetz" in die Tiefe.

---

45 Die Sonne durchläuft die Tierkreiszeichen im Laufe des Jahres und „überholt" sie dabei; dies wird als „Gegenverkehr" des Tierkreises verstanden.

Weltenbrand (304 ff.)

Der Absturz des Sonnenwagens löst einen verheerenden Weltenbrand aus. Der Erdkreis droht zu verbrennen, das Meer verdunstet, und bis in den Tartarus dringt die Hitze. *Kosmos* wird wieder verwandelt in *Chaos*. Die gequälte Erde ruft Jupiter um Hilfe an, und der oberste Gott schleudert seinen Blitz auf den Wagenlenker und tötet ihn. Wie ein Komet stürzt Phaeton in den Fluss Eridanus (Po). Nymphen bestatten ihn in einem Hügel (325). Einen Tag lang scheint keine Sonne.

Die Heliaden (340 ff.)

Die Töchter des Helios trauern vier Monate lang um den tragisch gescheiterten Bruder, dann werden sie durch eine Metamorphose erlöst und in Pappeln verwandelt. Noch als Bäume weinen sie. Ihre harzenen Tränen erstarren in der Sonne, und „als Bernstein tropfen sie ab vom frischen Gezweig, es empfängt sie der klare Strom und sendet sie hin, dass Latiums Töchter sie tragen." (346 f.).

Cygnus (367 ff.)

Phaetons Freund Cygnus[46] herrscht als König von Ligurien (Golf von Genua) und fährt zu seinem Grabhügel. Sein Schmerz um den verlorenen Freund ist so groß, dass sich sein Wesen verändert: die Stimme wird zart, das Haar wird weiß, der Hals verlängt sich, es wachsen ihm Schwimmhäute und Federn, der Mund wandelt sich zum Schnabel – „Cygnus wurde zum Schwan" (377).

---

[46] *Cygnos*: griech: „der Schwan". Sein Name nimmt die Metamorphose voraus; Schicksalsbestimmung.

Helios (381 ff.)

Nach dem Verlust seines Sohnes will Helios nie mehr den Sonnenwagen steuern; die Erde soll in Dunkelheit versinken, aus Trauer um den geliebten Sohn. Alle Götter flehen ihn an, denn nur er ist befähigt, den Wagen zu lenken. Schließlich gibt Helios nach und „wütet mit Schmerz und Stachel und Geißel" (399) gegen die Rosse, denen er die Schuld gibt an dem Unglück.

Ironie der Phaetongeschichte[47]

Die tragische Geschichte wird von Ironie durchzogen: Je aufgeregter die Ereignisse sich entwickeln, umso aufgeregter wird auch der epische Erzähler. *Was soll er tun?* (187) fragt er ratlos seine Leser, als Phaeton die Gewalt über den Wagen verliert.

Ovid wird beim Weltenbrand gleichsam zum Augenzeugen. Die Hautfarbe der Afrikaner erklärt er damit, dass sie am stärksten verbrannten. Aus der Trauer der Heliaden entsteht Schmuck für die wohlhabenden Römerinnen, wobei die Metamorphose von Tränen in Bernstein von der (gerade noch so zerstörerischen) Sonne bewirkt wird. Die Reichen tragen den Schmuck der Trauernden. Als die Sonne einen Tag lang nicht scheint, ist es trotzdem hell, denn der Weltenbrand erleuchtet die Erde – so war er doch auch nützlich. Und am Ende waren die Rosse des Sonnenwagens an allem schuld – zeitlose Lebenserfahrungen.

---

47 Werbung für das VW-Flaggschiff: *Als offizielles Shuttle Fahrzeug war es dem Phaeton auch 2008 gewährt, die Stars zu den vielen Events der Berlinale zu begleiten. So nah wie er ist Ihnen wohl kaum einer gekommen. Da könnte man fast neidisch werden.* (Ob Stars und Techniker Ovid kennen?).

Jupiter und Callisto (401 ff.)

Jupiter besichtigt, was der Weltenbrand angerichtet hat; er belebt die Quellen und heißt den Wald sich begrünen. Zuerst bringt er seine Lieblingslandschaft Arkadien wieder in Ordnung. Dabei wird sein „Blick gebannt von einer Jungfrau, und bis in die Knochen entbrennt ihm das Feuer" (409 f.).

Also: Kaum ist ein Weltenbrand gelöscht, da brennt es schon wieder...

Ovids Ironie lebt in hohem Maße von seiner „Intertextualität": Er bezieht sich auf die Werke anderer Dichter, und erst durch Spiegelung eines anderen Textes in der neuen Umgebung wird ein zusätzlicher, hintergründiger Sinn offenbar. Häufig bezieht er sich auch auf eigene Texte, meist auf *Ars amatoria* oder *Metamorphosen*.

Hier ist es Apollos Verfolgungsjagd auf Daphne, wo es von Cupido hieß (I, 473): *Laesit Apollines traiecta **per ossa** medullas*: er „jagt ihn (seinen Pfeil) Apollo durchs Gebein (wörtl. durch die Knochen) und trifft ihn im innersten Mark". Dadurch wird zu Beginn der Callisto-Geschichte ein gedanklicher und motivischer Kontakt hergestellt zur Daphne-Geschichte. Die Parallele wird sofort noch verstärkt durch die äußere Erscheinung der schlafenden Callisto, die eine Schleife im langen offenen Haar trägt (413) ***vitta coercuerat** neglectos alba **capillos*** („nur ein weißes Band hielt ihre offenen Haare"). Bei Apollo und Daphne hieß es (I, 477): ***vitta coercebat** positos sine lege **capillos*** („Nur eine Schleife umschloss ihre schlicht fallenden Haare").

Metamorphosen 1. Pentade 2. Buch

Die Intertextualität geht noch weiter: Callistos einfache Erscheinung widerspricht der Darstellung der *Ars amatoria*, wo beschrieben wird, wie Frauen sich herausputzen sollen, um Männer zu fangen. „Wie die Ameisen" rennen sie herum, um Aufmerksamkeit zu erregen.[48] Die Rollen sind verkehrt. Die junge Nymphe hat kein Interesse am Mann; Gott Jupiter verhält sich als „Ameise".

Ein Leben in Arkadien (wo die Szene spielt) bedeutet sprichwörtlich: der einfache Mensch verhält sich unverdorben und ganz natürlich. Offenbar verhalten sich die Götter unnatürlich.

Überdeutlich ist die Kritik an den Zuständen im „Golden Augusteischen Zeitalter"; denn die *Metamorphosen* bilden das Leben im Römischen Reich ab, und Jupiter wird immer wieder gleichgesetzt mit Augustus, dessen privates Sexualleben nicht den Sittengesetzen entsprach, die er dem Volk gab.

---

48 *Ars amatoria* (I, 93), Empfehlung zur Jagd auf die Schönen: *Gehe vor allem im Rund des Theaters auf die Jagd. Dieser Ort ist reicher an Beute als du dir vorstellst. Dort gibt es überreichlich zum Flirten und Lieben und Tätscheln, und was du außerdem noch gerne machst... Wie ein wimmelnder Ameisenzug strömen die herausgeputzen Frauen dorthin... Sie kommen zum Sehen und wollen gesehen werden. Das Theater ist ein verderblicher Ort für die tugendhafte Scham.*

Metamorphosen   1. Pentade   2. Buch

Callistos Vergewaltigung (401 ff.)

„Dianas Soldat" (415) wird nirgends mit Namen genannt; aber es wird ständig von ihrer „Schönheit" gesprochen; sie ist *die Schönste* (griech. „Kallisto"); ihre Erscheinung, ihr Attribut, ist ihr Name. Der Gott erblickt die am Waldrand Ruhende *„ermüdet und ohne Bewachung"* und denkt bei sich: *„Diesen Seitensprung (furtum:* Verführung, Vergewaltigung, Raub) *wird meine Gattin nicht erfahren ... und wenn doch, dann lohnt es den Ärger."* Er nimmt Gestalt und Stimme Dianas an,[49] und Callisto begrüßt ihre scheinbare Herrin mit dem Kompliment, sie achte sie mehr als Jupiter. Dieser vernimmt schmunzelnd, mehr als er selbst geschätzt zu werden. „Die Sonne steht im Mittag" (417); Flimmern und Mittagshitze gelten als bevorzugte Zeit für ein Liebesabenteuer. Jupiter küsst Callisto, *„aber nicht so, wie Jungfrauen küssen"*. Er gibt sich zu erkennen und bedrängt sie. Hier schaltet sich der Erzähler als Kommentator ein: Callisto wehre die Liebkosungen ab, aber nur, *„so viel einem Weibe möglich. Und welches Mädchen könnte wohl einen Jupiter abwehren – wenn überhaupt."* Der Kampf der Nymphe mit dem Gott ist ergreifend, und doch zynisch; denn es wird unterstellt, dass sie sich nur pro forma wehrt *(wenn überhaupt).* In dem fein gesponnenen Vers klingt an, die Frau habe durch aufreizendes Verhalten (leicht bekleidet auf einsamer Wiese liegend) ihre Vergewaltigung provoziert.[50]

---

49 Märchenmotiv Kreide Fressen *Der Wolf und die 7 Geißlein.*
50 Anspielung auf die Kampfesmetaphorik eines Liebesspiels. *Ars amatoria* I, 5,15: „Sie **kämpfte** indessen wie eine, der nichts am **Siege** gelegen; unschwer ward sie **besiegt** durch ihren eignen Verrat."

Metamorphosen   1. Pentade   2. Buch

Callistos seelische Situation (vom hektischen Atmen bei der Abwehr bis zum Versagen des Atems, wenn sie sich davon schleicht) ist in den schwächer werdenden Daktylen (– vv) der 4 Verse 437-440 formal kunstvoll nachgebildet:
4 Daktylen, 3 Daktylen, 2 Daktylen, am Ende nur noch 1 Daktylos.
Sie wehrt sich verzweifelt, aber gegen den Mann (den Gott, den hochgestellten Römer) hat sie keine Chance.

Zusätzlich schockiert, dass die Vergewaltigung nur beschrieben wird im Bild des lustig zum Olymp rückkehrenden Jupiter; es ist ein einziger Vers: *„Und als Sieger steigt er zum Äther."*

Als Callisto den Platz verlässt, vergisst sie ihre Utensilien: Bogen und Köcher; ihre Identität als Dienerin der Diana, ihre Jungfräulichkeit hat sie verloren. Diana erscheint, und Callisto muss in ihr erneut ihren Schänder fürchten. Erst als sie das Gefolge der Nymphen erblickt, ist sie beruhigt. An ihrem Wesen sind *„die Zeichen der verletzten Unschuld zu bemerken."* Diana allerdings bemerkt sie nicht, weil sie noch Jungfrau ist. *„Die Nymphen, so sagt man, erkannten es alle."* (War Callisto die einzige noch verbliebene Jungfrau in Dianas Gefolge?) –

Nach neun Monaten weigert sich Callisto, am hüllenlosen Bad im Bach teilzunehmen. Die Nymphen reißen ihr die Kleider herunter, und jetzt erkennt auch Diana *„am nackten Leibe die Schuld"*.
Callisto wird verstoßen.

Rache- und Strafrede der Juno (463 ff.)

Ein neues Motiv taucht auf: die Rache der Götter. Nachdem Callisto einen Sohn Arcas geboren hat, erscheint die Gottheit Juno in ihrer ganzen Engstirnigkeit. Ihre Strafrede beginnt eher komisch (471 f.): *"Das hat gerade noch gefehlt. Auch noch ein Kind kriegen* (nach der Vergewaltigung)*, um die Schande meines Mannes öffentlich zu machen"*.

Sie raubt Callisto die Schönheit, die Jupiter verlockt hat, und verwandelt sie in eine Bärin. Das behaarte, zottelige tollpatschige Tier galt als besonders hässlich. Als Bärin flüchtet Callisto, von Hunden gehetzt, durch die Wälder; aber am meisten fürchtet sie die (männlichen) Bären.

Callisto und Arcas als Sternbilder (505 ff.)

Nach 15 Jahren trifft Callisto im Wald auf ihren jagenden Sohn. Sie hat ihre Gestalt verloren, aber ihr Bewusstsein behalten. Verzweifelt und flehend starrt sie ihn an, aber Arcas will die Bärin mit dem Speer erlegen.

Da greift Jupiter ein: er verwandelt auch Arcas in einen Bären und versetzt Mutter und Sohn unter die Sternbilder.

Juno ist wütend. Aber es gilt ein Gesetz der Götter (und galt analog in Rom): die Entscheidung eines Gottes (Senators) konnte ein anderer Gott nicht rückgängig machen. So verfügt Juno, dass Großer und Kleiner Bär niemals in den Ozean tauchen dürfen, um sich von der Schande zu reinigen; sie stehen seither fest am Firmament.

Metamorphosen 1. Pentade 2. Buch

Callistos Schicksal – Frauenschicksal in Rom

Callistos Vergewaltigung durch den obersten Gott ist ein brutaler Akt von Heimtücke und Gewalt. Aber es ist ein Kavaliersdelikt: Die vergewaltigte Frau wird bestraft und wird dazu noch von ihrer Umwelt gejagt. In der Antike war Gewalt in der Liebe erlaubt, fast „normal". Ars amatoria (I, 33 f.): *Nos venerem tutam* **concessaque furta** *canemus, / Inque meo nullum carmine* **crimen** *erit.* („Sicheren Liebesgenuss und **gestatteten Raub** nur besinge ich, nirgends in meinem Gedicht wird ein Verbrechen gelehrt."). *crimen* bedeutet auch „Ehebruch", der bei Augustus unter Strafe stand. Also war umgekehrt eine Vergewaltigung kein Ehebruch, sondern ein „gestatteter Raub" und deshalb nicht strafbar.

Geschädigt war bei einer Vergewaltigung nicht das Opfer, die Frau, sondern der Mann, auf den sie bezogen war: bei einer Jungfrau der Vater und Bruder, bei einer Ehefrau der Gatte.

Callistos Bestrafung wirkt exemplarisch durch ihre stilistische Akzentuierung : genau in der Mitte ihrer Geschichte (nach 65 Versen) wird sie von ihrer Herrin Diana verstoßen: „Beflecke nicht die heilige Quelle" (464); am Ende nach wiederum 65 Versen (530) wird sie von Juno am Himmel fixiert und ihr das Bad im reinigenden Ozean versagt: „Damit sie in der reinen Flut sich nicht netze."

Metamorphosen 1. Pentade 2. Buch

„Index"-Geschichten[51] (531-832)

In einem besonders raffiniert gestalteten Übergang werden nach der tragischen Callisto im Plauderton Beispiele bestrafter Denunziation erzählt:

Nach Callistos Bestrafung fährt Juno in den Himmel. Ihr Wagen wird von Pfauen gezogen, die ihr prächtiges Aussehen erst durch die Metamorphose der Argusaugen erhalten haben (I, 723) – „ebenso wie auch der geschwätzige Rabe" ursprünglich nicht schwarz war, sondern weiß wie die Schwäne. Die Erklärung seiner Strafe, die ihm die schwarze Farbe einbrachte, leitet den Komplex geschwätziger Figuren ein und ist kompliziert verschachtelt in andere Verwandlungsgeschichten, deren Konfusion durch Buchstaben-Metamorphosen noch gesteigert wird: **COR**vus (Rabe), **COR**onis (Apollos Geliebte), **COR**oneus (ihr Vater), **COR**nix (Krähe), Ce**CRO**ps (mythischer Gründer Athens) – und danach folgen noch weitere …

Apollo und Coronis (596 ff.)

Apollo liebte die schöne Coronis aus Thessalien, „so lange sie treu oder unbeobachtet war". Eines Tages ist sie weder treu noch unbeobachtet, und Apollos Rabe wird Zeuge. Er fliegt sofort los, um sie bei seinem Herrn anzuzeigen (*indizieren*). Auf dem Flug nach Delphi trifft er einen anderen geschwätzigen Vogel, die Krähe. Sie rät ihm von der Denunzierung ab und erzählt die Geschichte ihrer Verwandlung. Ihre Metamorphose wird perspektivisch immer stärker verengt durch weitere Geschichten, die am Ende nur noch turbulenten Unsinn produzieren.

---

51 *index*: anzeigen, verraten, denunzieren.

Die Krähe (cornix) ist die Tochter von König Coroneus; als Neptun die Schöne vergewaltigen wollte, rettete Minerva[52] sie durch Verwandlung in eine Krähe und nahm sie in ihr Gefolge auf.

Im Palast von König Cecrops´ü verbarg Minerva einen Korb mit dem Säugling Erichthonius[53] und verbot den Cecrops-Töchtern, das Geheimnis auszuspähen. Die Krähe beobachtete, wie die neugierige Aglaurus das Verbot brach; sie verriet es Minerva und wurde zur Strafe verstoßen. An ihre Stelle trat die wegen Unzucht in eine Nachteule verwandelte Nyctimene.[54] –

Dann endlich kehrt der Text zurück zu Apollo und dem Raben: dem Gott fällt vor Schreck der Lorbeer vom Kopf, als er von der Untreue erfährt; er greift zu Pfeil und Bogen, eilt nach Thessalien und erschießt die Geliebte. Sterbend gesteht sie ihre Schwangerschaft. Apollo „hasst" seine übereilte Tat, „hasst" den Bogen, seufzt,[55] und „entreißt den Sohn ihrem Schoß". Der Rabe, der auf Belohnung gehofft hatte, wird für seine Denunziation durch Entzug seiner schönen weißen Farbe bestraft.

---

52 *Minerva*: (griech. Athene); Tochter Jupiters, Göttin der Wissenschaften und Künste.
53 *Cecrops*: mythischer ältester König Attikas und Athens. – *Erichthonius*: Vulkan (gr. Hephaistos) wollte Athene vergewaltigen; sie entkam, der Samen spritze in die Erde, und aus ihm entstand Erichthonius (gr.: *der aus der Erde Entstandene*). Athene rettete den Säugling ins Haus des Cecrops.
54 *Nyctimene*: gr.: „Nachteule". Lesbierin; trieb mit ihrem Vater Unzucht; zur Strafe in eine Eule verwandelt.
55 Vers 621 f.: „Er seufzte schwer, denn Tränen dürfen das Antlitz der Himmelsbewohner nicht netzen, mit tief aus dem Herzen geholten Stöhnen."

Metamorphosen   1. Pentade   2. Buch

Chiron und seine Tochter (633 ff.)

Apollon bringt den Säugling zu Chiron[56] in Pflege. Wieder schiebt sich eine Metamorphose dazwischen: Chirons Tochter Ocyrhoe weissagt die Zukunft des Neugeborenen: Aesculap[57] wird den Menschen als segensreicher Arzt dienen. Dann prophezeit sie ihrem Vater seinen Tod durch einen vergifteten Pfeil des Herakles und weissagt zuletzt ihr eigenes Schicksal, das sich während ihrer Prophezeiung bereits vollzieht: die Tochter Chirons und der Nymphe Chariclo wird in eine Stute verwandelt. Der letzte Teil ihrer Klage ist kaum noch zu verstehen – die Worte gehen über in unverständliche Töne und schließlich in Wiehern. Ocyrhoe hatte etwas verraten (*Index*): die Zukunft, die den Menschen unbekannt bleiben muss.

Auch dieser Teil der Erzählung spinnt die Metamorphose der Buchstaben **COR** weiter: Chi**RO**n – **OC**y**R**hoe – Cha**R**icl**O**. Ein weiteres Wortspiel erklärt den Namen der Hauptperson: die mütterliche Nymphe am „schnell fließenden" Wasser (637 f.) gab ihr den Namen Ocyrhoe (οξυ ροε) – griechisch: „schnell fließend".

---

56 *Chiron*: einer der Kentauren; sie bewohnten die Bergregionen von Thessalien und Arkadien, hatten menschlichen Oberkörper und Unterkörper eines Pferdes; Chiron war (unter den sonst gewalttätigen Kentauren) für seine Güte und Weisheit bekannt; er ist der Erzieher griechischer Helden (Achill, Jason); am Himmel das Sternbild Schütze.

57 *Aesculap*: (griech. Asklepios). Bei Chiron lernte er die Heilkunst und wurde zu einem großen Arzt. Als er es wagte, einen Toten zum Leben zu erwecken, erschlug ihn Zeus mit seinem Donnerkeil. Mittelpunkt des Asklepioskultes war Epidauros auf der Peloponnes. Das dem Asklepios heilige Tier war die Schlange, die sich bis heute im *Äskulapstab* erhalten hat, dem Symbol des Ärztestandes.

Metamorphosen 1. Pentade 2. Buch

Alles ist *Metamorphose* – auch die Sprache. Mit drei Buchstaben COR, die sich ständig verwandeln, können Geschichten und Schicksale erzählt werden. 24 Buchstaben, ständig neu verwandelt, formen Denken und Reden.

Apollos Geliebte Coronis, die von ihm den Aesculap empfangen hat, ist der Beginn eines großen Bogens, der sich bis zum Ende der *Metamorphosen* spannt. Denn Coronis bedeutet: „Schlussschnörkel". Und das Coronis-Motiv taucht am Schluss der *Metamorphosen* wieder auf, wenn der Einzug ihres Sohnes Aesculap in Rom das erste nachweisbare historische Datum Roms markiert, und unter die vierzehntausend Verse der *Metamorphosen* damit den „Schlussschnörkel" setzt: ∫ - das Zeichen für *Finis*.

Wieder zurück zur eigentlichen Apollo-Geschichte, die wieder nur als Übergang zu einer Metamorphose dient: Chiron flehte, der Vater Aesculaps solle bei Jupiter die Metamorphose seiner Tochter verhindern; aber Apollo war gerade auf der Erde unterwegs und musste ein Jahr lang Rinder hüten. Sein Bruder Mercur (griech. Hermes) stahl die Tiere und versteckte sie im Wald. Das ist der Anfang einer neuen eingeschobenen Metamorphose.

Metamorphosen   1. Pentade   2. Buch

Battus (676 ff.)

Nur der einfältige alte Hirte **Battus** war Zeuge des Rinderdiebstals. Mercur (Hermes) versprach ihm einen Ochsen für sein Stillschweigen und Battus schwor bei einem Feldstein. Dann kam Hermes in anderer Gestalt, fragte nach den Rindern, bot zum Ochsen eine Kuh, und Battus verriet die Herde. Zur Strafe wurde er in den Stein, bei dem er geschworen hatte, verwandelt (706 f.): Dieser Stein „wird heute noch Anzeiger (*index*) genannt. Und an ihm hängt die Schande (*infamia*) der Vorzeit." – Es war wohl ein wegweisender Meilenstein; in der Erzählung hat er die Doppelbedeutung „Kalfaktor".

Der gebildete Römer sprach gut Griechisch und verstand Ovids Anspielungen. Bei Chirons Tochter Ocyrhoe wurde mit der gleichen Bedeutung des griechischen Namens und der lateinischen Ortsbeschreibung gespielt. Bei Battus entspricht das lateinische *in-famia* („Schande") etymologisch dem Griechischen α–φημια (a-femia): „sprachlos". Der „schändliche" Schwätzer und Denunziant Battus wird verwandelt in den stummen Stein.

Mercur und Herse (708 ff.)

Nach dem gelungenen Rinderraub fliegt Mercur mit seinen geflügelten Schuhen über das Land und kommt am Panathenäenfest nach Athen, um den Zug der Jungfrauen zur Akropolis zu bewundern. „Wie der gefiederte Räuber" (Raubvogel) kreist er in immer enger werden Zirkeln über der Stadt, „umfliegt voller Begier seine Hoffnung" (719). Mercur sucht ein Objekt seiner Begierde.

Metamorphosen   1. Pentade   2. Buch

Als Schönste im Festzug entdeckt er die Cecrops-Tochter Herse und begibt sich zum Haus der Auserwählten. Dort macht er sich schön (731 ff.) gemäß *Ars amatoria* (I, 505 ff.: männliche Körperpflege). Aber *Ars amatoria* rät zur Zurückhaltung, während der Gott zu viel des Guten tut: er poliert seine Flügelschuhe, ordnet den Faltenwurf der Toga, kämmt sich das Haar...

Im Haus von König Cecrops wohnen drei Töchter. Als erste entdeckt Aglaurus den Gott und fragt nach dem Grund seines Besuches. Er bittet sie, ihm Zugang bei ihrer Schwester zu verschaffen, dann könne sie Tante seiner Kinder werden (746). Aglaurus verlangt für ihre Kuppelei eine „große schwere Menge Gold" und Mercur eilt in den Äther, um es zu beschaffen.

Hier, in der letzten Index-Geschichte, erfolgt die Rückkopplung auf den weit zurückliegenden Anfang der Erzählung (555), der ebenfalls im Palast des Cecrops spielte, wo Aglaurus aus Neugierde gegen Minervas Verbot verstoßen hatte und von Coronis verraten wurde.

Mercur kehrt mit Kuppel-Gold aus dem Äther zurück zu Aglaurus.

Aber die beiden wurden beobachtet – und das hat Konsequenzen...

Aglaurus – Invidia (730 ff.)

Minerva (Athene) hat die Vereinbarung von Aglaurus und Hermes beobachtet. Sie ist immer noch verärgert über die Cecrops-Tochter, weil diese ihr Geheimnis ausspioniert hatte, wofür sie den Kalfaktor bestrafte. Jetzt will sie die *Habgier* von Aglaurus mit *Neid* bestrafen. Minerva begibt sich in das Haus der „Missgunst" (Invidia[58]), „das von schwarzer Jauche trieft" (760), und findet Invidia, wie sie gerade Schlangenfleisch verschlingt. Sie ist dürr, hat grässlich faule Zähne und eine gallengrüne Brust, die Zunge ist giftunterlaufen. Schlaflos vor Missgunst wird sie zernagt vom Glück der Menschen. Minerva beauftragt sie, Aglaurus mit ihrer Sucht zu impfen.

Invidia begibt sich auf ihren Flug nach Athen (790 ff.): „Gehüllt in schwarzes Gewölke. Wohin sie auch kommt ... dörrt sie die Kräuter aus, versengt die Pflanzen, durch ihren Hauch verseucht sie die Menschen, Städte, Völker." Auf ihrem phantastischen Flug kann sie kaum die Tränen zurückhalten, aus Enttäuschung darüber, dass sie nichts findet, worauf sie neidisch sein kann (796).[59] Sie betritt die Kammer der Aglaurus, legt ihre rostige Hand auf die Brust, atmet sie mit ihrem Pesthauch an, und lässt ihr den Neid ins Gebein strömen. Von diesem Moment an wird Aglaurus zernagt von Missgunst gegen die Schwester. Sie setzt sich auf die Schwelle vor deren Türe und versperrt dem Gott den Eingang. Der verwandelt sie in schwarzen Stein. „Ihr Gemüt gab ihr die Farbe" (832).

---

58 *Invidia* ist die Personifikation des Neides. Sie ist keine klassische Gottheit; eine Erfindung Ovids.
59 Solche sarkastische Stellen können Ovids Verbannung aus dem „Goldenen Augusteischen Zeitalter" erklären.

Ironie der Indexgeschichten

Die Aglaurus-Erählung verklammert die Index-Geschichten vom Anfang (558: *Neugierde*) bis Ende (832: *Neid*); damit erhalten die kompliziert verschachtelten Verwandlungen einen thematischen Zusammenhang.

Eine spezielle Pointe ergibt sich aus intertextuellen Bezügen: In der römischen Literatur über Götter-Amouren wurde Göttern, die auf Erden wandeln, um Menschenfrauen zu verführen, geraten, ihr wahres Wesen zu verbergen und möglichst einfach aufzutreten. Schöne Jungfrauen seien leichter für Ihresgleichen zugänglich als für einen Gott, der sich nach dem Abenteuer sogleich wieder in den Äther erhebt. Gegen diese Empfehlung verstößt Mercur, wenn er eitel und affektiert Schuhe und Kleidung und Frisur richtet, um Herse zu imponieren. Er war der Schutzgott der Kaufleute und der Taschendiebe – aber auch der Homosexuellen. Offenbar ist er nicht informiert über die Erfolgsgeheimnisse der Fraueneroberung. Das bedeutet aber auch: Aglaurus war ganz unnötig neidisch auf ihre Schwester. Eine Liebesnacht mit dem Gott der Taschendiebe und Homosexuellen versprach keine überwältigenden Genüsse.

Zeus und Europa (833 ff.)

Den in den Himmel zurückkehrenden Rinderdieb Mercur beauftragt Jupiter, die Rinderherde des Königs von Phönikien[60] zum Strand zu treiben. Damit macht er zwar „den Bock zum Gärtner", aber dem höchsten Gott wagt Mercur keinen seiner sprichwörtlichen Streiche zu spielen.[61]

Dann nimmt Zeus die Gestalt eines weißen Jungstieres an und begibt sich unter die Herde. Wieder hat er Liebe mit einer sterblichen Frau im Sinn. Die Königstochter staunt über das zahme Tier und wird zutraulich. Sie steckt ihm Blumen ins Maul. *„Da freut sich der Liebende und küsst ihre Hände, bis die erhoffte Lust ihm werde. Nur mit Mühe verschiebt er das Weitere."* Mit „neckenden Sprüngen" tollt der göttliche Stier über die Wiese, legt sich nieder und lässt sich den weißen Bauch kraulen. Schließlich wagt sich die königliche Jungfrau auf seinen Rücken und der stürmt mit seiner „Beute" ins Meer. Europas linke Hand liegt auf seinem Rücken, mit der rechten hält sie ein Horn gepackt, ihr Gewand flattert im Wind. Ein prachtvolles Bild.

---

60 *Phönikien*: biblisch Kanaan; Landstrich an der Ostküste des Mittelmeeres; heute auf dem Gebiet des Libanon.
61 *Mercur* (griech. Hermes) ist eine der vieldeutigsten Göttergestalten der Mythologie: kaum ist er in einer Höhle in Arkadien zur Welt gekommen, erfindet er die Leier, die er aus dem Panzer einer Schildkröte baut. Die seinem Bruder Apollon gestohlene Rinderherde darf er behalten, denn er schenkt diesem dafür die Leier, und Apollon kann nun Gott der Musen und der Musik werden. Im Mythos schenkt Apollon ihm einen Zauberstab, mit dem er den Io-Bewacher Argus einschläfert – aber bei Ovid schläft Argus über dem Erzählen von Metamorphosengeschichten ein!

An dieser Stelle ist das 2. Buch zu Ende. Verführung (oder Vergewaltigung) der Europa wird nicht erzählt.

Ovid erwartet von seinen Lesern Literaturkenntnis. Das *Horn* war außer der erotischen Nebenbedeutung auch sprichwörtlich für die römischen Buchrollen: sie waren auf eine Horn-förmige Vorrichtung gespannt, von der sie abgerollt wurden. Die Redensart „ad sua cornua", *bis zu seinen Hörnern (lesen)*, besagte: eine Sache zu Ende gebracht haben.

Europa hat das Horn in der Hand.
Die Entführung ist „ad sua cornua" gekommen.

Ende des 2. Buches

3. BUCH
von Cadmus bis Pentheus und Bacchus

Zeus und Europa auf Kreta (1 f.)

Das 2. Buch endete in Phönikien an der Westküste Kleinasiens mit der Entführung der Europa durch den göttlichen Stier nach Kreta.

Zu Beginn des 3. Buches muss der Vollzug der Vereinigung von Königstochter und Gottheit erwartet werden. Aber die Erwartung wird nicht erfüllt. Weniger als zwei Verse schließen die Liebeshandlung ab: die Beiden sind bereits in Kreta und Zeus gab sich Europa als Gott zu erkennen (*confessus*: „bekennen"); „als Gatten erkennen" bedeutet von der Bibel bis Shakespeare immer den Vollzug der geschlechtlichen Vereinigung.

Cadmus – die Gründung Thebens (3 ff.)

Die Überraschung wird noch größer: bereits im 2. Vers schwenkt die Erzählung von Kreta zurück nach Phönikien, wo König Agenor seinem Sohn Cadmus befiehlt, seine Schwester Europa zu suchen; falls er sie nicht findet, wird er verbannt.

Überstürzt flüchtet Cadmus mit einigen Gefährten aus dem Machtbereich seines Vaters; ohne Hoffnung „durchirrt er den Erdkreis – denn wer könnte einen Diebstahl Jupiters entdecken." Im 7. Vers befragt er das Orakel in Delphi, an welchem Ort er sich niederlassen könne und erhält die Antwort, dem nächsten Rind (irdisches Abbild des göttlichen Stieres) zu folgen und dort, wo es sich zur Ruhe lege, einen Staat zu gründen. „Nach dem Rinde sollst du ihn nennen." (*Rind* lat. „*bos*" wird zu „*Böotien*").

Metamorphosen   1. Pentade   3. Buch

Der Drachenkampf (28 ff.)

Am beschrieben Ort küsst Cadmus die Erde.

Auf der Suche nach einer Quelle gelangt er zu einem *"locus amoenus."*[62] Die Örtlichkeit ist der Callisto-Geschichte auffallend ähnlich und man erwartet eine erotische Handlung. Stattdessen steht Cadmus vor der Höhle eines Lindwurms.

Der folgende Drachenkampf wird komisch übertrieben bis zum Witz. Die Augen des Superungeheuers sprühen Feuer, der Leib schwillt an voll Gift, drei Zungen, drei Reihen Zähne, der schuppige Leib windet sich in Kreisen und walzt ganze Wälder nieder. Schließlich spießt Cadmus die Bestie mit dem Speer an einen Baumstamm. Danach vernimmt er eine Stimme aus dem Wald, die ihm seine spätere Verwandlung in eine Schlange weissagt.

Minerva (Athene) befiehlt Cadmus, die Zähne des Drachens auszusäen. Er befolgt es, und aus den Furchen wachsen bewaffnete Männer, die sich bekriegen. Nur fünf überleben und gründen mit ihm Theben. Als König heiratet er Harmonia, die Tochter von Kriegsgott Mars (griech. Ares) und der Liebesgöttin Venus (griech. Aphrodite). „Doch bevor man einen Menschen glücklich nennt, muss man die letzte Stunde seines Lebens abwarten."[63] (137)

---

62 *locus amoenus*: „lieblicher Ort"; erstmals bei der griechischen Dichterin Sappho (um 650 bis 590 v.Chr.); romantischer Ort: Bach oder Teich, Sonne im Baumschatten, Vogelgezwitscher.
63 Zitat von Solon (um 600 v.Chr.), einem der Sieben Weisen.

Actaeon (138 ff.)

Obwohl Theben unter der Herrschaft von Cadmus gedieh, werden seine Nachkommen von Unglück verfolgt,[64] denn der Drache war dem Kriegsgott Mars heilig; er schützte eine unberührte Natur vor der Kolonisierung. Das Unheil beginnt bei Cadmus' Enkel Actaeon.

Der jugendliche Jäger gelangt zu einer idyllischen Grotte mit einem Quellteich. *„locus amoenus"* und Mittagszeit sind typische Kennzeichen für eine Liebeshandlung; fast immer folgt eine Verführung oder Vergewaltigung. Aber wieder trügt die Erwartung: Die Grotte ist Diana geweiht und sie badet dort mit ihren Jungfrauen „ohne Gewand", als Actaeon sie zufällig erblickt.[65] Sie spritzt ihm Wasser in die Augen und verwandelt ihn in einen Hirsch. Actaeons eigene Hunde beginnen ihn zu jagen. In panischer Flucht ruft er sie beim Namen, aber sie erkennen ihren Herrn nicht mehr. Ovid persifliert die von Homer bekannte Katalogdichtung mit einem Hundekatalog (215 ff.): „Adler und Fass ihn, Läufer und Glocke, Kläffer und Tiger, Bärin und …". Aber es ist nicht nur Parodie, sondern eine große Retardation und „comic relief" (Shakespeares „komische Entspannung") vor dem Tod des jungen Jägers. Die Göttin ist erst befriedigt, nachdem Actaeon bestialisch zerfleischt ist.

---

64 Ururenkel ist Ödipus; dessen Tochter Antigone …
65 Das Motiv des „verbotenen Sehens", das erstmals beim Blick des Cadmus auf den erlegten Drachen angedeutet wurde, wird alle Ereignisse des 3. Buches prägen. (Der Nachkomme Ödipus sticht sich die Augen aus).

Metamorphosen   1. Pentade   3. Buch

Jupiter und Semele (253 ff.)

Die erste Geschichte brachte zwei Mal eine Strafe für verbotenes Sehen: **Actaeon** wird in einen Hirsch verwandelt, **Cadmus** (erst am Ende des 4. Buches) in eine Schlange. Die dritte Strafe trifft **Semele**.

Den Übergang bildet eine der permanenten Analogien zur gesellschaftlichen und politischen Situation in Rom: Die Götter (Politiker) diskutieren endlos Dianas hartherziges Verhalten bei der Bestrafung des subjektiv unschuldigen Actaeon: die einen beurteilen es als angemessen, die anderen als übertrieben – „Gründe weiß jeder zu finden" (254). Nur Juno beteiligt sich nicht an der öffentlichen Diskussion; das Geschlecht des Cadmus ist ihr verhasst wegen der Jupiter-Geliebten Europa.

Juno ist wütend auf Semele, „die schwanger ist vom Samen des großen Jupiter." Sie besucht sie in der Gestalt ihrer Amme (275: *simulavit* – sie verwandelt sich nicht, sondern „spielt Theater"; so sind die Götter/Politiker), und sät den Keim des Zweifels, der Geliebte sei nicht der höchste Gott und könne ein Betrüger sein. Auf Bitten der zweifelnden Semele schwört Jupiter, ihr jeden Wunsch zu erfüllen. Sie wünscht, ihn in seiner göttlichen Herrlichkeit zu sehen. Jupiter ist der Gott von Blitz und Donner; bei seinem Anblick verbrennt Semele. Das nicht ausgetragene Kind rettet er und trägt es in seinem Schenkel aus – *si credere dignum est* („falls man das glauben kann", 311). Nach der zweiten Geburt gibt er das Knäblein den Nymphen von Nysos[66] zur Pflege.

---

66 Bacchus ist griechisch Dio-nysos: (Διο–νυσοσ), „der nysische Gott".

Einschub: Tiresias-Geschichte (316 ff.)

„Erheitert vom Nektar" (318) streiten Jupiter und Juno, ob Frauen oder Männer mehr Vergnügen haben beim Geschlechtsverkehr.[67] Zum Schiedsrichter wird Tiresias bestimmt.

Tiresias gilt nicht kompetent wegen seiner Seherkunst; zu diesem Zeitpunkt besaß er die Gabe noch nicht; sie wird ihm erst am Schluss dieser Geschichte verliehen. Kompetent ist er, weil er schon beiden Geschlechtern angehört hat: denn als er einmal zwei heilige Schlangen bei der Paarung beobachtete, schlug er sie mit seinem Stock, um sie an ihrem Tun zu hindern, und wurde (*mirabile* – „O Wunder!") in eine Frau verwandelt (zur Strafe?).

Nach sieben Jahren beobachtete er dasselbe wieder und verwandelte sich auf gleiche Weise zurück. Jetzt weiß er es aus eigener Erfahrung: die Frau genießt triebhaft und hemmungslos. Juno als Schutzgöttin von Ehe und Treue straft ihn für diesen Richterspruch mit Blindheit.

Die Strafe ist doppeldeutig; Tiresias hat Unerlaubtes gesehen (die Paarung) und Unerlaubtes erkannt (den Charakter der Frauen).

Ein Gott kann die Strafe eines anderen nicht zurück nehmen, aber „ausgleichen": Jupiter verleiht Tiresias die Sehergabe.[68]

---

[67] Nach der antiken Vorstellung war die Frau ungestüm und triebhaft und musste vom Mann in der Ehe gebändigt werden; „Joch der Ehe".

[68] Der Blinde ist der wahrhaft Sehende. Die Ödipus-Geschichte klingt durch das ganze 3. Buch.

Metamorphosen 1. Pentade 3. Buch

Narzissus und Echo (339 ff.)

Die erste Probe seines Sehertums gibt Tiresias bei Narzissus: er ist die Frucht der Vergewaltigung einer Nymphe durch einen Flussgott, also eigentlich selbst eine „Wassernymphe" (und deshalb ‚süchtig nach Wasser'). Auf seine Frage, ob er lange leben werde, antwortet der Seher: „Falls er selbst sich nicht schaut". „*noverit*" (*cognoverit*) wörtlich: „Falls er sich selbst nicht erkennt" in der Doppelbedeutung des Beischlafs („Adam erkannte sein Weib"; „da ich keinen Mann erkenne"). Die Prophezeiung des Tiresias bedeutet also, dass Narzissus stirbt, wenn er „mit sich selbst schläft".

Der Erzähler kommentiert es mit Anklang an ein Catull-Zitat (353 ff.): „**Jeder** Mann, **jedes** Mädchen begehrte ihn, aber **kein** Mann, **kein** Mädchen konnte ihn rühren" (*multi illum iuvenes, multae copiere puellae / ... / nulli illum iuvenes, nullae tetigere puellae.*)[69] Das Spiegeln der Verse (*multae – nullae*) wird für Narzissus zum Schicksalsmotiv: das Spiegeln im Wasser wird sein Unglück.

Auf der Hirschjagd wird Narzissus von der Nymphe Echo erblickt. Sie kann nur den Schluss von gehörten Sätzen wiederholen. (Einschub: Es ist eine Strafe Junos, weil Echo, als Jupiter bei den Nymphen „lagerte", Juno mit ihrer Geschwätzigkeit zurück hielt, bis die Nymphen fliehen konnten.)

---

[69] Populäre Schmähverse Catulls über verlorene Jungfräulichkeit. Im *Blumengarten* (Epigramm 62, 39-48):
„*Viele Knaben und viele Mädchen* (**multae**) *begehren sie (die Blumen)... Ebenso (wie der Blume) geht es der Jungfrau, so lange sie eine ist... Doch nach der Befleckung wollen keine* (**nullae**) *Knaben mehr...*".

Ihr „Echo" auf die Rufe von Narzissus wird zu Lockrufen, denen er in den Wald folgt. Tausch der Geschlechterrollen: Echo spielt die Werbe-Rolle des Mannes, er die der keuschen Jungfrau: sie umschlingt Narzissus wild und wird von ihm verschmäht. Aus Trauer verdorrt ihre Gestalt und am Ende ist sie nur noch Stimme.

Narzissus wird geliebt in der Rolle der Frau (seine schöne Erscheinung). Dafür verwünscht ihn ein von ihm abgewiesener Verehrer (405 f.): auch er solle, was er begehrt, nie erlangen. Sofort vollzieht die Göttin der Rache (Nemesis) die Bitte: sie lockt Narziss zu einem *„locus amoenus"*.

Es scheint die typisch liebliche Landschaft zu sein, aber auffallend ist der Hinweis, kein Hirte, kein Vogel sei zu sehen. Der intertextuelle Bezug zu Vergils *Aeneis* warnt den literarisch Gebildeten: dieser scheinbare *„locus amoenus"* ist ein Eingang zur Unterwelt.[70] Die Anmut der Quelle zieht Narzissus an. Alles erscheint unberührt (jungfräulich). Es ist die typische Situation, auf die immer eine Vergewaltigung folgt. Narziss „schaut in das Wasser" (in die Unterwelt, in den Tod), sieht sein Spiegelbild und liebt sich selbst (416). Er wird ergriffen von der Schönheit des eigenen Bildes. (Tiresias 348: „Falls er selbst sich nicht schaut" – *noverit* – „erkennt/liebt"). Der Erzähler warnt vor der Täuschung des Spiegelbildes: es ist „ein leibloser Wahn".

---

[70] „kein Vogel" heißt griechisch α–ορνοσ (vogellos); a-ornos hat Gleichklang mit a-vernos: *Averner* See (nordöstlich von Neapel). Hier ist in Vergils *Aeneis* der Eingang zur Unterwelt (*Aeneis* VI, 237-242): „wo *keine Vögel* straflos ihre Bahn zogen". Zum echten Locus amoenus gehört Vogelgezwitscher.

Metamorphosen   1. Pentade   3. Buch

Die Szene setzt Philosophie um in Mythos[71] und ist auch ein elegischer Exkurs: Das Spiegelbild bedeutet: der Liebende ist von der Geliebten noch weniger weit entfernt als der elegische Liebhaber vor der Türe (eine typische Situation der *Amores*). Das Spiegelbild gehorcht; es macht alles genau so wie der Liebende und erfüllt eine wichtige Voraussetzung für den Erfolg bei der Eroberung. Apollo warb bei Daphne (I, 510 f.): „Laufe so langsam wie ich, dann laufe ich so schnell wie Du." Logisch unmöglich. Echo wiederholt alles Gehörte – das Spiegelbild von Narziss wiederholt alles Gesehene. Sein weißes Gesicht wird rot (Farbsymbolik: aus der Unschuld wird Schuld). Die Sehnsucht nach sich selbst verzehrt ihn; er „schwindet hin, von Liebe entkräftet" (489). Hellsichtig erblickt er im Wasserspiegel „seine Schwestern, die Nymphen". In zwei Versen vollzieht sich die Verwandlung: der Leib schwindet; es entsteht eine Blume, „dem Krokus gleich, die mit weißen Blättern umhüllt das Herz ihrer Blüte": die Narzisse.

---

[71] Ein philosophisches Problem: was sehen wir? Objekt oder Abbild?
Epikur lehrte: die gesamte Welt besteht aus Atomen; sie erzeugen unser Sehen; von dem Objekt lösen sich Atome, die zu unserem Auge gelangen. Das Bild nennt er εἴδωλον; es hat im Lateinischen zwei Bedeutungen: 1. imago (Bild, Erscheinung); 2. simulacrum (Abbild, Traumbild).
Lukrez übernahm diese Philosophie. *De rerum naturae* (Über die Natur), 4. Buch, 1097 ff.: „Wer hascht nach Abbildern, quält sich vergebens ..." Ebenso narre auch Venus die Verliebten nur mit Abbildern; sie sehen nicht die Wirklichkeit. (*Epikur*: Liebe ist Illusion; alles sind Trugbilder).

Pentheus (511 ff.)

Tiresias ist als Seher hochgeachtet; nur Pentheus, König von Theben, verspottet ihn wegen seiner Blindheit.[72] Der Seher prophezeit ihm sein Schicksal: „Wenn du dem neuen Kult keine Tempel errichtest, wirst du zerfetzt werden." Pentheus verjagt Tiresias aus Theben. Aber der neue Kult hat die Stadt bereits erfasst: Berauscht tobt der Wahnsinn.

„Zuchtlose Horden" orgiastischer Frauen ziehen in die Wälder. Von Acoetes, einem Anhänger des Kultes, erfährt Pentheus die Geschichte des neuen Gottes: Acoetes kreuzte mit seinem Schiff in den Kykladen und fing auf Chios einen schönen weinseligen Knaben, den er als Sklaven verkaufen wollte. Auf offenem Meer wurde das Schiff plötzlich von Weinranken überwuchert. Die Matrosen verwandelten sich in Delphine und sprangen ins Meer (664 ff.). Acoetes erzählt, er als einziger sei vom Gott Bacchus, denn *der* war der geheimnisvolle Passagier, verschont worden.

Pentheus will den Fremden ins Gefängnis werfen, aber die Fesseln fallen von ihm ab und die Thebaner erleben die Epiphanie des neuen Gottes (698 ff.). **Acoetes ist Bacchus** (Dionysos). Trotz dieses Wunders bleibt der König verstockt. Als Frau verkleidet zieht er in die Berge, um die Mänaden zu beobachten. Sie entdecken den Spion, halten ihn für einen Eber, und unter Führung von Pentheus' berauschter Mutter reißen sie ihn in Stücke (713 ff.). Die Weissagung des Tiresias hat sich erfüllt.

---

[72] *Pentheus* ist als Enkel des Cadmus die gleiche Generation wie Actaeon. Da Semele eine Tochter von Cadmus ist, ist ihr göttlicher Sohn Bacchus ebenfalls die gleiche Generation.

Metamorphosen 1. Pentade 3. Buch

Ironie

Jupiter, Juno, Mars, Mercur spielen mehrfach einen *Götterschwank*:
Actaeons Hundekatalog *parodiert* den großen Homer. Der *sittenstrenge* König Pentheus ist ein *Voyeur*: er will die berauschten Frauen heimlich bei ihrem Treiben beobachten. „Verbotenes Sehen" wird im 3. Buch sechs Mal bestraft; auch für menschliche Begriffe „ungerecht". Bei Tiresias weiß man nie, was tragisch und was satirisch ist: die doppelte Geschlechtsumwandlung, die Blindheit, die Prophetengabe. Dianas Begleiterinnen haben (griechische) *durchsichtige* Namen (Wolke, Glas, Nebel…); sie sind körperlich unsichtbar; trotzdem verhüllen sie sich panisch, als sie den Mann bemerken. Auch die Hunde tragen griechische Namen, und der sie alle anrufende Actaeon nennt seinen eigenen, den ihres Herrn, erst ganz am Ende (230), als er eigentlich schon zerfleischt ist.

Die letzten beiden Verse sind verstörend. „*Thebens Frauen strömen, durch solches Beispiel gemahnt, zum neuen Dienste und beweihräuchern die neuen Altäre.*" Sie haben doch bisher schon dem Bacchus gehuldigt und müssen nicht dazu *gemahnt* werden. Es klingt nach einer Anspielung auf die Pentheus-Tragödie *Die Bacchen* von Euripides, die in der Antike als Tragödie aller Tragödien galten und enden: „*Auch für Unglaubliches findet Zeus eine Lösung. So endete diese Geschichte.*" Ovid parodiert den Leierkasten-Schluß von Euripides. Aber vielleicht ist der Schluss bei Euripides eine noch viel stärkere Ironie: nämlich die zynische Demontage der Götter.

Ende des 3. Buches

4. BUCH
Minyas-Töchter bis Perseus und Andromeda

Menschliche Schuld und Einsicht

Zunächst wird die Theben-Thematik weiter verfolgt. Basis sind die Erfahrungen des 3. Buches, das mit der Gründung Böotiens und Thebens begann und von einer einzigen Dynastie handelte. Es zeigte, wie durch Kultivierung der Natur (Drachenmord) für die Menschen Probleme entstehen, und wie sie sich auswirken.

Die *Stadtgründung* steht in der Tradition des ewigen Wandels[73] von Chaos und Kosmos. Der Drachenmord löste einen *Geschlechterfluch* aus, an dem noch die Kinder des Ödipus zugrunde gehen werden, obwohl *Cadmus* in unserem moralischen Sinne unschuldig ist, weil er einen „Schädling" beseitigt hat; aber der Drache war dem Ares heilig, und der Mensch kann nicht richten, was aus der Welt zu beseitigen ist. Im subjektiven Sinne ebenso unschuldig ist *Actaeon*, der von einer erbarmungslosen Gottheit furchtbar gestraft wird[74]. Seine „Schuld" liegt im „verbotenen Sehen"; er erblickte die Göttin in ihrer Intimität, d.h. er erblickte das Geheimnis, die Rätselhaftigkeit des Göttlichen.

---

73 *Heraklit*: „Alles fließt." Und: „Man steigt nicht zweimal in denselben Fluss."
Goethe, Westöstlicher Divan (*Selige Sehnsucht*): „Und solang du das nicht hast, / Dieses: Stirb und Werde! / Bist du nur ein trüber Gast / Auf der dunklen Erde."

74 *Theodizee*: Solon (Athener Staatsmann, Philosoph, Dichter um 600 v.Chr.) lehrt in seiner *Muselegie*: Man büßt nicht nur eigene Schuld, sondern auch die Schuld der Vorväter. Denn Zeus reagiert nicht momentan und jähzornig wie die Menschen; er wartet. (*Geduld der Gottheit*).

Metamorphosen   1. Pentade   4. Buch

Was *Actaeon* „zufällig" geschah, forderte *Semele* durch Unglauben heraus. Ihr Vater *Pentheus* lehnte die Gottheit ab, welche die irdische, triebhafte Seite des Menschen verkörpert; aber der Mensch ist nicht nur Geist (das Apollinische), sondern auch Leben (das Dionysische).

Mit den letzten beiden Versen des 3. Buches schien ein Abschluss erreicht. Doch es täuscht: mit einem „Aber" schließt sich das 4. Buch nahtlos an: *Thebens Frauen strömen, durch solches Beispiel gemahnt, zum neuen Dienste und beweihräuchern die neuen Altäre.* – *Aber"* eine Tochter des Minyas weigert sich, die Göttlichkeit des Bacchus anzuerkennen, und kann ihre Schwestern für diese „frevelhafte" Gesinnung gewinnen. Der Priester des neuen Kultes ordnet einen hohen Festtag an, aber die Minyas-Töchter verweigern die Teilnahme.

Das ganze Volk von Theben befindet sich in einem Rausch, und der **Bacchus-Kult** strebt zu seinem Höhepunkt. Der Erzähler scheint hingerissen von den Ereignissen: er dichtet einen enthusiastischen Bacchus-Hymnus (9-32) mit litaneiartigen Anrufungen und Lobpreisungen.

Doch es wird spannend: statt in den Wäldern wilde Orgien zu feiern, wollen die drei Minyas-Töchter lieber *Spinnen und Weben* und dabei Geschichten erzählen.[75]

---

75 *Weben und Erzählen*: „Das Gewebe" (lat. *textura, textum*) ist Metapher für Text, Gedicht, Rede.
Geschichten werden „gesponnen" oder „abgespult".

Metamorphosen 1. Pentade 4. Buch

Die Geschichten der drei Minyas-Töchter

Der Erzähler gibt das Erzählen ab an die Minyas-Töchter, deren Erzählungen in immer neuen Varianten kein Ende nehmen. *Ovid beobachtet die jungen Frauen bei dem, was er selbst tut*: Geschichten erzählen. Am Ende zeigen sich die Gefahren des Erzählens: die Minyas-Töchter werden bestraft. (Analog die Verbannung des Geschichtenerzählers Ovid durch Augustus.)

1. Tochter: *Pyramus und Thisbe* (5 ff.)

Die erste Tochter ist noch namenlos. Sie erzählt:
Pyramus ist „der Schönste der Jünglinge", Thisbe „von allen Mädchen die Herrlichste". Sie wohnen in Nachbarhäusern. Die Eltern verbieten den Liebenden die Ehe, und sie können sich nur durch einen Spalt in der Mauer verständigen. Sie beschließen heimlich zu fliehen und wollen sich nachts an einem Grabmal treffen, wo ein Maulbeerbaum mit weißen Früchten steht.

Thisbe ist pünktlich, Pyramus verspätet sich. Stattdessen kommt ein Löwe, vor dem Thisbe fliehen kann. Sie verliert ihren Mantel, den der Löwe mit Blut besudelt, denn er hat gerade ein Rind verspeist.

Pyramus findet das blutige Tuch und vermutet, dass Thisbe vom Löwen gefressen wurde. Es folgt ein hoch pathetischer tragischer Monolog mit dem Schwert in der Hand – der Zuhörer fragt sich lange: macht er es oder macht er es nicht – schließlich macht er es. Jetzt kehrt Thisbe zurück, sieht den toten Geliebten, und ersticht sich mit seinem Schwert.

Metamorphosen   1. Pentade   4. Buch

Die Handlung scheint realistisch möglich, sie klingt wie eine Tragödie, und ist doch pure Komödie.[76]

Es beginnt mit der elegischen Konstellation der Trennung. (Standardsituation *Ars amatoria*: der Geliebte ist *draußen* und versucht *hinein* zu kommen). Aber hier sind Beide ausgesperrt, und die Geliebte ist nicht grausam abweisend, sondern „glüht"(62) ebenso wie ihr Verehrer. „Je mehr beide (ihre Leidenschaft) verstecken mussten, umso heißer brannte das Feuer." Sogar die Stadtmauern sind aus „gebranntem Stein".

Erotisch und frivol doppeldeutig beginnt die „Tragödie": die Liebenden sind getrennt und nur dann glücklich vereint, wenn sie sich heimlich „am Spalt" treffen können.

Metaphern wie „Kränze" und „Fackel" implizieren den *Jungfernkranz* und *Hymenaios*, den Gott der Liebesnacht.

Die Minyas-Tochter behauptet, es sei eine neue, unbekannte Geschichte (53: *vulgaris non est*), und die Erzählung erweckt die Erwartung auf eine Roman-Handlung. Denn in Tragödie und Komödie müsste nach der traditionellen Forderung des Aristoteles der Handlungsort bestehen bleiben; der Roman kann ihn vom Haus in den Wald verlegen. Und: ein Roman erweckt den Anschein, dass eine wahre Geschichte erzählt wird mit Beglaubigungen; deshalb spielt die Handlung in einem anachronistisch historischen Raum: die „Stadt der Semiramis" (58) ist Babylon, das es zur mythischen Zeit der Minyas-Tochter noch gar nicht gab.

---

76 Shakespeare hat sie als solche in seinen *Sommernachtstraum* eingebaut.

"Wahr" wird die Geschichte durch die aktuelle Mehrdeutigkeit einer römischen Alltagserfahrung: die Probleme der Wasserversorgung im "ewigen Rom" des "Goldenen Zeitalters".

Beim Selbstmord des Pyramus *schießt das Blut wie Wasser aus einem Bleirohr, das durch einen Riss beschädigt ist* und färbt die bisher weißen Früchte des Maulbeerbaumes dunkel.

Wasserrohre spielten eine wichtige Rolle im alten Rom. Das Weltreich war schon größer und sicherer gewesen als unter Augustus, aber die Wasserversorgung war seine große Leistung, mit der er sich verewigen wollte; in jedem Rohr war sein Name eingraviert. Täglich platzte irgendwo in Rom ein Rohr und eine Fontäne schoss heraus. Der Tod des Pyramus bedeutet die Verulkung des Herrschers.

Neben den politischen Spitzen gegen die perfekte Wasserversorgung des Kaisers hat der Tod auch eine obszöne Komponente: er ist beschrieben als ein Ejakulationsvorgang; "das Blut spritzt aus der Röhre (*eiaculatur*)."[77]

---

[77] *Lukrez*, "Lehrgedicht der Naturwissenschaften" erklärt alle Vorgänge in der Welt mit Hilfe der Atomlehre. Vom Objekt löst sich ein ειδολον (Bild) aus Atomen und dringt in das Auge des Betrachters. Der Liebende sieht nicht körperlich die Geliebte, sondern ihr ειδολον. Sehen ist Sinnestäuschung. Man soll sich nicht verlieben – alles sind Trugbilder. (Verknüpfung von Physik und Ethik.) Auf dieselbe Weise erklärt Lukrez auch die Ejakulation (Lehrgedicht IV, 1037 f.): "Die Genitalien schwellen vom Samen – es entsteht der Wille, ihn auszuwerfen – Ziel ist der Leib, von dem man mit der Liebe verwundet wurde." – Ovid kann Lukrez bei den gebildeten Lesern voraus setzen und parodiert ihn mehrfach.

Metamorphosen   1. Pentade   4. Buch

Fazit der „Tragödie": Die Welt weiß nun, warum die reifen Beeren des Maulbeerbaums nicht mehr weiß sind, sondern durch das Blut des Pyramus in eine Trauerfarbe verwandelt wurden. Und: Das zu Beginn ständig beschworene „Brennen" erfüllt sich am Ende im Scheiterhaufen, der die Liebenden zur Bestattung vereint.

Eine scheinbar todtrauige rührselige Geschichte wird durch ihre raffinierten Mehrdeutigkeiten zur Groteske.

Metamorphosen   1. Pentade   4. Buch

2. Tochter: *Mars und Venus* (167 ff.)

Die zweite Tochter heißt Leuconoe, und erzählt die älteste erotische Geschichte der abendländischen Literatur. Sie stammt aus der *Odyssee* (8. Gesang, 255 ff.), und im Gegensatz zur ersten Geschichte, die noch nicht verbreitet war (*vulgaris non est*), ist sie bestens bekannt; nicht nur aus der *Odyssee* – Ovid persönlich hat sie in der *Ars amatoria* ausführlich erzählt. (II, 561 ff.: „Kennt doch der ganze Olymp die vielerzählte Geschichte.") Deshalb kann sich Leuconoe kurz fassen.

Es geht um den Ehebruch der Venus (griech. Aphrodite). Die Göttin der Liebe und der Schönheit war verheiratet mit dem hässlichen und humpelnden Schmiedegott Vulcan (griech. Hephaistos).[78] Der Sonnengott Helios, dem nichts (*unter der Sonne*) verborgen bleibt, entdeckte, dass Venus ihren Mann mit Mars (griech. Ares), dem Gott des Krieges, betrügt[79] und verriet dem gehörnten Ehemann die Affäre.

---

78 *Vulcan* (Hephaistos): Sohn des Jupiter (Zeus) und der Juno (Hera). Da er lahm zur Welt kommt, wirft die Mutter ihn vom Olymp ins Meer, wo er von Meeresgöttinnen gepflegt wird. Später kehrt er in den Olymp zurück und fertigt für die Götter kostbare Geräte: das Zepter des Jupiter (Zeus), den mit Schlangen verzierten Brustpanzer der Minerva (Athene), den Wagen des Sonnengottes, die Pfeile des Cupido/Amor (Eros), und die Waffen für Achill („Schildbeschreibung" in der *Ilias*, 18. Gesang, 369 ff.).
Die Verbindung des Künstlers (Vulcan) mit der Schönheit (Venus) ist ein gesellschaftliches Phänomen: Intellekt und Sex (z.B. Arthur Miller und Marilyn Monroe).

79 *Venus und Mars*: Die Verbindung des Kriegsgottes und der Liebesgöttin, aus der die Tochter Harmonia hervorgeht, kann allegorisch gedeutet werden: der Bund von Gewalt und Sanftmut führt zum Ausgleich, zur Mitte, zur Harmonie.

Metamorphosen   1. Pentade   4. Buch

Der Kunstschmied fertigte ein wunderbar feingliedriges Gitternetz, das er unsichtbar über der ehelichen Bettstatt montierte und mit dem Bett verband. (Bei Homer sind die Verbindungsstränge Ketten, die der Liebhaber eigentlich bemerken müsste, falls er nicht aus Begierde nach Venus einen Blackout hat - beim aufgeklärten Ovid sind es hauchdünne eiserne Spinnenfäden). Durch die Vibration des Bettes löste sich das Netz an der Decke und die beiden Ehebrecher wurden in flagranti gefangen. Vulcan rief alle Götter herbei, damit sie Zeugen des Betruges werden. „Die Erhabenen lachten."[80]

Ovid verschweigt in seiner Version ein Detail (*Odyssee* 8, 324): es kamen nur männliche Götter; die weiblichen „blieben zu Hause – aus Scham." Diese Scham gibt es im Römischen Reich nicht mehr. Überhaupt scheint dem Dichter der *Ars amatoria* die „Moral" des Originals („Betrügen bringt keinen Vorteil; auch der Schnelle wird vom Langsamen erwischt)" nicht zu passen: Bestraft wird bei Ovid stattdessen der Denunziant: der Sonnengott. Und hier beginnt erst die Haupterzählung (190-270).

Die blamierte Venus sinnt auf Rache. Wer die Liebe verrät, soll durch seine eigene Liebe sich und anderen Leid und Verderben bringen. Sie lässt den Sonnengott erglühen zu Leucothoe, der Tochter des Perserkönigs.

---

80 Das „unauslöschliche Gelächter" der *Odyssee* (8, 326: ασβεστοσ γελωσ) wurde als „Homerisches Gelächter" sprichwörtlich. – Das gleiche „unauslöschliche Gelächter" wird in der *Ilias* berichtet (1. Gesang, 597), wenn der – seit dem Fall auf die Erde hinkende – Hephaistos (Vulcan) auf dem Olymp von Gott zu Gott humpelt, um keuchend den Nektar zu kredenzen.

Um Hofstaat und Mägde zu entfernen, nähert sich der Gott der Schönen in Gestalt ihrer eigenen Mutter. Als er sich ihr zu erkennen gibt, fällt Leucothoe vor Angst die Spindel aus der Hand.[81] „Auch das Erschrecken stand ihr gut.[82] Er aber zögerte nicht länger" (230) und erobert die Königstochter: „Die Jungfrau duldete klaglos Gewalt, vom Glanz des Gottes überwältigt."

Eine vom Sonnengott verlassene Geliebte, die Nymphe Clytie, erfährt von der neuesten Eskapade ihres abtrünnigen Verehrers und verrät dem Perserkönig den Fehltritt seiner Tochter.

Obwohl Leucothoe „ihre Arme zum Sonnenlichte (dem Vergewaltiger) erhob" und rief: „Er hat mir Gewalt angetan", (allerdings war sie „von seinem Glanz überwältigt" gewesen), lässt der König die geschändete Tochter lebendig begraben.

Sofort spaltet der Sonnengott mit seinen Strahlen den Grabhügel, aber seine kurzzeitige Geliebte ist bereits erstickt. Es war sein schmerzlichster Augenblick seit dem Absturz seines Sohnes Phaeton. Venus hat ihr Ziel erreicht.

Der trauernde Sonnengott benetzt den Leichnam mit himmlischem Nektar. Aus dessen Duft bilden sich Wurzeln im Erdreich, und die tote Leucothoe verwandelt sich in den Weihrauchstrauch. „Er wuchs empor und durchbrach mit dem Wipfel den Hügel."

---

[81] Apollo fällt vor Überraschung der Lorbeer vom Kopf, als ihm sein Kalfaktor-Rabe die Untreue der Coronis berichtet (Index-Geschichten 2, 595 ff.)

[82] Jupiter verwandelt die gerade vergewaltigte Ino in eine Kuh, um seine Gattin Juno zu täuschen, und bemerkt großmütig: „Auch als Rind ist sie schön" (1, 612)

Von der verräterischen Clytie wandte sich der Gott jetzt endgültig ab. Aus Gram „siechte sie fortan im Wahnsinn der (unerfüllten) Liebe" dahin. Sie aß und trank nicht mehr, unablässig folgte ihr Blick dem Lauf der Sonne. Allmählich wurde ihr Gesicht zur Hälfte rot, die andere Hälfte blieb grün, und sie verwandelte sich in eine „veilchenähnliche Blume", die mit ihrer Blüte den ganzen Tag der Sonne folgt: *Heliotrophum*: „die Sonnengenährte."

3. Tochter: *Salmacis und Hermaphroditus* (271 ff.)

Die dritte Tochter ist Alcithoe. Im 1. Vers des 4. Buches war sie als einzige Abtrünnige vom Bacchus-Kult genannt worden. Sie hatte ihre beiden Schwestern verführt, nicht an den Festlichkeiten teilzunehmen und stattdessen Geschichten zu „spinnen". Als letzte Erzählerin macht sie es spannend und zählt zunächst auf, was sie alles nicht erzählen will: es sind nicht oder wenig bekannt Mythen, sodass man gespannt ist auf das Allerneueste.

Hermaphroditus ist der Sohn von Mercur (*Hermes*) und Venus (*Aphrodite*) – die Namen der beiden griechischen Gottheiten verschmolzen zu seinem Namen und verliehen ihm Schönheit. Seine Heimat ist das Ida-Gebirge, und die Unklarheit, ob er vom kretischen Ida oder dem Ida bei Troja kommt, umgibt ihn mit mythischer Aura. Mit 15 Jahren geht er neugierig und ziellos auf Wanderschaft und erfreut sich an der Vielfalt der Natur. Durch viele Länder gelangt er schließlich nach Carien[83] und rastet an einem Teich. Man erwartet hier einen *locus amoenus*; aber die Beschreibung ergeht sich eigentümlich im Negativen (297 f.): „Es gibt kein wucherndes Schilfrohr, kein geiles Schilf, keine Binsen mit spitzen Halmen". Die frivolen Anklänge in den Worten verstören.[84] Das Wasser des Teichs ist gefährlich kristallklar bis auf den Grund. Hier lebt die Quellnymphe Salmacis. Als Hermaphroditus erscheint, verliebt sie sich sofort in den schönen Knaben.

---

83 *Carien*: antike Landschaft zwischen Taurusgebirge und Mittelmeer auf der Höhe zwischen Rhodos und Kos.
84 *sterilis* **ulvae**: unfruchtbares Schilf; (*vulva*: Gebärmutter). *acuta* **cuspide**: spitzer Stachel; (*cupido*: Begierde).

Salmacis wirbt leidenschaftlich um ihn in frivolen Lobliedern. „Glücklich die Amme, die dir ihre Brüste bot." (324). Hermaphroditus wird wechselnd rot wie der Apfel und blass wie der Mond. Salmacis heuchelt Harmlosigkeit; sie lockt ihn, versteckt sich, lockt ihn wieder.

Als der harmlose Junge die Kleider ablegt und in den Teich steigt, wird Salmacis grenzenlos von ihm erregt (347 ff.): *„Seine nackte Schönheit entflammt sie in heißer Begierde. Ihre Augen brennen von seiner Erscheinung, wie der Spiegel, der Sonnenstrahlen zurück wirft. Sie erträgt das Warten nicht mehr, kann ihre Lust nicht mehr aufschieben und ihre Gier nach Umarmung nicht mehr beherrschen."* Sie legt ihr Gewand ab, stürzt sich nackt in den Teich und *„umschlingt den Jungen wie eine Schlange ... wie Efeu ... wie eine Krake ... heftet sich mit dem ganzen Leib an ihn"*, um ihn zu verführen. Als er sich verzweifelt wehrt, betet sie zu den Göttern, ihn nie mehr von ihr zu trennen. Ihr Gebet wird erhört und die beiden Gestalten werden in Eine verschmolzen: zum *Zwitter*.

Der Teich behielt diese Verwandlungsfähigkeit bis heute: Jeder Mann, der in der Salmacis-Quelle badet, entsteigt ihr *„zum Halbmann verweibt"*.

Die Geschichte beginnt mit der typischen elegischen Grundkonstellation: A liebt leidenschaftlich B, aber B verweigert sich (schamhaft, keusch, prüde).

In der Geschichte von Narzissus war die Situation zugespitzt: Werber und Umworbener (Spiegelbild in der Quelle) waren identisch. Neu ist in der Salmacis-Geschichte der Geschlechtertausch: die Frau wirbt um den Mann. Aber die Rollen sind nur vermeintlich gewechselt: in der Antike wurde der Knabe der weiblichen Seite zugeordnet.

Antike Ästhetik

Ein nackter Knabe wurde als schöner empfunden als die schönste Frau. Bei der Frau machte die Beschreibung der Nacktheit vor der Scham halt; dagegen wurde um den Penis ein Kult getrieben. Nackte männliche Götterstatuen sind auch in den erotischen Details genau nachgebildet; bei den Festumzügen zum Dionysosfest in Athen hatten die Männer überdimensionale Lederphalli umgeschnallt, um den Gott des Rausches und der Fruchtbarkeit zu feiern; dagegen war das weibliche Geschlechtsteil tabu. Vor der weiblichen Scham, der alles Begehren der Liebesdichtung galt, bestand Angst; sie galt als etwas Geheimnisvolles, Verborgenes, Unzugängliches, Furcht einflößendes. In Texten von Martial[85] wird oft der obszöne Begriff *„cunnus"* gebraucht, der in den Abschriften der mittelalterlichen Mönche mit *„monstrum"* ersetzt wurde.

Die Verwandlung der Minyas-Töchter (389 ff.)

Als die dritte Tochter ihre Geschichte beendet hat, naht die Strafe des Bacchus: Die Webstühle verwandeln sich in Rebstöcke, die Stimme der Mädchen wird leise und zirpend, sie beginnen ohne Gefieder zu schweben, „mit lichtdurchlässigen Schwingen. ... Sie hassen das Helle, fliegen nachts, und haben vom späten Abend (*vesper*) den Namen." (*vespertilio*: Fledermaus).

---

85 *Martial*: eine Generation nach Ovid um 40 bis 104 n.Chr..

Metamorphosen 1. Pentade 4. Buch

Athamas und Ino (416 ff.)

Junos Hass auf die Theben-Dynastie, in der Jupiter mit Semele den Bacchus gezeugt hat, ist noch nicht befriedigt. Cadmus, Semele, Actaeon und Pentheus sind schon vernichtet. Nun will sie Semeles Schwester Ino und deren Mann Athamas mit Wahnsinn schlagen. Sie macht sich auf den Weg zum abscheulichen Reich der Rachegöttinnen (432 ff.).

Der Weg führt hinab in die frostige Einöde der Unterwelt. Hass und Zorn der Juno müssen unbeschreiblich groß sein, dass sie ihren himmlischen Wohnsitz verließ, um diese Schrecken auf sich zu nehmen. Sie erkennt Sisyphus, der auf ewig einen Stein bergauf wälzen muss, und Tantalus in seiner Qual zwischen Wasser und Früchten, die vor ihm zurück weichen, wenn er nach ihnen lechzt, und alle die anderen, die ihre Strafen auf ewig erleiden müssen. Schließlich gelangt sie zu den drei Furien, die gerade schwarze Schlangen aus den Haaren kämmen. Eine der Drei, Tisiphone, ist sofort bereit, nach Theben zu eilen und Wahnsinn zu verbreiten.

Als das Monstrum mit züngelnden zischenden Schlangen dort den Palast betritt, hauchen Athamas und Ino ihren klaren Geist aus.

Der König hält seine Gattin für eine Löwin und zerschmettert ihr Junges, sein eigenes Kind an der Wand (519). Die Mutter eilt zu den Klippen und stürzt sich mit ihrem zweiten Kind ins Meer.

Venus hat Mitleid mit Mutter und Kind und bittet Neptun, sie in Meergötter zu verwandeln. Das über die rachsüchtige Göttin klagende Gefolge der Ino treibt Juno zum Meer und verwandelt sie in Felsen und Meervögel.

Cadmus und Harmonia (563 ff.)

Der Gründer von Theben zerbricht an seinem Schicksal. Seine Tochter Semele verbrannte, die Enkel Actaeon und Pentheus wurden zerfleischt, jetzt ist auch die zweite Tochter Ino mit ihrem Mann und den Kindern ein Opfer der Rache der Götter geworden. Er erträgt den Geschlechterfluch nicht mehr, der auf dem Herrscherhaus lastet und verlässt Theben mit seiner Gattin Harmonia.

Heimatlos ziehen sie durch viele Länder. In Illyrien[86] ersehnt der alte und gepeinigte König das Ende (571 ff.): „Vielleicht war die Schlange heilig, die ich gemordet habe, und des Drachen Zähne, die Wundersaat ... Wenn die Götter es in nicht endendem Zorn rächen, dann bitte ich sie, mich selbst in eine Schlange zu verwandeln" – wie es die Stimme im Wald (III, 98) prophezeit hatte. Sofort spürt er, wie sich die Haut verhärtet und Schuppen bildet, die Füße verwachsen zu einem einzigen Glied, ebenso die Arme, Tränen strömen noch über das Gesicht, als er seine Gattin bittet, ihm zu folgen. Mehr kann er nicht mehr sprechen, weil sich seine Zunge spaltet, und er beginnt zu zischen. Harmonia umschlingt den Gatten und wird in der Berührung ebenfalls zur Schlange. Sie suchen ein Versteck, und nie haben sich die Menschen in Illyrien gefürchtet vor den „friedlichen Drachen".

Cadmus hat gesühnt. Aber der Geschlechterfluch ist damit nicht aufgelöst. Ödipus, Antigone und ihre Brüder werden weiter unter ihm leiden.

---

86 *Illyrien*: in der Antike der westliche Teil der Balkanhalbinsel.

Perseus (604 ff.)

Bacchus, der Sohn von Semele und Jupiter, Enkel von Thebens Gründer Cadmus, hat inzwischen die Welt bis Indien mit der neuen Religion erobert und ist unter die Götter aufgenommen worden. Ganz Griechenland errichtet dem neuen Gott Tempel, nur Acrisius, der König von Argos, weigert sich, ihn als Gott anzuerkennen.

Acrisius ficht noch eine andere Vaterschaft Jupiters an: seiner Tochter Danae war der Gott als Goldregen erschienen. und die Frucht dieser Liebe war Perseus. Überzeugt wird Acrisius erst von der göttlichen Abstammung seines Enkels, als dieser das Haupt der Medusa errungen hat. Dies ist der Übergang zur Perseus-Geschichte.

Dynastien der Herrscherhäuser sind der Grobraster der *Metamorphosen*. Die Thebanische Dynastie hatte das ganze 3. Buch (über 700 Verse) und 600 Verse des 4. Buches ausgefüllt. Jetzt kommt die Dynastie des Perseus ins Spiel. Die Geschichte reicht bis in das 5. Buch und ist der Endpunkt der 1. Pentade (der Ursprung der Welt und die Götter).

Perseus wird damit zum Übergang von der 1. in die 2. Pentade (das Heroenzeitalter mythischer Helden).

Permanente Anspielungen auf das bisher Erzählte verstärken den Eindruck von Zusammenfassung und Abschluss.

Metamorphosen   1. Pentade   4. Buch

Der Flug des Perseus um die Erde (615 ff.)

Ovid verzaubert den Leser mit einem phantastischen Irrflug. Perseus braust mit den geflügelten Schuhen, die er Minerva/Athene verdankt, das Haupt der Medusa in der Hand, durch die Lüfte. (Wie er die Medusa besiegt hat, wird er erst später auf seiner Hochzeit erzählen). Die Blutstropfen, die aus dem abgeschlagenen Haupt auf die Erde fallen, werden dort zu Schlangen.

Dreimal an einem einzigen Tag umrundet er den Erdball, unter sich alle Länder, über sich die Sternbilder. Bei Einbruch der Dunkelheit landet er in Nordafrika. Hier herrscht Atlas, mächtiger König eines großen Reiches. Aus Furcht vor dem Orakel, dass ihm einst ein Jupiter-Sohn die Goldenen Äpfel der Hesperiden stehlen wird,[87] bedroht er Perseus. Der Halbgott hält ihm das Haupt der Gorgo vor die Augen und Atlas versteinert zum riesigen Gebirge.

Dann geht die Erdumrundung mit den Flügelschuhen weiter bis nach Äthiopien. Aus großer Höhe erblickt Perseus eine Frau, die an einen Felsen geschmiedet ist. Hier ist Rettung nötig. Sofort setzt er zur Landung an und erfährt die Not: Andromedas Mutter, Königin Cassiopeia hielt sich für schöner als die Meeresgöttinnen. Darauf schickte der erboste Neptun ein Meeresungeheuer, welches das Land verwüstete. Zur Sühne soll die Königstochter dem Untier geopfert werden.

---

87 *Hesperiden*: Töchter des Titanen Atlas, die mit einem Drachen einen Baum mit goldenen Äpfeln bewachen. Den Baum hatte die Göttin Hera (Juno) als Hochzeitsgeschenk von der Mutter Erde erhalten. Als eine der zwölf Arbeiten wurde Herkules auferlegt, die goldenen Äpfel zu entwenden.

Wie ein Adler schießt Perseus auf die Bestie herab und stößt ihr die Klinge in die Flanke. Mit Flugkapriolen entgeht er den wütenden Gegenangriffen und kann schließlich den Todesstoß setzen. Wo er das Haupt der Medusa abgelegt hatte, verwandelten sich Wasserpflanzen in Korallen (740 ff.).

Der Retter erhält die erlöste Andromeda zur Frau, und der König von Äthiopien richtet ihre prunkvolle Hochzeit aus. Nachdem man sich „mit den heiteren Gaben des Bacchus (Wein) zerstreut hat", muss Perseus von seiner größten Heldentat berichten.

Das Haupt der Medusa[88] (772 ff.)

Um zur öden Behausung der Gorgonen vorzudringen, führte sein Weg vorbei an versteinerten Menschen und Tieren. Als er auf Medusa traf, wendete er den Kopf und beobachtete sie im erzenen Spiegel seines Schildes; so konnte er ihr das Haupt mit dem Schlangenhaar abschlagen. Aus ihrem blutenden Halsstumpf entsprang das geflügelte Pferd Pegasus. Dann erfahren die gebannten Zuhörer noch Medusas eigentliche Metamorphose: die Verwandlung ihrer herrlichen Haare in Schlangen. Neptun hatte die Schöne im Minerva-Tempel „missbraucht". Darauf bestrafte die Göttin die Missbrauchte durch Verwandlung ihrer goldenen Haare in Schlangen. „Ich selbst habe einen getroffen", der sie noch im Goldhaar sah (797).

Ende des 4. Buches

---

[88] *Medusa*: eine der drei Gorgonen; Furcht erregende, drachenähnliche Wesen mit Schlangenhaar. Ihr Anblick ließ den Betrachter versteinern.

5. BUCH
Perseus bis Ende der Pierus-Töchter

Übergang der Perseus-Geschichte zum 5. Buch

Die Perseus-Geschichte begann im **4. Buch** mit dem Zweifel des Königs Arcisius von Argos an der göttlichen Abkunft von Bacchus. Ebenso bezweifelte der ungläubige König auch den Ursprung seines Enkels Perseus. Seine Tochter Danae hatte berichtet, dass Jupiter in Gestalt eines Goldregens über sie gekommen sei und so mit ihr ein Kind gezeugt habe: Perseus. Dem aufgeklärten Vater erschien diese Schwangerschaftserklärung reichlich unwahrscheinlich. Im 9. Vers der Perseus-Geschichte wurde dann berichtet (IV, 612 ff.), dass König Arcisius seine Zweifel aufgab, nachdem Perseus das Haupt der Medusa errungen hatte. Diese Heldentat ist also bereits **Vergangenheit**.

Das Zweifeln des Arcisius am zeugungsfreudigen Wirken der Götter auf Erden bedeutet zunächst nicht mehr als den dramaturgischen Übergang von der **Theben**-Dynastie zur **Perseus**-Dynastie. Denn Dynastien bilden im Folgenden das Handlungsgerüst der *Metamorphosen*.

In den vergangenen Zeitrahmen (die Überwindung der Medusa) schob sich im 4. Buch ein **innerer** Rahmen, als Perseus en Detail erzählte, wie er mit dem Haupt der Medusa auf dem Irrflug um die Erde unterwegs war (IV, 617 ff.). Eine folgenschwere Versteinerung wurde berichtet: die Entstehung des Atlas-Gebirges.

Danach erfolgten Andromedas Rettung vor dem Seeungeheuer und die Hochzeit in Äthiopien. Die Handlung nähert sich jetzt der **Gegenwart**.

Metamorphosen 1. Pentade 5. Buch

Zwar war das 4. Buch mit der Hochzeitsgesellschaft in der Gegenwart angekommen, aber wieder wurde ein neuer **innerer** Zeitrahmen eingeschoben: Perseus ging ein drittes Mal in die Medusa-Geschichte zurück und erzählte der Hochzeitsgesellschaft jetzt endlich das Spannendste: wie er die Medusa, bei deren Anblick jeder versteinern musste, besiegen konnte (IV, 772 ff.).

Damit endete das 4. Buch und das 5. Buch schließt nahtlos an – mit dem Einbruch der **Gegenwart**:
„Während der tapfere Sohn der Danae dieses erzählte, wurde die Königshalle von großem Lärm erfüllt. Und das Geschrei klang nicht nach hochzeitsfestlichen Liedern, sondern nach feindlichem Waffenklirren."

Das Hochzeitsfest entwickelt sich zur Katastrophe.

Metamorphosen   1. Pentade   5. Buch

Phineus auf der Perseus-Hochzeit (1 ff.)

Die Überraschung könnte nicht größer sein: Andromeda hat bereits einen Verlobten: Phineus, der Bruder des Brautvaters. Er dringt mit Soldaten in die Festhalle ein und erhebt Anspruch auf die „frech entrissene Gattin."

Das Vermählungsfest der Königstochter verwandelt sich in eine Saalschlacht. Während Phineus zum Speerwurf auf Perseus ansetzt, versucht der König, ihm die Situation sophistisch zu erklären: Nicht Perseus stiehlt ihm die Braut, sondern mit ihrer Bestimmung als Opfer für das Seeungeheuer war die Verlobung durch ihren erwarteten Tod aufgelöst; Phineus selbst war anwesend, als Andromeda an den Felsen geschmiedet wurde; nach der Rettung durch Perseus war sie frei.

Phineus ist sprachlos und weiß nicht, wen er zuerst umbringen soll: Schwiegervater und Bruder oder Bräutigam. Er schleudert seine Lanze auf Perseus und verfehlt ihn. Der schleudert sie zurück und Phineus kann sich gerade noch hinter dem Hausaltar verbergen.

Die Saalschlacht ist eröffnet – und wie bei Ovid nicht anders zu erwarten, entwickelt sich das Blutbad mit großer Komik (38 ff.). Die Lanze auf Phineus ist „nicht umsonst" geschleudert: sie trifft einen der Kämpfer in die Stirn, „und sobald das Eisen aus seinen Knochen gezogen ist, zuckt noch sein Fuß und sein Blut spritzt über die festlich gedeckten Tische." Verzweifelt beschwört der von der Situation überforderte Brautvater die Götter des Gastrechts und flüchtet schließlich aus seinem Palast, wo im festlichen Hochzeitssaal die Knochen splittern und das Blut in Strömen fließt.

Metamorphosen   1. Pentade   5. Buch

Ein „niedergemähtes Haupt" plumpst auf den Opfertisch und „die noch halb lebende Zunge stößt Flüche hervor." (Ausgerechnet auf dem Altar). Perseus kämpft mit göttlicher Unterstützung: Pallas (Minerva/Athene), selbst ein Kind Jupiters, steht ihrem Bruder zur Seite. Das Kampfgeschehen erwischt auch den friedlich die Leier zupfenden Sänger: eine Klinge fährt ihm durch die Schläfe, und während sich seine Hand in die Saiten verkrampft, „ergibt sich zufällig eine Klagemelodie". Einem Kämpfer dringt ein Speer „mitten in die Nase und am Nacken heraus, so dass er vorn und hinten herausragt." Die Krüge mit dem „edlen Geschenk des Bacchus" gehen zu Bruch, die ganze Einrichtung wird demoliert und man kämpft mit herausgerissenen Türpfosten.

Die Schlacht erlangt mythologische Ausmaße, denn tausend Mann sind es (157), die Phineus gegen die Hochzeitsgesellschaft ins Feld führt. Und alle haben Platz im Festsaal. Die Tausend umringen jetzt Perseus, der sich noch rechtzeitig seiner wirkungsvollsten Waffe erinnert: er richtet das Haupt der Medusa gegen die Feinde, und die erstarren in ihrer momentanen Haltung zu Marmorbildnissen (183: *in hoc haesit signum de marmore gestu*). Tausend tapfere Krieger bleiben der Nachwelt als Denkmäler erhalten; ein gigantisches Skulpturenmuseum.

Metamorphosen 1. Pentade 5. Buch

Die Heimkehr des Perseus (236 ff.)

Nur 6 Verse benötigt Perseus nach der Hochzeitsschlacht, um mit Gattin Andromeda zur heimischen Königsburg in Argos zu gelangen und dort sofort den Proteus zu versteinern, der sein Reich inzwischen usurpiert hatte. Ebenso versteinert er noch schnell seinen alten Erzieher Polydektes, der ihm den Sieg über Medusa nicht glaubt, und der nun als Marmorbüste davon überzeugt sein wird.

Pallas Minerva/Athene bei den Musen (250 ff.)

Überraschend geht die Perseus-Geschichte über in eine neue Sphäre: Pallas Minerva/Athene, die bei der Saalschlacht kräftig auf Seiten des Perseus mitgemischt hatte, begibt sich zu den Musen am Helikon und stiftet nach endlos langen, verschachtelten Erzählungen einer ungenannten Muse[89] dort einen Musentempel. Der über 430 Verse umfassende Ausklang des 5. Buches hat eine wichtige kompositorische Funktion: es ist Abrundung und Zusammenfassung der 1. Pentade (Weltentstehung und Göttergeschichten).[90]

Durch die Hexameterform stehen die *Metamorphosen* in der Tradition des Epos, zu dessen Beginn und an dramaturgischen Schnittstellen ein Musenanruf erfolgt. Es ist also die Muse, die im Folgenden berichtet; der Erzähler bleibt anonym.

---

89 Es gibt 9 Musen als die Schutzgöttinnen der Künste (Musik, Theater, Geschichte, Sternkunde...); wenn der Name dieser Muse nicht genannt wird, soll die Erzählung unpersönlich objektiv die 1. Pentade inhaltlich und formal widerspiegeln.

90 Die 2. und 3. Pentade haben einen formal gleichen Ausklang: im 10. Buch (mythische Heroen) das *Lied des Orpheus*, und im 15. Buch (historische Zeit) der *Lehrvortrag des Pythagoras*.

Metamorphosen   1. Pentade   5. Buch

Ovid schaltet sich in den *Metamorphosen* häufig als Kommentator ein und widerspricht damit dem epischen Gesetz, dass dem Dichter die Verse von der Muse eingegeben werden.[91] Dieses Problem löst er mit einer Musenszene oder einem objektivierenden Epilog am Ende jeder Pentade.[92]

Die abschließende Musenszene im 5. Gesang wiederholt (bis 661) die Motive der 1. Pentade fast in der gleichen Reihenfolge. Auch thematisch rundet sich die 1. Pentade: Die erste Geschichte nach der Weltentstehung war die Werbung eines Gottes (Apollo) um eine Nymphe (Daphne); dieses Motiv wiederholte sich in der Folge immer wieder. Am Ende der 1. Pentade steht dann die Hochzeit von Perseus und Andromache (Beginn IV, 753, Ende V, 249). Die Pentade beginnt mit einer Werbung, und sie endet mit einer Hochzeit. Trotz der Spiegelung der Handlung beginnen in der Musenszene auch Motiv-Verschiebungen, denn nach dem 5. Buch ziehen sich die Götter aus der Handlung zurück.

Nach der wüsten Versteinerungsschlacht bei der Hochzeit von Perseus und Andromache fliegt **Pallas** zum **Helikon** bei Theben. Denn dort ist an der Stelle, wo das geflügelte Pferd Pegasus sich bei seinem Sprung auf den Parnass abgestoßen hat, eine Quelle entsprungen, und dort will die Göttin den Musen einen Tempel weihen.

---

91 *Ilias*: „Vom Zorn singe mir *Muse*, des Peleussohnes Achill". *Odyssee*: „Nenne mir *Muse* die Taten des vielgewanderten Mannes." Vergils *Aeneis*: „*Muse* sag mir die Gründe..."

92 Am Ende der 3. Pentade erklärt Pythagoras Naturvorgänge naturwissenschaftlich, die vorher mythologisch gedeutet wurden.

Metamorphosen   1. Pentade   5. Buch

„Die Puppe in der Puppe"

Die im 4. Buch mit den Erzählungen um Perseus und Medusa begonnene Verschachtelungsmethode (*„die Puppe in der Puppe"*) wird im Weiteren immer differenzierter; das 5. Buch als letztes der 1. Pentade reflektiert mit dieser Technik formal die komplizierte Perspektivierung der ganzen Pentade:

Eine ungenannte **Muse** erzählt Pallas von einem früheren Sängerwettstreit – damals besang die Muse **Calliope** den Raub der Proserpina – in der Proserpina-Geschichte erzählt die Nymphe **Arethusa** ihr Schicksal – und in der Arethusa-Geschichte kam auch die Stimme des Flussgottes **Alpheus** zu Wort – Dann spult sich die Verschachtelung zurück.

* **Pallas** fragt nach der neuen Quelle
    * **Muse** (ungenannt) erzählt
        Vergewaltigungsversuch von König Pyreneus
        Der Sängerwettstreit
        Das Lied der Pierus-Tochter: Gigantomachie
        * **Muse Calliope** besingt Raub der Proserpina
            Mythologische Erklärung Sommer/Winter
            Fruchtbarkeitsmythos
            * **Nymphe Arethusa** erzählt
                Vergewaltigungsgeschichte
                Flussgott Alpheus
                Die Verfolgungsjagd
            * **Nymphe Arethusa**: ihre Metamorphose
        * **Muse Calliope**: Ceres und Triptolemus
    * **Muse** (ungenannt): Elstern krächzen
* **Pallas** ist informiert

Die neue Quelle, die der harte Huf des Gorgovogels geschlagen hat[93] (255 f.) lockt Pallas zum „Helikon der Jungfrauen" (Musen).
Die Stelle korrespondiert mit dem Anfang:
In **nova** fert animus mutatas dicere formas (I, 1)
   Zu Neuem treibt mich der Sinn, zu berichten von verwandelten Gestalten ...
Fama **novi** fontis nostras pervenit ad aures (V, 256)
   Kunde von der **neuen Quelle** ist an unsere Ohren gedrungen ...

Der Dichter schafft mit den Metamorphosen eine **neue Kunstform** – und Pallas preist die Göttinnen der Künste glücklich, dass sie an diesem (**neuen**) Ort ihre (**neue**) Kunst ausüben. (267: *felicesque vocat*). Es ist die „Musenweihe" des Dichters am Ende der 1. Pentade.

An der „neuen Quelle" (Ovids neue Kunst) werden die Gigantomachie (V, 250-340) und die Urgeschichte (I, 5-451) erzählt, und Calliopes Gesang (V, 341–661) entspricht dem mit der Daphne-Geschichte beginnenden Teil der Verführungen und Vergewaltigungen. Beide Komplexe, Mythos und Musen, beginnen mit einem Pfeilschuss Cupidos (hier: Apollo; dort: Pluto) und enden mit dem Flug des Heros (hier: Perseus; dort: Triptolemus). Formal erzählt die Muse das „kontinuierliche Gedicht" (*carmen perpetuum*), wie es im Prolog als die neue Kunst angekündigt wurde.

---

93 *Gorgovogel*: das geflügelte Pferd Pegasus (Wahrzeichen der Dichter) entsprang dem Halsstumpf der von Perseus getöteten Gorgo Medusa. – Übergang von der Perseus-Geschichte zur Musen-Geschichte. Die *Hippo-krine* (Pferde-Quelle) und Fundamente eines Musentempels sind im Helikongebiet noch zu finden. Hirten kennen sie und zeigen den Weg.

Die Muse erzählt ... (269 ff.)

Der Tyrann Pyreneus, Herrscher von Phokis,[94] begegnete den zum Parnass eilenden Musen und bot ihnen Unterkunft in seinem Palast. (282: „es regnete nämlich"). Sie nahmen die Einladung an. Als das Unwetter vorbei war, verschloss Pyreneus die Burgtore und versuchte die Musen vergewaltigen. Sie schwangen sich auf den Burgturm und flogen davon. In seinem Hochmut glaubte der Tyrann, allmächtig zu sein und sprang ihnen nach. Er wurde am Boden zerschmettert.

Während die Muse noch erzählt, fliegen neun Elstern vorbei, lassen sich auf einem Baum nieder und „beklagend krächzend ihr Schicksal."

Die Muse erzählt weiter (300 ff.)

Bis vor kurzem waren die Elstern noch Mädchen, Töchter des makedonischen Königs Pierus. Stolz auf ihre Neunzahl glaubten sie sich den Musen gleich gestellt und forderten sie zu einem Sängerwettstreit heraus.[95] Als Schiedsrichter wurden die Nymphen ausgewählt.

Die erste Pierus-Tochter besang den Aufstand der hundertarmigen Giganten gegen die Olympischen Götter. Aber sie fälschte den Mythos und behauptete: die Giganten hätten die Götter derart in Schrecken versetzt, dass sie in Panik nach Ägypten flohen und sich seither dort verstecken.

---

94 *Phokis*: antike Region angrenzend an Böotien.
95 *Sängerwettstreit*: In der Antike hatten die Dionysien (Tragödienwettstreit zu Ehren des Gottes Dionysos) die gleiche Bedeutung wie die Panathenäen (Fest der Stadtgöttin Athene).

Jupiter verberge sich als Hirte, (weshalb man ihn dort heute noch als widdergehörnten Amun verehre), der Sonnengott als Rabe, Bacchus als Bock, Diana als Katze, Juno als Kuh, Venus als Fisch, Mercur als Ibis.[96]

Die „Irrlehre" der Pierus-Tochter ist um so strafenswerter, weil die wahre Gigantomachie ausführlich im Anschluss an die vier Weltzeitalter erzählt wird (I, 183 ff.): die Giganten wurden beim Versuch, den Himmel zu stürmen, von Jupiter mit seinem Blitzstrahl zur Erde zurück gestürzt.

Die Muse erzählt weiter ...
... die Verschachtelung beginnt (327 ff.)

Um die Zäsur besonders deutlich zu machen, fragt die Muse, ob Pallas überhaupt so viel Zeit habe, sich eine lange Geschichte anzuhören. Damit beginnt die Verschachtelung – denn natürlich hat Pallas Zeit, sich Geschichten anzuhören.

Also setzt die anonyme (und deshalb allgemeingültige, objektive) Muse die Schilderung des Sängerwettstreits damit fort, dass nach der Pierus-Tochter die Muse Calliope zum Wettsingen antrat mit einem Lied, in dem sie den Raub der Proserpina schildert, der seinerseits eine Erzählung der Nymphe Arethusa beinhaltet, innerhalb derer ein Flussgott spricht... die „Puppe in der Puppe".

---

96 Die Selbstverwandlungen spielen zynisch an auf Metamorphosen-Geschichten: der „geschwätzige Rabe" der Coronis (II, 542 ff.), der Sonnengott als Verräter vom Ehebruch der Venus (IV, 169 ff.); Bacchus als geiler Bock; Juno (I, 568 ff.); Venus als die aus dem Meere *Schaumgeborene*; über das Widerliche der Ibis-Gestalt schrieb Ovid eine Schmähschrift.

Metamorphosen 1. Pentade 5. Buch

... der Raub der Proserpina (359 ff.)

Die mit Efeu bekränzte Calliope beginnt, zur Leier das Lob von Ceres (griech. Demeter), der Göttin des Ackerbaus, zu singen: „Alles ist Gabe der Ceres. Singen will ich von ihr. O könnte Lieder ich finden, würdig der Göttin!" Unter der fruchtbaren Erde liegt der Gigant Typhoeus, der anders als die Pierus-Tochter behauptete, von Jupiters Blitz vernichtet wurde. Schwer lastet der Ätna auf ihm, und wenn er aus seinem Schlund Asche schleudert, erbebt die Erde.

Pluto (griech. Hades), Gott der Unterwelt, ist in seinem Wagen mit den schwarzen Rossen unterwegs in Sizilien, um zu prüfen, ob Erdbeben drohen. Beruhigt thront er jetzt auf einem Berg. Venus beobachtet ihn und hat einen Plan. Sie ruft ihren Sohn Cupido, der Pluto mit einem Liebespfeil verwunden soll, damit er die Tochter der Ceres entführt. Denn die Liebesgöttin leidet unter der fortschreitenden Mode der Jungfräulichkeit. Minerva und Diana „sind mir schon entgangen" (375), und Proserpina (griech. Persephone) will ebenfalls unbemannt bleiben. Cupido legt seinen allerschärfsten Pfeil in den Bogen und „schießt Pluto mitten ins Herz mit dem widerhakigen Rohrpfeil." Indessen spielt die schöne Proserpina an einem sizilischen See und pflückt Veilchen (284 ff.). Schwäne gleiten über das Wasser – die Sonne glitzert durch das Laub – „ewiger Frühling ist da" – ein *locus amoenus*, und die Folgen sind immer gleich: „Augenblicklich sieht, begehrt und raubt sie der Unterweltsgott." (394: *paene simul* **visa** *est* **dilecta***que* **rapta***que Diti*)[97].

---

97 Parallele I, 490: Apollo „liebt, sieht und begehrt" Daphne.

Metamorphosen 1. Pentade 5. Buch

Mit seiner Beute jagt er nach Syrakus zu einer Meeresbucht. Die Nymphe Cyane will den Räuber aufhalten, aber Pluto schleudert sein Zepter ins Meer, es öffnet sich wie ein Trichter und der Wagen fährt hinab in den Orkus. Aus Trauer, dass sie Proserpina nicht retten konnte, löst Cyane sich auf in das Wasser der heute nach ihr benannten Quelle.

Auf der Suche nach ihrer Tochter kommt Ceres durstig zu einer Hütte und erhält köstliches Wasser von einer alten Frau. Ein Knabe verhöhnt sie als gierig. Darauf lässt ihn die Göttin schrumpfen und verwandelt ihn Glied für Glied in eine Eidechse. Sie irrt weiter über den ganzen Erdkreis und kommt zurück nach Sizilien an die Quelle der Cyane. Sprechen kann die Wassernymphe nicht mehr, aber sie gibt der Mutter den Gürtel, den ihre Tochter auf der Flucht verloren hat. Weil Ceres den Aufenthaltsort nicht erraten kann, straft sie ganz Sizilien mit Unfruchtbarkeit; die Erde dörrt aus und Hungersnot droht. Endlich erfährt sie von der Quellnymphe Arethusa, wo sich Proserpina befindet.

Die Göttin fährt auf in den Äther zu Jupiter und klagt ihm ihr Leid. Der entscheidet, die Tochter dürfe zur Mutter zurück, wenn sie in der Unterwelt noch nichts gegessen hat. Aber Proserpina hat den Tod bereits gekostet: sieben Kerne des Granatapfels hat sie gegessen. Das hatte ein Sohn des Unterweltflusses Acheron beobachtet und er verrät es. Zur Strafe wird er in einen Uhu verwandelt, „der Unheil den Sterblichen kündet.". Die Freundinnen Proserpinas hatten sich von den Göttern gewünscht, über Erde und Meer schweben zu können, um die Verlorene zu suchen. Die Götter sind ihnen gnädig, und verwandeln sie in Sirenen: Vogelleiber mit Frauenköpfen.

Metamorphosen   1. Pentade   5. Buch

Der oberste Gott fällt ein gerechtes Urteil: Proserpina wird abwechselnd ein halbes Jahr bei der Göttin der Fruchtbarkeit und ein halbes Jahr in der Unterwelt verbringen. So entstanden Sommer und Winter – Calliopes Gesang beschreibt den Fruchtbarkeitsmythos.

Die Verschachtelung der Geschichten ist kaum noch überschaubar – man weiß nicht mehr, auf welcher Erzählebene man sich befindet – und die Perspektivierung geht immer noch weiter. Also die **Muse** ohne Name *erzählt* der Göttin **Pallas** (Athene/Minerva), dass **Calliope** (die Muse der heroisch-elegischen Dichtung) beim Sängerwettstreit das Lob von **Ceres** (der Göttin der Fruchtbarkeit) *erzählt* hat, und in dieser Geschichte besuchte Ceres die Nymphe **Arethusa**, von der ihr eine Geschichte *erzählt* wurde … (572 ff.)… … …

Nach Jupiters Entscheidung über den abwechselnden Aufenthalt von Proserpina besucht **Ceres** noch einmal die Nymphe **Arethusa** und fragt sie nach dem Grund ihrer Verwandlung. Nach der Muse und Calliope ist Arethusa die dritte Perspektive der Erzählung.

… von Ceres zu Arethusa … (572 ff.)

Arethusa *erzählt*, dass sie eine Bergnymphe auf der Peloponnes war und im Dienste der Diana durch die Wälder streifte. Alle rühmten ihre Schönheit, aber sie selbst schämte sich der Reize. Eines Tages kommt sie müde vom Jagen zu einem romantischen Ort: Mittagshitze, ein Bach, Pappeln spenden Schatten … ein *locus amoenus*. Der Leser muss erwarten, dass gleich etwas passieren wird.

Metamorphosen   1. Pentade   5. Buch

Arethusa benetzt zuerst ihre Fußsohle, dann steigt sie bis zum Knie ins Wasser. „Mit dem nicht zufrieden" legt sie ihr „zartes Gewand auf eine krumme Weide und taucht nackt in die Flut." Übermütig „tummelt" sie sich. Plötzlich hört sie ein „Gemurmel im Wasser": der Flussgott Alpheus[98] nähert sich der Jungfrau. Die Nymphe flieht aus dem Wasser und rennt nackt davon, denn ihre Kleider sind am anderen Ufer. Es beginnt eine wilde Verfolgungsjagd (600 ff.). „Weil ich nackt war, sah er mich als leichte Beute" – so wie die Taube vor dem Habicht flieht und wie der Habicht die Taube verfolgt.

Durch mehrere Landschaften der Peloponnes geht die Hetzjagd, und Arethusa spürt schon den Atem des Verfolgers im Nacken. Sie ruft Diana um Hilfe an; die Hüterin der Jungfrauen „ist gerührt" und wirft eine dunkle Wolke über die Verfolgte. Wie vor einer Wand steht der staunende Flussgott vor der „hohlen Wolke" und beginnt eine detektivische Untersuchung: da die Fußspuren der Fliehenden nicht heraus führen, muss sie noch drinnen sein. „Er bewacht Ort und Wolke", aber das Dunkel ist nicht zu durchdringen.

Alpheus wird jetzt zur neuen *Puppe in der Puppe*: er ist die innerste Puppe. Mehrmals ruft er nach Arethusa, sie solle heraus kommen, und die Nymphe zittert wie der Hase im Busch, der draußen den Rachen des Hundes sieht. Kalter Schweiß befällt ihre Glieder, vom ganzen Leib rinnen die Tropfen, ihr Körper taut, und die Bergnymphe wird zur Quelle (632 ff.).

---

[98] *Alpheus* fließt auch durch Olympia.

Alpheus legt seine anthropomorphe Gestalt ab und verwandelt sich wieder in den Fluss, um sich mit der Nymphe zu mischen. Da spaltet Diana die Erde und lässt die neue Quelle „durch finstere Höhlungen" unterirdisch von der Peloponnes nach Sizilien fließen, wo sie ans Licht tritt und heute auf Ortygia vor Syrakus besucht werden kann.

... zurück zu Arethusa... (642 ff.)
Nachdem Arethusa ihren Bericht beendet hat, schirrt Ceres ein Schlangenpaar vor ihren Wagen und schickt den Königssohn Triptolemus aus Eleusis, der sie auf der Suche nach ihrer Tochter freundlich aufgenommen hatte, mit Saatgetreide durch die Lüfte ins öde Sizilien und in die andren Länder Europas und Asiens, um den Ackerbau einzuführen.

Am Schwarzen Meer versucht der skythische König Lyncus, Triptolemos im Schlaf zu ermorden, um selbst als Spender der Fruchtbarkeit zu gelten. Im letzten Moment verwandelt Ceres ihn in einen Luchs.[99]

... zurück zu Calliope ... (662 ff.)
Calliope hat ihren Beitrag im Wettgesang beendet und wird einstimmig zur Siegerin erklärt.

---

99 *Lynkeus* besitzt im Mythos eine sprichwörtliche Sehkraft; (griech. λυγξ: der Luchs; wohl: der Luchs-äugige). Sein Blick soll durch Gegenstände und die Erde gedrungen sein (Horaz, Briefe I, 1, 28).
In *Faust II* (11.288 ff.) ist er das Sinnbild von „Goethes Weltfrömmigkeit": *Zum Sehen geboren, / Zum Schauen bestellt, /.../ So seh' ich in allen / Die ewige Zier. / Und wie mir's gefallen, / Gefall' ich auch mir. /.../ Ihr glücklichen Augen, / Was je ihr gesehn, / Es sei wie es wolle, / Es war doch so schön!*

Metamorphosen 1. Pentade 5. Buch

... zurück zur erzählenden Muse ... (665 ff.)
Die Verliererinnen ertrugen ihre Niederlage nicht und beleidigten und verspottetn die Musen. Dafür wurden sie bestraft durch eine Metamorphose in Elstern.
  Auch als Vögel haben sie heute noch „die Begabung, zu sprechen, aber es ist eine krächzende Redseligkeit und endloses Verlangen zu schwatzen."

... zurück zu Pallas bei den Musen ... (VI, 1 ff.)
Es ist die Buchgrenze.
Zu Beginn des 6. Buches sind wir in der verschachtelten Erzählung wieder an den Ursprung zurück gekehrt: zum Helikon, wo „die neue Quelle" fließt (Ovids neue Kunst) und Pallas einen Musentempel stiftet für den neuen Musenkult.[100]
  Pallas lobt den gerechten Zorn der Musen in dem Sängerwettbewerb gegen die Pierus-Töchter (den Sieg der neuen Kunst gegen die alte) und beschließt, unter die Sterblichen zu gehen, um auch dort Überheblichkeit streng zu bestrafen. –
Das ist der Übergang zur 2. Pentade:
von der Götter-Ebene zur Heroen-Ebene.

Ende des 5. Buches

Ende der 1. Pentade

---

100 Reste der Fundamente sind in dem einsamen Gebiet, wo Hirten ihre Ziegen weiden, heute noch zu finden

Die Metamorphosen

II. PENTADE

Buch 6 – 10

2. Pentade Buch 6 - 10

                                                                                    Vers

6. Buch: Von Arachne bis Orithya
- Arachne 1
- Niobe 146
- Die lykischen Bauern 313
- Marsyas 382
- Pelops 401
- Procne und Philomena 412
- Orithya und Boreas 675

7. Buch: Von Medea bis Tod der Procris
Rahmenhandlungen vom 7. bis 10. Buch
- Medea 56
- Aeson 159
- Pelias 297
- Medeas Flucht 350
- Rahmenhandlung im 7. Buch 404
- Kephalos-Rahmen 490

8. Buch: Scylla + Nissus bis Erysichthon + Mestra
Die Stellung des 8. Buches
- Scylla 1
- Das Labyrinth von Kreta 152
- Deadalus 183
- Meleager 260
- Theseus bei Achelous 547

Metamorphosen 2. Pentade

9. Buch: Achelous + Hercules bis Iphis + Ianthe
Zweikampf Hercules-Achelous 1
Nessus 98
Tod und Vergöttlichung des Hercules 134
Alkmene und Iole erzählen 273
Das Ende der Verjüngungen 394
Byblis 454
Iphis 666

10. Buch: Orpheus + Euridice bis Venus + Adonis
Orpheus und Euridice 1
Cyparissus 106
Die Lieder des Orpheus 143
Ganymed 155
Hyacinthus 162
Pygmalion 243
Myrrha 298
Venus und Adonis 503

Metamorphosen   2. Pentade   6. Buch

Übergang von Göttern zu Heroen

Die ersten vier Verse des 6. Buches schließen den Musen-Epilog vom Ende des 5. Buches ab: Pallas (Minerva/Athene) belobigt die Musen für ihre strenge Bestrafung der Pireus-Töchter, die sich hochmütig erhoben haben über Göttinnen.[101] Sie ist entschlossen, Hybris und Dünkel überall auf der Welt beispielhaft zu bestrafen. Dadurch entsteht ein Übergang von der **Götterhandlung** der 1. Pentade zur **Heroenhandlung** der 2. Pentade.

Der poetologische Aufbau der 2. Pentade korrespondiert mit der 1. Pentade:
Einleitung, Hauptteil, Epilog.

Dort die „Einleitung" mit der Urgeschichte (I, 1-415: Weltschöpfung und Bestrafung der Menschen für ihre Hybris durch die Große Flut), hier die „Einleitung" (VI, 1-400) mit der Bestrafung von Arachne, Niobe, lykischen Bauern und Marsyas.

    Den Übergang zum „Hauptteil" der 1. Pentade bildeten Verführungen und Vergewaltigungen der Götter, danach folgten zentral die Schicksale der Theben- und Perseus-Dynastie. In der 2. Pentade wird der Übergang in der Arachne-Geschichte auf den gewebten Bildern der beiden Kontrahentinnen realisiert: Athene webt Götter in ihrer „erhabenen Würde" (VI, 73) und von ihnen bestrafte Menschen, Arachne webt Szenen, in denen Frauen von Göttern geraubt und betrogen wurden.

---

101 *Die 9 Musen* sind in der griechischen Mythologie hochrangige Göttinnen: Töchter des Zeus und der Titanin Mnemosyne (griech. Erinnerung); diese ist eine Tochter des Uranos (Himmel) und der Gaia (Erde).

Metamorphosen   2. Pentade   6. Buch

6. BUCH
von Arachne bis Orithya

Das Zentrum der zweiten Pentade wird mit Zitaten der Pelops-Sage eingeleitet (VI, 401-411) und widmet sich dann (analog der Theben- und Perseus-Dynastie in der 1. Pentade) den Königs-Dynastien von Pandion (Procne und Philomena), Medea, Theseus und Hercules.

Durch die Heroen Theseus und Hercules befinden wir uns im vorhistorischen Zeitalter des Argonautenzuges (die Epoche vor dem Trojanischen Krieg, der später den Übergang zur historischen Zeit der 3. Pentade bilden wird). Die Heroen Theseus und Hercules haben dabei nur dramaturgisch rahmende Funktion und verbinden die Handlungselemente. Tragische Schicksale erleben in den Büchern 6 bis 10 die heroischen Frauen: Arachne, Niobe, Medea und andere. Es ist eine Pentade der Heroinen, die in Hybris ihre Grenzen überschreiten und im Falle Medeas in ihrem Schmerz jedes menschliche Maß verlieren.[102] Parallel zur Erzählung der Musen in der 1. Pentade bildet am Ende der 2. Pentade das Lied des Orpheus (X, 143-739) den „Epilog".

Arachne (1 ff.)

Die erste bestrafte Hochmütige ist keine Heroine, sondern eine Lyderin[103] „aus dem Volke", die im ganzen Land bewundert wird für ihre Webkunst. Hochmütig verkündet sie, sich mit Pallas messen zu können.

---

[102] Niklas Holzberg („Ovid") nennt die 2. Pentade treffend: „Rahmende Heroen und rasende Heroinen".

[103] *Lydien*: antike Landschaft im Westen Kleinasiens mit der Hauptstadt Sardes, 100 km NÖ von Smyrna (Izmir).

Metamorphosen   2. Pentade   6. Buch

Die Göttin besucht sie in Gestalt einer weisen alten Frau und mahnt sie zu Bescheidenheit. Arachne reagiert zornig. Als Pallas sich zu erkennen gibt, fordert die Hochmütige sie zum Wettkampf gewebter Bilder.

Pallas webt ihren Streit mit Neptun um die Schirmherrschaft für Athen: der Seegott stößt seinen Dreizack in den Athener Fels und es entspringt eine Quelle; Pallas stiftet der Stadt den Ölbaum, und die Siegesgöttin überreicht ihr in Anwesenheit der würdevollen Olympischen Götter den Siegerkranz.[104] In den vier Ecken des Gewebes sind Metamorphosen überheblicher Sterblicher dargestellt.

Arachnes Bilder zeigen die Götter als Betrüger und Vergewaltiger: Zeus als *Stier* (Europa), *Adler* (Asterie), *Schwan* (Leda), *Satyr* (Nycteis), *Ehegatte* (Alkmene), *Goldregen* (Danae) ... Neptun als *Stier, Widder, Hengst, Delphin* ... Apoll als *Habicht, Hirte, Hengst* ... Die Kunstfertigkeit der Bilder grenzt an ein Wunder, aber blasphemisch rauben sie den Göttern ihre Würde.

Pallas reißt die „Schande des Himmels" in Fetzen und sticht Arachne mit der Spindel mehrmals in die Stirne. Arachne schlingt eine Schnur um ihren Hals und will sich erhängen, aber Minerva – „von Mitleid erfasst" – hindert sie am Selbstmord und verwandelt sie in eine Spinne. So ist sie verurteilt, ewig Fäden (Bilder, Geschichten) zu spinnen und an ihnen zu hängen.

---

104 Das Gewebe der Pallas ist eine Wiedergabe des Parthenon-Giebels der Akropolis in Athen.

Metamorphosen   2. Pentade   6. Buch

Niobe (146 ff.)

Königin Niobe[105] von Theben lebt in märchenhafter Pracht. In hochmütigem Stolz nennt sie sich mit 7 Söhnen und 7 Töchtern „Glücklichste aller Mütter".

Als die Frauen Thebens am Latona-Fest die Altäre schmücken, befiehlt Königin Niobe die Einstellung der religiösen Feierlichkeiten. Sie selbst schätzt sich göttergleich als mächtige und schöne Königin, deren Palast unermessliche Schätze birgt. Sie hat siebenmal so viele Kinder wie Latona (Leto), die nur Apollo und Diana (Artemis) geboren hat. Nicht einmal einen Ort zum Gebären hat Latona gefunden, weil auf Junos Befehl die ganze Welt der von Zeus Schwangeren kein Obdach geben wollte. Nur die Insel Delos, die ohne festen Platz im Meer schwamm, gewährte der Göttin Asyl; zum Lohn ist die Insel jetzt fest verankert.

Niobes Hybris steigert sich ins Phantastische: Nie könne sie unglücklich werden, denn wenn ihr die Götter Vieles entrissen, würde ihr immer noch Vieles bleiben. Nie könnten ihr so viele Kinder sterben, dass sie nur noch zwei habe wie die Göttin.

Latona fordert die Zwillinge Apollo und Diana auf, ihre Schmach zu rächen, und sofort beginnt die Vernichtung:
Niobes Söhne trainieren nahe der Stadt auf einer Rennbahn ihre Pferde. Da werden sie einer nach dem anderen getroffen von Apollos Pfeilen.

---

105 *Niobe*: Tochter des Jupitersohnes Tantalus, der mit den Göttern speisen durfte, und, weil er ihnen seinen Sohn Pelops als Mahl („Kindermahl") vorsetzte, um ihre Allwissenheit prüfen, zu „Tantalus-Qualen" in den Hades verbannt wurde.

Die Tragödie wird noch dadurch verstärkt, dass jeder der 7 Söhne durch seinen individuellen Tod einen persönlichen Charakter erhält; in jeweils 6 bis 8 Versen stirbt jeder auf eine besondere Weise. Als Letzter fleht der Jüngste die Götter an, ihn zu verschonen, und Apollo wird gerührt, aber der Pfeil saust schon durch die Luft; der Gott kann gerade noch bewirken, dass es die kleinste Wunde wird – mitten ins Herz ein schneller Tod.

Der König tötet sich an den Leichen seiner Söhne. Vom höchsten Glück wird die Mutter in tiefstes Leid jäh herabgestürzt. Sie kann nicht fassen, dass Götter solche Allmacht besitzen. Aber immer noch nicht ist Niobes Stolz gebrochen: Sie preist sich auch jetzt noch glücklicher als die Göttin, weil ihr 7 Töchter blieben. Im gleichen Moment schwirren Dianas Pfeile und töten die Töchter. Nach dem hochdramatisch zeitlupenartigen Sterben der Söhne ereignet sich die Vernichtung der Töchter in rasendem Tempo: je 2 Verse für die ersten beiden, 1 Vers für die dritte und vierte, 1 Vers für die fünfte und sechste, dann schreit Niobe (299 f.): „Die Eine, die Kleinste nur lass mir! Von allen den Vielen verlange ich die Kleinste, die Eine!" Doch während sie fleht, stirbt auch die Letzte.

Niobe steht zwischen den Leichen der Kinder und des Königs; der unbeschreibliche Schmerz lässt sie versteinern. Ein Wirbelsturm erfasst die zu Stein gewordene Königin und entführt sie zu einem Berg in ihre Heimat. „Und noch heute entrieseln die Tränen dem Marmor.[106]" (312).

---

[106] Wenn man sich dem Berg Sipylos bei Sardes nähert, hat man den Eindruck eines großflächig versteinerten Frauenkopfes. Und immer rieselt Wasser herab.

Die lykischen Bauern (313 ff.)

Niobes Tragöde erinnert die Menschen an frühere Strafen der Latona. Nach Geburt der Zwillinge musste sie von Delos fliehen und kam auf ihrer Irrfahrt nach Lykien. Von Durst gepeinigt wollte sie aus einem Teich trinken, aber die Bauern verwehrten es. „Wasser gehört allen" forderte die Göttin; so wie die Luft ist es kein Privateigentum. „Wasser ist Leben". Aber die Bauern sprangen in den Weiher und stampften im Schlamm, um das Wasser zu trüben. Eine groteske Szene: Männer hüpfen wild in einem Tümpel herum und wühlen den Grund auf, um eine Verdurstende am Trinken zu hindern.

Zur Strafe werden sie in Frösche verwandelt und dazu verdammt, ewig schimpfend zu quaken. Nur die Stimme der Bauern hat sich verändert, ihr Wesen haben sie behalten. Im Tümpel schimpfen sie genau so wie zuvor auf den Feldern. Und weil sie sich dabei so anstrengen müssen, blähen sie ihre Hälse und Backen, und die Münder quellen immer breiter auf zu Froschmäulern.

„**quoque** turpes / litibus exercent li**gua**s pulso**que** pudore / **qua**mvis sint sub **aqua**, sub **aqua** maledicere temptant. / Vox **quoque** iam **rauca** est, inflata**que** collatumescunt, ips**aque** dilatant patulos convicia rictus[107] …"

---

[107] „Ihre frechen Zungen üben sie jetzt noch im Schimpfen, und ohne Scham versuchen sie, noch unter dem Wasser zu höhnen. Rau ist ihre Stimme noch heute, die Kehlen schwellen gebläht, und das Schimpfen verbreitert die klaffenden Mäuler."
Die Sage wurde häufig in der Bildenden Kunst dargestellt. *Latona-Brunnen* in Versailles und Herrenchiemsee (Stadien der Metamorphose vom Mensch zum Lurch).

Metamorphosen 2. Pentade 6. Buch

Unmerklich ist eine verschachtelte Erzählung entstanden, in welcher der Erzähler nicht mehr ausgemacht werden kann:

Arachnes Verwandlung (die Geschichte über die Entstehung und das Wesen der Spinnen)
hat Verbindung zur Niobe-Geschichte, weil die beiden Frauen sich in Lydien kannten, bevor Niobe als Königin nach Theben ging.

Niobes Schicksal (Erklärung für das Vexierbild des Niobe-Felsens am Sipylos-Gebirge)
löste unter den Menschen eine hochgradige Erschütterung aus, weshalb sie sich an frühere Strafen der Latona erinnerten: aus Furcht vor dem Zorn der Göttin kommen sie, „wie es so geht, vom aktuellen Geschehen auf früheres."

Die lykischen Bauern (die Erklärung für die Entstehung der Frösche)
waren eine solche frühere Strafe Latonas.

Metamorphosen   2. Pentade   6. Buch

Marsyas (382 ff.)

Erzähler sind also inzwischen die von den Strafen der Götter erschütterten Menschen. Nach der Frosch-Legende wird aus dem anonymem Volk plötzlich dann doch noch ein Erzähler persönlich erkennbar, aber nur scheinbar (382 ff.): „Als ich weiß nicht wer, die Geschichte vom Ende der lykischen Männer erzählt hatte, da erinnerte sich ein anderer an den Satyrn[108] (Marsyas), den der Sohn der Latona (Apollo) im Flötenspiel besiegt und bestraft hat." Es kann nicht der historische Erzähler Ovid sein, der das sagt; es ist ein Zuhörer aus dem Volk, denn es wird aus der mythischen Gegenwart berichtet. Die Verschachtelung der Erzähler und der Geschichten ist jetzt undurchschaubar geworden.

Nach der liebevoll en detail ausgeschmückten Schilderung vom Verlurchungsprozess der Bauern folgt in nur 15 Versen (385 ff.) mit Marsyas eine extrem kurze Metamorphose, die so grausam und brutal dargestellt wird, dass sie schwarzen Humor erzeugt. Der erste Satz ist ein Aufschrei des Satyrs: *„Was ziehst du mich ab von mir selber! Aua! Das tut ja weh.[109] So viel war die Flöte nicht wert!"* Im nächsten Vers versteht man die Situation: Apollo zieht Marsyas bei lebendigem Leib die Haut vom ganzen Körper. Der Grund ist noch immer nicht klar, aber der Vorgang wird ausgiebig illustriert: „Nichts als Wunde war er. Blut überall. Die Muskeln bloßgelegt. Die Adern zitterten. Das Eingeweide zuckte."

---

108 *Satyrn*: Gottheiten der Wälder und Berge; Hörner, Schwänze, oft Ziegenbeine; Begleiter des Dionysos; verbrachten ihre Zeit mit Jagd auf Nymphen, Weintrinken, Tanz und Spiel auf der Syrinx (Panflöte).

109 *piget*: in wörtlicher Übersetzung wird der schwarze Humor noch schwärzer: „Es erregt Unlust!".

Metamorphosen 2. Pentade 6. Buch

Faune, Satyrn und Nymphen beweinten ihn, und die Tränen sammelten sich „zum klarsten der phrygischen Flüsse", der heute den Namen Marsyas trägt. Schluss. – Die Erklärung der bizarren Geschichte ergibt sich aus der Ankündigung, Apollo habe den Satyr im Flötenspiel besiegt und bestraft. Ovids Leser kannten den Mythos.[110]

Pelops (401 ff.)

„Nach dieser Erzählung (Marsyas) kehrt das Volk wieder zur Gegenwart." Alle hassen Niobe, die eine Katastrophe über ihr Königshaus gebracht hat. Nur einer trauert um sie: ihr Bruder Pelops riss sich aus Trauer sein Gewand vom Körper und entblößte seine Elfenbeinschulter. In fünf Versen wird die Pelops-Sage erzählt: Pelops war ein Sohn des Tantalos und damit Bruder der Niobe. Sein Vater tötete ihn als Kind und setzt ihn den Göttern als Mahl vor, um ihre Allwissenheit zu prüfen. Die Götter aßen nicht, bestraften Tantalos und erweckten Pelops wieder zum Leben. Nur die Göttin Demeter (Ceres), die durch den Verlust ihrer Tochter Persephone (Proserpina) zerstreut war, hatte ein Stück von der Schulter gegessen. Die Götter ersetzten sie durch Elfenbein. Später wurde Pelops Herr der Peloponnes (πελοπο–νησοσ: „Pelops-Insel"). Die Pelops-Sage bildet nach den Götterstrafen den Übergang zu den Königs-Dynastien, analog in der 1. Pentade Theben und Perseus.

---

110 *Marsyas* fand die Flöte, welche Athene erfunden und später weggeworfen hatte, weil das Blasen ihr Gesicht verunschönte. Er wurde ein so vollendeter Musiker, dass er Apollo zum Wettspielen herausforderte. Nach dem Sieg zog Apollo dem Marsyas die Haut ab.

Metamorphosen 2. Pentade 6. Buch

Procne und Philomene (412 ff.)

Aus allen Städten Griechenlands strömt die Trauergemeinde nach Mykene zu König Pelops, dem Bruder der Niobe. Nur eine Stadt fehlt: Athen ist verhindert, weil es gerade Krieg führt gegen „barbarische Horden", welche die Stadt belagern. Es ist ein dramaturgischer Einschnitt: Zum ersten Mal wird in der mythologischen Weltgeschichte ein Krieg erwähnt. Der Thrakerkönig Tereus kommt Athen mit seinem Heer zu Hilfe und besiegt die Feinde. Pandion, der König von Athen, gibt dem Retter seine Tochter Procne zur Frau, und das Paar zieht nach Thrakien.

Bei der Hochzeit gibt es unheilvolle Vorzeichen (428 ff.): Juno, die Göttin der Ehe, nimmt keinen Anteil, ebenso fehlte der Hochzeitsgott Hymen (*non Hymenaeus adest*). „Furien trugen die Fackeln … Furien streuten das Lager." Tereus und Procne heiraten unter dem Zeichen der Rachegöttinnen. Dennoch scheint das Glück vollkommen, als der Sohn Itys geboren wird. „Aber verborgen liegt, was uns frommt."

Nach fünf Jahren verspürt Procne Sehnsucht nach ihrer Schwester Philomena und schickt Tereus zum Vater nach Athen, um die Schwester einzuladen. Als er dort Philomena erblickt, ist er hingerissen von ihrer Erscheinung. Seine Lust (*libido*) „brennt in der zügellosen Begier", die Schwägerin zu besitzen. Tagelang fleht er den Schwiegervater an, die Reise zu erlauben. („Welch eine Finsternis herrscht in den Herzen der Menschen.") Tereus „verschlingt" die Schwägerin mit seinen Blicken. „Alles wird ihm zum Stachel, zur Fackel und zur Nahrung seiner wilden Begierde."

Metamorphosen   2. Pentade   6. Buch

Tereus findet keinen Schlaf mehr; in seinen nächtlichen Fantasien „stellt er sich das vor, was er noch nicht gesehen hat." Schließlich erlaubt der Vater den Besuch der Schwester in Thrakien.

Während der Seereise beobachtet Tereus das Objekt seiner Wollust wie der Adler, der mit „krummen Klauen" die Beute in den Horst trägt. Nach der Landung in Thrakien schleppt er Philomena in ein einsames Gehöft und vergewaltigt sie. Als sie ihm droht, sein Verbrechen bekannt zu machen, zieht Tereus das Schwert aus der Scheide (551: *vagina liberat ensem*: „die Scheide gibt das Schwert frei"), und schneidet Philomena die Zunge, mit der sie ihn verraten könnte, ab. Die Details erzeugen Schrecken und Abscheu: „Die Wurzel zuckt, die auf die Erde gefallene Zunge lallt noch zitternd und schnellt, wie der Schwanz der verstümmelten Schlange zu springen pflegt, im Sterben empor." Tereus hält die Verstümmelte unter Bewachung versteckt, und die Abscheulichkeit wird im Gerücht noch gesteigert: „Auch nach diesem Verbrechen – ich kann es kaum glauben – missbrauchte er noch oft – so sagt man – zur Lust den geschändeten Körper." Seiner Gattin erzählt Tereus, ihre Schwester sei gestorben.

Ein Jahr lang lebt Philomena als Gefangene in dem Gehöft. Dann webt die stumme Frau Zeichen in ein Gewebe und lässt es von einer Magd zu Procne bringen. Die Schwester kann den „Jammerbericht" entschlüsseln und lebt nur noch ihrem Gedanken an Rache. Am Bacchus-Fest eilt sie, unerkannt als Bacchantin (Mänade: „Rasende") dekoriert, zum Gefängnis der Schwester, befreit sie, und tarnt ihre Gesichter mit dem Weinlaub der Mänaden.

Procne versteckt die Schwester im Palast. Sie ist „zu jeder Untat bereit" und sucht nach der äußersten Form der Rache. Als ihr kleiner Sohn Itys zu ihr kommt, wird ihr die Ähnlichkeit mit dem Vater bewusst, und sie „kocht in schweigendem Zorne." (623: *exaestuat*: aufwallen, glühen, „kochen vor Zorn" ist eine schreckliche Andeutung, welcher Plan in ihr reift). Tränen der Liebe für das Kind und Rachezorn gegen seinen Erzeuger wechseln – endlich hat sie ihre Entscheidung getroffen. „Wie die indische Tigerin den Säugling der Hirschkuh durch den dunklen Wald schleppt", so strebt Procne mit dem kleinen Itys in ein entlegenes Gemach des Schlosses. Dort stößt sie ihm das Schwert „da, wo Brust und Seite sich treffen" ins Herz. Das Kind schreit noch „Mutter", aber Procne ist in ihrem Hass auf den Mann keiner menschlichen Regung mehr fähig. Als Itys bereits tot ist, durchschneidet sie ihm noch die Kehle. Sie zerlegt den Körper des Kindes und kocht und brät („das eine im Kessel, das andere am Spieß") das schreckliche Mahl für den Vater. „Es trieft das Gemach von dem Gräuel." Die Rachetat muss ebenso unmenschlich sein in der Dimension wie die Tat, die sie vergilt.

Procne berichtet Tereus von einem heiligen Brauch ihrer Vorväter, dass an diesem Mahl außer dem Mann niemand teilnehmen dürfe. Der König speist auf seinem Thron – „auf dem hohen Sitz seiner Ahnen, und füllt mit dem eigenen Fleisch und Blut seinen Leib an."

Als er gesättigt ist, verlangt er nach seinem Sohn, und Procne steigert ihren Hass ins Monströse: „Drinnen hast du, den du verlangst" (655: *intus habes, quem poscis*).

Metamorphosen   2. Pentade   6. Buch

Die geschändete Philomena schleudert Tereus den blutigen Kopf seines Kindes ins Gesicht. Nie zuvor hatte sie so sehr gewünscht, sprechen zu können, als hier „die Freude ihres Herzens zu bezeugen". Tereus schreit, würgt, weint und nennt sich „das klägliche Grab seines Sohnes". [111]

Die beiden Frauen fliehen, und Tereus verfolgt sie mit gezogenem Schwert. Den Bedrohten wachsen Flügel, und die eine fliegt als Nachtigall in den Wald, die andere als Schwalbe zur Burg. Die Zeichen des Mordes haften der Mutter auf der Brust: die Federn sind mit Blut gezeichnet.[112] Der Verbrecher Tereus wird zum Wiedehopf: mit einem Helmbusch auf dem Kopf und statt des Schwertes der Schnabel.

---

[111] „*Kindermahl*": Das Schlachten des Kindes und Vorsetzen als Mahl ist in der Mythologie häufig und kann verschiedene Bedeutungen haben. In der *Orestie* des Aischylos ist das „Thyestes-Mahl" (König Atreus von Mykene setzt seinem Bruder Thyestes, der seine Frau vergewaltigt hatte, die eigenen Kinder als Mahl vor) der Ursprung des „Atriden-Fluches" der folgenden Generationen (Agamemnon, Orest und Elektra). – In Goethes *Faust I* singt Gretchen im Kerker das „Lied vom Machandelboom"; rätselhaft verdichtet stammt es aus Grimms Märchen: die böse Stiefmutter setzt dem Vater sein Söhnchen als Mahl vor und der „wurde ganz froh"; das Alte nimmt das Neue in sich auf; die Knöchlein legt die Schwester unter einen Machandelboom (Wacholder ist Sinnbild der Wiedergeburt), sie fügen sich zu einem Vöglein und fliegen fort.

[112] Die Rauchschwalbe hat eine rotbraune Kehle. Nur daran lässt sich bei Ovid Procne als Schwalbe entschlüsseln. Nach anderer Überlieferung wurde Procne in die Nachtigall verwandelt und Philomena in die Schwalbe. Eine weitere Überlieferung nennt Philomena die Mutter des Itys, die als Nachtigall klagend seinen Namen ruft. (Der Ruf der Nachtigall klingt tatsächlich „itys").

Metamorphosen   2. Pentade   6. Buch

Orithya und Boreas (675 ff.)

Aus Schmerz über das Schicksal seiner beiden Töchter starb König Pandion. Sein Nachfolger in Athen wurde Erechtheus, der Bruder von Procne und Philomena. Er hatte vier Söhne und vier Töchter, von denen Procris und Orithya berühmt waren für ihre Schönheit. Procris wurde mit dem vornehmen Athener Kephalus, einem Enkel von Aeolus (Gott der Winde) verheiratet. Ihre Schwester Orithya wird begehrt vom wilden Nordwind Boreas,[113] der aus Thrakien weht. Aber Erechtheus verwehrt dem Stürmischen seine Tochter. Da bedauert Boreas, dass er als der „schmeichelnde" (säuselnde) Bittsteller um Orithya geworben hat und besinnt sich seiner unwiderstehlichen Stärke: er wandelt sich zu dem wütenden Tyrannen, der die anderen Winde vertreibt, vom Norden den Hagel bringt, die Eichen entwurzelt und das Meer aufwühlt, und beschließt in einer cholerischen Auflistung seiner Stellung in der Natur – „Wer bin ich denn" – die Geliebte mit stürmischer Gewalt zu entführen. (Der Dichter war natürlich nicht Zeuge, als der Nordwind sein aufbrausendes Selbstgespräch führte, aber „so oder doch nicht weniger wild wird er schon geredet haben"). Es entwickelt sich nun ein gigantisches Naturschauspiel: Boreas breitet seine Schwingen aus, von deren Schlagen Land und Meer erbeben. Eine riesengroße breite Staubwolke folgt ihm wie eine Schleppe, als der Orkan über die Gipfel der Berge rast.

---

[113] *Orithya und Boreas*: Neben der *Geburt der Venus* das berühmteste Gemälde von Botticelli in den Uffizien in Florenz. *La primavera* (Der Frühling): tanzende Grazien und der am Bildrand gefährlich blasende Boreas.

Ganz Griechenland hüllt er in tiefes Dunkel, dann lässt er sich als Wirbelsturm plötzlich auf die Erde nieder, erfasst Orithya, „die Schreckensbleiche", und führt sie in einer Windhose durch die Lüfte nach Thrakien. „Dort wird die attische Jungfrau die Gattin des wilden Tyrannen."

Orithya gebiert Zwillinge, denen an den Wangen ein blonder Flaum und an der Seite Federn wachsen, wie sie die Schwingen ihres stürmischen Vaters beflügelten. Im Jünglingsalter fuhren sie mit den Minyern[114] auf der Argo zum Goldenen Vlies.

Damit ist der Anschluss zum 7. Buch geschaffen: Die Argonauten.

Ende des 6. Buches

---

114 *Minyer*: die Argonauten; die Helden, die mit Jason auf der Argo ins Schwarze Meer fahren, um das Goldene Vlies zu gewinnen. Die Benennung Minyer ist nicht eindeutig. Entweder, weil einige der Argonauten von Minyas abstammen (dessen Töchter den Bacchus-Kult verweigerten; Geschichten von Pyramus und Thisbe, Ehebruch der Venus und die Zwittergeschichte von Hermaphroditus erzählten und in Fledermäuse verwandelt wurden, 4. Buch); oder – wahrscheinlicher – nach dem Volksstamm der Minyer in Thessalien, wo die Fahrt der Argo begann.

7. BUCH
von Medea bis Tod der Procris

Die Rahmenhandlung der 2. Pentade

Erstmals beginnen Mythen mit Vermählungen:
* *Tereus* und *Procne* im 6. Buch
* *Medea* und *Jason* im 7. Buch
* Dazwischen ereignet sich die komisch überspannte Entführung der *Orithya* durch den Nordwind *Boreas*. (Aber auch diese „Vermählung" ist im Grunde tragisch, denn es ist wieder eine Vergewaltigung).

Der kultivierte Verbrecher *Tereus* und die barbarische Zauberin *Medea* personalisieren eine aufkeimende Leidenschaft, die sich ins Monströse steigert und schließlich alles menschliche Maß verliert.

Am Ende der in mehrere Rahmen ineinander verschachtelten Sagenreihen steht eine Vermählung mit Happy end (IX, 666ff: *Iphis* und *Ianthe*). Es ist ein seltsames Happy end: die nur als Mann verkleidete Frau Iphis erfährt gerade noch rechtzeitig am Tag vor der Hochzeit ihre Metamorphose in einen richtigen Bräutigam.

Das letzte Buch der 2. Pentade wird dann im Mythos von *Orpheus* und *Euridice* eine Hochzeit mit tragischem Nachspiel zeigen: die Braut stirbt an einem Schlangenbiss.

Daraus entwickelt sich der „Epilog" dieser Pentade: die Lieder des Orpheus über leidenschaftlich Liebende (X, 143-Schluss). [115]

---

[115] „Die Lieder des Orpheus" entsprechen als Epilog den Musenszenen am Ende der 1. Pentade und dem Lehrvortrag des Pythagoras am Ende der 3. Pentade.

Tereus im 6. Buch und *Orpheus* im 10. Buch bilden also den übergreifenden Rahmen für den Hauptteil der 2. Pentade, in den sich weitere Rahmenhandlungen eingliedern:
Theseus, Minos, Kephalus, Hercules, Alkmene, Orpheus und andere.

Im Hauptteil der 1. Pentade bildeten die mythologischen Königshäuser von Cadmus in Theben und Perseus in Argos das Handlungsgerüst.
Im Hauptteil der 2. Pentade entsprechen diesen Dynastien dramaturgisch die Chroniken von Helden des Heroenzeitalters, der Generation vor dem (historischen) Trojanischen Krieg.

Der Erzähler verfügt über die Hauptrepräsentanten der antiken Heldensagen: Theseus (7. und 8. Buch), Hercules (9. Buch), Orpheus (10. Buch).

Mit diesen Heroen verbinden sich die bedeutendsten und populärsten Mythen der griechisch-römischen Antike: der Argonautenzug, die Kalydonische Eberjagd und die 12 Prüfungen des Hercules.

Doch diese Helden nehmen mit ihren eigenen Taten in den *Metamorphosen* wenig Raum ein. Der Ruhm des Theseus wird als Katalog in einem Begrüßungshymnus der Athener in wenigen Versen abgewickelt (VII, 433-450), und die Taten des Hercules benötigen ebenfalls nur 18 Verse (IX, 182-199).

Heroen bilden lediglich den Rahmen für spektakuläre Handlungen und Metamorphosen von *Heroinen*. So begann die 2. Pentade im 6. Buch mit Arachne und Niobe, deren Schuld in der Gleichsetzung mit Göttern bestand. In den folgenden Mythen sprengt das Verhalten der Heroinen alle regulären Normen menschlicher Sitte und Moral.

Metamorphosen   2. Pentade   7. Buch

Die ausschweifende und enthemmte Leidenschaft der Heroinen treibt sie in eine Raserei, die keine sozialen und ethischen Schranken mehr wahrnimmt oder anzuerkennen bereit ist.

Emotional grenzenlos übersteigerte Affekte beginnen mit der Bluttat von Procne (VI, 142 fff.), die ihr eigenes Kind brutal schlachtet und seinem Vater zum Essen vorsetzt. Procne überlegt lange, wie sie ihre Rache vollenden kann und erhält erst durch die Ähnlichkeit des Kindes mit seinem Vater Klarheit: sie kann den Vater im Kind nicht mehr ertragen und muss ihn in seinem Kind auslöschen.

Ihre Rache hat als Verzweiflungstat im Affekt noch einen gewissen Sinn, weil die Tat von Tereus etwas Unbegreifliches und in den *Metamorphosen* Einmaliges darstellt: er ist der einzige Sterbliche, der eine sterbliche Frau vergewaltigt. Als König ist er im Staatsverständnis die Inkarnation des Menschen in seiner höchsten Vollkommenheit. Tereus schändet die Natur des Menschen wie kein anderer.

Die fast naturgesetzliche Sühne des Bösen durch Procne wird sich steigern zum Kindermord Medeas, die nicht im Affekt oder aus emotionaler Verblendung tötet, sondern in einem psychologisch fein gesponnenen Monolog ganz rational analysiert, womit sie ihren Mann Jason seelisch vollkommen vernichten kann. Medeas Kindermord geschieht aus intellektueller Überzeugung bei klarem, kühlem Bewusstsein.

Das Motiv des Verwandtenmordes wird sich weiter entwickeln in den Geschichten von Scylla (VIII), Althaea (VIII) und Deianira (IX).

Metamorphosen   2. Pentade   7. Buch

Für den Mittelblock der *Metamorphosen* (2. Pentade 6.-10. Buch) bleibt charakteristisch:
Im Mittelpunkt stehen Heroinen, die immer von einem Furor ergriffen sind: leidenschaftlich verliebt – oder Rache schnaubend.

Die Männer bilden den Handlungsrahmen, die Frauen führen die (unerotischen) Taten aus.

Metamorphosen   2. Pentade   7. Buch

**Medea und Jason in Kolchis:
Das Goldene Vlies** (1 ff.)

Die zwei letzten Verse des vorherigen Buches eröffnen eine neue Geschichte: Orithyas Söhne fahren „mit den Minyern" (Argonauten[116]), das Goldene Vlies[117] zu gewinnen. Ihr einzigartiges Schiff, die Argo,[118] wird „der erste Kiel"[119] genannt.

Zu Beginn des 7. Buches erwartet man die Erzählung der Heldentaten, welche die Argonauten auf ihrer gefährlichen Fahrt bestanden. Aber nur eine wird angedeutet: die Rettung des thrakischen Königs Phineus vor den „geflügelten Jungfrauen" (Harpyen), dem sie immerhin den Rat verdankten, wie sie durch die gefährlichen Symplegaden (Klappfelsen) ins Schwarze Meer gelangen konnten.

Nach 6 Versen sind sie schon angekommen und im 7. Vers fordern sie das Vlies vom König. Dieser setzt als Vorbedingung „schreckliche Mühen" (*magnorum horrenda laborum*).

Und bereits im 9. Vers hat die Königstochter Medea sich in den geheimnisvollen Fremden verliebt.

---

116 *Argonauten*: Helden, die mit dem Schiff *Argo* das *Goldene Vlies* suchten. Anführer war Jason, Sohn des Aeson, König von Iolkos in Thessalien. Zu seinen Gefährten gehörten Herkules, Orpheus, die Helena-Brüder Kastor und Pollux.
117 *Goldenes Vlies*: Vlies (Fell) eines geflügelten Widders, der im Tempel in Kolchis geopfert wurde. Es wurde von einem Drachen bewacht, der niemals schlief.
118 *Argo*: Das Schiff hatte am Bug eine sprechende Holzfigur der Athene, die geschnitzt war aus einem Ast der Eiche vom Zeus-Orakel in Dodona. (Festland gegenüber Korfu).
119 *„Der erste Kiel"*: Falls es „erstes gebautes Schiff" bedeutet, liegt die Argonautenfahrt zeitlich vor Tereus, der mit Philomena auf einem Schiff nach Thrakien fährt (VI, 511 ff.).

Metamorphosen   2. Pentade   7. Buch

Zug um Zug erkennt die junge Frau ihre Gefühle für den fremden Helden, und in einem langen Monolog (11-70) kämpft sie rational zwischen Vernunft und Leidenschaft. Der Furor ihres Charakters deutet sich an: Wenn Jason sie jemals betrügen werde, müsse er sterben. Noch schwankt sie, ob sie ihre heimischen Götter verlassen soll. Aber sie erkennt (55): „Den größten Gott, ich trag ihn in mir."[120] „Das Rechte, das Gute, die Scham stehen ihr vor Augen, aber das Liebes-Verlangen besiegt alles." Die Leidenschaft plagt sie und als Jason sie „um Hilfe bittet und die Ehe verspricht", ist unklar, ob er die Königstochter liebt, oder die Hilfe der zauberkundigen Frau sucht. Medea sammelt magische Kräuter, „bespricht" sie, und macht den Geliebten mit ihnen „fest" gegen alle Gefahren.

Als erste Prüfung muss Jason mit zwei Feuer speienden Stieren ein Feld pflügen. Er zwingt die Glut schnaubenden Tiere ins Joch – „so viel vermögen die Kräuter" – und pflügt mit ihnen den Boden. Danach sät er Drachenzähne in die Furchen, aus denen bewaffnete Krieger wachsen und ihn bedrohen.[121] Er wirft einen Stein unter sie und erregt ein solches Chaos, dass sie sich gegenseitig morden. Als Letztes gilt es den Drachen zu besiegen, der das Vlies bewacht. Medea schläfert ihn mit Zaubersprüchen ein, und nach 3 Versen ist Jason mit „zweifacher Beute: Gold und Frau" schon in der thessalischen Heimat gelandet.

---

[120] Diese aufgeklärte freie Deutung der Götter war auch im „modernen" Rom des Augustus eine Blasphemie.
[121] Die in den Furchen wachsenden Krieger wiederholen den Mythos der Gründung Thebens (III, 101 ff.).

Metamorphosen   2. Pentade   7. Buch

Medea verjüngt Jasons Vater Aeson (159 ff.)

In Jolkos[122] werden die heimgekehrten Argonauten als Helden gefeiert, aber Jasons Glück ist getrübt durch seinen alten Vater Aeson, der sich schon im Grabe fühlt.

Medeas „andersgearteter Sinn" plant seine Verjüngung durch Zauberkräfte. In über hundert Versen (179-293) wird die magische Prozedur detailliert beschrieben, und um die Zauberin entfaltet sich eine Aura von gespenstischer schwarzer Magie, die trotz der bunten Bilderwelt bedrückend wirkt.

Die Zauberin wartet auf den Vollmond. Dann tritt sie in offenem Gewand und langen schwarzen Haaren hinaus in das „stumme Schweigen der Nacht" (*per muta silentia noctis*), hebt dreimal beschwörend die Hände, schöpft dreimal Wasser aus dem Fluss und benetzt ihre Haare, ruft dreimal mysteriöse Worte, kniet nieder und betet zu Hekate, der Göttin Schwarzen Zaubers. Sie beschwört die Götter der Nacht, die ihr magische Gewalt verliehen haben über die Natur: Schlangen durch Lieder zu töten, Tote aus ihren Grüften zu rufen und den Lauf des Mondes zu verändern. Ihre Beschwörungsformeln zwingen den Drachenwagen mit den geflügelten Schlangen herbei, sie besteigt ihn, erhebt sich in die Lüfte, und in einem phantastischen Zauberflug geht sie auf Kräutersammlung durch ganz Griechenland.

---

[122] Die Medea-Geschichte wird von Ovid vorausgesetzt. Im Mythos ist die Flucht langwierig und gefährlich: Medea nimmt ihren kleinen Bruder mit und wirft ihn unterwegs zerstückelt ins Meer, um die Verfolger aufzuhalten. Die Argo muss die Ungeheuer Skylla Charybdis bestehen, und erst nach vielfältigen Gefahren erreichen sie schließlich den Heimathafen Iolkos.

Metamorphosen   2. Pentade   7. Buch

An Flussufern und in den Bergen findet Medea die zauberwirksamen Kräuter und Wurzeln. Dreimal drei Tage und Nächte ist sie unterwegs, am neunten kehrt sie zurück. Obwohl die Schlangen, die ihren Wagen durch die Lüfte führten, nur den Duft der Kräuter verspürt haben, häuten sie sich und sind verjüngt.
Zwei Altäre werden aufgebaut und geschmückt: einer für die Göttin der Magie, einer für die Göttin der Jugend; das Blut der Opfertiere wird mit Wein und Milch gemischt. Medea lässt den schlafenden Aeson heraus tragen und befiehlt, sie zu verlassen. Unter magischen Formeln weiht sie die Altäre mit Feuer, Wasser und Schwefel (statt Weihrauch), in Kesseln brodeln die gesammelten Wurzeln und Kräuter mit dem Raureif des Vollmonds, Fleisch eines Uhus, Eingeweiden eines Wolfes, giftigen Schlangen aus Libyen (die aus den Blutstropfen vom Haupt der Medusa entstanden, IV, 618) und der Leber eines lebenden Hirsches; als Letztes gibt sie einen 900 Jahre alten Krähenkopf dazu. Mit einem vertrockneten Olivenzweig rührt sie das Gebräu, bis der Zweig grünt und reife Oliven trägt. Dann durchschneidet sie dem Greis die Kehle, lässt ihn ausbluten, und füllt seinen Körper durch Wunde und Mund statt mit Blut mit dem Hexengebräu. Als Aeson erwacht, ist er um 40 Jahre verjüngt.

„Aus der Höhe" hat Bacchus die Hexenkunst beobachtet und wünscht, dass auch seine Ammen verjüngt werden. Was vorher 100 Verse benötigte, geschieht jetzt in 3 Versen, und Bacchus hat junge Ammen.[123] – Ein Satyrspiel nach der Tragödie.

---

[123] Die Nymphen aus der Semele-Geschichte (III, 310-315).

Medea bei Jasons Feind Pelias (297 ff.)

Jasons Vater Aeson war von seinem Bruder Pelias vom Thron vertrieben worden. Den Usurpator soll Medeas Zauberkunst treffen. Sie täuscht einen Zwist mit Jason und Aeson vor und lässt sich von den Töchtern des Pelias gastlich aufnehmen, schildert die Verjüngung Aesons und bietet an, auch Pelias zu verjüngen. An einem alten Widder demonstriert sie ihre Zaubermacht. Was bei Aeson erfüllt war mit dunkler, furchterregender Magie, wandelt sich in der zweiten Wiederholung in eine ironische Idylle (317 ff.): „Die Säfte ätzen die Widderhörner weg, mit ihnen die Jahre und ein zartes Blöken erklingt aus dem Innern des Kessels. Flink ... entspringt ihm ein Böckchen." Das überzeugt die Pelias-Töchter. Nachts töten sie den schlafenden Vater, der – gesteigerte Ironie – „im Blut schwimmend sich hoch stemmt und, (erst) halb erschlagen von so vielen Schwertern, die bleichen Arme reckt und ruft: ‚Was tut ihr, o Töchter?'" Medea schneidet ihm die Kehle durch und wirft seinen Leib ins kochende Wasser, dem sie diesmal keine Zaubersäfte beigemischt hatte.

Medeas Flucht (350 ff.)

Nach der gruseligen Tötung des Herrschers von Thessalien muss Medea mit ihrem Drachenwagen fliehen. Auf ihrer Flucht vom äußersten Norden Griechenlands überfliegt sie ganz Griechenland. Hektik und räumliche Weite der Luftfahrt werden in einem Metamorphosen-Katalog fühlbar (350-393): jede der 12 Landschaften, die sie überfliegt, ist durch eine Verwandlungsgeschichte in der Mythologie verewigt.

Der Kindermord

Die Geschichte, die am stärksten mit der Gestalt Medea verbunden ist, der Kindermord und der Mord an der Königstochter von Korinth, wird bei Ovid in 4 Versen nur angedeutet. Jeder Leser kannte die Sage; er erzählt sie nicht noch einmal.

Der Hintergrund: Medea und Jason waren nach ihrer Flucht von König Kreon in Korinth aufgenommen worden. Sie lebten glücklich und hatten zwei Knaben. Dann verstieß Jason Medea, um die Königstochter Glauke zu heiraten und selbst König zu werden. Um dem Verräter das schlimmstmögliche Leid zuzufügen, tötete Medea Glauke durch ein vergiftetes Hochzeitsgewand, das in Flammen aufging, und mordete eigenhändig ihre beiden Söhne.[124]

Bei Ovid muss man die ganze große Tragödie aus zwei Versen erschließen (394 f.): „Die Jungvermählte (Glauke) verbrannte an den Giften von Kolchis" und „das heillose Schwert war überströmt vom Blute der Söhne."

---

124 Der *Kindermord* wurde in den Mythos erst von dem Tragödiendichter Euripides (um 480-406) eingefügt. Berühmt wurde sein Monolog, in dem Medea zwischen Liebe zu den Kindern und Rache an Jason schwankt. Der Psychologe Euripides treibt den Dualismus von Leidenschaft und Vernunft auf die Spitze: die Entscheidung zum Kindermord erfolgt nach der *Vernunft*, dass dieses Verbrechen Medea selbst einen unermesslichen Schmerz bereiten wird, aber gleichzeitig ihrer *Leidenschaft*, der Rache an Jason, die höchstmögliche Befriedigung verschafft. Der Monolog reflektiert die Skepsis von Euripides gegenüber der Wirksamkeit der Vernunft für das menschliche Handeln. Ovid stimmt ihm bei.

Metamorphosen   2. Pentade   7. Buch

Medea bei König Aegeus in Athen (404 ff.)

Wieder muss Medea auf ihrem „Drachengespann" durch die Lüfte fliehen. Diesmal zu König Aegeus nach Athen, der ihr nicht nur Asyl gewährt, sondern sie auch zu seiner Königin macht. Das alles geschieht in 6 Versen (398-403).

Mit 3 Worten geht die Medea-Geschichte unmerklich über in eine Rahmenhandlung, die bis ins 9. Buch reicht. (404): *Iamque aderat Theseus.* („Schon war Theseus da.") Er war weithin berühmt für große Heldentaten, aber König Aegeus ahnte nicht, dass Theseus sein Sohn ist.[125] Ein einziger Vers gilt seinem Heldentum: er „befriedete" den Isthmus.

Die 14 folgenden Verse beschreiben das Gift, das Medea mischt, um den Gast zu töten. Als Theseus den todbringenden Pokal ergreift, sieht Aegeus den Elfenbeingriff des Schwertes und erkennt den Sohn. Er kann ihm gerade noch den Giftbecher von den Lippen reißen.[126]

Wieder muss Medea fliehen (424): Mit einem Zauberspruch hüllt sie sich in Nebel und entkommt durch die Lüfte.

– Ende der Medea-Geschichte. –

---

125 *Aegeus* war in Troizen (bei Argos) Gast von König Pittheus. Als er ihn verließ, trug er der Königstochter auf, falls sie einen Sohn von ihm zur Welt bringe, solle sie ihn zu ihm schicken, sobald er den Felsbrocken stemmen könne, unter dem er ein Schwert für ihn verborgen hat. Es wird sein Erkennungszeichen. (Richard Wagners *Walküre*: Wotan hat in einen Eichenstamm das Schwert „Nothung" gestoßen, das nur sein Sohn Siegmund herausziehen kann).

126 Vers 424 heißt es, dass Aegeus den Giftbecher „durch der Gattin List selbst" kredenzt hat. Er wusste also nichts von dem Gift und handelte intuitiv.

Metamorphosen   2. Pentade   7. Buch

Liebe und Triebe

Im 6. Buch war **Tereus** der typische Verbrecher; die Negativ-Figur. Skrupellos tat er alles, um seine Leidenschaft zu erfüllen. Dabei ging er nach den Empfehlungen der *Ars amatoria* vor: er warb bei Philomenas Vater mit Charme, Bitten und Tränen, die Reise zu erlauben. Nachdem die Frau in seinem Besitz war, durfte er Gewalt ausüben; Philomena hätte ihr nachgeben müssen. (Ars *amatoria*, I, 33 f.: „Sicheren Liebesgenuss und gestatteten Raub nur besinge ich" in den Vergewaltigungsgeschichten).

Medea ist die weibliche Spiegelung der Negativ-Figur; auch bei ihr dominiert die Triebhaftigkeit: in Kolchis als Liebe zum fremden Helden, in Korinth als Rache für ihre Demütigung.

Metamorphosen   2. Pentade   7. Buch

Die *THESEIS* (Theseus-Handlung)

Mit Theseus beginnt in der mythologischen Weltgeschichte ein neuer Abschnitt; er wird bis ins 9. Buch (IX, 97) reichen. Aber diese *Theseis* („Theseus-Epos") ist keine Theseus-Handlung; nur ganze 75 von fast eineinhalb tausend Versen beschäftigen sich mit den Heldentaten: 49 Verse im 7. Buch und 26 Verse im 8. Buch. Die 6 kanonischen „Arbeiten" des Heros werden bei Ovid in dem kurzen Hymnus der auf dem Freudenfest berauschten Athener litaneiartig abgehandelt: *Das Wildschwein von Cromyon* terrorisierte Korinth; *der Keulenträger bei Epidaurus* erschlug Wanderer; *Procrustes* steckte große Wanderer in ein kleines Bett und sägte ihnen die Beine ab, kleine in ein großes Bett und streckte sie; *Cercyon* zwang zum tödlichen Zweikampf; der Riese *Sinis* band Wanderer zwischen zwei Fichten, ließ sie hochschnellen und zerreißen; *Sciron* stürzte die Menschen vom Felsen, wo sie von einer Riesenschildkröte gefressen wurden. Kaum 50 Verse für einen der größten Helden.

Ovid fügt der Aufzählung eine siebte Heldentat hinzu: *Der Kretische Stier* (434). Hercules hatte einen wahnsinnigen Stier gefangen und später ihn Mykene freigelassen; Theseus musste ihn erneut überwältigen. Diese Geschichte bedeutet die Verbindung mit dem dann folgenden „Hercules-Rahmen".

Nach Medeas Mordversuch an Theseus und ihrer Flucht ist sie aus der Handlung ausgeschieden und der vom König freudig als Sohn begrüßte **Theseus** kann nahtlos anschließen.
Es beginnt die komplizierte Verschachtelung von mehreren Rahmenhandlungen.

Metamorphosen　　2. Pentade　　7. Buch

Theseus-Rahmen (404 ff.)
> Aegeus veranstaltet ein Freudenfest mit Götteropfern und Gelagen (425-431). „Vom Wein in Begeisterung versetzt" stimmen die Athener einen Hymnus auf ihren Nationalhelden an. Diese nur 18 Verse (433 ff.) bieten katalogartig die Aufzählung seiner bisherigen Ruhmesgeschichte. Weitere Taten werden nicht mehr erwähnt, (Minotaurus wird später nur kurz angedeutet), obwohl diese bedeutender sind als seine Jugendtaten.[127]
>
> Das Heldentum des Theseus bietet keine Metamorphosen – deshalb bildet er nur den *Rahmen* für eingelegte Verwandlungsgeschichten. Im Anschluss an den Hymnus wird die erste Geschichte eingeschoben (Minos), die selbst wieder den *Rahmen* bietet für andere Geschichten.

Minos-Rahmen. (453 ff.)
>> Die Freudenfeste für Theseus dauern nicht lange, denn der kretische König Minos hat Athen den Krieg erklärt, um seinen Sohn zu rächen. Der hatte bei einem Wettkampf sämtliche Preise gewonnen, was den Athenern Konkurrenten verdächtig erschien und sie haben ihn erschlagen.
>>
>> Nun bereist Minos die Kykladen, um Verbündete zu werben. Fast alle Inseln sagen Minos Unterstützung zu. Außer Aegina …

---

[127] Unerwähnt bleibt, dass Theseus den Minotaurus in Kreta besiegt – dass er am Argonautenzug und an der Kalydonischen Eberjagd teilnimmt – dass er gegen die Kentauren kämpft – dass er in die Unterwelt eindringt, um Proserpina zu befreien, und mehr.

Metamorphosen   2. Pentade   7. Buch

Aegina-Rahmen (474 ff.)
Aegina lehnt die Anfrage von Minos nach Waffenhilfe ab, denn König Aeacus steht treu zu seinem Bündnis mit Athen. Minos droht ihm: „Deine Bündnisse werden dich noch teuer zu stehen kommen." (*stabunt tibi tua foedera magno*).

Die Flotte von Minos war noch in Sichtweite, da landeten schon die Athener Schiffe, um sich der Bündnistreue Aeginas zu versichern. Die Delegation wird angeführt von Kephalus, und seine Gespräche erzeugen einen neuen *Rahmen*:

Kephalus-Rahmen (490 ff.)
Kephalus bringt seine Bitte um Vertragstreue redegewandt vor und erhält die feierliche Zusage aller Bündnisverpflichtungen. Vor dem Abschied verwundert er sich, dass er die Aegineten, die er bei früheren Besuchen zu Freunden gewann, nicht mehr antrifft. Aeacus schildert ihm traurig den Grund:

1. Geschichte: Die Pest auf Aegina
Nach einer verheerenden Pest waren alle Aegineten tot. In einem Traum erlebte der König (634 ff.), wie sich ein Ameisenvolk in Menschen verwandelt. Als er erwachte, war die Metamorphose Realität geworden: aus Ameisen hat sich auf Aigina ein neues Geschlecht entwickelt: die Myrmidonen (Ameisenmenschen). Sie werden gegen Minos in den Krieg ziehen.

Metamorphosen   2. Pentade   7. Buch

Theseus-Rahmen
  Minos-Rahmen
    Aegina-Rahmen
      Forts. Kephalus-Rahmen
      „Solche[128] und andere Geschichten" wurden erzählt.
      Am nächsten Morgen will Kephalus abreisen. Aber der König schläft lange. Kephalus verbringt die Wartezeit mit dessen Königssöhnen und erzählt ihnen die Geschichte von seinem Speer mit der goldenen Spitze, der „immer jedes Ziel trifft" (682 ff.).

      2. Geschichte: Procris und der Speer
        Weinend gibt Kephalus geheimnisvolle Andeutungen über das Schicksal seiner Frau Procris, der Schwester der von Boreas geraubten Orithya (VI, 675 ff.). Die eigentliche Frage, von wem er den Speer hat, beantwortet er noch nicht. Stattdessen schildert er das Glück seiner jungen Ehe.

---

128 Ovid verhöhnt die antiken Pestbeschreibungen.
    Homers *Ilias* (um 700 v.Chr.) beginnt mit der Pest im Lager.
    In *Ödipus* von Sophokles (430 v.Chr.) herrscht Pest.
    Dem Historiker Thukydides deutet die Pest in Athen im 2. Jahr des Peloponnesischen Krieges (431-404 v.Chr.) sinnbildlich: Verfall von physischer und ethischer Gesundheit; der Krieg als Pest.
    Lukrez (um 70 v.Chr.) beschreibt in *De rerum natura* die Pest programmatisch: es gibt keine Götter; alles sind nur Atome, die am Lebensende verfallen.
    Vergil (um 50 v.Chr.): Viehpest im Lehrgedicht *Georgica*.

Täglich ging er alleine auf die Jagd, während Procris sehnsüchtig zu Hause auf ihn wartete. Eine erotische Geschichte kündigt sich an: Jagd und Erotik sind immer Gegenpole, und immer endet es tragisch.[129]

Zwei Monate nach der Hochzeit „raubt" eine weibliche Gottheit (Aurora, die Morgenröte) den Kephalus „gegen seinen Willen" (vergewaltigt ihn). Der Jungvermählte wird gezwungen, seine Frau zu betrügen.

Der „Raub" bedrückt Kephalus nicht; bereits auf dem Heimweg bricht die Jägernatur des Mannes durch; er denkt: wenn eine „göttliche Frau" so handelt, kann auch Procris untreu sein, und er will sie auf die Probe stellen. Der Gejagte wird wieder Jäger. Er hat die Grundlektion der *Metamorphosen* nicht gelernt: „Jagen" führt ins Unglück.

Als fremder Freier verkleidet wirbt Kephalus um seine eigene Frau (nach allen Regeln der *Ars amatoria*). Er bietet ihr „als Lohn für die Nacht ein Vermögen und immer noch mehr", bis sie schwach wird. Nach Vollzug gibt er sich zu erkennen (740 f.): „In eigener Person wurde ich Zeuge deines Ehebruchs."

---

[129] „Dianas Soldat" Daphne, Kallisto und Narziss waren Jäger und wurden zu Gejagten; immer richtet der Jäger die erotische Situation zugrunde.

Metamorphosen 2. Pentade 7. Buch

Theseus-Rahmen
  Minos-Rahmen
    Aegina-Rahmen
      Kephalus-Rahmen
        Forts. Procris und der Speer
        Kephalus unterschlägt seine Affäre mit „Aurora" und straft seine Frau mit Verachtung. „Von Scham überwältigt" verlässt sie „den schlechten Mann und das hinterhältige Haus... sie weiht sich dem Dienst Dianas... und streift durch die Berge". Procris hat die Freiheit gewählt.

        Der Verlassene sucht seine Frau im Wald und findet sie. Er bereut seine „Verfehlung" – womit er nicht die Affäre mit Aurora meint, sondern die Versuchung mit Geld; er gesteht, auch selbst mit „Geschenken" verführbar zu sein. Procris verzeiht ihm sofort, und beide verbringen „süße Jahre in Eintracht".

        Dann taucht zum ersten Mal die eigentliche Hauptsache auf: der Speer. Zur Versöhnung hatte Procris ihrem Mann ein doppeltes Geschenk gemacht: einen Hund, den ihr Diana gab mit dem Hinweis, dass er nie an Schnelligkeit besiegt werden kann, sowie den „jedes Ziel treffenden" Speer mit der Goldspitze.[130]

---

[130] Es wird nicht gesagt, ob der Speer ebenfalls von Diana stammte. Aber als Göttin der Jagd (und die Folgen) ist sie für Hund und Jagdwaffe zuständig.

Sofort verlässt Kephalus in seiner Erzählung wieder das Speer-Thema und schweift ab: Einst habe Ödipus in Theben das Orakel der Sphinx gelöst, und vor nicht langer Zeit sei seine Heimat erneut von einer fast ebenso schrecklichen Plage heimgesucht worden (763 ff.).

Der Hund Laelaps („Sturmwind")
Ein „Untier" (ein Fuchs) verbreitete Schrecken in Theben. Es tötete Vieh und Menschen. Aus der Umgebung sammelten sich die Jäger, um es zu erlegen, aber es lief schneller und sprang höher als alle Verfolger. Kephalus hetzte seinen „Sturmwind" auf das Tier und es entwickelte sich eine sagenhafte Verfolgungsjagd. Wie zwei Pfeile schossen beide durch die Landschaft, ohne dass der eine entkommen oder der andere ihn einholen konnte.[131] Als Kephalus für einen Augenblick unaufmerksam war, sah er Fuchs und Hund in Marmorskulpturen verwandelt: Fliehender und Verfolgender. Beide unüberwunden. –

---

131 Parodie auf die Verfolgungsjagd von Achill und Hektor in der *Ilias* (22, 199 ff.): „Wie wenn man im Traum es nicht vermag, einen Fliehenden einzuholen; weder kann der ihm entfliehen noch der ihn einholen: so konnte Achill ihn nicht mit den Füßen erreichen und Hektor nicht entkommen."

Metamorphosen   2. Pentade   7. Buch

Theseus-Rahmen
  Minos-Rahmen
    Aegina-Rahmen
      Kephalus-Rahmen
        Forts. Procris und der Speer

Kephalus geht weiterhin „nach Jünglingsart" auf die Jagd (803 ff.); jetzt „mit dem Speer". In der „Mittagshitze" sucht er nach Schatten und findet eine romantische grüne Wiese im Tal. *locus amoenus.* Man muss jetzt eine Liebesszene erwarten. Aber es folgt die fragwürdige Erzählung des Liebhabers, der schon für sein erstes Liebesabenteuer einen *„furtum"* (Raub, Vergewaltigung) durch eine „göttliche Frau" verantwortlich machte.

Es ist sehr heiß, und der auf die Wiese hingelagerte Jäger beginnt zu singen: „Brise (*aura*), komm! Komm an meine Brust! ... Lindere wie auch sonst die Gluten, an denen ich brenne!" (Für seine Zuhörer relativiert Kephalus: „falls ich mich recht erinnere... vielleicht ..."). Es ist jedenfalls eine seltsame Art, in der Mittagshitze nach milden Lüftchen zu rufen. „Dir gilt mein Verlangen. Nur deinetwegen komme ich jeden Tag in den Wald ... Ich sauge deinen Atem, ich dürste nach deinem Mund."

Ein „übereilter Verräter" berichtet Procris von den erotischen „Gesängen" des „einsamen" Jägers. Sie fällt vor Schmerz in Ohnmacht.

Metamorphosen 2. Pentade 7. Buch

Als Procris erwacht, beschließt sie, sich selbst zu überzeugen. Sie will auf die Jagd gehen nach dem Jäger.

Am nächsten Tag folgt sie ihrem Mann heimlich in den Wald und hört bald das „komm – komm – komm". Vielleicht wagt sie sich im Gebüsch zu weit vor – jedenfalls verursacht sie ein Geräusch. Kephalus vermutet ein wildes Tier und wirft den Speer in die verdächtige Richtung. Dieser Speer trifft immer – Procris hat ihn in der Brust und verblutet. Sterbend verlangt sie von Ihrem Mann, *Aurora* nicht zu heiraten. –

Die Geschichte ist eine arge Herausforderung an die Naivität der männlichen Zuhörer. Wahrscheinlich hätte Kephalus auch seiner Gattin erklärt, dass er an dem *locus amoenus* jeden Tag mit linden Lüften flirtete. Seltsam war schon, dass ihm die Unschuld von der *Morgenröte* „geraubt" wurde; Liebesabenteuer finden nicht in der Morgendämmerung statt, sondern nachts oder bevorzugt in der Mittagsglut. Ein schöner Kosename ist *Aurora* jedenfalls[132].

---

[132] *Aura/Aurora*: die Römer liebten lateinische Anspielungen und Assimilationen. Beispiel im Deutschen: **Aurora** (Morgenröte) beinhaltet **aurum** (Gold) und **or** (Mund); daraus ergibt sich der (sinnlose) Spruch „Morgenstund hat Gold im Mund". – Oder: *olet* heißt: „ahnen/riechen" (ich ahne etwas; ich rieche den Braten); *olor*: heißt „der Schwan"; daraus folgt das deutsche: „*Mir schwant etwas*".

Metamorphosen   2. Pentade   7. Buch

Theseus-Rahmen
  Minos-Rahmen
    Aegina-Rahmen
      Kephalus-Rahmen
        Fortsetzung Procris und der Speer

Nicht nur der Bericht von Kephalus ist widersprüchlich und gibt Anlass zu Mutmaßungen; auch von Procris lässt sich einiges nur vermuten: Nachdem sie zwei Monate nach der Hochzeit von einem (subjektiv) anderen Mann mit Geldgeschenken zur Untreue verführt wurde, bleibt sie nicht schuldbewusst im Hause, sondern flieht in die „freie Natur" und „dient Diana": Procris wird Jägerin. Manches wird auch sie auf der Jagd erlebt haben, und vielleicht hatte sie allen Grund, dem reumütigen Gatten sehr schnell das zu verzeihen, was auch ihr hätte verziehen werden müssen.

In der eingelegten Geschichte von der Verfolgungsjagd sind wohl die beiden Gatten gemeint; aber wer ist Fuchs und wer ist Hund? (Untier und Sturmwind – Betrüger und Betrogener). Wahrscheinlich sind beide beides – eine permanente Metamorphose in der Partnerschaft. Die Versteinerung hätte eine Warnung sein können, auf das Jagen zu verzichten; denn letztlich hat keiner der Wettläufer erreicht, was er erstrebt.

Metamorphosen   2. Pentade   7. Buch

In der Verfolgungsjagd von Fuchs und Hund ist auch eine tiefenpsychologische Deutung der Metamorphose denkbar: dem Jäger erscheint die Gattin als Störung und Bedrohung beim Lustgewinn. In ihrem Misstrauen wird er zum Gejagten und in seinen Augen vollzieht sich subjektiv ihre Metamorphose zum Tier.

Kephalus-Rahmen
Den Gipfel der Selbstherrlichkeit erlaubt sich Kephalus, wenn er seine Zuhörer in Aegina glauben machen will, „erst jetzt" (857) beim Erzählen der Geschichte ginge ihm Ahnungslosen auf, das Namensmissverständnis *Aura* und *Aurora* habe die Tragödie verursacht. –

Aegina-Rahmen
Am Ende der Geschichte hat der König ausgeschlafen. „Er kommt mit gut gerüsteten Kriegern, die Kephalus in Empfang nimmt."

Minos-Rahmen Forts. im 8. Buch bis Vers 266.
Theseus-Rahmen Forts. im 8. Buch bis 9. Buch, 97.

Ende des 7. Buches

Die Theseis im 7. Buch

In der Mitte des 7. Buches (404) begann die Theseus-Handlung („Theseis"), die lediglich den Rahmen für Metamorphosen-Geschichten abgibt, und in der Folge führten komplizierte Verschachtelungen immer tiefer ins Innere der Puppe:

Theseus-Rahmen.
  Minos-Rahmen.
    Aegina-Rahmen.
      Kephalus-Rahmen.
        Procris und der Speer.
          Der Hund „Sturmwind"

Im Zentrum der Puppe führte die Versteinerung von Fuchs und Hund sinnbildlich zu den Protagonisten Kephalus und Procris.

Die Rahmen schlossen sich dann wieder, indem die Erzählbewegung rückwärts verlief.

Mit großer erzählerischer Raffinesse fand Ovid den Anschluss von der erzählten Zeit an die Erzählzeit: denn mit dem Schlenker des Kephalus, den Hintergrund der Tragödie erst jetzt während des Erzählens in Aegina zu verstehen, war Ovid wieder in der Gegenwart angekommen. Nur zwei Verse mit der Übergabe der Verbündetentruppen führen jetzt die Erzählung zurück ins aktive Geschehen.

8. BUCH
Scylla und Nissus bis Erysichton und Mestra

Der 8. Buchstabe im griechischen Alphabet ist Θ (Theta): der Anfang von Θησευσ (Theseus), und das ganze 8. Buch ist „Theseis".

Mit den ersten 5 Versen wird der Aegina-Rahmen geschlossen: Kephalus segelt mit den Verbündeten-Truppen Richtung Athen; der Wind ist günstig und sie kommen schneller als geplant zu Hause an.

Innerhalb des komplexen Theseus-Rahmens, der bis an den Anfang des 9. Buches (97) reicht, ist jetzt nur noch der Minos-Rahmen offen. Diese Handlung wird wieder aufgenommen.

Scylla und Nisus (1 ff.)

Minos, König von Kreta, belagert auf seinem Rachefeldzug Megara, wo König Nisus herrscht. Dessen Königsmacht ist an eine purpurne Haarsträhne gebunden; verliert er sie, sind Macht und Glück seines Reiches verloren.[133]

Megara wird von einem Turm überragt, den Königstochter Scylla täglich besteigt, um „das Spiel des schrecklichen Mars" zu beobachten. Sie ist rasend verliebt in den kretischen König Minos und steigert sich in fanatische Verehrung. Jede seiner Bewegungen scheint ihr in seinem „federgekrönten Helm" göttergleich.

---

133 Das Motiv stammt aus dem Alten Testament (Buch der Richter, 13 ff.): Samson oder Simson, 12. Richter der Stämme Israels (11. Jh. v.Chr.), war mit übernatürlicher Kraft gesegnet, die er bei Verlust seiner Haartracht verlor. Die Philisterin Delila schnitt ihm im Schlaf sein Haar ab und übergab ihn den feindlichen Philistern.

Wenn Minos den Bogen spannt und die Lanze schleudert, ist sie „ihrer Sinne kaum mächtig" und beneidet den Speer und den Pfeil in seiner Hand. (Speer und Pfeil gelten als Phallus-Symbole). Scylla steigert sich in den Wahn, Krieg sei ein Glück, weil sie ohne ihn Minos nicht begegnet wäre. Sie möchte das Gemetzel durchbrechen und sich als Geisel ausliefern, oder die Tore öffnen, damit das feindliche Heer die Stadt erobert.

Schließlich opfert sie für ihre Leidenschaft Vater und Vaterland: Sie schleicht nachts zum schlafenden König und schneidet ihm die Macht und Glück verleihende Strähne aus dem Haar. Am nächsten Tag wagt sie sich zum feindlichen Heer, übergibt Minos „des Vaters Haupt" und sich selbst als seine Königin von Kreta. Minos weicht erschüttert zurück vor dem „Schandmal des Jahrhunderts". Niemals dürfe ein solches „Monstrum" kretischen Boden betreten.

Dennoch: Macht und Glück des Nisus sind vernichtet: ein einziger Vers beschreibt Einnahme der Stadt und Verurteilung von Nisus. Nach zwei weiteren Versen fährt die kretische Flotte bereits ab.

Scyllas skrupellose Liebe wandelt sich in skrupellosen Hass. Sie stürzt zum Meer, umklammert den Kiel eines Schiffes und will sich nach Kreta ziehen lassen. Die groteske Situation lässt jetzt alles zeitgleich geschehen (144 ff.): „Als ihr Vater sie sieht, schwebt er bereits in der Luft, ist zum Seeadler geworden und will sie zerfleischen." Der Meeresschaum hüllt Scylla in Flaum, sie bekommt Federn und fliegt davon als der Vogel Ciris, der an ihre Untat erinnert (griech. Keiris; κειρισ: der Scherer).

Labyrinth in Kreta. Krone Ariadnes (152 ff.)

Der siegreich heimkehrende Minos opfert den Göttern und beschließt, die Schmach seines Geschlechtes zu beenden; die Kenntnis der „Schmach" setzt Ovid bei seinen Lesern voraus.[134]

Der erste Künstler der Menschheit, der Baumeister und Erfinder Daedalus, soll für den Minotaurus ein Labyrinth bauen.

In nur 6 Versen wird der Mythos angedeutet, dass Minos nach seinem Sieg Athen ein Blutopfer auferlegt hatte, alle neun Jahre ausgeloste junge Edelmänner nach Kreta zu schicken, wo sie dem Minotaurus vorgeworfen wurden. Im dritten Jahrneunt kam Theseus mit ihnen, besiegte den Stiermenschen und fand mit dem Faden der Ariadne aus dem Labyrinth. Er floh mit der Königstochter.

Vers 174 ist die einzige Erwähnung der Hauptfigur der Rahmenhandlung (Theseus): „Der Spross des Aegeus, die Minos-Tochter entführend." Auf Naxos ließ er sie zurück, und der Gott Bacchus tröstete sie: er versetzte ihre Krone als das Sternzeichen *Corona* an den Himmel.

Dies beschließt den Mythos um Theseus, den Ovid voraussetzt. Es geht um eine ganz andere Person: um den ersten Wissenschaftler Daedalus.

---

[134] *Minos* war der Sohn von Jupiter und Europa. Als er sich weigerte, einen von Neptun geschickten Stier zu schlachten, strafte ihn der Gott damit, dass sich seine Frau *Pasiphae* in den Stier verliebte. Sie ließ sich von dem Künstler Daedalus eine hölzerne Kuh bauen und kroch hinein. Das Kunstwerk war so lebensecht, dass Pasiphae vom wilden Stier begattet wurde und den *Minotaurus* gebar; ein Menschenfresser, halb Mensch halb Stier.

Metamorphosen, 2. Pentade 8. Buch

Daedalus und Ikarus (183 ff.)

In wenigen Versen entsteht ein sympathisches Bild von Daedalus, der in der Vorgeschichte eine ambivalente Figur ist: zwar baute er das Labyrinth, um den schrecklichen Minotaurus einzusperren; aber in diesem Labyrinth wurden dem Monstrum adlige Jünglinge geopfert. Und Daedalus selbst hatte die hölzerne Kuh gebaut, die den Stier anlockte.

Er ist aus seiner Heimat Athen verbannt und wird auf Kreta von König Minos festgehalten, der den berühmten Baumeister, Künstler, Wissenschaftler und Erfinder an sein Land binden will.

Daedalus beschließt, sich heimlich Flügel anzufertigen, um durch die Luft aus der Gefangenschaft zu entkommen (189): *naturamque novat*: „er wandelt den Sinn der Natur". Der Vers irritiert; die Natur zu verändern wäre Hybris, die im antiken Verständnis (der Griechen – nicht unbedingt der Römer) immer zum tragischen Untergang des Helden führen muss.

Daedalus ist ein zärtlicher Vater seines Sohnes Ikarus, und die Szenerie eine liebevoll gezeichnete bukolische Idylle: „Linde Lüfte" wehen, der Künstler ordnet die Federn nach dem Vorbild der Panflöte, und das Knäblein (bei Ovid ein kleiner Junge) spielt mit dem Wachs und den Federn des Meisters.

In der Idylle liegt die Analogie zum Fliegen: Wie der Vogel die Jungen im Nest, so unterweist Daedalus den Sohn (203 ff.). Keinerlei Hybris scheint seinen phantastischen Plan zu begleiten; er mahnt zum Maßhalten; der Junge solle auf dem Flug „die Mitte", das rechte Maß einhalten.

Metamorphosen, 2. Pentade   8. Buch

Vor dem Abflug küsst Daedalus sein Söhnchen. Dann erheben sie sich in die Luft. Fischer, Hirten und Bauern halten die beiden Fliegenden am Himmel für Götter. Eine stimmungsvolle Genre-Szene.

Der Flug (220 ff.) wird aus der Sicht von Daedalus erlebt; der Leser fliegt mit. („Links liegt Samos, dort hinten Delos…"). Aber der eigentliche Höhepunkt der Geschichte, der dramatische Absturz von Vater und Sohn, die beide der Sonne zu nahe kamen, so dass das Wachs schmolz – wird nicht beschrieben.

Bei Ovid stürzt nur der Sohn ab – und die Tragödie kommt plötzlich und schnell. Dabei überrascht vor allem der Sarkasmus, mit dem die Idylle jäh beendet wird (231 ff.): „Der unglückliche Vater, schon nicht mehr Vater" sieht die Federn im Meer, er „verflucht seine Kunst" und bestattet den Leichnam auf der Insel, die heute Ikaria heißt. Ende. Es folgt keine übliche Klagerede.

Das Pathos ist willentlich zerstört worden und Daedalus wandelt sich überraschend zur Negativ-Figur, denn die Ursache des Exils wird bekannt (240 ff.): Während der tote Sohn mit den Resten seiner Flügel bestattet wird, hört man das Klatschen von Flügeln; ein Rebhuhn freut sich über den Absturz; dieser Sturz erinnert an eine „vergangene Untat" des Daedalus, die Ursache seiner Verbannung: Er hatte seinen Neffen Perdix, der als sein Schüler Säge und Zirkel entwickelt hatte – wichtige Erfindungen für den Fortschritt der Menschheit – aus Forscherneid von der Akropolis gestürzt. Minerva fing den Fallenden auf, gab ihm Flügel, und verwandelte ihn in ein Rebhuhn, das seinen Namen trägt (lat. *perdix*). Aus Angst vor dem Sturz fliegt es nur nahe am Boden.

Metamorphosen, 2. Pentade   8. Buch

Der Daedalus-Mythos ist die Geschichte vom Menschheitstraum des Fliegens. Aber wenn man am Ende der Erzählung die Vorgeschichte erfährt, werden Fliegen und Abstürzen dialektisch thematisiert.

Daedalus hatte bereits einmal einen Sturz verschuldet: für seinen wissenschaftlichen Ruhm hat er einen Menschen, der ihm geistig überlegen war, getötet. Er glaubte, sein Handeln könne „verjähren" und er dürfe frei von Schuld in die Heimat zurückkehren. Dafür riskierte er das Äußerste, das Leben seines Kindes.

Das folgenschwere Ende erklärt den überheblichen Anfang: Daedalus „will den Sinn der Natur verändern". Ein ehrgeizig-überheblicher Forscher ist an seinem Unmaß tragisch gescheitert.

Lakonisch kurz wird der **Minos-Rahmen** geschlossen (260-266):

Daedalus fand Aufnahme in Sizilien, und Athen musste nach „des Theseus ruhmeswürdiger Tat" (Minotaurus) keinen Blutzoll mehr an Kreta leisten. Alles ist gut.

Und: das Stichwort **Theseus** ist gefallen.
Er kann einen neuen Rahmen öffnen.

Kalydonische Eberjagd (260 ff.)

Theseus bildet den Rahmen:

Die „Fama" (Meldung, Gerücht) seiner Heldentat in Knossos, den menschenfressenden Stier Minotaurus besiegt und aus dem Labyrinth des Daedalus herausgefunden zu haben, verbreitet sich durch alle Länder und führt dazu, dass er nach Kalydon zu Hilfe gerufen wird, wo ein Monster von einem Eber die Felder verwüstet.

Diana hat das schreckliche Vieh geschickt, weil sie als einzige Göttin beim kalydonischen Erntedankfest vergessen wurde.

Das Wüten des Killerschweins übertrifft alle Vorstellungen (281 ff.). Die Menschen flüchten aus dem Land in die Stadt und fühlen sich nur noch hinter Mauern sicher. Meleager, der Sohn des Königs von Kalydon, ruft aus ganz Griechenland „die kühne Schar erlesener Jünglinge" herbei, um das Untier zu erlegen.

Ein Heldenkatalog (298 ff.) versammelt alle Berühmtheiten der Generation vor dem Trojanischen Krieg. Auch der Argonaut Jason ist dabei, und natürlich der allergrößte Held: Theseus. Unter der Menge strahlender Männer befindet sich eine einzelne Frau: Atalanta aus Arkadien.[135] Sie wird nicht beim Namen genannt, heißt „Tegeas Maid" oder „Tochter Arkadiens" und trägt ihr Pfeile im Elfenbeinköcher. Königsohn Meleager verliebt sich sofort in sie.

---

135 *Arkadien*: Landschaft im Zentrum der Peloponnes; Heimat des Naturgottes Pan.

Metamorphosen, 2. Pentade 8. Buch

Die Elite Griechenlands steht jetzt bereit zum Kampf gegen ein Schwein.

Der Wald, in dem der Eber vermutet wird, scheint undurchdringlich. Dicht gedrängt stehen die Bäume. Spuren werden gesucht, Netze gespannt, die Hundemeute wird scharf gemacht.

Plötzlich bricht der Eber wie Donner und Blitz über die hochrangige Jagdgesellschaft herein. Er war gar nicht im Gehölz. „Sein Aufprall streckt den Wald nieder." Die gigantische Attacke reißt eine Bresche in den Wald. Jaulend stiebt die Hundemeute auseinander, und die Helden schleudern schreiend (aus Mut?) „mit tapferer Hand den zitternden Speer."

Die erste Lanze fliegt weit am Ziel vorbei und bohrt sich in einen Baum. Die nächste hätte das Tier „bestimmt in den Rücken getroffen", wenn sie nicht viel zu hoch gezielt gewesen wäre. Jason, „der Held von Jolkos" ruft Apollo zu Hilfe, und „der Gott tat, was ihm möglich war": die Lanze trifft, aber es fehlte die eiserne Spitze und das Tier blieb von dem harmlosen Schaft unverletzt.

Der Eber tobt: seine Augen sprühen Funken, der Mund stößt Flammen aus, und wie ein herabstürzender Felsblock fällt er über die Kämpfer her (so werden sie es wohl zu Hause erzählen).

Zwei Helden können nicht mehr rechtzeitig ausweichen und werden sofort getötet, (der eine hatte standhaft „den rechten Flügel" verteidigt); die Kameraden retten die Leichen. „Ein tödlicher Hieb" streckt nicht den Eber zu Boden, sondern erwischt versehentlich einen Kämpfer im Rücken. Ein anderer Held stolpert, weil er flüchtend das Knie verdreht und eine Sehne reißt.

Metamorphosen, 2. Pentade — 8. Buch

Der berühmteste aller Heroen ist Nestor, der alte Dauerredner aus der *Ilias*, der bei Homer in der dritten Generation die Helden mit seinem erfahrenen Rat beglückt und deshalb in Kalydon als junger Mann dabei ist. Als der Eber anstürmt, stemmt Nestor seine Lanze auf den Boden und schnellt sich auf einen sicheren Ast, von dem aus er den Feind drohend beobachtet.

Die Zwillinge Castor und Pollux, „die damals noch nicht als Tierkreiszeichen an den Himmel versetzt waren", kämpfen zu Pferd und wirbeln wild mit den Lanzen in der Luft; auch sie hätten „beinahe" getroffen, wäre der feige Gegner nicht ausgewichen.

Es ereignet sich eine Summe von Peinlichkeiten. Einige Helden scheitern durch technisches Versagen, zwei fallen gleich vor Schreck um. Als alle erschöpft sind, schießt die einzige Frau Atalanta einen Pfeil ab und trifft den Eber hinter dem Ohr. Es ist zwar nur ein kleiner Kratzer, aber immerhin ein Treffer, und einige Tröpfchen Blut fließen.

Dann trifft endlich auch einer der Krieger, aber nicht den Eber, sondern den eigenen Hund: der Speer „geht ihm durchs Gedärm und bohrt sich in die Erde".

Der Held des Buches, Theseus, taucht erst am Ende der Kampfhandlungen auf: aus sicherer Entfernung mahnt er seinen Freund, den Lapithenkönig Peirithoos zur Zurückhaltung (406): „Man kann auch aus der Ferne tapfer sein."

Dann gelingt Meleager, dem Anführer der Heldenarmee, der tödliche Hieb, „und alle stoßen ihre Lanze in die Wunde" des toten Ebers.

Metamorphosen, 2. Pentade   8. Buch

Komödie und Tragödie – die Eber-Trophäe

Das 8. Buch ist die Mitte der 15 Bücher. Und in der Mitte dieses Buches (267-546) steht die Meleager-Sage mit der Kalydonischen Eberjagd. Es ist das Zentrum der *Metamorphosen*.

In der Kalydonischen Eberjagd wird besonders deutlich, wie Heldensagen, die bisher heroisch und mit teils religiösem Pathos erzählt wurden, bei Ovid ins Burlesk-Komische verwandelt werden. Nestor, der Ratgeber und Held endlos langer Reden aus der *Ilias*, ist der Erfinder der olympischen Disziplin Stabhochsprung; der berühmte Theseus hält sich feige im Hintergrund – denn auch er ist einer Sau gegenüber machtlos. Die einzige ernsthafte Tat vollbringt eine Frau. (Die Heroinen dominieren eben in der 2. Pentade).

Die *Mythologie* erlebt eine *Metamorphose*. Es geht nicht mehr um alte Götter- und Heldengeschichten. Sagen dienen Ovid nur als Kostüm für die ironisch kritische Reflektierung von politischen und sozialen Strukturen. (Ovid ist auch deshalb zeitlos aktuell, weil sich die Menschen in den vergangenen zweitausend Jahren wenig geändert haben).

Der Ausrichter der Jagd, Meleager ist von den Reizen Atalantas gefangen. Er spricht ihr für die Schramme am Eber-Ohr den halben Jagdtriumph zu und überreicht ihr die Hälfte der Borsten vom Schweinerücken. Die Heldenversammlung murrt über diese Auszeichnung einer Frau und die beiden Onkel Meleagers, selbst Königssöhne, entreißen ihr die Trophäe. Meleager stößt beiden sein Schwert in die Brust.

Die Groteske ist umgeschlagen in Tragödie.

Meleagers Mutter – das Holzscheit (451 ff.)

Als Meleagers Mutter den Tod ihrer beiden Brüder erfährt, ist sie entschlossen, den Mörder, ihren eigenen Sohn zu bestrafen.[136] Ein Orakel, das die „drei Schwestern"[137] bei der Geburt von Meleager verkündet haben, gibt Althaea die Möglichkeit, ihn aus der Ferne zu töten. Damals bestimmten die Göttinnen „während sie den Schicksalsfaden spannen" dem Neugeborenen: Sobald das Holzscheit im Feuer verbrannt ist, muss er sterben. Sofort riss die Mutter das Holz aus dem Feuer, löschte es mit Wasser und verbarg es in einer Truhe. Jetzt holt sie das Todespfand hervor und entzündet mit Spänen ein Feuer. Viermal will sie das verhängnisvolle Scheit ins Feuer legen, und viermal zuckt sie zurück. „Mit der Schwester kämpfte die Mutter." In einem langen Monolog erkennt Althaea: Wer Tod mit Tod sühnt, fügt zum Verbrechen ein neues Verbrechen. Nach inneren Kämpfen wendet sie den Kopf ab und wirft mit zitternder Hand das Scheit ins Feuer.

„Dort wo er ist, verbrennt Meleager" an qualvollen inneren Krämpfen (515 ff.). Im gleichen Moment, wo das Holzscheit erlischt, erlischt auch sein Leben. Minerva hat Mitleid mit seinen trauernden Schwestern, die das Leben nicht mehr ertragen; sie lässt ihnen Federn wachsen, Flügel und einen Schnabel, und verwandelt sie in Perlhühner.

---

136 Die Entscheidung von Althaea basiert auf einer speziellen Ethik der griechischen Antike: Das Leben von Eltern und Geschwistern wurde höher bewertet als das der Ehegatten und Kinder. Ein Ehepartner konnte wieder gefunden und neue Kinder konnten gezeugt werden, aber Eltern oder Geschwister waren unwiederbringlich verloren.
137 Die Schicksalsgöttinnen; lat. Parzen; griech. Moiren.

Metamorphosen, 2. Pentade   8. Buch

Theseus bei Flussgott Achelous (547 ff.)

Theseus bildet weiter den Handlungsrahmen für Erzählungen, obwohl er selbst nicht deren Inhalt ist. Nach seinem Bravourstück in Kreta, wo er nur in einem Vers erwähnt wurde (nicht als Minotaurus-Überwinder, sondern als Ariadne-Entführer), sollte er als ruhmreichster aller Helden den Kalydonischen Eber besiegen. Auch da gehörte ihm nur ein Vers am Ende der Jagd: als Feigling, der „aus der Ferne tapfer" ist (406).

Nach dem tragischen Ausgang der Eberjagd will er zurück nach Athen, wird aber aufgehalten, weil der Fluss Achelous Hochwasser führt.

Der Flussgott lädt Theseus und sein Gefolge ein, in seiner Grotte zu bleiben, bis die Furt wieder passierbar ist.

Die „Halle" ist aus Bimsstein gebaut, feucht und bemoost, die Decke mit Muscheln getäfelt. Nymphen bewirten die berühmten Helden mit köstlichen Speisen und mit Wein aus Edelsteinbechern, um ihnen die Wartezeit zu verkürzen.

Eine gute Gelegenheit, Geschichten zu erzählen.

Metamorphosen, 2. Pentade   8. Buch

**Flussgott Achelous erzählt:
Metamorphose von Perimele** (590 ff.)

Die Gäste wundern sich über mehrere Inseln und erfahren, dass es einst Nymphen waren, die von Achelous verwandelt wurden, weil sie ihn beim Erntedankfest nicht ehrten. (Aus gleichem Grund hatte Diana den wilden Eber nach Kalydon geschickt. Man erwartet jetzt eine neue Groteske, aber es folgt eine erotische Geschichte).

Abseits der fünf Inseln liegt eine weitere. „Perimele nennt sie der Schiffer." Der schönen Perimele hatte Achelous die Jungfräulichkeit geraubt. Darauf stieß ihr Vater sie von der Klippe ins Meer.[138] Achelous fing sie im Wasser auf und bat Neptun, die Geliebte zu verwandeln, damit er sie „weiterhin umfassen kann". Er dachte wohl an eine Flussnymphe, aber Neptun hatte anderes im Sinn. Während Achelous der Schwimmenden „den Busen betastete, der in ängstlichen Zuckungen erbebte", spürte er, wie sich ihr Körper verhärtete. Perimele wurde zur Insel.

Die Zuhörer sind bewegt von der Liebesgeschichte. Nur Peirithous, der Lapithenkönig[139] will das Wunder nicht glauben. „Märchen erzählst du." Götter hätten nicht die Macht, Gestalten zu verändern.

---

138 Nach einer Vergewaltigung war im römischen Recht nicht die Frau geschädigt, sondern der Mann, auf den sie sich bezog: Ehemann, Vater, Bruder.

139 *Lapithen*: Bei der Hochzeit des Lapithenkönigs Peirithoos wollten die betrunkenen Kentauren die Braut entführen. Ovid macht daraus ein riesiges Schlachtgemälde (12. Buch, 210 ff.). – Westgiebel des Zeus-Tempels in Olympia.

Der alte Lelex erzählt:
Metamorphose Philemon und Baucis (616 ff.)

Ein älterer Held im Gefolge des Theseus, Lelex, widerspricht dem Lästerer: *„Unermessen groß kennt keine Schranken des Himmels Macht. Was immer die Götter gewollt, es ist schon vollendet."* Wie groß die Macht und die Liebe der Götter sind, beschreibt Lelex mit der Geschichte von Philemon und Baucis. Er benennt sich selbst als Zeuge, obwohl er nicht dabei war, aber die Bäume gesehen hat, in die Philemon und Baucis verwandelt wurden.

Einst wandelten Jupiter und sein Sohn Mercur in Menschengestalt auf der Erde, um die Gastfreundlichkeit der Menschen zu prüfen.[140] In tausend Häusern baten sie um Obdach; überall wurden sie abgewiesen. Als letztes kamen sie zu einer armseligen, mit Stroh gedeckten Hütte, wo die beiden Alten Philemon und Baucis die Wanderer aufnahmen.

Das Leben in der armseligen Wohnstätte erweist sich als Idylle: Die Greisin facht die noch warme Asche im Herd mit trockenen Blättern und Rinde wieder an und bereitet ein kärgliches Mahl aus Kohl. Ein Stückchen Schinken ist der einzige Schatz, und „mit doppelzinkiger Gabel hebt sie vom schwarzen Balken des Schweines rußigen Rücken". Mit warmem Wasser wird den Gästen ein Fußbad bereitet. Dann lagern sie sich zum Mahl.

---

[140] Griechische Mythologie. Für jede Lebensangelegenheit gab es eine „zuständige" Gottheit. Der höchste Gott Zeus war nicht etwa der Gott der Gerechtigkeit oder der Liebe, sondern der Gott der Gastfreundschaft. Dieses Denken wirkt heute noch in Griechenland dort, wo kein Tourismus die Kultur verändert hat.

Am Tisch „ist ein Fuß zu kurz, und ein untergelegter Scherben behebt die Neigung". Liebevoll wird das Gastmahl aufgezählt: Rettich, Salat, Eier und Dickmilch, und „zu allem hinzu eine freundliches Gesicht".

Beim Essen ereignet sich ein Wunder: der Weinkrug füllt sich von selbst immer wieder. Die Alten wollen ihren einzigen Besitz, eine Gans, für die Gäste schlachten, aber die verbieten es und geben sich zu erkennen.

Jupiter und Mercur verkünden, die gottlosen Menschen zu vernichten und begeben sich mit den beiden Alten auf einen Hügel. Im weiten Umkreis versinken alle Häuser in der Erde. Nur die Hütte bleibt bestehen und verwandelt sich allmählich in einen Tempel mit Säulen, goldenem Dach und Marmorboden.

Philemon und Baucis wird ein Wunsch erlaubt. Nach kurzem Bedenken bitten sie, miteinander sterben zu dürfen. „Wie es verheißen, erfüllt es sich." Als Diener im Tempel werden sie uralt und erleben am Ende ihre Metamorphose in Linde und Eiche. – Lelex selbst ist Augenzeuge – er hat die beiden Bäume gesehen, und erlebt, wie der Ort von Besuchern geehrt und bekränzt wird. Der Zweifler Peirithous ist widerlegt.

Die Zuhörer sind bewegt, „besonders Theseus". Er verlangt nach weiteren Wunder-Geschichten.

Metamorphosen, 2. Pentade　　　　　8. Buch

**Flussgott Achelous erzählt:
Verwandlungsgott Proteus** (728 ff.)

Aus Hütte und Tempel von Philemon und Baucis zurück zur Grotte des Flussgottes.

„Er stützt sich vom Lager auf", wendet sich zu Theseus und erzählt: Es gibt unterschiedliche Metamorphosen. Meist ist die Verwandlung endgültig; aber manche Verwandelte erhalten das Recht, sich in andere Leiber umzuwandeln. Das berühmteste Beispiel ist der Gott Proteus. Er wird ständig in anderer Gestalt angetroffen: einmal als Jüngling, dann als Löwe, Schlange, Stier, auch als Stein oder Baum, als reißender Strom oder als Feuer. Den Grund für dessen Verwandlungsfähigkeit nennt Ovid nicht.[141]

Die spannend begonnene Geschichte geht nicht weiter – man hat sehr viel Zeit, bis das Hochwasser vorbei ist – so ist Proteus nur Überleitung zu einer anderen Geschichte. –

---

141 *Proteus*: Sohn des Meergottes Neptun/ Poseidon; besitzt die Gabe der Prophetie. Um sein Wissen um vergangene, gegenwärtige und zukünftige Dinge nicht offenbaren zu müssen, macht er von seiner Fähigkeit Gebrauch, seine Gestalt zu ändern, und wechselte häufig seinen Aufenthaltsort.

Flussgott Achelous erzählt:
Erysichthon und seine Tochter Mestra (738 ff.)

Erysichthon, ein Königsohn aus Thessalien, war ein Götterverächter. In seinem Wald gab es einen der Fruchtbarkeistgöttin Ceres (Demeter) geweihten Hain mit einer gewaltigen Eiche („fünfzehn Ellen Umfang"), die mit Votivtafeln und Kränzen geschmückt war.

Als sich die Arbeiter weigerten, den Baum zu fällen, ergriff Erysichthon selbst die Axt und rief: Auch wenn der Baum die Göttin selbst wäre, solle er gefällt werden. Beim ersten Axthieb seufzte die Eiche, die Blätter welkten, und aus der geschlagenen Wunde quoll Blut. Ein Mann wollte Erysichthon zurückhalten; der hieb ihm den Kopf ab: „Das ist der Lohn für deine Frömmigkeit."

Trauernd pilgerten die Naturgeister zu Ceres und forderten die strenge Bestrafung des Frevlers. *„Die Herrliche nickte Gewährung und durch die Bewegung des hehren Hauptes begann das ernteschwere Getreide zu wogen."*[142] (780). Der gierige Gotteslästerer soll mit immerwährendem Hunger bestraft werden. Eine Bergnymphe wird ausgeschickt zu FAMES,[143] dem Hunger, der in Öde und „lähmender Kälte" des Kaukasus „mit Nägeln und Zähnen die dürftigen Kräuter rupft". Sogleich eilt der hohläugige Hagere zum Haus des Heiligtumsschänders und „haucht sich ihm ein".

---

142 Homers *Ilias* (1, 528): Thetis, göttliche Mutter Achills, bittet Zeus, den Troern Sieg zu verleihen. „Zeus nickte Gewährung ... und es erbebte der Olymp."
143 In den *Metamorphosen* gibt es 3 Personifikationen: Neid (2. Buch); Hunger (8. Buch); Schlaf (11. Buch).

Metamorphosen, 2. Pentade 8. Buch

Die bekannte Geschichte nimmt eine typisch Ovidische Wendung: der ganze Theaterdonner löst sich auf und schlägt um ins Komische, Burleske. Der Held frisst und frisst, sein Hunger ist nicht zu stillen, dabei wird er immer magerer. Je mehr er isst, umso größer wird die Essgier. Das gesamte Vermögen ist schon „in des Bauches Abgrund verschwunden", nur der Hunger schwindet nicht. Nachdem er den Reichtum des ganzen Königreiches „in seinen Geweiden versenkt hat", bleibt ihm nur noch der Verkauf seiner Tochter Mestra an einen reichen Mann.

Die Verkaufte fleht zu Neptun, der einst ihres „Jungfrauentums Blume im Raube gewann", um Hilfe. Der Gott verleiht ihr vorübergehend die Gestalt eines Fischers, und sie flüchtet nach Hause.

Der Vater erkennt den Vorteil von Metamorphosen: er verkauft sie wieder, sie flüchtet verwandelt zurück, wird wieder verkauft, und wieder und wieder. Am Ende isst sich der Held selber auf. Aus einer mit gewaltigem epischem Vorbau im Stile Vergils angefangenen Erzählung ist eine alberne Geschichte geworden.

Auch der Erzähler Achelous besitzt die Fähigkeit, sich zu verwandeln. Einmal ist er Schlange, einmal Stier. Als „Führer der Herde" hatte er zwei Hörner auf der Stirne. Vergrämt zeigt er seinen Zuhörern, dass er jetzt nur noch ein Horn besitzt. „Es folgte ein Seufzen." Mit diesem Vers endet das 8. Buch. Am Anfang stand eine verlorene Locke; am Ende steht ein verlorenes Horn.

Das kann noch nicht das Ende der Geschichten sein.

Ende des 8. Buches

9. BUCH
von Achelous und Hercules bis Iphis und Ianthe

Die *HERCULEIS* (Hercules-Handlung)

Das Seufzen des Achelous am Ende des 8. Buches zitiert den 8. Gesang der *Odyssee* (533 ff.): Odysseus weilt unerkannt bei den Phäaken, von denen er sich das Heimgeleit nach Ithaka erhofft. Als beim Abschiedsmahl der Rhapsode die Geschichte vom Trojanischen Pferd besingt, wird Odysseus von der Erinnerung überwältigt und „stöhnt tief". Es ist der Anlass für ihn, seine Irrfahrtengeschichte zu erzählen. Das Seufzen des Achelous kündigt also eine wichtige Erzählung an. Auf die Frage von Theseus, warum er nur noch ein Horn habe, schmückt der Flussgott sein Haar mit Schilf wie der Rhapsode mit Lorbeer, und aus dem Gott des Stromes *fließt* der „Strom" (2: *amnis*) seiner Erzählung.

Zweikampf Achelous und Hercules (8 ff.)

In Kalydon hatte Meleager eine schöne Schwester Deianira. Die ruhmreichsten Männer des Landes warben um sie, aber alle traten zurück, als Hercules und Achelous beim König von Kalydon als Freier seiner Tochter antraten.

Hercules begann die Werbung mit dem Hinweis auf seine göttliche Abkunft von Jupiter und seine berühmten Heldentaten.

Diese Heldentaten werden in der *Herculeis* (analog *Theseis*) nur knapp angedeutet (182-199). Erst der Tod von Hercules gibt Anlass, kurz an seine Zeugung und Geburt zu erinnern, aber nur, um mehrere Verwandlungsgeschichten einzufügen.

Metamorphosen, 2. Pentade   9. Buch

Im Wettbewerb um die Kalydonische Königstochter besteht Achelous auf seinem Vorrang als Fluss-Gott gegenüber dem Halbgott Hercules; „denn noch war jener kein Gott".[144]

Achelous argumentiert: er ist ein „Einheimischer" und nicht wie Hercules ein Fremder; er durchströmt in vielen Windungen ganz Kalydon.

Die Heldentaten von Hercules waren erzwungen durch den Hass der Jupitergattin Juno: denn entweder ist seine Herkunft von Jupiter eine Lüge seiner Mutter, der Königin Alkmene von Theben, oder sie ist das Ergebnis einer Vergewaltigung durch den Gott, oder eines freiwilligen Ehebruchs der Königin. Der Konkurrent solle sich entscheiden, ob Jupiters Vaterschaft erlogen ist oder er in Schande geboren wurde.

Aber Hercules ist nicht der Mann feinsinniger Diskussionen. „Siege du mit der Zunge, ich mit der Kraft." Er fordert Achelous zum Kampf. Der würde gerne den Rückzug antreten vor dem Helden, der Löwen erwürgt und wilde Stiere gebändigt hat, aber da er „gerade noch so groß daher geredet" hat, muss er sich stellen.

Die Gegner bestreuen sich rituell mit Sand und es beginnt ein Ringkampf nach dem Vorbild der (in mythischer Zeit noch nicht existierenden) Olympischen Spiele. Hercules packt den Gegner abwechselnd an Nacken, Schenkeln und Armen, um ihn zu werfen. Wie die Stiere versuchen sie, sich mit der Stirne weg zu schieben.

---

144 Hercules wurde nach seinem Tod in den Olymp aufgenommen und war vorher nur ein Heros (Halbgott).

Mythische dreimal setzt Hercules an; dann „sprengt er die enge Umschlingung und löst meine klammernden Arme". (Hercules scheint sich aus einer Umklammerung zu befreien; aber Achelous war in Verteidigungshaltung). Hercules packt den Flussgott von hinten, drückt ihn „wie ein Berg" zu Boden, und Achelous „biss mit den Zähnen in den Sand" (61: *et harenas ore momordi*). Der Kraft eines Hercules ist keiner gewachsen.

Achelous erinnert sich gerade noch seiner Verwandlungsfähigkeit und nimmt die Gestalt einer Schlange an, aber Hercules lacht ihn aus: schon als Kleinkind hatte er die Schlangen der Juno erwürgt und später „die hundert Häupter" der Hydra abgeschlagen. (Es waren nur 9). Wie mit einer Astgabel fixiert der den Schlangenkopf professionell mit zwei Fingern. In seiner Not verwandelt sich Achelous in einen Stier, aber der Sieger über den furchtbaren erymanthischen Stier und den wahnsinnigen kretischen Stier drückt den Fluss-Stier mit der linken Hand zu Boden, mit der rechten reißt er ihm ein Horn von der Stirne.

Später haben Nymphen das Horn geweiht und mit Früchten gefüllt. Es wurde das Füllhorn der Glücksgöttin Fortuna.

„So erzählte er, und siehe! Dianas Dienerin, eine Nymphe, tritt im wallenden Haar herein und bringt in dem reichen Horne den ganzen Herbst in üppiger Fülle und lachende Äpfel als Nachtisch."

Mit Sonnenaufgang brechen die Gäste auf nach Hause. Der Fluss führt immer noch Hochwasser, aber der Gott schafft eine Brücke: „Er legt in die Wellen sein ländliches Gesicht und das Haupt mit dem fehlenden Horne." –

Metamorphosen, 2. Pentade   9. Buch

Nach der Entheroisierung der gesamten Heldenschaft Griechenlands in der Kalydonischen Eberjagd, und nach dem gierigen Königsohn Erysichthon in Thessalien, der sich selbst aufisst, um seinen Hunger zu stillen, wechseln auch im 9. Buch die von den Menschen als ungerecht empfundenen Schicksale (meist Verwandlungen) mit der Entthronung der mythischen Helden und Götter.

Der Zweikampf des Flussgottes mit dem Halbgott Hercules ist die Parodie eines sportlichen Wettkampfes, mit ironischen Ausgang: das abgebrochene Männlichkeitssymbol wurde als Füllhorn Fortunas zum Fruchtbarkeitssymbol schlechthin.

Und auf das Stichwort in der Erzählung erscheint tatsächlich realiter eine Nymphe und erfreut die Gesellschaft mit dem Exemplar, über dessen Verlust der ehemalige Besitzer gerade noch tief geseufzt hatte.

Ovid treibt den Sturz der Götter und Helden von ihren Podesten bis an die Grenze zum Kitsch. Die Hauptfiguren Theseus und Hercules werden dabei degradiert zu Nebenfiguren und Stichwortgebern.

Nessus (98 ff.)

Mit der Geschichte vom fehlenden Horn und dem Aufbruch von Theseus nach Athen endeten der *„Achelous-Rahmen"* und der *„Theseus-Rahmen"*.

Ovid schaltet sich wieder ein: Den Flussgott kostete die Leidenschaft für Deianira nur ein Horn. „Aber dir, du wilder Nessus, brachte die Begierde nach derselben Jungfrau den Tod." Denn:

Hercules hat Deianira geheiratet und ist mit ihr auf dem Weg zu ihrer Heimat. Doch wieder ist Hochwasser im Weg; diesmal der kalydonische Fluss Euenus. Der Kentaur[145] Nessus erbietet sich als „Kenner der Furten", Deianira auf seinem Pferderücken ans andere Ufer zu tragen, während Hercules hinüber schwimmt.

Als Hercules das andere Ufer erreicht hat, sieht er, wie Nessus voll „verbotener Lüste" mit Deianira flüchtet. Er schießt einen Pfeil mit dem Gift der Hydra nach ihm, der Nessus vom Rücken durch die Brust dringt. Der Sterbende fängt das Blut auf und gibt es Deianira mit dem Rat: wenn Hercules je untreu werde, solle sie sein Gewand mit diesem Blut tränken; dann werde sie seine Liebe wieder gewinnen.

Es ist eine blutrünstige Hinterlassenschaft des verhinderten Vergewaltigers; trotzdem verwahrt Deianira das Blut, um es notfalls verwenden zu können. Nicht ganz zu Unrecht.[146]

---

[145] *Kentauren*: Fabelwesen mit menschlichem Oberkörper und Unterkörper eines Pferdes; (fest mit den Beinen auf der Erde; den Kopf ins Geistige gereckt); sie galten als wild und gewalttätig; als Schütze im Tierkreis.

[146] *„Im Zechen und im Schwächen ist er groß."* (Aristophanes, *Die Frösche*).

Auf Misstrauen folgt Realität. „Die geschwätzige Fama" (137: *fama loquax*), „die Falsches zum Wahren fügt und Kleinstes in Großes fälscht",[147] nährt in Deianira den Verdacht, dass Hercules für die Königstochter Iole in Oechalia auf Euböa „in Flammen steht". Sie tränkt ein Gewand mit dem Blut des Nessus und schickt es mit dem Boten Lichas zu ihrem Mann.

Der mit dem Gift der Hydra getränkte Pfeil hatte auch das Blut des Kentauren vergiftet, und das Gewand frisst sich mit furchtbarer Glut in den Körper. Jetzt steht Hercules wirklich innerlich „in Flammen". Das Gift versengt seine Muskeln und zerstört das Mark. Wo er das Gewand abreißt, zerfetzt es die Haut.

Der Heros kann die wahnsinnigen Schmerzen nicht mehr ertragen. Er fleht zu seiner „Stiefmutter" (181) Juno, deren Hass ihm seine gewaltigen Heldentaten abverlangt hat, um Erlösung von den Qualen. In nur 18 Versen brüllt er seine *Arbeiten* zum Himmel und fügt den kanonischen zwölf gleich vier weitere hinzu. Die schlimmsten Gefahren hat er heldenhaft bestanden – er erwürgte den Riesen Antaeus, er war beteiligt am Kampf gegen die Kentauren, er trug bei Atlas den Himmel auf seinen Schultern, er holte den Cerberus aus dem Hades … doch jetzt bricht die unvorstellbarste aller Plagen über ihn herein, die mit keiner Tapferkeit und Kraft zu bestehen ist. „Und da gibt es Menschen, die glauben möchten, dass es Götter gibt" (204 f.: *et sunt, qui credere possint esse deos*).

---

[147] Eine aparte Formulierung dafür, dass am Gerücht wie an der Sage „immer etwas dran ist".

Metamorphose des Lichas (211 ff.)

Hercules packt Lichas, der ihm das fatale Gewand brachte: „Du bist schuld!"[148] Dreimal wirbelt er ihn durch die Luft und schleudert ihn bei der vierten Umdrehung „wuchtiger als ein Geschütz" ins Meer bei Euböa.

Während Lichas in hohem Bogen durch die Luft fliegt (219 ff.), verhärten sich sein Blut und seine Säfte – „und so wie der Regen im kalten Wind sich zu Schnee verdichtet und der weiche Schnee durch das Wirbeln starr wird und sich zu festen Hagelkörnern ballt" – so wurde Lichas von der Kraft des Hercules „gejagt durch den leeren Raum, und mit angsterkaltetem Blut und ohne Säfte wurde er zur starren Klippe – „nach dem, was die Alten erzählen". Jedenfalls ragt noch heute bei Euböa ein kleiner Felsen in der Form eines Menschen aus dem Meer, „und die Schiffer nennen ihn Lichas".

Im Dichter vereinen sich zwei Funktionen: der mythengläubige Künstler und der aufgeklärte Intellektuelle. Die mythische und die naturwissenschaftliche Ursachenerklärung stoßen hier hart aneinander in der Sage von der Entstehung des Felsens und der Lehre von der Entstehung von Schnee und Hagel.

---

[148] Helios gab den Rossen des Sonnenwagens die Schuld am Absturz Phaetons (2, 399); Juno gab Callisto die Schuld an ihrer Vergewaltigung durch Jupiter (2, 463).

Metamorphosen, 2. Pentade 9. Buch

Der Tod des Hercules (229 ff.)

Hercules kann die schrecklichen Qualen nicht mehr ertragen. Er fällt Bäume und schichtet für sich einen Scheiterhaufen. Seinen Bogen und die Pfeile, deren Spitze er in das Blut der Hydra getaucht und damit vergiftet hatte, übergibt er seinem Waffenträger Philoctet; sie werden (in der nächsten Heldengeneration) zur Einnahme Trojas notwendig sein.[149]

Dann drapiert er das Fell des Nemeischen Löwen auf den Scheiterhaufen, entzündet den Holzstoß und legt sich optisch wirkungsvoll zum Sterben auf das berühmte Löwenfell; seine ebenso berühmte Keule dient ihm als Nackenstütze, und „mit heiterer Miene, als nehme er gerade blumenbekränzt teil an einem Gelage mit vollen Weinbechern", lässt er die Flammen über sich zusammenschlagen.

Der Scheiterhaufentod des bedeutendsten antiken Helden gerät zur Idylle; der Heros bietet das Bild, das der Mythos von ihm überliefert: als Draufgänger und Trinker.

Jupiter ist heiter: denn nur der irdische Anteil des Hercules von seiner menschlichen Mutter ist sterblich; der göttliche Anteil des Vaters Jupiter kann auch Flammen besiegen. Der Göttervater verkündet die Aufnahme des Heros unter die Götter.

---

[149] Philoctet wird auf der Überfahrt nach Troja von einer Schlange gebissen. Die Griechen können seine Schmerzensschreie und die eiternde stinkende Wunde nicht ertragen und setzen ihn auf einer Insel aus. Ein Orakel fordert seine Pfeile zur Einnahme von Troja; deshalb fährt Odysseus zurück und überredet den Siechenden, nach Troja zu kommen. Nach anderer Version raubt er ihm seine Pfeile.

Metamorphosen, 2. Pentade   9. Buch

Die Apotheose (262 ff.)

Nachdem der Scheiterhaufen niedergebrannt ist, vollendet sich die Apotheose des Hercules: Wolken hüllen die Brandstätte ein; mit dem vierspännigen Götterwagen fährt er auf in den Olymp, und Jupiter verjüngt seinen Sohn zu „erhabener Hoheit". Ovidische Ironie: „Atlas fühlte die Last" (273) – der Himmel ist um einen Gott schwerer geworden.

Der größte Held der antiken Mythologie hinterlässt keinen heldenhaften Eindruck. Erzählt wurde zunächst nur seine Werbung um Deianira, und diese gab nur den Rahmen ab für die wichtigere Geschichte: der Verlust des Hornes von Achelous mit zwei wirkungslosen Metamorphosen: Schlangen waren für Hercules schon in der Wiege kein Problem, und der Stier verliert sein Symbol; männliche, gewalttätige Fruchtbarkeit (Stier und Horn) wird verwandelt in das friedliche Fruchtbarkeitssymbol des Füllhorns mit der Ernte der Natur.

Sein eigentliches Heldentum, die 12 Arbeiten, zählt Hercules nur katalogartig auf, wenn er sich gegen Juno empört, und der Pfeilschuss auf Nessus muss die Legende vom Sterben vorbereiten.

Der ganze Hercules-Mythos ist nur Rahmen für Metamorphosen von zweitrangigen mythologischen Gestalten. Es geht eben nicht um Heldentum, sondern um das Prinzip der immerwährenden Verwandlung: „Stirb und Werde".[150]

---

150 Goethe: *Westöstlicher Divan* (Selige Sehnsucht):
   Und solang du das nicht hast,
   Dieses: Stirb und Werde!
   Bist du nur ein trüber Gast
   Auf der dunklen Erde.

Alkmene und Iole: Geschichten (273 ff.)

Auch nach dem Tod des Hercules ist der Hass von Eurystheus, der ihm in Junos Auftrag die 12 Arbeiten auferlegt hatte, noch nicht gestillt und er peinigt das Königshaus, aus dem der Held stammt.

Dessen irdische Mutter Alkmene ist alt geworden und lebt in ständiger Angst vor Eurystheus. Deshalb hat sie Iole, die zweite Gattin von Hercules,[151] zu sich nach Theben eingeladen, und die beiden Frauen erzählen sich Geschichten.

---

[151] Nach einer speziellen Version des Mythos hatte Hercules in einem von Juno gesandten Wahnsinnsanfall seine erste Gattin Megara und die Kinder getötet. Danach heiratete er Deianira und später die Königstochter von Euböa, Iole. Die Eifersucht der Deianira auf diese Frau führte zum Tod des Hercules. Er hinterließ als Vermächtnis, dass seine Witwe Iole den Sohn Hyllus aus seiner Ehe mit Deianira heiratet. Alkmene ist also doppelt verwandt mit Iole.

Metamorphosen, 2. Pentade 9. Buch

Geburt des Hercules (273 ff.)
Metamorphose Magd Galanthis

Alkmene wünscht Iole, die schwanger ist von Hyllus, einem Sohn von Hercules aus seiner Ehe mit Deianira, eine weniger qualvolle Entbindung als sie es selbst mit Hercules erleben musste.

Damals hatte die eifersüchtige Juno die Wehen verzögert, damit ein anderer Sohn aus dem Perseus-Geschlecht vorher geboren wird. Denn dem nächsten Nachkommen des Perseus hatte Jupiter die Herrschaft über Mykene prophezeit. In Junos Auftrag wachte Lucina (Eileithya), die Göttin der Entbindung, im Palast. „Ihr linkes Knie mit der Kehle des rechten pressend, die Finger darüber wie die Zinken eines Kamms verschränkend, hielt sie die Geburt auf." (298 f.).

Alkmene war bereits im zehnten Monat schwanger und verbrachte qualvolle Tage und Nächte. Thebens Frauen beteten für die laut stöhnende Königin, als die Magd **Galanthis** am Altar die Gestalt entdeckte, die in verquerter Haltung ihre Knie presste. Sie rief der Fremden zu, Alkmene habe gerade einen Sohn geboren. Erschreckt sprang Lucina auf und „löste die Finger, die den Schoß umklammerten". Hercules konnte geboren werden.

Galanthis lachte die Göttin aus – „so erzählt man" (*fama est*) – und diese presste sie vor Wut an den Haaren auf den Boden. Die Magd versuchte, sich aus der Umklammerung heraus zu winden; dabei wurde sie in ein Wiesel verwandelt. „Weil sie mit lügendem Mund der Gebärenden half, so gebiert sie nun mit dem Mund".[152]

---

152 Nach einem Volksglauben wurden Wiesel durch den Mund geboren.

Metamorphose der Dryope (324 ff.)

Ioles Schwester Dryope hatte „ihr Magdtum" durch Apollo verloren und einen Knaben geboren. Sie heiratete und galt als glücklich. Auf einem Spaziergang pflückte sie Blüten vom Lotusbaum. Die Erzählerin Iole wollte das gleiche tun – „denn auch ich war dabei" –, da fielen kleine Blutstropen von den Blüten. Bauern erzählten ihr „zu spät", dass der Baum eine verwandelte Nymphe ist, die auf der Flucht vor dem „geilen (*obscena*) Priapus"[153] in den Lotusbaum verwandelt wurde. Minutiös beschreibt Iole – sie war ja dabei – eine der schönsten Metamorphosen: Dryope wollte flüchten, aber die Füße hatten schon Wurzeln geschlagen; sie wollte sich losreißen, aber die Beine verfestigten sich; langsam wuchs Rinde über ihre Waden nach oben; als sie das bemerkte, wollte sie sich mit den Händen die Haare raufen und ihre Hände füllten sich mit Blättern, die das Haupt bedeckten. Der Säugling spürte die Verhärtung der Mutter: erfolglos saugte er an ihrer Brust. Tränen lagen wie Tau auf dem Laub. Solange Dryope noch sprechen konnte, bat sie, das Kind aus den Zweigen zu nehmen – wie ein Nest war es mit ihr eingewachsen in die Baumkrone. Sie warnte die Menschen vor Teich und Bäumen und Blüten (380: „Pflücke vom Baum keine Blüten"). Iole führte Dryopes Mann zu dem Baum; er küsste seine Zweige und schmiegte sich an den Stamm. Allmählich verstummte Dryope: Der Wipfel umschlang ihren Kopf, und die Rinde schloss ihr die Augen. „Aber noch lange blieben die Zweige warm".

---

[153] *Priapus*: Fruchtbarkeitsgott mit unnatürlich großen Phallus; (danach: „Priapisten").

Verjüngung von Iolaos (394 ff.)

Die Geburt des Hercules umfasst nur 40 Verse, seine berühmten Heldentaten sogar nur 18 (182 ff.); Dryopes Metamorphose dagegen 70 Verse. Hercules ist nur Vorwand und Rahmen für die verschiedenen Verwandlungsgeschichten.

Während Alkmene und Iole weinend über die unheilvollen Metamorphosen in ihrer nächsten Umgebung sprechen, erleben sie ein Wunder, das ihren Kummer in Freude verwandelt: Ioles Schwager Iolaos, Freund und Helfer des Hercules, wurde von der Hercules-Gattin Hebe[154], der Göttin der Jugend, in einen knabenhaften jungen Mann zurückverwandelt.

Die äußerst knapp beschriebene Metamorphose erhält durch stilistische Mittel ein besonderes Gewicht: der Name des Schwagers erscheint in der Geschichte (für den Leser) als letztes Wort – aber die Frauen erkannten ihn lange vorher.

Dadurch wird das Thema „Verjüngung" deutlich herausgehoben und muss jetzt problematisch werden.

---

[154] Nach seinem Tod wurde Heracles von Jupiter unter die olympischen Götter aufgenommen und mit Hebe verheiratet.

Ende der Verjüngungen (394 ff.)

Hebe will schwören, niemals wieder einen Menschen zu verjüngen, aber Themis, die Göttin der Gerechtigkeit und der Wahrsagung, widersetzt sich ihr und prophezeit: die Erde wird immer mehr Helden durch Krieg und Gewalt verlieren. In Theben werden sich die Nachkommen des Ödipus bekämpfen, Verbündete werben und sich schließlich gegenseitig ausrotten.[155] Die Erde braucht die Verjüngung alter Helden.

Bei den Göttern entsteht Unruhe und Aufruhr. Alle haben sie ihre Lieblinge unter den Menschen, denen sie die gleiche Gunst wie Iolaos zukommen lassen wollen. Auch sind Götter mit Sterblichen vermählt. Aurora (Morgenröte) und Ceres (Fruchtbarkeit) verlangen Jugend für ihre Gatten, Venus (Aphrodite) für Anchises, mit dem sie Aeneas, den mythischen Gründer Italiens zeugt.

In den Tumult greift Jupiter gebieterisch ein: „Wohin stürzt ihr?" Iolaos wurde verjüngt, weil es ihm vom Schicksal vorbestimmt war – „nicht durch Gunst." Dem Schicksal ist auch Jupiter selbst als der höchste Gott unterworfen.[156] Wenn er Sterblichen ewige Jugend verleihen könnte, würde er seine Söhne Minos und Rhadamanthus[157] zuerst verjüngen.

---

155 In nur 10 Versen (403 ff.) fasst Ovid den Bruderkrieg der Generation nach Ödipus zusammen. (Die mythologische Phase der „Sieben gegen Theben".)

156 Auch in der griechischen Mythologie standen die Moiren (Schicksalsgöttinnen) über den Göttern.

157 *Minos und Rhadamanthus* sind Söhne von Jupiter und Europa; wegen ihrer Gerechtigkeit werden sie Richter in der Unterwelt.

Metamorphosen, 2. Pentade   9. Buch

Ende des Hercules-Rahmens

Die Heldentaten des Hercules waren Ovids Lesern bekannt und er wiederholt sie nicht.

Hercules war der größte aller Helden. Er erwürgte den Nemeischen Löwen, schlug der Hydra neun Köpfe ab, fing den Erymanthischen Eber und Dianas heilige Hirschkuh mit dem goldenen Geweih, leitete einen Fluss durch die Augiasställe, vertrieb die Stymphalischen Vögel, bändigte den wahnsinnigen Stier von Kreta und die Menschen fressenden Stuten des Königs von Thrakien, tötete die Amazonenkönigin Hippolyta, raubte die Rinder des dreiköpfigen Ungeheuers Geryon, stahl die goldenen Äpfel der Hesperiden, holte den Höllenhund Zerberus aus der Unterwelt... Hercules war nicht mehr zu übertreffen. Aber alles das wird nicht erzählt.

Ovids Leser des *Goldenen Augusteischen Zeitalters* erleben die Demontage des Heldentums – selbst ein Hercules taugt nur noch als Rahmen für Gewöhnliches... ein Flussgott Achelous, Kentaur Nessus, Diener Lichas, Iole und deren Schwester, Alkmenes Magd Galanthis, Ioles Schwager Iolaos... das sind die „Helden" der *Metamorphosen*.

Mit dem Tod von Hercules und den Geschichten von Iole, der Gattin seines Sohnes Hyllos, ist der *Hercules-Rahmen* geschlossen.

Jupiters Entscheidung, dass es keine Verjüngungen von Menschen mehr geben darf, leitet über zu einem alten Mann: dem Kreterkönig Minos, dessen *Rahmenhandlung* schon VIII, 29 abgeschlossen wurde, und der nun als gealterter König den Ausgangspunkt bildet für den Übergang zur Miletus-Geschichte und zur Byblis-Geschichte.

Metamorphosen, 2. Pentade　　　　9. Buch

Minos und Miletus – Milet (439 ff.)

Der Kreterkönig Minos hatte einst das ganze Inselreich beherrscht. Jetzt ist er alt und schwach geworden. Er fürchtet einen Aufstand des Apollo-Sohnes Miletus.

Aber das Schicksal hat Miletus eine andere Aufgabe bestimmt: Er verlässt Kreta und gründet „auf Asiens Erde" die Stadt Milet. Dort zeugt er die Zwillinge Byblis und Caunus.

Metamorphosen, 2. Pentade   9. Buch

Byblis (454 ff.)

„Biblis ist ein Beispiel, dass Mädchen nur Erlaubtes lieben dürfen" (454 ff.): Sie wurde von Begierde zum eigenen Bruder Caunus erfasst – „nicht wie eine Schwester den Bruder lieben sollte."

Byblis ist eine weitere triebhafte Heroine. Zunächst ist sie sich ihrer Gefühle nicht bewusst, dann ihrer nicht sicher, dann steigert sich ihr Bedürfnis, den Bruder zu liebkosen und vor ihm schön zu erscheinen, schließlich „glüht sie von innerem Feuer (und) hasst den Namen des Blutes": Schwester.

Tagsüber verwünscht sie ihr „verworfenes Hoffen", nachts träumt sie vom Beischlaf mit dem Bruder, und nach dem Erwachen sehnt sie sich nach dem nächsten Traum in der viel zu kurzen Nacht. „Wollust durchschauert das innerste Mark".

Aus der Herkunft der Geschwister vom Großvater Apollo konstruiert sie, dass sich das Verwandtschaftsverhältnis durch eine Hochzeit verändern würde: als Apollos Enkelin würde sie nach einer Heirat mit seinem Enkel Caunus zur Schwiegerenkelin des Gottes. (Das Chaos dieser Konstruktion wird offenbar durch das Verhältnis der eventuellen Kinder zu ihren Vorfahren, die ihnen vieles zugleich wären).

Wahnhaft sucht sie ihre Leidenschaft zu begründen: da Träume von den Göttern kommen, müssen auch ihre heißen Träume Gewicht haben. Und auch Götter haben ihre Schwestern besessen (497): Saturn die Ops, Oceanus die Thetys, Jupiter die Juno. (Alle ihre Präzedenzfälle sind männliche Gottheiten; sie ist die einzige Frau.)

Metamorphosen, 2. Pentade   9. Buch

Byblis versucht, ihre Begierde moralisch zu begründen[158] und verlagert die Verantwortung auf ihren Bruder: falls er schon vor ihr von Leidenschaft ergriffen war, bräuchte sie nur „der Glut seines wilden Begehrens (*furor*) nachgeben" (512).

Das Wunschdenken nimmt phantastische Formen an: warum solle sie selbst „verlangen", wenn nach ihr „verlangt wird". Sie beschließt, einen anonymen Brief (βυβλοσ: byblos: Buch, Brief) an Caunus zu schreiben.

Die Abfassung des Briefes ist ein psychologisches Meisterwerk Ovids: 13 Verse lang (517 ff.) überlegt Byblis „seitlich aufgerichtet, gestützt auf den linken Arm", wie sie beginnen soll. (Es ist das bekannte Problem des *leeren Blattes/leere Leinwand*, wo der erste Satz oder Pinselstrich nicht gelingen will.) Dann beginnt sie einen 64 Verse langen Brief im Stil der Phädra aus den Heroinen-Briefen.[159] Zweideutig beschreibt sie ihre Scham, den eigenen Namen zu nennen. (Der Grund für die schriftliche Kommunikation ist gerade, dass Scham entfällt). Noch vor Byblis solle Caunus die Leidenschaft erfahren, unter der sie leidet. Sie magere ab, habe immer feuchte Augen und seufze ohne Grund.

---

158 Die Selbsttäuschung solcher „Entscheidungsfindung" ist von Euripides (um 450 v.Chr.) und Shakespeare (um 1600) entlarvt worden. *Medea* (Euripides) und Brutus in *Julius Caesar* (Shakespeare) sammeln und gewichten ihre Argumente so lange, bis sie das Ergebnis liefern, das bewusst oder unbewusst gewünscht wurde. Dadurch wird das theologische und ethische Gesetz „säkularisiert": Vernunft wird nur vorgeschützt; die Entscheidung basiert auf Wunschvorstellungen, Emotionen, Trieben.

159 *Phädra*: die Mutter (Gattin des Theseus) liebt ihren Stiefsohn Hippolytus; als er sie keusch zurückweist, klagt sie ihn beim Vater der Vergewaltigung an.

Alles habe sie versucht, die Glut zu bezwingen, aber ohne Erfolg. Nur er könne helfen. Was Recht und Unrecht ist, solle nicht von Greisen und von Gesetzen entschieden werden, sondern von ihrer Jugend. Alles sei den Menschen erlaubt – ebenso wie den Göttern. Mit dem letzten Tropfen Wachs beschreibt sie noch den Blattrand. Darauf „siegelt sie ihre Schmach mit einer Gemme"[160] (566: *signat sua crimina gemma*) – ihre Schande ist „besiegelt".

Ein Diener soll das Täfelchen zu Caunus bringen, aber bei der Übergabe fällt es zu Boden und bricht auseinander. Der Brief ist jetzt ihrer Macht „entfallen". Der Bote bestellt ihn.

Caunus liest das Täfelchen, schleudert es vor unbändigem Zorn über die Aufdringlichkeit der Unbekannten auf den Boden und verjagt den Boten.

Als Byblis die Reaktion ihres Bruders erfährt, wird sie zunächst von eisiger Kälte befallen, aber sofort auch wieder von heißem Wahnsinn (*furor*). Sie verwünscht ihre Entscheidung, Caunus mit dem anonymen Brief zu gewinnen.

Alle Vorteile der schriftlichen Kommunikation gegenüber der mündlichen schlagen um in ihr Gegenteil. Sie hätte selbst zu ihm reden sollen – mündlich kann man mehr sagen als in einem Brief; sie konnte die Arme um ihn schlingen, und wenn er sie abweist eine Ohnmacht vortäuschen; sie konnte vor ihm niederknien; und wenn alles einzeln nicht geholfen hätte, dann alles zusammen...

---

160 *Gemme*: ein aus Halbedel- oder Edelstein gefertigtes Siegel; später wurde es ein Schmuckstück.

„Sie kennt kein Maß, die Unselige", eilt zu Caunus und bekennt ihm Auge in Auge ihre Leidenschaft. Der Bruder flieht vor der rasenden Erregung der Schwester in die Fremde „und erbaut dort eine neue Stadt."[161]

Darauf – „so erzählt man" – zeigt Byblis offen ihre Leidenschaft und durchquert tobend wie eine bacchantische Mänade auf der Suche nach ihrem Bruder die fremden Länder. Schließlich sinkt sie ermattet nieder; in ihrer Tränenflut verwandelt sie sich zu einer Quelle, „die heute noch ihren Namen trägt". Sie ist sprichwörtlich „in ihren eigenen Tränen zerflossen" – ihre Liebesglut ist gelöscht.

Die Situation des Künstlers

Byblis präsentiert sich in 122 von 212 Versen in direkter Rede. Nach dem Scheitern des Briefes erkennt sie den Vorteil des lebendig Gesprochenen gegenüber der Endgültigkeit des Geschriebenen. Damit verkörpert sie eine existentielle Grundsituation des Künstlers: sobald er sein Werk beendet und der Öffentlichkeit übergeben hat, gehört es nicht mehr ihm. Sein Kunstwerk – Buch oder Drama, Lied oder Oper, Graphik oder Skulptur – ist Kritikern und Regisseuren, Interpreten, Lesern, Schullehrern und Sekundärliteraten auf alle Zeit hilflos ausgeliefert. –
Diese Erkenntnisse werden vermittelt von „Fräulein Buch" (Byblis).

---

[161] Caunus in Karien (antikes Land an der Südwestküste Kleinasiens; auf der Höhe von Rhodos und Kos).

Iphis (666 ff.)

Nach dem Skandal der Geschwisterliebe und dem Wunder der Tränenquelle kündigt Ovid eine noch größere Sensation an.

Das ermöglicht ihm, den Handlungsort von Kleinasien wieder zurück nach Kreta verlegen:
„Denn sicher hätte die Byblis-Geschichte auch alle kretischen Städte erschüttert", wäre nicht dort zur gleichen Zeit ein noch unglaublicheres Verwandlungswunder geschehen.

In Phaestos[162] lebte das unbescholtene kinderlose Ehepaar Ligdus und Telethusa. Als die Frau schwanger wurde, traf ihr Mann eine unselige Entscheidung: falls das Kind ein Mädchen würde, solle es – „ungern befehle ich es, verzeih, oh fromme Rücksicht" – getötet werden. „Denn das Los (der Frauen) ist schwerer (als das der Männer)", weil das Schicksal ihrem Geschlecht die Kraft versagt. (*vires*: „Kräfte"; *viri*: „Männer"). Außerdem könnte die Mitgift nicht bezahlt werden (675 ff.).

Als die Geburt nahe bevorstand, hatte Telethusa einen seltsamen Traum: „Des Inachus Tochter" Io, die von Juno in eine Kuh verwandelt wurde, und am Ende ihrer Flucht von Thessalien bis nach Ägypten von Juno als Isis vergöttlicht wurde (I, 568-750), erscheint ihr mit ihrem Kind Horus[163] und einem Festzug ägyptischer Gottheiten.

---

162 *Phaestos*: Auf Kreta neben Knossos der zweite Hauptort der minoischen Hochkultur im 2. Jahrtausend v.Chr.
163 *Horus*: „der seinen Mund mit dem Finger verschließt": im Alten Ägypten wurden Kinder mit dem Zeigefinger vor dem Mund dargestellt.

Metamorphosen, 2. Pentade   9. Buch

In dem eindrucksvollen Festzug befinden sich der heilige Apis-Stier, der Gott des Totenkultes Osiris, die Uräusschlange als Machtsymbol der Pharaonen, und andere hohe Gottheiten.

Die höchste Göttin Ägyptens befiehlt Telethusa, das Kind – „was es auch sei"[164] – aufzuziehen. In der Not werde die Göttin Hilfe bringen.

Natürlich wird ein Mädchen geboren, und die Mutter täuscht den Vater, es sei ein Junge. Der Vater nennt das Kind Iphis – die Mutter freut sich; denn nun hat sie nicht gelogen, weil der Name für beide Geschlechter gilt.

Iphis wird als Knabe erzogen und mit 13 Jahren der gleichaltrigen wunderschönen Ianthe verlobt. Beide lieben sich „mit gleicher Gewalt", aber während Ianthe den Tag der Hochzeit sehnlich erwartet, verzweifelt Iphis, weil sie die Liebe nie genießen können wird.

Der Gedanke daran „erhöht ihre Glut: ein Mädchen brennt für ein Mädchen".

---

164 *quidquid erit* („was es auch sein wird") erinnerte den gebildeten römischen Ovid-Leser an ein berühmtes Zitat: Als die Griechen ein hölzernes Pferd vor dem Stadttor von Troja aufstellten und den Abzug ihres Heeres vortäuschten, warnte der Priester Laokoon: *quidquid id est timeo Danaos et dona ferentes* („Was es auch sei, ich fürchte die Griechen, auch wenn sie Geschenke bringen.") Die Troer zogen das „Trojanische Pferd" in die Stadt, nachts kamen Soldaten aus dem hohlen Bauch und öffneten die Stadttore. Es wurde der Untergang eines Kulturkreises.
Mit dem allbekannten Zitat kündigt sich eine tragische Geschichte an.

Iphis kennt die Liebe nur aus der Natur – und unter allen Tieren „ergreift die Begierde nach dem Weibchen niemals das Weibchen". Selbst die größte aller erotischen Verirrungen in Kreta, die Liebe der Königin Pasiphae zu einem Stier und die Zeugung des Minotaurus, galt „immerhin als Weib einem männlichen Geschöpf. Und sie hat das Ziel ihre Hoffens erreicht" (736 ff.).

Fast 40 Verse lang (726-763) beklagt Iphis die Ungerechtigkeit der Natur.

Endlich am Tag vor der Hochzeit fleht Telethusa im Isistempel um Hilfe. Sie will nicht Strafe dafür erleiden, dass sie einen göttlichen Befehl befolgt hat. Plötzlich „scheint es, als habe die Göttin den Opfertisch bewegt – und sie hat ihn bewegt –", die Tempeltore erbeben und die Hörner der Götterstatue leuchten auf.

Unsicher, was die Zeichen der Gottheit bedeuten, verlässt Telethusa den Tempel und sieht Iphis, „mit größeren Schritten als gewohnt". Ihr Kind hat sich verändert. Alles ist großartiger geworden: das Gesicht nicht mehr blass wie bei einem Mädchen, der Blick geschärfter und die Haare kürzer, die „Kraft" (*vires*) ist nicht mehr die einer Frau, sondern die der Männer (*viri*).

Das Wunder ist geschehen: es hat sich eine Geschlechtermetamorphose vollzogen. Jetzt steht dem Glück der beiden nichts mehr im Wege. Iphis spendet der Göttin reiche Gaben und bringt im Tempel eine Votivtafel an: „Was er als Mädchen gelobt, hat Iphis erfüllt als Knabe."

Am folgenden Tag wird die Hochzeit gefeiert.

Metamorphosen, 2. Pentade　　　9. Buch

Anders als bei der Hochzeit von Tereus und Procne am Beginn der 2. Pentade (IV, 412 ff.) drohen keine bösen Vorzeichen.

Venus und Juno und der Hochzeitsgott Hymenaeus weihen „das Feuer" (*ignis*) des Bundes, „und der Knabe Iphis kann sich seiner Ianthe bemächtigen (*potitur*)".

Die Geschichte endet glücklich wie ein Märchen – aber am Schluss stehen die „Kräfte" (*vires*): der Mann (*vir*) „bemächtigt" sich der Frau.

(Man könnte wie bei Shakespeares Komödien darüber nachsinnen, wie die am Ende glücklich geschlossenen Ehen sich wohl darstellen würden, wenn nach 10 Jahren der Vorhang wieder aufginge).

Ende des 9. Buches

10. BUCH
von Orpheus und Euridice bis Venus und Adonis

Die *ORPHEIS* (Orpheus-Handlung)

Nach der THESEIS und der HERAKLEIS
folgt eine ORPHEIS

Mit dem Gesang des Orpheus bildet das 10. Buch (ab 143 ff.) den epilogartigen Abschluss der 2. Pentade. Es entspricht damit dem Musengesang am Ende der 1. Pentade und der Pythagoras-Rede am Ende der 3. Pentade.

Formal sind die Lieder des Orpheus mit verschachtelten Geschichten ebenso wie die Erzählung der Muse ein „kontinuierliches Gedicht". Als solches hatte Ovid im Prolog seine neue Dichtkunst vorgestellt (I, 4): *carmen perpetuum*: keine Sammlung einzelner mythologischer Geschichten, sondern alles integriert in ein „ununterbrochenes Lied" von der Weltschöpfung bis zu der Lebenszeit des Dichters.

Der Ortswechsel bei der Buchgrenze wird wieder dadurch überbrückt, dass jemand auf eine Reise geht:

o im 1./2. Buch Phaetons Reise zum Palast des Sonnengottes

o im 2./3. Buch Europas Ritt auf Jupiters Stier-Rücken von Phönikien nach Kreta

o im 6./7. Buch die Argonautenfahrt nach Kolchis

o im 9./10. Buch reist der Hochzeitsgott Hymenaeus von der Hochzeit von Iphis und Ianthe zur Hochzeit von Orpheus und Euridice.

Metamorphosen, 2. Pentade 10. Buch

Auch am Beginn dieser Pentade im 6. Buch hatte es eine Hochzeit gegeben: Tereus und Procne heirateten unter schlimmen Vorzeichen (VI, 424 ff.): Hymenaeus blieb fern; „Furien trugen die Fackeln … Furien streuten das Lager". In der Geschichte gab es eine Vergewaltigung mit herausgerissener Zunge, das eigene Kind wurde geschlachtet und dem Vater als Mahl vorgesetzt, Schwestern wurden in Vögel verwandelt.

Am Ende des 9. Buches war die Hochzeit von Iphis und Ianthe durch das Naturwunder einer Geschlechtermetamorphose möglich geworden. Die glücklich Vermählten sind 13 Jahre alt, und es endete lakonisch damit, dass „der Knabe sich seiner Ianthe bemächtigt".

Offenbar sind Hochzeiten nicht unbedingt gesicherte Höhepunkt des Glückes. Im Falle von Orpheus und Euridice ist dem Leser die Tragödie bekannt. Es kommt also am Ende der 2. Pentade im 10. Buch alles darauf an, wie Ovid die Hochzeit darstellt und was er damit zeigen will.

Metamorphosen, 2. Pentade   10. Buch

Hochzeit – Besuch der Unterwelt (1 ff.)

„Von Orpheus gerufen" eilt der Hochzeitsgott Hymenaeus von Iphis in Kreta nach Thrakien. Aber er bringt zur Hochzeit „keine festlichen Lieder und kein heiteres Gesicht". In 3 Versen sind Hochzeit und Unglück abgehandelt (8-10): die jungvermählte Euridice stirbt gleich nach dem Fest an einem Schlangenbiss.

Vergil hat den Orpheus-Mythos im 4. Buch seiner *Georgica* emotional und pathetisch beschrieben; bei **Ovid** klingt alles sachlich und empfindungslos, fast spielerisch und karikierend. Ein Vers geht in den anderen über: Die Braut wurde „vom Biss der Viper tödlich getroffen (10). Und nachdem sie der Sänger genügend beklagt hatte (11)" beschließt er, sie von den Unterweltgöttern freizubitten.

Orpheus wirkt wie ein eiliger Unterwelttourist, wenn er innerhalb von eineinhalb Versen „durch die Völker der Schatten schreitet" und vor den Thron der Persephone tritt.

  Seine Rede vor der Göttin ist ein vorwurfsvolles, teilweise juristisch formuliertes Plädoyer: Er sei schließlich nicht ins Totenreich hinabgestiegen, um sich Medusa und andere Scheußlichkeiten anzuschauen. „Grund meiner Fahrt ist die Frau."

  Die Unterwelt müsse sie ihm ja nicht „schenken", sondern nur für ihre Lebenszeit „ausleihen". *munus* (Geschenk) und *usus* (Gebrauch, Nutzen) sind juristische Fachausdrücke. Orpheus fordert seine Gattin zum „Nießbrauch". Am Ende droht er noch mit Selbstmord, falls die Tote nicht freigegeben wird.

Metamorphosen, 2. Pentade   10. Buch

Seltsamerweise sind nach dieser wunderlichen Rede alle in der Unterwelt zu Tränen gerührt.

Die Erklärung ist: es war gar keine Rede; Orpheus hat gesungen. Seine „Rede" begann mit dem Hinweis „er schlug zum Lied die Leier" (16), und am Ende heißt es: „während er so zu den Worten die Saiten rührte" (40). Nicht Worte und Argumente rühren die Seelen der Totenwelt zu Mitleid; es ist die Musik.

Hierin liegt der Unterschied zu Vergil, der den bekannten Mythos beschreibt, während Ovid einen Gesang erfindet, der die ganze Unterwelt zu Tränen rührt.

Ovid nutzt den Schock des Lesers auf den absonderlichen Inhalt der „Rede", um das Wunder der Musik erlebbar zu machen. „Die bleichen Seelen weinten". Tantalus reckt sich nicht mehr nach Speise und Trank, Ixions Rad steht still,[165] selbst die Geier hacken nicht mehr in die Leber des Tityus,[166] Sisyphus hört auf, seinen Stein zu wälzen, und – ein seltsamer Anblick – er ruht sich auf ihm aus. Zum ersten Mal (*so sagt man*) vergießen die Rachegöttinnen Tränen.

Musik hat die Unterwelt erschüttert. Euridice wird herbei gerufen, („Sie war noch gehemmt von der Wunde"), und Orpheus erhält seine Gattin zurück unter der Bedingung, dass er sich nicht nach ihr umdreht, ehe er die Oberwelt mit ihr erreicht hat.

---

165 *Ixaion*: weil er Juno nachstellte, wurde er in der Unterwelt an ein ewig drehendes Rad geschmiedet.
166 *Tityus*: weil er Leto nachstellte, hacken zwei Geier ewig in seiner Leber, die ständig nachwächst.

Zweiter Verlust Euridices (11 ff.)

Schweigend schreiten die beiden Gatten hintereinander durch die Düsternis nach oben.

Als sie die lebendige Welt schon fast erreicht haben, fürchtet Orpheus, Euridice könne ermüden, und sieht sich nach ihr um. Im gleichen Augenblick entschwindet sie. Er will sie festhalten, aber er fasst ins Leere.

Der Dichter kommentiert, Euridice klage nicht über ihr Schicksal, denn es habe sich durch eine zu große Liebe ihres Mannes erfüllt.

Das ist eine Umdeutung des in der Literatur häufigen Bildes, dass der Held direkt vor dem Ziel schwach wird, weil er noch nicht reif ist für den letzten Schritt.[167] Für Ovid war das nicht wichtig; es hätte die Funktion des Orpheus als Epilogsänger der 2. Pentade verfälscht und ihm eine zu starke Rolle als Handlungsträger gegeben. Denn wie in der *Theseis* (VII, 404 bis IX, 97) und *Herculeis* (IX, 98-438) bildet auch der Held der *Orpheis* nur den Rahmen. Schon nach 70 Versen ist die eigentliche Geschichte von Orpheus und Euridice fertig erzählt. Danach trauert Orpheus „volle 7 Tage" (73) um die Verstorbene (bei Vergil 7 Monate).

---

[167] *Odyssee* (10. Gesang): König Aiolos sperrt die für Odysseus feindlichen Winde in Schläuche und lässt nur den einen wehen, der ihn nach Hause führt; als der Verirrte schon den Rauch auf Ithaka aufsteigen sieht, wird er schwach und schläft ein; seine Gefährten öffnen die geheimnisvollen Schläuche und sie werden wieder aufs Meer verschlagen. *Odyssee* (12. Gesang): Auf der Insel Trinakia betet Odysseus zu Zeus um Kraft, die Gefährten vom Schlachten der heiligen Rinder abzuhalten; er schläft aus Schwäche ein und der Frevel findet statt.

Metamorphosen, 2. Pentade 10. Buch

Orpheus wendet sich von Frauen ab (78 ff.)
Orpheus hat das Interesse an Frauen verloren und lehrt die Menschen in Thrakien die Knabenliebe.
Auf einem Hügel will er seine Lieder singen, aber er findet keinen Schatten. Sogleich schweben Bäume heran und schützen ihn vor der Sonne. Eichen, Buchen, Linden, Lorbeer ... ein ganzer Bäumekatalog wird aufgelistet (von Myrten bis zum Schneeball und vom Erdbeerbaum bis zu Palmen), an dessen Ende natürlich eine Metamorphose steht: die Zypresse ist der verwandelte Cyparissus, ein Liebling der phrygischen Göttermutter (*mater deum*) Cybele.

Apollo und Cyparissus (106 ff.)
Cyparissus war ein schöner Jüngling, dem Apollon die Pflege seines heiligen Hirsches anvertraut hatte. Das wunderbare Tier war mit einer Halskette aus Edelsteinen und einem silbernen Amulett auf der Stirne geschmückt. Vertrauensvoll trug es Cyparissus auf seinem Rücken und lagerte sich bei Menschen.
„Mittag war und die Hitze groß." Es kündigt sich ein *locus amoenus* an; bei Ovid bedeutet es immer Gefahr. Der Hirsch legte sich im Baumschatten zur Ruhe nieder, und der jugendliche Jäger Cyparissus tötete ihn ahnungslos mit einem Speerwurf.
Der Knabe war untröstlich und erbat vom Gott das Geschenk, ewig trauern zu dürfen. Sogleich begann eine Verwandlung mit ihm: seine Blässe wandelte sich in Grün, Kopf und Haare formten sich zu einem spitzen Wipfel – er wurde zu der (nach ihm benannten) immergrünen Zypresse.

Metamorphosen, 2. Pentade   10. Buch

Die Lieder des Orpheus (143 ff.)

Den ganzen Rest (über 650 Verse) des Buches, das die 2. Pentade abschließt, nimmt der Gesang des Orpheus ein.

Da Orpheus der Sohn der Muse Calliope ist, sind die „Abgesänge" der beiden Pentaden dramaturgisch miteinander verknüpft; und zwar als Generationengeschichte: der Epilogsänger der 2. Pentade (heroische Epoche) ist eine Generation jünger als die Epilogsängerin der 1. Pentade (Weltentstehung und Göttergeschichten).

Der Hymnus wird durch einen Musenanruf eingeleitet. (Den Schlussteil der 1. Pentade sang die Muse Calliope selbst).

Die wandelnden Bäume haben um Orpheus einen Wald gebildet und die Tiere des Waldes versammeln sich um ihn, um seinen Liedern zu lauschen.

Sein Vortrag beginnt mit dem Wechsel vom Heldengedicht zur „Kleinpoesie": In früheren Liedern habe er Heroisches besungen, wie den Aufstand der hundertarmigen Giganten, die den Himmel stürmen wollten und von Jupiters Blitz erschlagen wurden. Es waren wahrlich große Geschichten des Heldengesangs. Künftig will sich der Sänger menschlichen Themen zuwenden: den Schicksalen göttergeliebter Knaben und „rasend verbotenem Feuer" verfallener Mädchen.

Die Geschichten sind der Abgesang der 2. Pentade (Heroen) und Übergang zur 3. Pentade, die *ad mea tempora* – in die historische Zeit Ovids führen soll.

Ganymed und Jupiter (155 ff.)

In drei Beispielen werden göttergeliebte Knaben besungen: zu Beginn Ganymed und Hyacinthus, am Ende Adonis; dazwischen wird von bösen Leidenschaften berichtet.

Die Geschichte des ersten Knaben ist in 7 Versen nur angedeutet. Jupiter entbrannte in Liebe zu dem wunderschönen Sohn von Trojas König Tros.[168] In Gestalt eines Adlers raubte er den Jungen und machte ihn zum Mundschenk der Göttertafel.

Dieser Mythos von Ganymed und Jupiter (Zeus) war einer der populärsten in der Antike; deshalb ist er Ovid nicht umfänglicher berichtenswert.

---

168 *Tros*: Drei Generationen vor Priamos, dem König des Trojanischen Krieges um 1100 v.Chr.

Metamorphosen, 2. Pentade 10. Buch

Hyacinthus und Apollo (162 ff.)

Der Gott und Hyacinthus traten „von Kleidern befreit und vom Saft der Olive glänzend" zum sportlichen Wettkampf an. Genau zwischen Mitternacht und Mitternacht stand die Sonne: senkrecht am Mittag – die Zeit für unglückliche Ereignisse.

Apollo schleuderte seinen Diskus hoch über die Wolken. Als er herabfiel, prallte er vom Boden wie ein Geschoss zurück und schlug dem Knaben eine Wunde, die selbst der Gott nicht heilen konnte.

In einem rührenden Bild wird das Sterben beschrieben: „wie wenn" jemand Mohn oder Lilien im Garten pflückt, und die Blumen können den Kopf nicht mehr halten, ihre Blütenblätter neigen sich zur Erde, „so hang sterbend sein Antlitz, den Nacken verlässt seine Kraft, und selbst sich zur Last, das Haupt, es sinkt herab auf die Schulter." Der Gott bedauert seine eigene Unsterblichkeit, die ihn hindert, mit dem Geliebten zu sterben. In unendlicher Trauer wandelt er aus den Blutstropfen eine Blume: die Hyazinthe, auf deren Blütenblätter er seine „Ai-Ai"-Seufzer schreibt. *„Einst wird kommen der Tag"*, wo der tapferste aller Helden sich in diese Blume verwandeln wird.[169]

---

[169] Die Seufzer „Ai Ai" können auf *Ajas* hinweisen, der als kraftvollster Kämpfer vor Troja galt. Es kann auch den griechischen Anfangslaut von „*Yakinthos*" meinen.
Die Prophezeiungs-Formel bedeutet eine Auszeichnung: sie zitiert Hektors Vorhersage von Trojas Untergang: *Einst wird kommen der Tag, wo die heilige Feste Troja in Schutt sinkt.* (Ilias, VI, 448). Auch die Formel *„wie wenn"* und das Bild vom sterbenden Kämpfer, dessen Haupt wie ein zu schwerer Mohn sich neigt, entstammen der *Ilias*, ebenso zitiert die DU-Ansprache zu Beginn (167) die *Ilias* (XVI, 787 u.a.)

Cerasten und Propoetiden (217 ff.)

Der Schauplatz der Orpheus-Gesänge wechselt: "Sparta schämt sich nicht, Hyacinthus geboren zu haben. Aber Amathus", die Stadt in Zypern, schämt sich der Propoetiden (Töchter des Propoetus) und der Cerasten. Vor den Toren der Stadt stand ein Altar, an dem das Geschlecht der Cerasten statt Opfertieren fremde Besucher opferte.

Venus, die Schutzgöttin der Insel, strafte die Mörder: ihrem Namen gemäß wurden die Cerasten ("die Gehörnten") in Stiere verwandelt.

Orpheus verrät nicht, ob die Tiere am gleichen Altar den Göttern geopfert werden, wo sie an den Gastfreunden frevelten. Die grausame *Pointe* bleibt dem Leser überlassen, und sie erklärt, warum Venus diese Metamorphose als schlimmste aller Strafen versteht; (schließlich gab es auch Verwandlungen, die vor Gewalttaten retteten oder bis zur Erhöhung in Sternbilder führten): die Cerasten sterben nicht als Menschen, sondern als Opfertiere.

Nahtlos schließen sich die Töchter des Propoetus an. Der Name ist im Mythos unbekannt; offenbar sollen die Frauen namenlos bleiben. Sie haben die Göttlichkeit der Venus geleugnet und wurden von der Göttin mit einer Perversion der Liebesfähigkeit bestraft (auch dies eine Metamorphose): Sie wurden die ersten Prostituierten. Nachdem sie alle Scham verloren hatten, (woran die von der Göttin bewirkte Metamorphose nicht unschuldig ist), wurden sie in Steine verwandelt, denn ihre Liebesfähigkeit war gefühllos, anonym, hart und kalt geworden – wie Stein.

Metamorphosen, 2. Pentade   10. Buch

Pygmalion (243 ff.)

Die Strafe der Propoeteus-Töchter berührt seltsam: Venus verwandelte sie in die Prostituierte (*die als erste den Reiz ihrer Leiber verkaufen*), und nicht genug damit: weil sie über ihr Tun nicht erröten (*kein Blut ihre Wangen mehr rötet*), werden sie ein zweites Mal verwandelt: „zu kalten Steinen. *Weil er gesehen hatte, wie diese ihr Leben in Unzucht verbringen, und weil er davon abgestoßen wurde... lebte Pygmalion ohne Frau.*"

Wie so oft ist eine Geschichte schockartig in eine andere übergegangen. Man glaubt sich noch in der alten Geschichte, denn gerade werden die Frauen in Steine verwandelt, da entrüstet sich jemand über ihr Treiben (vor der Verwandlung). Erst nach 3 Versen wird bekannt, wer dieser Jemand ist: ein Mann namens Pygmalion, der die Prostituierten „gesehen" (wohl: kennen gelernt) hat, und sich jetzt – wie der Lieder-Sänger vorher selbst (79-81) – von den Frauen abwendet.

Dieser Pygmalion, der das Geschlecht der Frauen aus moralischer Entrüstung ablehnt, will sich eine eigene Geliebte erschaffen; denn er ist Bildhauer. Der Künstler schnitzt sich eine weiße Elfenbeinstatue, die so lebensecht ist, dass er „von Liebe zum eigenen Werke ergriffen" wird. (Man wünscht es den Künstlern ...)

Wieder sagt Orpheus „*Du*"; aber diesmal spricht er den Zuhörer an: „*Du glaubst, sie lebe, und könne sich regen, wenn die Scham es nicht ihr verböte.*" Aus Stein wurde Elfenbein – aus Unzucht wurde Scham.

Pygmalion glüht für die ideale Frau, die er sich erschaffen hat.

Er berührt sie, als sei das Elfenbein Fleisch, er gibt ihr Küsse und glaubt diese erwidert, er spricht mit der Statue, umarmt sie, fürchtet, seine Finger könnten sie verletzen. Das *harte (dura)* Elfenbein ersetzt seinem Schöpfer eine lebendige Frau.

Zum Glück hat er Ovid gelesen und befolgt den Rat, den der Dichter in den *Amores* und *Ars amatoria* dem Liebhaber gibt, um seine „*dura puella*" (das *harte*, abweisende Mädchen) zu gewinnen. Er sagt der *dura* Statue Schmeicheleien, bringt Geschenke, „wie die Mädchen sie lieben: Muscheln (*conchas*) und kleine Vögelchen (*parvas volucras*)", die schönsten Blumen, bunte Bälle. Er schmückt sie mit Halsketten und Ohrringen aus Perlen, steckt ihr einen (Verlobungs-?)Ring an den Finger, hüllt sie in prachtvolle Kleider. „Doch war sie auch nackt nicht weniger schön." Nachts legt er das Elfenbeingeschöpf neben sich ins Bett und „stützt ihren Kopf mit weichen flaumigen Kissen".

Am Festtag der Venus betet er zur Göttin der Schönheit und der Liebe: Da die Götter doch alles erfüllen können, „so sei meine Gattin – ‚die Elfenbeinjungfrau' wagte er nicht zu sagen – meiner elfenbeineren ähnlich".

Zu Hause wirft er sich auf die Statue, umarmt und küsst sie, und erlebt ein Wunder: der harte Stoff erwärmt sich. „Er betastet die Brust mit der Hand, da wird das betastete Elfenbein weich." Die Adern beginnen zu pulsieren, und wie man Wachs in der Sonne in jede gewünschte Form kneten kann, so erweckt der Künstler die Statue zu einer Frau. „Die Jungfrau fühlt die Küsse, errötet, öffnet die Augen, und sieht über sich den Himmel und den liebenden Jüngling." –

Orpheus scheint die Metamorphose eines Kunstwerks zu besingen. Aber Pygmalions Bitte an Venus macht hellhörig: er bittet nicht darum, die Statue zum Leben zu erwecken, sondern umgekehrt: die Göttin soll ihm die ideale Geliebte bescheren, wie er sie sich selbst „geschnitzt" hat.[170]

Der Schöpfer ist von der Liebe zum eigenen Werk „ergriffen" (249): *concepit* („Empfängnis") ist dafür ein sehr starker Ausdruck.[171] Pygmalion hat die ideale Geliebte selbst „empfangen" und die Göttin soll ihm helfen, sie zu gebären. Sie erhält keinen Namen; sie ist der Wunschtraum des Liebhabers.

Aus der Geschichte um Pygmalion und die Traumfrau aus Elfenbein stammt einer der berühmtesten Verse Ovids: „Die Kunst ist verborgen durch ihre eigene Kunst" (252: *ars adeo latet arte sua*): Die Kunst zeigt – „verdeckt durch die Kunst" – die Menschen so, wie sie wirklich sind.[172]

Pygmalions Verhalten bedeutet die praktische Anwendung der guten Ratschläge aus der *Ars amatoria*: Der Liebhaber soll keine besonders kostbaren Geschenke machen; etwa nur *parva volucres* („kleine Vögelchen") und *conchas* (Muschelchen). Aber gerade da offenbart sich (verdeckt) die Einstellung des Mannes zur Frau, denn *Muschelchen* und *Vögelchen* sind verräterisch:

---

170 Der Feminismus hat „*womanufacture*" erfunden: der Mann *fabriziert* sich die *Frau* seiner Wünsche.
My fair Lady von G.B. Shaw.
171 „*conceptus*" wird in der folgenden Myrrha-Geschichte (503) das vom eigenen Vater „übel *empfangene* Kind" genannt.
172 Goethe an Schiller (5. Mai 1789): „… damit die Idee wie durch einen Flor durchscheint."

Seit Catulls Liebesgedicht an seine Geliebte Lesbia, zu der sein *passer* („Spatz") fliegen soll, ist dieses „Vögelchen" so doppeldeutig auf den Mann bezogen wie die *concha* („Muschel") auf die Frau; die beiden Begriffe sind sinnbildlich für das eigentliche Ziel der Werbung: nicht *amor* – sondern *concha* und *volucres*.

Höhepunkt der Geschichte ist die Szene der Erweckung:
Die ideale Frau schlägt die Augen auf, sieht über sich den Geliebten und über diesem nur noch den Himmel. Sie entspricht der Wunschvorstellung des Mannes. Unter seinen Händen ist sie „weich" und formbar geworden „wie Wachs".

Myrrha (298 ff.)

Pygmalion gab seiner Elfenbeinfrau keinen Namen. Sie heißt nur „Jene" (297) und diese Namenlose gebar nach neun Monaten die Tochter Paphos, nach der eine Stadt auf Zypern benannt wurde.

Paphos gebar den Cinyras, „den man hätte glücklich preisen können, wenn er kinderlos geblieben wäre" – eine schreckenerregende Ankündigung von Orpheus. Cinyras hatte nämlich eine Tochter Myrrha. „Grauenvoll ist, was ich nun singe. Bleibt fern ihr Töchter und Väter."

Myrrha ist also die Urenkelin von Pygmalion und der Elfenbeinfrau. Nach ihrer Großmutter Paphos ist eine Stadt benannt, in der es in der Antike einen Aphrodite-Kult gab.[173] Und ihre Geschichte ist so schauderhaft, dass Orpheus sie kaum zu erzählen getraut. (*Bleibt fern ihr Töchter und Väter!*)

Vierzehn Verse lang beklagt Orpheus entsetzt die Verirrung der Natur, ehe der Hörer erfährt, um welche Verirrung es überhaupt geht:
„Ein Verbrechen ist es, den Vater zu *hassen*. Aber ihn *SO zu lieben*, ist schlimmer als Hass."

Cupido hat es entrüstet von sich gewiesen, Myrrha mit einem Liebespfeil getroffen zu haben; ihre Leidenschaft wurde erregt, weil sie vom „Viperngezücht" der Furien behaucht wurde.

---

[173] *Paphos auf Zypern*: hier ging Aphrodite nach ihrer Geburt als *Schaumgeborene* aus dem Meer an Land. Und hier wurde sie in der Antike verehrt.
In Goethes *Faust II* schickt Aphrodite ihre „Tauben von Paphos" zum Meeresfeste (II, 2. Akt Klassische Walpurgisnacht, 8.339 ff.); sie sind Fruchtbarkeits-Symbole.

Der Inzest der Tochter mit dem Vater ist eine der längsten Verwandlungsgeschichten (über 200 Verse). Sie wird anders erzählt als die Geschwisterliebe der Byblis: dort spielte fast alles in wörtlicher Rede; man schaute Byblis in die Seele. Bei Myrrha tritt wörtliche Rede zurück hinter der berichteten Handlung, die aber so detailliert und spannend abläuft, dass sie trotz der von Orpheus angekündigten Abscheulichkeit fasziniert.

Myrrha wehrt sich gegen die „hässliche" Liebe zu ihrem Vater – „wenn" es denn überhaupt ein Verbrechen ist. In Wirklichkeit sucht sie nur nach Argumenten, um ihre Leidenschaft zu rechtfertigen. Rinder und Ziegen und Vögel beachten keine Verwandtschaft in der Sexualität. Dies ist nur eine „gehässige Satzung der Menschen", wider die Natur, also widernatürlich.

Als der Vater ihr einen Bräutigam bestimmen will, versucht sie verzweifelt sich zu erhängen. Im letzten Moment kann die Amme sie retten und erfährt das Geheimnis. Sie überredet Myrrha zu einer Täuschung: als ihre Mutter einige Tage abwesend ist, berichtet die Amme dem Vater, dass ein junges Mädchen sich glühend nach ihm sehne, und der einer Affäre zugängliche Cinyras empfängt im nachtdunklen Zimmer unwissend die eigene Tochter. „Schwanger vom Vater verlässt sie die Kammer, trägt im verfluchten Schoß den unseligen Samen."

Die Besuche wiederholen sich.

Eines Nachts ist Cinyras begierig, die Geliebte zu sehen. Er entzündet ein Licht und erkennt Myrrha. Voller Scham „entriss er das Schwert der Scheide", um die Tochter zu töten.

Metamorphosen, 2. Pentade   10. Buch

Myrrha kann fliehen, und wie Byblis auf der Suche nach dem Bruder durchstreift sie auf der Flucht vor dem Vater viele Länder, bis sie nach 9 Monaten entkräftet niedersinkt. „Irgendein Gott" ist ihr gnädig: in 12 Versen wandelt sich ihre Gestalt in einen Baum. Ihre Tränen quellen in warmen Tropfen aus der Rinde; „sie genießen Ehre und wahren ihren Namen".[174]

Das von Orpheus mit enormem Aufwand angekündigte Verruchte und Perverse der Geschichte wird durch die spannend erzählte dramatische Handlung kaum wahrgenommen. Der Leser fühlt sich angesprochen und durchschaut gar nicht, wer die Zuhörer von Orpheus sind: Zuhörer der Inzest-Geschichte sind Vögel und Tiere (143 ff.), die nur Inzest betreiben.

Also war der ganze „Theaterdonner" (*Bleibt fern ihr Töchter und Väter ...*) umsonst. Das Auditorium des Orpheus wird seine Aufregung nicht verstehen. Wieder einmal treibt Ovid sein Spiel mit den Lesern, die sich über Skandalgeschichten erregen.

Vergil hat den Myrrha-Mythos in seiner *Georgica* erzählt, und **Ovid** zitiert im gleichen Vers (475) des gleichen (10.) Buches wörtlich, dass der Vater sein „Schwert" aus der „Scheide" zieht. Solche Zahlenspielereien waren sehr beliebt.[175] Aber Ovid versteht *Schwert* und *Scheide* anders als Vergil.

---

174 Myrrhe hat einen bitteren Geschmack. Im Altertum war sie als Bestandteil von Parfümen und als Weihrauch beliebt.
175 Pompeji, Wandinschrift: „*Ich liebe die, deren Zahl 545 ist.*"
Apokalypse XIII, 11-18: "Wer Verstand hat, berechne die Zahl des Tieres. ... Seine Zahl ist sechshundertsechsundsechzig."
Dante, *Divina Commedia* (*Purgatorio*, 33, 40 ff.) „*Die Zeit ist nahe... (Der Retter) ist ein Fünfhundertfünfzehn.*"

Metamorphosen, 2. Pentade   10. Buch

Es ist kaum aufgefallen, dass es der 9. Monat war, in dem Myrrha in einen Baum verwandelt wurde, aus dem der Myrrhensaft fließt. „Das übelempfangene Kind" muss erst noch geboren werden.

Inmitten des Baumstammes schwillt der schwangere Leib gewaltig schmerzhaft an. „Den Wehen fehlen die Worte" – nicht verwunderlich: Myrrha kann ja nicht mehr sprechen. Die Rinde bekommt Risse und schließlich platzt der Baumstamm auf und ein Knabe wird geboren. Nymphen betten das Kind in Kräutern und salben es mit den Tränen der Mutter: mit Weihrauch.

Der Knabe ist unbeschreiblich schön. Orpheus vergleicht ihn mit Liebesgöttern, die nackt auf Bildern gemalt sind: die Putten.

Dieses Kind ist der Übergang zu der nächsten Geschichte, wo im Orpheuslied wieder *perpetuum* verschachtelt erzählt wird.

Metamorphosen, 2. Pentade — 10. Buch

Venus und Adonis (519 ff.)

Nach den Geschichten der göttergeliebten Ganymed und Hyacinthus wurden unterschiedliche Verirrungen der Liebe eingeschoben. Der Rahmen des Orpheusgesangs schließt sich mit der dritten Geschichte eines Götterlieblings: dem aus dem Myrrhenbaum geborenen Adonis; er ist „der Sohn seiner Schwester" (520), denn beider Vater ist Cinyras.

„Nichts ist schneller als die Jahre" (*nihil es annis velocius*) – *neulich* wurde er geboren, *eben noch* war er das schönste der Kinder, *schon* ist er ein Jüngling, *schon* ein Mann, und *schon* von Venus geliebt.

„An Schönheit übertrifft er sich selbst."[176] Sogar die Göttin der Schönheit ist hingerissen. „Adonis gilt ihr mehr als der Himmel". Sie steigt von ihrem Göttersockel herab, um nur noch mit dem schönen jungen Mann durch die Wälder zu streifen und zu jagen. (Aus der 1. Pentade ist bekannt, dass Streifen und Jagen immer böse ausgeht). Venus jagt nur Kleintiere. Von Bären, Ebern und Wölfen hält sie sich fern. Leidenschaftlich mahnt sie Adonis, nur tapfer zu sein, wo der andere flüchtet, aber vor Mutigen sich in Sicherheit zu bringen.

Um dem Geliebten die Ursache ihrer Angst zu erklären, sucht sie einen lauschigen Platz, und es entsteht ein Gemälde aus dem Museum: die Göttin lagert den schönen Knaben im Schatten einer Pappel, legt ihren Kopf in seinen Schoß, und erzählt ihm, während sie sich immer wieder selbst mit Küssen unterbricht eine Geschichte.

---

176 In Bildhaftigkeit übertragener Unbeschreiblichkeitstopos. ER kann SICH nicht übertreffen, sonst ist er nicht mehr ER.

Hippomenes und Atalanta (560 ff.)

Venus erzählt: Die schöne Atalanta hatte das Orakel befragt, und der Gott prophezeite: „Fliehe die Ehe, sonst wirst du dich Selbst (*te ipsa*) verlieren."

Erschrocken verscheuchte sie ihre zahlreichen Freier mit einer lebensbedrohlichen Bedingung: Nur wer sie im Wettlauf besiege, dürfe sie heiraten; wer verliere, müsse sterben. Da sie als die schnellste Läuferin im Lande galt, durfte sie erwarten, dass ihre Bedingung von keinem Freier jemals erfüllt werden kann.

Aber Atalantas Schönheit war so betörend, dass viele Männer trotzdem den Einsatz wagten. Alle verloren den Lauf und ihr Leben.

Bei einem solchen Wettkampf gegen mehrere Brautwerber war auch Hippomenes unter den Zuschauern. Als Atalanta ihre Kleidung ablegte, um wie die Männer nackt zu rennen, wurde er von ihrer Schönheit überwältigt.

Hippomenes war so hingerissen, dass ihm seine Phantasie phantastische Bilder vorspiegelte. Er sah den Luftstrom hinter Atalantas eilenden Fußsohlen, das flatternde Haar über dem Elfenbeinrücken[177] und den marmornen Leib, der von Purpur überströmt wurde ... Hippomenes war wie von Sinnen.

Sobald Atalanta bekränzt und die Verlierer zum Sterben weggebracht waren, stellte er sich selbst als Bewerber vor. Atalanta war von seiner Erscheinung beeindruckt und wusste nicht, ob sie sich Sieg oder Niederlage wünschen sollte.

---

177 *Elfenbeinrücken*: der aufmerksame Leser hat Pygmalion nicht vergessen; Hippomenes sieht ein Wunschbild.

Nicht die Schönheit des Werbers reizte sie, sondern seine (von ihr wieso auch immer vermutete) keusche Unschuld.

Hippomenes sah im sportlichen Wettbewerb für sich keine Chance. „Da rief er mich (die Erzählerin Venus) um Hilfe an." Sie sei es ja, welche die Liebe entzünde; dann solle sie diese auch befriedigen.

„Ich war, ich gestehe es, gerührt." Venus gab dem Flehenden drei goldene Äpfel: die solle er während des Laufes beiseite werfen; dann werde die Frau eher dem Gold als dem Mann nachlaufen.

Dreimal überholte ihn Atalanta, dreimal warf er einen Apfel – und er siegte.[178] Im Rausch des Entzückens über den Gewinn der schönen Braut vergaß Hippomenes, der Göttin zu danken, und die beleidigte Venus suchte nach einer Gelegenheit zur Bestrafung.

Auf einer Wanderung rastete das Paar bei einem Tempel der phrygischen Göttermutter Cybele und wurden plötzlich von sexueller Begierde überfallen. (Zuhörer Adonis erfährt nicht, ob die Begierde von der dafür zuständigen Göttin erregt wurde).

Das hoch erregte Paar eilte in den Tempel, und in einem dunklen Gang, wo die Priester Götterbilder gelagert hatten, „schändeten sie durch Unzucht die heilige Stätte." (Die Bilder wandten den Blick zur Seite).

Zur Strafe verwandelte Venus die beiden Sünder in Löwen und nun müssen sie ewig den Wagen der Cybele ziehen.

Warum erzählt die Göttin Adonis diese Geschichte?

---

[178] Gerade noch schätzte Atalanta innere Werte (Unschuld) höher als Schönheit – aber noch wichtiger ist Gold.

Venus nennt die Verwandlungsgeschichte als den Grund dafür, dass sie alle Löwen hasst.

Aber die Logik, die in der Erzählung steckt, ist seltsam. Ganz offenbar geht es gar nicht um die Gefährlichkeit der Löwen; auch Eber und Bären meidet die Göttin. Sie will den Geliebten, in dessen Schoß sie den Kopf gelegt hat im romantischen Pappelbaumschatten, wohl verschlüsselt warnen: wenn er sie verlässt und eine irdische Frau heiratet, wird er „sich Selbst" (*te ipse*) verlieren. Das verwandelte Menschenpaar am Wagen der Cybele soll die Warnung sein.

Das Ende des Adonis

Nach der mahnenden Geschichte verlässt Venus den Geliebten mit ihrem Schwanengespann durch die Lüfte.

Ohne die Göttin ist Adonis ganz Mensch. Seine Hunde entdecken einen Eber und das Jagdfieber packt „des Cinyras Sohn". (In der Anrede klingt die Blutschande seiner Zeugung). Er stößt dem Tier seine Lanze in den Leib; aber die Kraft eines Adonis genügt nicht, einen Eber zu töten. Mit der Schnauze wischt das Tier den lästigen Speer weg und stößt Adonis seine Hauer in die Weichen. Tödlich verletzt bricht er zusammen. „In Äthers Höhen" vernimmt Venus das Stöhnen des Sterbenden. Sie eilt herab und findet den schönen Knaben in einem Blutbad. Um auf ewig an ihn zu erinnern, verwandelt sie ihn in eine Blume. Sie besprengt das Blut des „tapferen Sohnes des Cinyras" mit Nektar, das Blut schäumt auf, und „in kaum einer vollen Stunde ... entstand eine Blüte, wie der Granatbaum sie trägt. ...Doch kurz nur erfreut man sich ihrer: locker haftend und allzu leicht zum Fallen geneigt, wird bald vom Wind, der den Namen ihr gibt, ihre Blüte verweht."

Es kann die Anemone sein (das Windröschen; häufigste Sorte das Buschwindröschen). Im Namen liegt das griechische ανεμοσ (anemos: der Wind). Zur gleichen Familie gehört das blutrot oder gelb blühende *Adonisröschen*. Wenn der Nektar der Venus das Blut aufschäumt, heißt es: „wie aus dem gelblichen Schlamm sich die lichten Blasen erheben". Es ist jedenfalls eine sehr zarte und vergängliche Blüte. Im Frühjahr sind die Wiesen in Griechenland mit mohnroten Anemonen bedeckt. Sie blühen nicht lange.

Metamorphosen, 2. Pentade   10. Buch

„Gestaltung, Umgestaltung"[179]

Am Ende der 2. Pentade steht eine Verwandlung, die das Grundthema der Metamorphose in mehreren Bildern umsetzt: Nichts ist beständig; alles ist der Wandlung unterworfen. Die Mutter von Adonis wird in einen Baum verwandelt, ihre Tränen in Myrrhen, das Kind wird aus dem Baumstamm geboren, das Glück von Venus und Adonis wandelt sich in den Tod; Adonis wird eine Blume, die blüht und vergeht und sich wieder erneuert, um wieder zu vergehen ...

Ovid bereitet hier das Vergänglichkeits-Thema vor, weil er es am Ende des Werkes in dieser Deutlichkeit nicht mehr wagen darf. Es war ein Dogma im Rom des Augustus, dass Größe und Macht des Römischen Reiches unvergänglich sind.[180] Der Senat von Rom hatte Caesar vergöttlicht. Auch sein Nachfolger Augustus wird *Divus*: der Göttliche, Unsterbliche. Ovid wird am Ende der *Metamorphosen* die Vergänglichkeit alles Bestehenden – auch der Römischen Weltherrschaft – in mehreren Geschichten und Bildern nur versteckt andeuten. Offenbar wurde er dennoch in Rom verstanden: er starb im Exil.

Ende des 10. Buches

Ende der 2. Pentade

---

179 Goethe, Faust II (6.287 f): „Gestaltung, Umgestaltung, / Des ewigen Sinnes ewige Unterhaltung."
180 Jupiter in Vergils *Aeneis* I, 279: *imperium sine fine dedi*. (Herrschaft ohn Ende habe ich verliehen).

Die Metamorphosen

III. PENTADE

Buch 11 – 15

3. Pentade Buch 11 - 15

                                                                             Vers

11. Buch: Vom Tod des Orpheus bis Aesacus
    Der Tod des Orpheus 1
    Midas 85
    Trojas Mauern 194
    Peleus 221
    Ceyx 266
    Der Sturm 478
    Aesacus 749
    Metamorphose epischer-elegischer Sturm
    Troja – vom Mythos zur Historie

12. Buch: Der Trojanische Krieg bis Achills Tod
    Der Trojanische Krieg .... bis XIII, 623
    Das Haus der Fama 39
    Achilles und Cygnus 64
    Nestors Erzählungen 146
        Lapithen und Kentauren 210
    Ovids Sicht des Krieges

13. Buch: Vom Waffenstreit bis Scylla u. Glaucus
    Rede des Ajax 1
    Rede des Ulixes 123
    Sieg Ulixes – Selbstmord Ajax 381
    Trojas Ende 399
    Hecuba, Polyxena, Polydoros 422
    Ovids Krieg ohne Aeneas
    Exkurs: Aeneas bei Homer, Vergil, Ovid
    Aeneas auf Delos 632
    Orakelfahrten bei Vergil und Ovid
    statt Aeneas: Metamorphosen
    Scylla, Acis und Galatea, Glaucus 730

14. Buch: Glaucus u. Circe bis Romulus u. Hersilia
  Glaucus und Circe 1
  Sibylle von Cumae 101
  Macareus und Achaemenides 154
  Aeneas erreicht Latium 441
  Diomedes 457
  Die Schiffe des Aeneas 527
  Apotheose des Aeneas 581
  Pomona und Vertumnus 622
  Raub der Sabinerinnen 772
  Apotheose des Romulus 805

15. Buch: Numa bis Caesar und Augustus
  Die Gründung von Croton 1
  Pythagoras 60
    Lehre vom Wandel 143
    Wandel der Elemente 237
    Pseudowissenschaft 361
    Aufstieg und Untergang 420
    Schluss der Rede 453
  Numas Friedensherrschaft; Egeria 479
  Hyppolitus 497
  Kult und Sakralwesen 552
  Die Lanze des Romulus 560
  Der Musenanruf 622
  Aesculap 626
  Caesars Ermordung; Entrückung 762
  Ruhm des Augustus 807
  Caesar/Augustus – Saturn/Jupiter 850
  Huldigung an Augustus 861
  Schlusswort des Dichters 871

Die drei Pentaden

Ovid nennt seine *Metamorphosen* gleich zu Beginn im 4. Vers ein *carmen perpetuum* (kontinuierliches Gedicht): von der Weltschöpfung bis zu seiner eigenen Lebenszeit.

1. Pentade: Kosmogonie (Schöpfung aus dem Chaos), Jahreszeiten, Sintflut, Göttergeschichten wie Jupiters Raub der Europa (Eintritt Europas in die Geschichte), neuer Götterkult (Fruchtbarkeitsgott Bacchus als die dialektische Antithese zu Lichtgott Apollo), Beginn von Heldentaten (Perseus).

2. Pentade: der Perseus-Mythos leitet über von der Urzeit und den Göttergeschichten in die Zeit der Heroen: Theseus befreit die Menschen von Ungeheuern und Gewalttätern, auf Kreta baut Daedalus das erste architektonische Meisterwerk (das Labyrinth) und versucht den Forschertraum vom Fliegen zu realisieren, Hercules ist das sprichwörtliche Sinnbild für Heldentaten.

3. Pentade Hercules ist die Klammer zu Orpheus. Dieser bringt den Menschen die Kultur: die Musik, die sogar die Unterweltgöttin zu Tränen rührt. In diesem dritten Teil der *Metamorphosen* wird Geschichte als historische Tatsache vermittelt. Deshalb ist die Gründung von Troja das zentrale Thema (das auf die Gründung Roms weist). Allerdings wird schon im 12. Buch (39 ff.) die personalisierte *Fama* alle scheinbar „objektive" Überlieferung als subjektiv und relativ entlarven.[181]

---

[181] Die Erfahrung lehrt: jede Epoche und jede Nation schreibt sich ihre Geschichte; in der Regel bestimmen die Sieger, was „Geschichte" ist.

11. BUCH
von Tod des Orpheus bis Aesacus

Der Tod des Orpheus (1 ff.)

Orpheus hat sich von den Frauen zurückgezogen. In einem Märchenwald lauschen Tiere und Bäume seinen Liedern. Diese Idylle beendet die 2. Pentade.

Mit Beginn der 3. Pentade schlägt die Stimmung sofort um ins Tragische.

Bacchantinnen,[182] die in den Wäldern ekstatisch, enthusiastisch berauscht dem Bacchuskult huldigen, entdecken den scheinbaren Frauenfeind und es kommt zu einem schrecklichen Gemetzel. Die Mänaden[183] bewerfen den Sänger mit Steinen, die zunächst keinen Schaden anrichten, weil sie im Fluge von dem (steinerweichenden) Gesang gerührt werden, und „gleichsam Verzeihung erflehend" sich dem Künstler zu Füßen legen. Schließlich aber übertönt der Lärm der Rasenden den Klang der Leier, die Steine hören sie nicht mehr und „färben sich rot vom Blut des Sängers".

In *wahnsinniger Begeisterung* („Mania") zerfetzen die Bacchusdienerinnen das „lebende Theater" des Orpheus – Vögel und Hirsche, Schlangen und Bäume –, sie wühlen die Erde auf nach Steinen und „ermorden Ihn, den Heiligen, Ihn, der die Hände ausstreckt, zum ersten Mal seine Stimme vergeblich erhebt und nichts zu rühren vermag".

---

182 *Bacchantinnen*: Frauen im Gefolge von Bacchus (Dionysos), dem Gott der Fruchtbarkeit, des Rausches und Theaters. Sie sind „des Gottes voll" (*en-thousiasmos*); aus der alltäglichen (Männer-)Welt „treten sie heraus" (*ek-stase*), und feiern im begeisterten Rausch ein neues Lebensgefühl.
183 *Mänaden*: griech. *mania*: „Wahnsinn, Begeisterung".

Der Dichter ehrt den Musiker mit dem rührendsten, längsten und persönlichsten Nachruf seines Werkes (44 ff.): *„Dich, o Orpheus, beweinten voll Schmerz die Vögel, des Wildes Scharen, der starrende Fels und Dich der Wald, der so oft Deinem Lied gefolgt ist. Der Baum legt ab seine Blätter und trauert kahlen Hauptes um Dich. Von den eigenen Tränen geschwollen seien, so sagt man, die Flüsse. Dryaden und Nymphen trugen schwarz verbrämt ihr Gewand und gelöst ihre Glieder."*

In ihrer Ekstase verstreuen die Mänaden den zerstückelten Leib, Leier und Haupt werfen sie in den Fluss. Von dort hört man noch Gesang aus dem Mund und den Klang der Leier.

Von der Flussmündung treibt das Orpheus-Haupt über das Meer an den Strand von Lesbos. Dort zischt eine Schlange zu dem schönen Gesicht, aber Apollo lässt sie momentan mit klaffenden Kiefern versteinern.

Die Seele des Orpheus taucht ins Totenreich. Dort erkennt er die Orte, die er als Lebender schon einmal besucht hat. Er findet Euridice, und die Liebenden umschlingen sich. Sie können nie mehr getrennt werden.

Es ist die Metamorphose des Lebens. Der Tod ist kein Ende. Er ist nur der Durchgang in eine andere Existenzform: in ein ewiges Leben, in dem es den „Tod" nicht mehr gibt. Orpheus und Euridice erleben die Apotheose einer überirdischen, spirituellen Liebe.[184]

---

[184] Shakespeare stellt den Liebestod als ewiges Leben dar in *Romeo und Julia* und in *Antonius und Kleopatra*.

Metamorphosen, 3. Pentade   11. Buch

Bestrafung der Bacchantinnen (67 ff.)

Mit ebenso vielen Versen wie den Tod des Sängers beschreibt Ovid detailliert die Verwandlung der Mänaden in Bäume. Bacchus bannt die Frauen im Wald, er zieht ihnen Füße und Zehen in die Länge und versenkt diese als krumme Wurzeln in der Erde; ihre Körper verwachsen in Holz, die Arme verzweigen und belauben sich.

Es erscheint seltsam, dass die Bacchantinnen, die den Sänger, der die Natur mit seiner Kunst erfreute, bestialisch getötet und seinen Körper zerfetzt haben, nur in Bäume verwandelt werden. Es gab schlimmere Strafen für kleinere Verbrechen. Vielleicht kündigt sich in dieser *historischen* 3. Pentade ein Denken an, das bis ins Mittelalter wirksam bleiben wird: die „Angemessenheit der Strafe": böses Handeln spiegelt sich in der Art der Strafe.[185] Die Frauen haben nicht nur die Musik getötet, sie haben auch die Natur geschändet und in ihrem Wahn die Bäume zerstört; nun werden sie selbst Bäume.

Noch seltsamer erscheint zunächst, dass Bacchus seine eigene Gefolgschaft bestraft; Rausch und triebhafte Raserei sind Bestandteil seines Kultes; die Mänaden waren nicht bei klarem Bewusstsein, als sie den „Frauenfeind" töteten.

Der antike Tragödiendichter Euripides hat dieses Thema in seinem letzten Drama *Die Bakchen* behandelt: es demonstriert die zerstörende Macht von religiösem Fanatismus und Intoleranz.

---

185 Der *contrappásso* (die „Angemessenheit" der Strafe) klingt in Dantes *Divina Commedia* in den Höllenstrafen des *Inferno* häufig an: wer mit der Zunge gesündigt hat (z.B. politische Verräter), denen wird sie herausgerissen; usw.

Metamorphosen, 3. Pentade   11. Buch

Orpheus wird ein Opfer religiösen Wahns. Auch Ovid musste sich verfolgt fühlen von einer scheinheilig bigotten Gesellschaft und einem Augustus, der Ehebruch vor dem Schwurgericht verhandeln ließ, während ihm seine Gattin Mädchen zuführte. Ovid ist Orpheus: abgetötet im Exil am Schwarzen Meer, und sein Lied, die *Metamorphosen*, in Rom geächtet.

Orpheus erreichte in der Totenwelt die Unsterblichkeit. Und: „Vivam" heißt das letzte Wort der *Metamorphosen*: „Ich werde leben".

Midas und das Gold (85 ff.)

Bacchus verlässt Thrakien und zieht „mit den besseren Bacchen" nach Phrygien in Kleinasien zum Berg Tmolus bei Sardes. Dort entspringt der Pactolus, der damals „noch nicht wegen seines goldhaltigen Sandes begehrt war". Der Leser wird neugierig, wie es zu dem goldenen Sand kam.

Am neuen Ort hat Bacchus den Silen verloren, seinen Pflegevater.[186] König Midas fand den Berauschten und führte ihn zu Bacchus zurück. Als Dank wünschte er, dass alles, was er berührt, zu Gold werde. Zunächst ist Midas glücklich über seine Wunderkraft: Zweige und Steine, das Kornfeld … alles wird ihm zu Gold. Aber auch Speise und Trank. Hunger und Durst treiben ihn zu Bacchus und er bittet ihn um Erlösung von seiner verhängnisvollen Gabe. „Mild ist der Götter Art": der Gott rät Midas, in der Quelle des Pactolus zu baden. Midas gehorcht, „und noch heute" ist der Sand des Flusses goldhaltig.

---

186 *Silen*: ältester Satyr, fast immer berauscht.

Wettstreit von Pan und Apollo (146 ff.)
Midas mit Eselsohren

Midas ist nicht klüger geworden. Die „leichten Liedchen" Pans erscheinen ihm kunstvoller als die Lieder Apollos. Als der „Gott der Ziegen" den Gott von Delphi zum Sängerstreit fordert, wird der ehrwürdige Berg Tmolus, (wo der inzwischen goldhaltige Fluss Pactolus entspringt), zum Schiedsrichter bestimmt.

Der Berg erhebt den kahlen Kopf, „befreit das Ohr von Bäumen", und hört zuerst Pans „fremdländisches" Lied. Dann wendet er den Kopf zu Apollo – „der Wald (auf seinem Rücken) folgt der Bewegung." Lorbeerbekränzt singt der Gott zur Leier. „Schon die Haltung verriet den Meister" und Tmolus spricht Apollo den Sieg zu.

Midas protestiert. Dafür straft Apollo „das törichte Ohr" mit langen Eselsohren. Midas versteckt seine Schande unter einem Spitzhut,[187] und nur sein Friseur weiß, was sich darunter verbirgt.

Der Haarkünstler erträgt es nicht, das Mysterium seines Königs zu bewahren; er gräbt ein Loch im Feld, flüstert das Geheimnis hinein und verschließt das Loch wieder. Seither sprießt an dieser Stelle jedes Frühjahr Schilfrohr, das im „Hauch des Südwindes die vergrabenen Worte" rauschend verrät.

---

187 *Spitzhut*: Der Ovid-Leser darf sicher sein, dass es eine solche Hutmode in der Gegend gegeben hat, und Ovid sich darüber amüsiert.

Metamorphosen, 3. Pentade 11. Buch

Trojas Mauern (194 ff.)

Nach der Bestrafung des Midas fliegt Apollo vom Tmolus bei Sardes zur Meerenge des Hellespont (Dardanellen), wo König Laomedon gerade begonnen hat, seine Stadt, die den Eingang zum Schwarzen Meer bewacht, mit starken Mauern zu umgeben.[188] Es ist die erste Erwähnung Trojas, und man muss jetzt den Trojanischen Krieg als Bindeglied zwischen heroischer und historischer Epoche erwarten. Aber schon nach 27 Versen verlässt Ovid Troja, und in den fast 600 Versen bis zum Ende des 11. Buches erzählt er vorwiegend erotische Mythen. Troja scheint vergessen.

Die 27 Verse über Troja berichten die doppelte Schuld seines Gründers Laomedon: Apollo und Neptun in Menschengestalt erbieten sich, die Mauern zu bauen, aber Laomedon prellt sie um das vereinbarte Gold und schwört sogar einen Meineid. Zur Strafe überschwemmt Neptun das Land und Laomedons Tochter Hesione wird als Opfer für ein Seeungeheuer an einen Felsen geschmiedet. Hercules befreit sie, aber auch ihn betrügt Laomedon um die versprochenen Pferde. Darauf zerstört Hercules mit den Mitstreitern Telamon und Peleus die Stadt. Telamon erhält als Lohn Hesione zur Frau, Peleus ist bereits mit einer Göttin verheiratet.

Einschließlich Apollos Luftreise sind es 27 Verse. Damit ist die Frühgeschichte Trojas (die Generation vor dem Trojanischen Krieg) erledigt, und vom historischen Troja ist eher abgelenkt worden.

---

188 Für den Gott ist es ein kurzer Flug. Sardes liegt ca. 100 km nordöstlich von Smyrna (Izmir) Richtung Troja.

Metamorphosen, 3. Pentade   11. Buch

Die Peleus-Handlung (221-409)

Die Peleus-Handlung kann wie *Perseis*, *Theseis* und *Herculeis* als Rahmen betrachtet werden.
Am Beginn steht eine Vergewaltigung: Peleus gewinnt mit beratender Hilfe des Verwandlungsgottes Proteus die Göttin Thetis durch Gewaltanwendung zur Frau. Die beiden werden die Eltern von Achill, dem wichtigsten Helden im Trojanischen Krieg, wodurch der eigentliche Troja-Block beginnen könnte – aber die erzählten Mythen scheinen mit Troja wenig zu tun zu haben.

Peleus und Thetis (221 ff.)

Die Meernymphe Thetis, Tochter des altehrwürdigen Meergottes Nereus, erhielt ein Orakel, nach welchem sie einen Helden gebären wird, der Taten und Ruhm seines Vaters weit übertreffen wird. Deshalb wagte es Jupiter trotz heißer Liebe nicht, sich ihr zu nähern und erteilte seinem Enkel Peleus, dem Sohn des Aegina-Königs Aeacus, den Auftrag, Thetis als Gattin zu gewinnen. Aber die Göttin besitzt die Gabe, sich in viele Gestalten zu verwandeln und entgeht dadurch allen Werbern.
Peleus sucht Rat bei dem Verwandlungsgott Proteus, der ihm empfiehlt, Thetis im Schlaf zu überfallen, zu binden, und zu warten, bis sie alle Verwandlungsmöglichkeiten versucht hat und zu ihrer eigenen Gestalt zurückkehrt; dann sei der Zauber gebrochen. „Kaum hat Peleus sich auf die Jungfrauenglieder gestürzt", beginnen die Verwandlungen der Thetis. Am Ende ist sie bezwungen. „Er hatte sein Ziel erlangt, und sie (hat) seinen Wunsch erfüllt mit dem großen Achilles."

Metamorphosen, 3. Pentade 11. Buch

Der Troja-Block beginnt also nicht historisch, sondern mit einem Mythos aus Thessalien. Erstaunlich ist dabei die Umkehrung der Vergewaltigung: bisher haben Götter Menschenfrauen vergewaltigt; hier vergewaltigt ein König eine Göttin. Die Anzeichen mehren sich für den Übergang von der Heroen-Epoche in die historische Zeit – auch wenn es inhaltlich noch nicht erkennbar ist.

Peleus bei Ceyx (266-406)

Peleus konnte sich mit seiner göttlichen Gattin und dem Sohn Achill glücklich schätzen. Aber er ermordete seinen Halbbruder Phocus[189] und musste das Land verlassen. Als Bittflehender kam er zu König Ceyx, ebenfalls in Thessalien, und verschwieg ihm den Grund seiner Verbannung. Er wurde gastlich aufgenommen.

Man erwartet den direkten Übergang zum Trojanischen Krieg, der gleichzeitig mythisch (Helena) und historisch war. Aber die Vertreibung von Peleus aus der Heimat wegen Brudermord und seine Aufnahme bei Ceyx haben mit Troja nichts zu tun. Die Erwartung, dass Vater Peleus der Übergang zum „großen Helden Achill" vor Troja ist, wurde nicht erfüllt, und ebenso lenkt die Blutschuld von Peleus weiter von Troja ab.

Das Thema „Troja" rückt sogar noch weiter weg, denn innerhalb des Peleus-Rahmens wird ein weiterer innerer Rahmen geöffnet: König Ceyx war ungewöhnlich traurig und weinte. Peleus fragte ihn nach dem Grund, und Ceyx deutet auf einen Vogel:

---

189 *Peleus* und *Telamon* waren von Vater Aeacus her Brüder; Phocus der Halbbruder von einer anderen Frau.

Daedalion und Chione (291 ff.)

„Dort der Vogel, der vom Raub lebt und alle anderen schreckt", war einst sein cholerischer Bruder Daedalion. Er hatte eine Tochter Chione, um die mit 14 Jahren zahlreiche Freier warben.

Einmal kamen Apollo und Mercur ins Land und „beide entbrannten". Apollo wollte die Nacht abwarten, um die junge Schöne zu besitzen, aber Mercur hielt es so lange nicht aus und berührte sie mit seiner *Schlummerrute*. Sie schlief ein „und erlitt des Gottes Gewalt". In der Nacht kam Apollo „und genoss, was schon vorher geraubt war".

Chione gebar Zwillinge: von Apollo den Sänger Philamnon; von Mercur den verschlagenen Autolycus, einen Meister in List und Trug,[190] der „Weiß in Schwarz und Schwarz in Weiß verwandeln konnte" (eine *Metamorphose* von Richtig und Falsch).

Die Vergewaltigung durch zwei Götter an einem Tag machte Chione hochmütig: sie nannte sich als doppelt Göttergeliebte schöner als Diana. Zur Strafe durchbohrte die Göttin mit ihrem Pfeil „die schuldige Zunge"[191] und Chione verblutete daran. Der ungestüme Daedalion ertrug den Schmerz nicht, und „wie ein Jungstier" rannte er auf den Parnass, um sich herabzustürzen. Apollo fing ihn auf und verwandelte ihn in einen Habicht. Jetzt wütet er wie früher gegen die Menschen gegen die anderen Vögel und „schafft allen ständigen Grund zur Trauer."

---

190 Die Römer (und Griechen) hatten für jede Lebenssituation eine zuständige Gottheit. Mercur (Hermes) war der Gott der Kaufleute und Taschendiebe; weniger bekannt ist, dass er auch der Gott der Pädophilen („Knabenliebe") war.

191 *Angemessenheit der Strafe*: sie hatte mit der Zunge gesündigt.

Metamorphosen, 3. Pentade   11. Buch

Der Wolf in den Peleus-Herden (346 ff.)

Wieder zurück von der Erzählung des Ceyx in die Peleus-Handlung.

Auf seiner Flucht hatte Peleus Rinder mitgenommen. Sie weiden bei einem Tempel des Meergottes Nereus und seiner Töchter, der Nymphen. Plötzlich fällt ein schrecklicher Wolf, blutbesudelt und mit rot unterlaufenen Augen, in die Herde ein und mordet wahllos Tiere und Hirten. Der Wolf ist von einer Nymphe, der Mutter seines ermordeten Halbbruders, zur Rache gegen ihn geschickt.

Zusammen mit Ceyx ersteigt Peleus einen Turm und schaut herab auf das Blutbad und „den grimmigen Verwüster mit dem blutigen Maule". Er bittet die Nymphe um Vergebung für den Mord, aber erst als seine Gattin Thetis ihre göttliche Schwester um Erbarmen anfleht, ruft diese den Wolf zurück. Doch der ist „im Rausch des süßen Blutes" wahnsinnig geworden und tötet weiterhin alles, was er erreichen kann. In höchster Not verwandelt ihn die Nymphe „so, wie er am zerfleischten Hals einer Jungkuh hing" in Marmor. Er ist immer noch schrecklich anzuschauen; nur die Farbe des Steines zeigt, dass er nicht mehr gefährlich ist.

Peleus verlässt Ceyx (407 ff.)

Erst im Thessalischen Magnesia wird Peleus von der Blutschuld entsühnt werden. Aber mehr erfährt man nicht. Wider erwarten folgt die Erzählung jetzt nicht Peleus, dem Vater des Troja-Helden Achilleus, sondern sie bleibt zurück bei Ceyx.

Peleus (Troja) gerät ganz aus dem Blickfeld.

Metamorphosen, 3. Pentade 11. Buch

Ceyx und Alcyone (410 ff.)

Ceyx wurde durch die Verwandlung seines Bruders in einen Habicht und das Blutbad in der Herde des Peleus verängstigt: er befürchtet „Zeichen" des Schicksals und will das Orakel befragen. Da der Weg nach Delphi durch das Räubervolk der Phlegyer versperrt ist, will er zum Apollo-Orakel nach Claros[192] reisen.

Seine Gattin Alcyone „durchrieselt ein kalter Schauder" beim Gedanken an die gefährliche Fahrt über das Meer. Sie ist die Tochter von Aeolus, dem Herrscher über die Winde,[193] und sie kennt die furchtbare Gewalt der Meeresstürme.

Vom Hafen aus sieht man das Schiff langsam unter dem Horizont entschwinden („als die Erde zurückwich").

Heimat und Ferne verschmelzen in einem Bild: *hier* sinkt Alcyone ohnmächtig zu Boden, *dort* versinkt das Segel unter dem Horizont.

Szenenwechsel vom Land zum Meer

Es folgt die gigantischste Sturmbeschreibung der Literaturgeschichte. Über 90 Verse (480-572) beschreibt Ovid eine entfesselte Natur: finstere Nacht, Wellenberge und tobende Stürme. Die Schiffsbesatzung versucht Ruder und Segel zu retten, aber sie kann bei krachendem Donner und aufschäumender Gischt nur noch das hereinbrechende Wasser schöpfen („sie gießen die Flut zurück in die Fluten").

---

[192] *Claros*: antike Stadt bei Kolophon in Kleinasien (Küste der West-Türkei) mit berühmtem Apollo-Orakel.
[193] *Aeolus* ist eine Hindeutung auf ein Abenteuer der *Odyssee* und damit indirekt auf Troja.

Der apokalyptische Seesturm übertönt das Geschrei der Menschen, das Meer scheint den Himmel zu berühren, von Gipfeln stürzt das Schiff in die Täler, „umwallt von Wassergewölben". Wie Löwen mit geballter Kraft sich auf den Gegner katapultieren, springen die Wogen das Schiff an, das sich längst dem Sturm ergeben hat. Die Wolken bersten, der Regen schüttet herab, als wolle der Himmel sich ins Meer verströmen. Die ersten Planken brechen und „die tödlichen Fluten" dringen ein. Beten, Schreien, Verzweiflung in der Mannschaft – aber Ceyx denkt nur an Alcyone, die er alleine zurücklässt. Dann kracht der Mast und „das Meer hat seine Beute besiegt"; das zertrümmerte Schiff wird in einem Strudel auf den Meeresboden gerissen, während Ceyx noch das Ruder „wie das Zepter" umfasst.

Szenenwechsel zurück vom Meer ans Land

Alcyone ahnt nichts von dem Unheil. Sie richtet sich für den Empfang des Königs, und opfert täglich im Tempel der Juno für das Wohlergehen des Mannes, „der schon nicht mehr lebte".

Szenenwechsel in die Götterwelt

Die für den Übergang zur historischen Epoche Troja ganz unwichtige Geschichte von Ceyx und Alcyone wird immer weiter aufgefächert und scheint kein Ende zu nehmen.

Juno erträgt das Flehen für einen Toten nicht mehr und schickt die Götterbotin Iris zu Somnus, dem Gott des Schlafes. Aufwändig wird beschrieben, wie Iris sich in „den Schleier der tausend Farben" (den Regenbogen) hüllt und „in geschwungenem Bogen den Himmel zeichnet" auf ihrem Flug zu Somnus.

Szenenwechsel zum Reich des Schlafgottes

Im äußersten Westen (wo die Sonne untergeht) liegt in einer Grotte die „träge Behausung" des Somnus. Die Szenerie wird detailliert ausgestaltet (592 ff.): niemals dringt Sonne ein; nur Nebel und Zwielicht, kein Laut ist zu hören, der den Schlaf stören könnte. „Stumm haust hier die Ruhe". Lethe, der Bach des Vergessens, plätschert; nur Mohn und andere „Schlummerkräuter" gedeihen; es gibt keine Pforte, deren Knirschen stören könnte. „Hier ruht Er, der Gott, gelöst und schlaff seine Glieder", und rings um ihn lagern sich die Träume.

Der Glanz vom Schleier der eintretenden Iris erhellt das Haus in den Regenbogenfarben. Nur mühsam öffnet der Gott die Augen, dann fallen ihm die Lider träge wieder zu, „wieder und wieder" sinkt sein Kinn auf die Brust und die Müdigkeit bedrängt ihn. Iris bittet ihn, einen Traum zu Alcyone zu schicken, der ihr den Tod des Gatten mitteilt. Dann verlässt sie eilig die Grotte, denn das Schlafbedürfnis wird übermächtig. „Auf dem Bogen, auf dem sie gekommen", eilt sie zurück.

Somnus schickt Morpheus in Gestalt des Ceyx zu Alcyone. „Dann versinkt erneut sein Haupt in den Polstern."

Die Verwandlungsarten der Träume

Ein Exkurs über die Träume, die hier auf ihre Aufgaben warten, retardiert die Handlung: Morpheus ahmt Gespräche und Gewohnheiten der Menschen nach; Phobetor imitiert Tiere im Traum; Phantastos erscheint als „alles, was nicht Sitz der Seele ist"; andere Träume sind nur für Könige geeignet, und wieder andere nur für das einfache Volk.

Metamorphosen, 3. Pentade   11. Buch

Szenenwechsel nach Thessalien zu Alcyone

Morpheus fliegt zu Alcyone. Er erscheint in Gestalt ihres Gatten und verkündet ihr seinen Tod im Meer: „Lege Trauerkleidung an" und beweine mich! Die Klage der Alcyone füllt weitere 37 Verse, die immer mehr von Troja wegführen.

Szenenwechsel: Alcyone eilt vom Palast zum Meer

Es ist inzwischen der sechste Szenenwechsel:
Alcyone eilt zum Meer zu der Stelle, wo sie von Ceyx Abschied genommen hatte. In weiter Entfernung entdeckt sie einen Leichnam, der zum Ufer treibt. Je mehr er sich nähert, umso sicherer erkennt sie ihren Gatten.

Sie eilt auf einen Damm „und springt – nein schwebt – durch ein Wunder vermag sie es – im Fluge ihm entgegen." Sie ist ein Vogel geworden, mit einem „Ruf voll Jammer und Klage". Mit dem harten Schnabel versucht sie, den Leichnam zu küssen. „Das Volk stand zweifelnd. Doch Ceyx hat es gefühlt" und wird in denselben Vogel verwandelt.[194]

Auch nach ihrer Metamorphose bleibt ihre Liebe beständig: sie paaren sich und bauen Nester. Während der Brutzeit beschwichtigt Alcyones Vater Aeolus, der Herrscher der Winde, das Meer, um die schwimmenden Nester nicht zu gefährden. „Das beruhigte Meer schenkt ihm die Enkel".

---

194 *Alcyon* bedeutet griechisch „Eisvogel"; darauf passen die Treue der Tiere, die Länge des Schnabels und der klagende Ton; Ovid unterschlägt (wohl der Trauer wegen) das besonders farbeprächtige Gefieder.

Metamorphosen, 3. Pentade　　　　　　　11. Buch

Priamos-Sohn Aesacus (749 ff.)

Endlich nach 750 Versen scheint sich das 11. Buch nach Troja zu wenden, (das den Übergang vom heroischen Zeitalter in die historische Zeit herstellen muss). Aber es könnte beiläufiger nicht geschehen; und noch seltsamer: die Hinführung zu der heroisch epischen Geschichte vom Untergang Trojas erfolgt mit einer elegischen Liebesgeschichte.

Am thessalischen Strand, wo die Verwandlung von Ceyx und Alcyone sich ereignet hat, sieht „einer der Älteren" die beiden Vögel (Alcyone und Ceyx) vorbeifliegen und lobt ihre Treue. „Da erzählte der Nächste, vielleicht Derselbe", dass auch ein anderer Vogel, „der langhalsige Tauchervogel", der gerade dort über die Wellen fliegt, ein verwandeltes Königskind ist: Aesacus, ein Bruder Hektors und Sohn von Trojas König Priamos, dem Sohn von Laomedon, Sohn von Ganymed, Sohn von Assaracus, Sohn von Illus (Ilion).

Damit steht Trojas Stammbaum von der mythischen in die historische Zeit. Aesacus ist einer von Priamos legendären 50 Söhnen (laut *Ilias*), aber nur ein Halbbruder von Hektor; seine Mutter ist die Nymphe Alexirhoe. (Und damit ist der Übergang ins Historische schon wieder erschüttert).

Aesacus war ein typischer Sohn einer Nymphe: er hasste die Städte, besaß keinen heroischen Ehrgeiz, hielt sich gern in einsamen Gegenden und im Gebirge auf, kam nur widerwillig zu den Versammlungen in Troja. Dennoch war er „nicht bäuerischer Art und nicht unempfindlich für die Liebe". (Kaum ist das Thema Troja aktuell geworden, kündigt sich eine neue mythologische Liebesgeschichte an.)

Metamorphosen, 3. Pentade 11. Buch

Aesacus ist verliebt in Hesperie, die Tochter eines trojanischen Flussgottes, und er hat sie schon oft durch die Wälder gejagt.[195] Sobald die Nymphe den Sohn der Nymphe erblickt, flieht sie vor ihm. Sie ist schnell durch die Furcht, er ebenso schnell durch das Liebesverlangen.

Die Jagd findet ein tragisches Ende, weil Hesperie von einer im Gras verborgenen giftigen Schlange gebissen wird und sofort stirbt. Aesacus ist außer sich: „Das habe ich nicht gewollt."

Mit dem eigenen Tod will er seine Schuld sühnen und stürzt sich von einem Felsen ins Meer. Eine Meeresgöttin fängt den Lebensmüden auf und verwandelt ihn in einen Vogel. Nun muss er gegen seinen Willen weiter leben, und stürzt sich immer wieder wie ein Pfeil in die Flut. Die Liebe hat ihn abgemagert, die Verfolgung seine Füße verlängt, und die Gier ihm einen langen Hals beschert: der Tauchervogel.

Mit dieser seltsamen Liebesgeschichte und Metamorphose endet das 11. Buch, der Beginn der historischen Zeit.

---

195 Es ist eine Liebesjagd nach dem Muster der ersten beiden Pentaden; aber in der dritten Pentade sind die Rollen vertauscht: nicht ein Gott jagt, sondern der Mensch jagt eine Nymphe. (siehe Peleus und Thetis).

Metamorphosen, 3. Pentade — 11. Buch

Überleitung zum historischen Troja

Der Beginn der dritten Pentade wird regiert von der Liebesgeschichte von Ceyx und Alcyone, und deren mehr als 300 Verse lassen vergessen, dass wir in einem historischen Abschnitt sind.

Für den Handlungsverlauf kommt der Erzählung keinerlei Funktion zu. Ovid will offenbar die Geschichte von Troja (also von Rom!) nicht im Stil eines heroischen Epos erzählen, denn die Zeit der Mythen ist nicht mehr die Epoche des historischen Römischen Weltreiches.

Ovid erklärt private, gesellschaftliche (und politische) Entwicklungen mit *emotionalen* Hintergründen: die Weltgeschichte wird *nicht* von Göttern gestaltet; sie ist geprägt von einer lückenlosen Abfolge (*carmen perpetuum*) menschlicher Gefühlswelten, die wesentlich auf *Machtgier* und *Sexualität* beruhen, und deren angemessene moderne Kunstform *nicht* mehr das *heroische* Epos ist, sondern das *elegische* (erotische). Deshalb wird in dem Augenblick, wo mit Achills Vater Peleus das historische Troja (der Beginn der Historie) ins Blickfeld kommt, sogleich wieder mit Liebesgeschichten davon abgelenkt.

Der Übergang von der mythologischen in die historische Epoche spiegelt sich in Ovids Neuer Kunst: „Geschichte" ist kein Heldenepos – sie entsteht durch eine Verkettung menschlicher Sehnsüchte, Machtbedürfnisse und Verhaltensweisen.

Metamorphose des *Epos* in *Elegie*

Die „Metamorphose" des **heroischen Epos** (*Ilias, Odyssee, Aeneis*) in die **erotische Elegie** Ovids vollzieht sich unmerklich.

Formal erfüllen die *Metamorphosen* alle Voraussetzungen des Epos: sie sind im Hexameter gedichtet, beschreiben heroische Inhalte und haben einen voluminösen Umfang – dies ist die Definition des Epos.

Aber Ovid ändert unmerklich typische Epos-Motive in ihr Gegenteil und führt die epische (heroische) Form damit ad absurdum.

Beispiel dafür ist das Sturm-Motiv.

Metamorphosen, 3. Pentade   11. Buch

Metamorphose von *epischem* in *elegischen* Sturm

Nach der breit erzählten Abschiedsszene von Ceyx und Alcyone schlägt das Elegische um in einen gewaltigen Sturm.

„Sturm" ist ein bekanntes wichtiges Motiv aus dem heroischen Epos – dort liegt auch die Verbindung zu Troja: Odysseus wird „von schrecklichen Winden" (*Odyssee* IX, 82) auf seine Irrfahrten verschlagen. Eindringlich beschrieben wird auch Poseidons Sturm, mit dem er Odysseus auf der Heimfahrt in Todesnot bringt (*Odyssee* V, 291 ff.).

Seestürme sind ein **episches** Phänomen mit typischen Elementen:
- ein Gott setzt den Seesturm in Gang
- die Natur ist in Aufruhr
- die Schiffbrüchigen bitten die Götter um Hilfe
- der Held ist verzweifelt (*Odyssee* V, 308: „Wäre ich doch in Troja gefallen")
- die dritte Woge vernichtet das Schiff
- nur der Held überlebt (*Odyssee* XII, 417).

Von diesem Schema weicht die Ceyx-Geschichte auffallend ab. Die **Elegie** schafft sich ihren eigenen Sturm-Typ; sie wird zur **Antithese** des **Epos**:

Der **Held** überlebt **nicht**; alle ertrinken. Es ist deshalb kein heroischer epischer Sturm; durch die Liebesgeschichte ist die *tragische Naturgewalt* nur Bestandteil eines *elegischen Liebes-Dramas*.

Am Sturm, der Ceyx in den Untergang treibt, sind **keine Götter** beteiligt. Dass es sinngemäß nur Aeolus sein kann, der Schwiegervater des Ceyx und Herr der Winde, der den gigantischen Sturm entfesselt hat, wird exorbitant ironisiert.

Zuerst vernichtet Aeolus seinen Schwiegersohn, dann werden dieser und die eigene Tochter Alcyone in Vögel verwandelt, und erst danach stiftet er Ruhe auf dem Meer, um seine „Enkel", die Vogeljungen, in den schwimmenden Nestern nicht zu gefährden. Dieser Weltuntergangs-Sturm ist in der grenzenlosen Übertreibung und in seinen Folgen eine reine Komödie.

Rechtschaffenen Götterglauben des Dichters wird der gebildete römische Leser darin nicht vermutet haben. Das Geschehen erinnert eher an den Deus ex machina in den Tragödien des Aufklärers Euripides (450 Jahre vor Ovid), wo am Ende ein Gott für eine unlösbar gewordene Situation eine Lösung herbeiführt, welche die Zuschauer als göttliches Wirken nicht ernst nehmen konnten.

Der dramatischste Moment – das Ende des Sturms – wird ausgeblendet. Ganz plötzlich ereignet sich der Tod des Helden, dann ist alles sofort zu Ende. Dabei wirkt es als Karikatur des epischen Heros, wenn Ceyx beim Ertrinken das Ruder triumphierend wie ein Zepter in der Hand hält, und nicht an Götter oder Heldengeschichten denkt, sondern nur an seine Gattin Alcyone. Episch wäre es Kitsch – aber es ist eben nicht Epos, sondern Elegie – die neue Zeit hat keine Heroen (Übermenschen), sondern reale Menschen.

Der ganze scheinbar epische Sturm war nur Mittel zum Zweck für das elegische (Liebes-)Leiden einer anderen Hauptperson: der Königin Alcyone. Poetisch ereignete sich in der Sturm-Parodie die *Metamorphose* von **Epos** in **Elegie**: die der neuen Zeit angemessene Kunst.

Troja – vom Mythos in die Historie

Obwohl sich keine heroische Tragödie ereignet, erlebt Ceyx einen „Sturm der Stürme"; einen Übersupermegasturm mit völlig unglaubhaften, unrealistischen Übertreibungen. „Von allen Seiten führen die Winde Krieg", es blitzt und donnert, das Wasser ist schwarz wie die Unterweltsflüsse und die Gischt spritzt bis zu den Wolken (490 ff.). Solche Übertreibungstechnik wird in der Dichtung gewählt, um Reales zu typisieren und aus der Wirklichkeit in eine Überwirklichkeit zu erhöhen.[196]

In der Ceyx-Geschichte bleibt aber trotz der erotischen Handlung (Elegie) und der ungeheuren Übertreibung der Katastrophe (Komödie) immer eine Verbindung zu Troja bestehen.

Es ist ein „Krieg" der Naturgewalt und der Kampf der Elemente mit dem Schiff wird verglichen mit einem Kampf der Belagerer um die Stadt (525 ff.): „Wie ein Krieger, der schon oft die verteidigten Mauern einer Stadt bestürmt hat, endlich sein Ziel doch erreicht", so zerstören die Wogen das Schiff, nachdem sie neun Mal vergeblich angestürmt waren – in der *Ilias* tötet Patroklos drei Mal drei (neun) Troer beim Sturm auf die Mauern Trojas, ehe er von Apollo geschlagen wird (*Ilias* XVI, 820).

---

196 Shakespeare lässt einen Tölpel einen Seesturm beschreiben (*Ein Wintermärchen*, III, 3, 77 ff.): „zwischen den hochspritzenden Wogen und dem Himmel hätte man keine Nadel einfädeln können."
Der menschlich und künstlerisch maßlose Christian Dietrich Grabbe sagte über seine Dramentechnik: „Am besten beginnt man mit einer Naturkatastrophe und steigert dann langsam."

Das Schiff des Ceyx wird von den Wogen getroffen „wie die Stadttore von einem Wurfstein" (509) – solch einen Stein schleudert Hektor gegen die Schutzmauer des Griechenlagers und zertrümmert damit das Tor (*Ilias* XII, 445).

„Wie Löwen sich mit der Brust gegen Schilde werfen" (510), so werfen sich die Wellen gegen das Schiff von Ceyx – spiegelverkehrt wirft sich in der *Ilias* (XV, 623) Hektor wie ein Löwe in das Getümmel, „so wie eine Woge gegen ein Schiff".

Die 10. Woge zerstört das Schiff des Ceyx (im Epos wäre es die dritte Woge gewesen) – und Troja wurde im 10. Kriegsjahr zerstört. (Solche Zahlenspiele liebten die Römer).[197]

Die Oberschicht in Rom, Ovids Leserschaft, war literarisch hochgebildet, und verstand, dass das ganze Sturmgeschehen der Ceyx-Geschichte eine ironische Spiegelung der Kämpfe um Troja darstellt. Also las man die Liebesgeschichte von Alkyone und Ceyx mit den Bildern der *Ilias* – und umgekehrt wurde man verführt, die heroische *Ilias* nicht mehr als mythische Vergangenheit überhöht, sondern nur noch als eine Liebesgeschichte zu lesen (Paris und Helena).

Der Leser wird zu der *historischen* Trojazeit hingeführt in der Sprache und Gefühlslage der Elegie. Ovids „neue Kunst" (Elegie statt Epos) vermittelt ein neues Verständnis: die Vergangenheit gründet nicht auf übermenschlichem Heldentum, sondern auf menschlichen Beziehungsgeschichten.

---

[197] Siehe auch die Myrrha-Geschichte (X, 475) analog gleicher Stelle in Vergils *Georgica*, und Fußnote 175.

Mythische Liebesgeschichten führen scheinbar weg vom *historischen* Troja, aber künstlerisch führt Ovid den Leser mitten in das Geschehen um Troja hinein (die elegische Liebes-Handlung wird in epischen *Ilias*-Zitaten erzählt). Das *Epos* erlebt eine Metamorphose: es wird in *Elegie* verwandelt; das bedeutet: Das *perpetuum carmen* kommt vom heroischen Mythos in die Gegenwart. Literarisches Gestaltungsmittel für diesen Übergang ist das aus dem Epos stammende Phänomen des Seesturmes.

Neben dem literarischen Übergang gibt es auch einen dramaturgischen, und der ist trotz tragischen Inhalts (Verwandlung eines trojanischen Königssohnes in einen Vogel) äußerst komisch: Die in Eisvögel verwandelten Ceyx und Alcyone flattern am Meeresstrand durch die Luft, und ein älterer Mann lobt ihre beständige Liebe nach ihrer Verwandlung. (Er muss Ovid gelesen haben; denn nur dort steht die Geschichte von Alcyone und Ceyx). Gelangweilt plaudern die alten Uferwanderer: „Der Nächste, vielleicht war es auch Derselbe, erzählte: Auch dieser Tauchervogel dort im Wasser... ist ein Königskind... Seine Ahnen sind Illus, Assaracus, Ganymed, Laomedon, Priamos... Er ist Hektors Bruder gewesen."

Absurder und ironischer konnte die historische Epoche nicht eingeführt werden. Alte gelangweilte Spaziergänger schwatzen über Legenden und leiern dabei den ganzen mythologischen Stammbaum Trojas herunter: von Illus, dem Erbauer des ersten legendären Troja, über Ganymed, der von Jupiter in den Götterhimmel entführt wurde, bis Priamos und Hektor, den Repräsentanten des ersten historischen Ereignisses: dem Trojanischen Krieg.

Die antiken Philologen haben diesen Übergang vom Mythos zur Historie streng getadelt.

Quintilian (Ende des 1. Jh. v.Chr.) verlangt in seinem *Lehrbuch für Redner* von Überleitungen, dass sie geistvolle Pointen sind, literarische Zauberkunststücke, welche die Zuhörer animieren. (4. Buch, §77)

Man übersah, dass Ovid gerade an dieser Stelle den tiefen Sinn seiner neuen Kunst demonstriert: Die Weltgeschichte ist kein Epos, sie ist keine Ansammlung von Heldengeschichten; sie ist eine Elegie: eine Folge melancholisch trauriger Ereignisse.

Ende des 11. Buches

12. BUCH
Der Trojanische Krieg bis Achills Tod

vom 11. Zum 12. Buch – Troja

Das 11. Buch eröffnete die 3. Pentade: den Übergang von der heroisch mythischen Epoche in die historische Zeit des Römischen Reiches. Aber von Troja, das als Schnittstelle dafür dient, war dort nur der Bau der Stadtmauer und nicht der Trojanische Krieg erwähnt worden: Apollo und Neptun hatten für König Laomedon die mythischen Mauern errichtet und waren von ihm um den goldenen Lohn betrogen worden. Zur Strafe überschwemmten sie das Land und schmiedeten die Königstochter an einen Felsen, wo sie von einem Meerungeheuer bedroht wurde. Hercules rettete sie und wurde ebenfalls betrogen. Daraufhin zerstörte er mit seinen Gefährten Telamon und Peleus die Stadt, und das gerade ins Blickfeld geratene Troja war nach nur 27 Versen (XI, 194-220) schon 2 Mal zerstört – aber nicht von dem Griechenheer, sondern von Apollo, Neptun und Hercules; es ist der Untergang des ersten Troja in mythischer Zeit – eine Götter- und Heldengeschichte, kein Übergang in die historische Epoche.

Die Mitstreiter des Hercules, Telamon und Peleus, sind ein Vorverweis auf das historische Troja; denn *Telamon* ist der Vater des Helden *Aias*, und *Peleus* der Vater von *Achilles*. Es wurde auch die Hochzeit von Peleus und Thetis erzählt und kurz auf die Geburt des Achilles hingewiesen. Aber nach 45 Versen (XI, 221-265) riss dieser Handlungsstrang schon wieder ab: Peleus musste wegen des Brudermordes fliehen und kam zu Ceyx, wo mehrere Verwandlungsgeschichten erzählt wurden.

Metamorphosen, 3. Pentade   12. Buch

Plötzlich gab es einen neuen Bruch, der Peleus (und damit Troja) wieder aus der Handlung entfernte: in über 300 Versen (410-748) wurde der Tod des Ceyx in einem kolossalen Seesturm erzählt: mit Bildern und Zitaten aus der *Ilias*. Damit war Troja für den gebildeten Leser gegenwärtig; zwar nicht das Homerische Troja (heroisch episch), aber metapoetisch in der Spiegelung einer elegischen Liebesgeschichte.

Die Metamorphose der beiden Liebenden war Anlass für eine lapidar erzählte weitere Verwandlung; diese allerdings betraf nun einen Zeitzeugen, einen Sohn von König Priamos. Endlich war die Erzählung im historischen Troja angekommen, wenn auch mit einer Legende.

Die Verwandlung des Aesacus in den Tauchervogel bildet die Buchgrenze, und das 12. Buch beginnt: *„Ahnungslos war Priamus, dass sein Sohn zum Vogel geworden, und er trauerte um ihn."*

Bei den Bestattungsfeierlichkeiten des Aesacus fehlt der trojanische Königssohn Paris. Die beiläufige Erklärung führt nun definitiv zum Trojanischen Krieg: *„Bald danach brachte er die geraubte Frau und den Krieg in die Heimat."* Das wichtige Parisurteil bleibt unerwähnt[198] – Bekanntes ist für Ovids Leser uninteressant.

---

198 *Parisurteil*: Bei der Hochzeit von Peleus und Thetis waren alle Götter geladen; *Eris*, die Göttin des Streites wurde vergessen. Sie kam zum Fest und warf einen Apfel mit der Aufschrift „Der Schönsten" in die Gesellschaft. Hera, Athene, Aphrodite stritten um den Vorrang und ließen den schönen trojanischen Prinzen Paris entscheiden. Athene versprach ihm höchsten Ruhm, Hera größte Herrschaft, Aphrodite die schönste Frau. Seine Entscheidung wurde der mythische Anlass für den Trojanischen Krieg.

Die Griechen in Aulis (1 ff.)

Schon in Vers 6 sind 1.000 Schiffe der griechischen Heeresmacht[199] in Aulis gesammelt und warten auf günstige Winde für die Überfahrt. Während eines Opfers für Jupiter ringelt sich eine Schlange auf eine Platane und raubt acht Vögel und ihre Mutter aus dem Nest. Der Seher prophezeit: Die Griechen werden siegen, aber erst im zehnten Jahr; die neun Vögel zeigen die Dauer des Krieges an. Sogleich wurde die Schlange in einen Stein verwandelt, der in Aulis „noch heute als Schlange erkennbar ist".

Die widrigen Winde lassen nicht nach, und der Seher deutet, Agamemnon müsse der Diana (Artemis) seine Lieblingstochter Iphigenie opfern, weil er eine der Göttin heilige Hirschkuh gejagt hatte. (Der umfangreiche Mythos wird in nur 3 Versen angedeutet). „Der König besiegt den Vater", Iphigenies Opferung wird vorbereitet. Im letzten Moment hüllt die Göttin die Jungfrau in eine Wolke und „mutiert"[200] sie in eine Hirschkuh – „so erzählt man". *Mutatio* bleibt doppeldeutig: handelt es sich um eine Metamorphose oder um eine Täuschung (des Königs durch die Göttin, oder des Volkes durch den König)? Die im Mythos erzählte „Entrückung" wird nicht explizit erwähnt.

Die Göttin ist durch das „Opfer" versöhnt, es gibt günstigen Wind, und die tausend Schiffe gelangen „nach mancherlei Mühen" an die troische Küste. Der Krieg kann beginnen. Aber ein merkwürdiger Einschub unterbricht die Handlung.

---

199 *1.000 Schiffe*: Die Zahl ergibt sich aus dem „Schiffskatalog" der Homerischen *Ilias* (II, 484-760).
200 *mutatio*: „Wechsel, Umtausch, Veränderung".

Metamorphosen, 3. Pentade   12. Buch

Das Haus der FAMA[201] (39 ff.)

Die Ereignisse in Troja werden unterbrochen, ehe sie überhaupt begonnen haben; denn ohne erkennbaren Zusammenhang mit der Handlung wird ein seltsamer **Exkurs** über das *Haus der Fama* („Haus der Gerüchte") eingefügt.

Den intertextuellen Zusammenhang bildet Vergils *Aeneis*. Mehrmals erscheint dort „Fama" als Göttin des Gerüchtes und Geredes. Vergils Fama ist ein undefinierbares dämonisches Wesen:[202] ist es ein Phantom aus menschlichen Organen? oder ein Vogelwesen mit riesigen Augen und Ohren? oder ein vielköpfiger Drache? Es gab unzählige Versuche in der Kunst, Vergils Fama bildlich darzustellen, denn **Vergil** widmet sich ganz der *Gestalt*. **Ovid** dagegen beschreibt nur den *Ort*. Während bei Vergil die Erscheinung der Fama en detail als ein Monstrum geschildert wird und trotzdem rätselhaft bleibt, ist sie Ovid keine Figur, sondern die Institution.

---

201 *FAMA*: Personifizierung wie: FAMES/*Hunger* (VIII, 777 ff.), INVIDIA/*Neid* (II, 787 ff.), SOMNUS/*Schlaf* (XI, 650 ff.).
202 *Vergil: Aeneis*, 4. Buch Vers 174-190:
„*Fama, ein Übel, läuft schneller als irgendein anderes. Stark und geschickt, ständig anschwellend. Zuerst ängstlich und kleinlaut, dann immer selbstherrlicher. Geduckt am Boden oder mit dem Kopf in den Wolken. Mutter Erde, so heißt es, gebar sie aus Wut auf die Götter ... Schnell unterwegs mit flinken Flügeln ist das Scheusal, gräulich und groß. Zahllose Federn wachsen an ihrem Leib, unter jeder ein waches Auge ... schwätzende Münder und spionierende Ohren. Nachts schwirrt sie zwischen Himmel und Erde durchs Dunkel, denn niemals schließt sie die Augen zu erholsamem Schlaf. Tagsüber sitzt sie witternd auf dem Dach des Bürgers oder auf dem Herrscherpalast. Sie ängstigt sogar mächtige Städte. Ob Lug und Trug oder Wahrheit: als Gerücht und Geschwätz schwillt sie an im Ohr der Völker. Sie berichtet, was geschah, und erfindet was niemals geschehen wird.*"

Metamorphosen, 3. Pentade   12. Buch

Ovid schildert – dies ist ungewöhnlich und auffällig – statt Aussehen und Charakteristik der Figur die Lage und den Charakter des **Sitzes**: FAMA ist eine Art „Weltbehörde", die alles umfasst („Erde und Himmel stoßen hier zusammen"), und die doch wie in einem Niemandsland funktioniert. Die Fama-Behörde weiß „alles, wo und in welcher Entfernung" es auch geschieht. Sie ist eine weltumspannende Institution, deren Standort, Arbeitsabläufe und Spionage-Mitarbeiter deutlich dargestellt sind.

Wieder wird aus einer episch fantastischen Vorstellung (Vergils *Aeneis*) eine realistisch elegische: Ovids Fama ist kein rätselhaftes mythisches Wesen mehr, sie ist nicht Vergils Bild eines Alptraums, sondern sie existiert äußerst konkret.

Ihr „Haus" hat „tausend Zugänge und unzählige Luken, keine Türen; bei Tag und Nacht steht alles offen". Nirgends und niemals gibt es Ruhe; ein Stimmengewirr wie das Murmeln des fernen Meeres rauscht permanent durch das Haus; „Scharen" von Zuträgern kommen und gehen. „Ein leichtes Völkchen schwirrt umher, und vermengt Wahres, Gerüchte und tausend Erfindungen". Die einen bringen Nachrichten, die anderen blähen sie auf und geben sie weiter; „Jeder fügt dem Gehörten etwas hinzu."

Das Ergebnis erzeugt Vertrauen oder Depression, Freude oder Angst. Ganz plötzlich kann durch ein Gezischel ein Aufruhr entstehen, dessen Ursache nicht erkennbar ist. „Aber Fama selbst sieht alles, was in Himmel und Meer und auf der Erde geschieht und durchforscht das ganze Weltenrund."

Metamorphosen, 3. Pentade   12. Buch

Der Arbeitsbetrieb der Weltbehörde verläuft nach exakten Richtlinien. Es gibt eine Hierarchie (mittlere und gehobene Positionen im Nachrichtendienst); doch alle bleiben anonym. Ein bis ins Detail durchorganisiertes Beamtenprinzip überzieht alle Winkel der Erde. Die Darstellung dieses Systems beginnt (39) mit *orbe* („*Weltkreis* zwischen Land, Meer und Himmel"), und endet (63) mit *orbe* („sie durchforscht den ganzen *Weltkreis*") – ein geschlossener Ring, in dem es keine Lücke geben kann: die totale Ausforschung.

Ovids Fama unterscheidet sich in allem substantiell von der vergilischen Vorlage: bei Vergil fliegt sie über die Erde, bei Ovid wirbeln statt dessen Worte und Informationen; bei Vergil ist die Gestalt unheimlich aber greifbar, bei Ovid allgegenwärtig aber nicht greifbar.

Vergils Fama sammelt ihre Informationen in der Welt – Ovids Fama sitzt als Obrigkeit im Schloss und „sieht und forscht" doch Tag und Nacht „im ganzen Erdkreis". Der weltumspannenden Behörde wird alles von überallher zugetragen.

Ovids Haus/Schloss/Burg der Fama ist erfüllt von schemenhaften Bewohnern, die Gehörtes und Erfundenes vermengen, aufbauschen und „aufarbeiten".

Von allen Unterschieden ist der auffälligste: Vergils „Gerüchte" erweisen sich in der *Aeneis*-Handlung immer als wahr; Ovids Fama mischt Tatsachen mit Erfindungen und subjektiven Interessen und formt daraus „Information"; scheinbare Fakten.

Relativierung historischer „Wahrheit"

Ovid scheint die detaillierte Beschreibung vom „Haus der Fama" nur zu benötigen, weil Fama im nächsten Vers den Troern die Ankunft der Griechen meldet. Aber entgegen dem von ihm gezeichneten Typus der Fama ist das kein Gerücht, sondern die Wahrheit.

Die Nachricht war gänzlich überflüssig. Denn die Sammlung des gewaltigen Heeres (Homer überliefert 100.000 Mann) aus allen Teilen der griechischen Welt muss lange gedauert haben. Im Vorfeld des Kriegszuges erzählt der Mythos mehrere Geschichten über Helden, die sich dem Feldzug verweigerten (Odysseus, Achilles). Danach sammelten sich die Flotten der Herrscher zwischen Kreta und Thessalien zur gemeinsamen Überfahrt in Aulis, wo diese größte Heeresmacht der damaligen Welt noch lange von widrigen Winden festgehalten wurde, ehe sie dann von Insel zu Insel nach Asien übersetzen konnte. Kaufleute, Piraten und Landreisende mussten die Warnung vor dem bevorstehenden Krieg längst nach Troja gebracht haben. Dazu war keine „Fama" mehr nötig. Wie also passt zum historischen Trojanischen Krieg die vorangehende merkwürdige Darstellung einer Informationsfabrik?

fama heißt „Gerücht", aber auch „Ruhm", und bei Ovid häufig „**Überlieferung**". Vor Beginn der historischen Ereignisse steht bei Ovid die grundsätzliche Infragestellung jeder Art von geschichtlicher Überlieferung. Alle Zeugnisse von Geschichte sind relativ. Zwar ist der Krieg um Troja historisch, aber es kann sehr unterschiedliche „Wahrheiten" geben über Abläufe, Motive, Entwicklungen, Kriegsschuld.

Metamorphosen, 3. Pentade   12. Buch

Alles wird im „Haus der Fama" nach jeweiliger Interessenlage produziert und verbreitet. (Eine zeitlose Erkenntnis: nach jedem Krieg bestimmen die Sieger, was Wahrheit ist).

Der erzähltheoretische Exkurs (Haus der Fama) vor der eigentlichen Geschichte (Trojanischer Krieg) erweist sich als Allegorie für die Relativität von Geschichtsschreibung. Unser Wissen vom Trojanischen Krieg ist eine Version von vielen Möglichkeiten.[203] Diese Theorie wird bis in das 13. Buch hinein untermauert durch eine Reihe von Erzählern, die jeweils subjektive Gründe haben, ihre unterschiedlichen Versionen darzustellen.

Mit Ovid beginnt eine neue Ära der Geschichtsbetrachtung: Die Reflektierung von Geschichte in elegischer (wehmütiger) an Stelle epischer (heroischer) Form verändert den perspektivischen Blick auf Vergangenheit und Gegenwart.

Im 11. Gesang der *Metamorphosen* lieferten die Homerischen Epen *Ilias* und *Odyssee* die Bilder und Zitate des epischen Krieges für die Beschreibung eines Seesturms, der eine elegische Liebesgeschichte tragisch beendet. Ergebnis ist die Erkenntnis, dass der scheinbar heroische Trojanische Krieg für die Menschen nicht Ruhm und Größe, sondern Leiden und Verzweiflung bedeutet. Der Tod ist nicht großartig wie im *Ilias*-Heldentum, sondern Sterben ist elend wie im Ertrinken des Ceyx.

---

203 Auch die mythologische Version vom Raub der Helena wurde unterschiedlich überliefert: Helena wurde von Paris entführt – oder folgte ihm freiwillig – oder Artemis/Diana entrückte sie während der Überfahrt nach Ägypten, und Paris führte ein Idol (Scheinbild) nach Troja; (der ganze Trojanische Krieg um einen Wahn).

Im 12. Gesang der *Metamorphosen* enthüllt Ovids Veränderung der von Vergils *Aeneis* vorgegeben Fama jedes scheinbar objektive Geschichtszeugnis als durch subjektive Interessen gesteuerte Fälschung. *Vergils* Fama verbreitete aktuell, schnell und flächendeckend Neuigkeiten, Tatsachen; *Ovids* Fama ist eine gewissenlos spionierende und die Wirklichkeit skrupellos verfälschende professionelle Institution – eine moderne Propaganda-Abteilung.

Mit Ankündigung der angreifenden Griechenflotte markiert Fama – ohne dramaturgische Funktion für die Handlung – den Beginn des Krieges. Aber *Fama* ist thematisches Programm: alles was folgt, ist nicht „Wahrheit", sondern **Version der Fama**.

Das relativiert den Anspruch der Historiker: Alle Geschichtsschreiber betonen Unvoreingenommenheit und Objektivität ihrer Recherchen.[204] Dagegen ist Ovids ostentative Abweichung von der Fama-Darstellung Vergils der metapoetische (an anderer Literatur gespiegelte) Versuch, zu zeigen, dass die Erkenntnis einer absoluten objektiven Wahrheit unmöglich ist.[205]

Alles, was überliefert wird, beleuchtet nur einzelne Aspekte oder ist gar gewollt verfälscht. Politische Geschichte ist immer die Version der Sieger.

---

204 Tacitus, *Annalen*: „sine ira et studio" (ohne Zorn und Eifer) werde er berichten.
Thukydides, *Die Geschichte des Peloponnesischen Krieges*: Nur was er persönlich überprüfen konnte, werde er ohne Ansehen der Kriegsgegner überliefern.

205 Die Unmöglichkeit einer objektiven Wahrnehmung durch den Menschen ist auch Thema von Shakespeares letzten Dramen (*Cymbeline, Wintermärchen, Sturm*), sowie der Novellen von Pirandello.

Metamorphosen, 3. Pentade   12. Buch

Achills Zweikampf mit Cygnus (72 ff.)

Die Landung der Griechen gerät zur Abwehrschacht. Auf Seite der Troer zeichnen sich Hector und Cygnus aus, auf Griechenseite Achilles, der den Zweikampf mit Cygnus sucht. „Denn Hector blieb für das zehnte Kriegsjahr gespart".

Achilles schleudert seine Lanze gegen Cygnus; aber sie prallt dumpf an ihm ab; er ist ein unverwundbarer Sohn Neptuns, und wirft seinen Speer gegen Achill mit solcher Wucht, dass er neun der zehn Rinderheute des Schildes durchbohrt. Auch der zweite und dritte Speerwurf Achills richtet nichts aus. Er zweifelt an seiner Kraft und macht einen Probewurf auf „einen Lykier niedriger Abkunft": der Speer durchbohrt Panzer und Brustkorb. Achilles zieht den Speer aus dem Leichnam und schleudert ihn erneut gegen Cygnus, an dessen Schulter er ohne Schaden abprallt. Achill glaubt jetzt, Cygnus verwundet zu haben, aber es waren nur die Blutreste des Lykiers an der Speerspitze.

Der Grieche springt vom Kampfwagen, prügelt mit dem Schwert auf Cygnus ein und zerschmettert ihm Schild und Helm, aber dessen Körper bleibt unverletzt. Voller Wut und Enttäuschung schlägt er den Gegner drei, viermal mit dem Schild ins Gesicht und hämmert ihm den Schwertknauf gegen die Schläfen. Cygnus weicht zurück, und als er rückwärts über einen Feldstein stolpert, wirft Achilles ihn zu Boden und erwürgt ihn mit seinem Helmband. Im Moment des Todes verwandelt Neptun seinen Sohn in einen Vogel, der fortan seinen Namen trägt: Cygnus (Schwan).

Mit dieser absurden Heldentat ist der erste Kampftag erledigt.

Metamorphosen, 3. Pentade 12. Buch

In der *Ilias* bildet der Zweikampf Achilles-Hektor den dramatischen Höhepunkt des Epos. Achill verfolgt Hector um die Stadtmauern – in Gleichnissen von Taube und Falke und in Traumbildern wird die Szene immer stärker aufgewertet, bis es schließlich zum dramatischen Zweikampf kommt. Bei Ovid wird die Begegnung vermieden, und der Leser muss erwarten, dass sie später nachgeholt wird.

Aber erst nach einer langen Erzählphase von über 500 Versen – 400 Verse lang erzählt der alte Nestor Geschichten – wird beim Tod des Achilles kurz und nebensächlich erwähnt, dass er Hector getötet hat. Wir befinden uns dann immer noch im 12. Buch, aber plötzlich schon im 10. Kriegsjahr. Die aus der *Ilias* bekannten Ereignisse sind in keinem Moment erkennbar. Im Gegenteil: der Beginn der Kämpfe und das Verhalten der Helden wirkt wie eine Respektlosigkeit gegenüber dem Vorbild Homer.

Achills Gegner Cygnus ist unverwundbar; er braucht keine Rüstung und trägt sie nur „wie (der Kriegsgott) Mars", weil es gut aussieht: „zur Zierde." In der *Ilias* sind Waffen etwas Hehres: „Wappnungen" werden ausführlich beschrieben; der Waffentausch von Achilles und Patroklos setzt überhaupt erst die Tragödie in Gang, denn nach dem Tod des Freundes sind Achills Waffen als Beutegut in Troja; er braucht neue. Seine göttliche Mutter Thetis geht zum Olymp und bittet den Schmiedegott Hephaistos (Vulkan), um eine neue Rüstung für den Sohn: Homers *„Schildbeschreibung"* mit den Bildern des friedlichen Lebens und den Wundern des Kosmos auf dem Schild des Todes ist ein poetisches Meisterwerk (*Ilias* XVIII, 478-608) – der lyrische Höhepunkt des Werkes.

Metamorphosen, 3. Pentade   12. Buch

Dagegen Ovid: Der Kampfbeginn in Troja zerstört jede Leser-Erwartung auf eine heroische Schilderung, denn der Hauptheld Achilles verhält sich äußerst unheroisch: Als sein Speer den Gegner nicht verletzt, zweifelt er an seiner Körperkraft und wirft die Waffe – sozusagen mal „probeweise" – auf den nächstbesten Kämpfer. Zufrieden stellt er fest, dass seine Wurfkraft noch funktioniert, zieht die Waffe aus dem leblosen Körper und versucht es jetzt noch einmal bei Cygnus. Triumphierend bemerkt er einen Blutfleck an dessen Rüstung – aber leider sind es nur die Spuren des Testgegners. Unhomerisch, unheroisch, unepisch geht er wie ein Bulle beim Stierkampf auf den Gegner los, den er mit seinen Waffen nicht verletzten kann, und erdrosselt ihn schließlich mit dessen eigenem Helmriemen – denn Cygnus ist ja nur mit Waffen unverwundbar; erwürgen kann man ihn. Für einen Helden der *Ilias* wäre das unvorstellbar und ehrenrührig.

Aber Krieg ist nicht heldenhaft großartig (episch), er ist für den Menschen unerträglich (elegisch).

Das unheroische Verhalten des größten Griechenhelden Achilles stellt das ganze überlieferte Heldentum des Trojanischen Krieges und den Ruhm der Sieger in Frage. Denn dieser alberne, groteske und absurde Zweikampf ist in den *Metamorphosen* die einzige reguläre Kampfszene aus dem ganzen angeblich zehnjährigen Krieg. Danach sind die Helden bereits erschöpft und müssen sich bei einem ausgiebigen Gelage erholen – eine sehr gute Gelegenheit, um über 350 Verse lang Verwandlungsgeschichten zu erzählen.

Metamorphosen, 3. Pentade   12. Buch

Gelage im Zelt des Achilles (146-579)

Der Trojanische Krieg, das heroischste Ereignis der Antike, erscheint bei Ovid in einem völlig neuen Licht: er ist unheroisch, fragwürdig, bürgerlich. „Des (ersten) Tages Mühe schuf Ruhe für mehrere Tage." Griechen und Troer müssen sich nach dem ersten Kampftag bereits vom Krieg ausruhen.

Weitere Kampftage werden von Ovid gar nicht erwähnt. Die Troer „bewachen" ihre Stadtmauer, die Griechen „bewachen" ihr Lager. Das ist alles.

Irgendwann ist „ein festlicher Tag", an dem der griechischen Schutzgöttin Minerva (Athene) geopfert wird. „Die Edlen füllen mit Bratenfleisch ihren Leib und stillen mit Wein ihren Durst und die Sorgen".

Die ganze Nacht schwadronieren sie über angeblich vollbrachte Heldentaten. „Was soll man auch sonst reden beim großen Achilles." Dieser hat als einziger einen Zweikampf bestanden, und die Unverletzbarkeit des Cygnus ist das Hauptthema.

Aber schnell hat der Leser bemerkt, dass dies nur das Stichwort ist für Nestor, den Dauerredner aus der *Ilias*, um die Geschichte eines anderen unverwundbaren Helden zu erzählen, die erheblich spektakulärer ist als die von Cygnus; denn dieser Held war ursprünglich eine Frau. Es muss also eine Metamorphose stattgefunden haben. Ein dankbares Thema.

Metamorphosen, 3. Pentade 12. Buch

Nestor erzählt (169-572)

Nestor ist bekannt aus der Kalydonischen Eberjagd (VIII, 260-444), wo er sich vor einem Eber mit seiner Lanze im Stabhochsprung auf einen Ast in Sicherheit brachte. Jetzt ist er uralt; er lebt, wie er in der *Ilias* immer behauptet, in der 3. Generation. Aber die Kalydonische Eberjagd spielt mythologisch im 13. Jh. v. Chr., zwei Jahrhunderte vor Troja. Ovid übertreibt maßlos: durch Nestors Teilnahme an beiden Ereignissen macht er ihn 200 Jahre alt. Man darf auf „Seemannsgarn" gespannt sein.

Caenis und Caenus (182 ff.)

„Keine der vielen Taten im Krieg und im Frieden" hat Nestor besser in Erinnerung, als diese, mit der die Geschichte vom unverwundbaren Cygnus gewaltig übertroffen werde. Das muss eine heroische Angelegenheit sein. Aber die Geschichte ist nur kurz. Sie beschreibt eine Vergewaltigung mit folgender Geschlechtsumwandlung. Die Sache ist spektakulär, aber wegen ihrer Kürze nicht aufregend.

Caenis war die schönste Jungfrau Thessaliens. Auch Peleus habe um sie geworben; aber sie wies alle Freier ab. Bei einem Spaziergang am Meer wurde sie von Neptun vergewaltigt („erzählt die Sage"). Nachdem der Gott „seine Freuden genossen hatte", gab er Caenis einen Wunsch frei („erzählt die bewusste Sage"). Caenis wünschte sich, in einen Mann verwandelt zu werden, damit ihr „so etwas nicht mehr passieren kann". Das Ende des Satzes sprach sie schon mit tieferer Stimme als den Anfang. Der Gott hatte sie erhört, und Caeneus „widmete sich fortan männlichem Tun" – wie alle Helden.

vom Heroischen zum Menschlichen: Der Trojanische Krieg als Saalschlacht

Auf den unverwundbaren Caeneus war Nestor durch Achills unverwundbaren Cygnus gekommen. Dessen Metamorphose in einen Schwan war zwar für den Handlungsverlauf uninteressant, aber sie wurde als Übergang gebraucht zu Caeneus, und durch diesen für die folgende wichtige Erzählung vom Kampf der Lapithen und Centauren, in der das Heldenepos *Ilias* ehrfurchtslos als Saalschlacht einer Hochzeitsgesellschaft dargestellt wird.

Dass „keine der vielen Taten im Krieg und im Frieden" Nestor so in Erinnerung blieben „wie diese", erklärt sich erst später: nicht das Schicksal des vergewaltigten Mädchens war gemeint, sondern der Tod des vermännlichten Caeneus bei einer turbulenten und blutigen mythischen Hochzeit.

Obwohl diese Geschichten keinen direkten Zusammenhang aufweisen, verläuft ein logischer Faden durch die Handlung: der unheroische Zweikampf des Individuums Achilles unterscheidet sich nicht von den großen staatspolitischen Ereignissen eines Krieges. Das Kleine und das Große entsprechen sich substantiell.

- Vom Trojanischen Krieg wird nur der erste Kampftag beschrieben. Einzige Kampfszene ist ein bizarrer Zweikampf von Achilles.
- Nestor ist bei Ovid 200 Jahre alt. Er war bei der Kalydonischen Eberjagd (mythisch 13.Jh.) dabei und befindet sich jetzt im Trojanischen Krieg (historisches 11. Jh.). Das verleiht seinen Geschichten ironisches Flair.

Metamorphosen, 3. Pentade   12. Buch

Nestor erzählt weiter:
Kampf der Lapithen und Centauren (210-535)

„Der verwegene Sohn des Ixion hat zur Hochzeit mit Hippodame auch die wilden Söhne der Wolke eingeladen."

Mit dem ersten Satz werden dem Leser umfassende mythologische Kenntnisse abverlangt. Und im Folgenden wirbeln immer mehr Familienzusammenhänge durcheinander.

Der verwegene Sohn des Ixion ist *Peirithoos*. Er nahm an der Kalydonischen Eberjagd teil und war danach mit Theseus Gast beim Flussgott Achelous. Seine Braut ist *Hippodame* (Hippodameia), die es im Mythos noch ein zweites Mal gibt als die Gattin von Pelops, dem Gründer der Peloponnes.

Die sagenhaften Völker der *Lapithen* und *Centauren* sind beide Verwandtschaft des Peirithous. Seine Braut ist die Tochter eines Lapithenkönigs (Sturmdämonen in den thessalischen Bergen), sein eigener Vater ist ebenfalls Lapithenkönig und gleichzeitig Stammvater der *Söhne der Wolke* (Centauren.)[206]

Der Mythos verspricht sensationelle Gewalttaten.

---

206 *Ixion* ist der erste, der in der Mythologie einen Mord begeht. Heimtückisch ermordet er seinen Schwiegervater, um wieder in Besitz der Brautgaben zu kommen. Bei einem Göttergelage belästigt er im Rausch Juno (Hera), die Gattin von Jupiter (Zeus); Juno täuscht ihn in Gestalt einer Wolke; Ixion „stach (das Trugbild) ab" und zeugte damit die *Centauren*; (Unterkörper Pferd, Oberkörper und Kopf Mensch; als Schütze im Tierkreis): sie versinnbildlichen Wildheit, Gewalttätigkeit, Trunkenheit, Wollust;
Ausnahme der Centauren war der für seine Güte und Weisheit bekannte Chiron, der Erzieher verschiedener griechischer Helden (Achilles, Jason) wurde.

Metamorphosen, 3. Pentade   12. Buch

An dem Fest nimmt der gesamte Adel Thessaliens teil, „also auch ich" (Nestor),[207] und mit ihm der berühmte unverwundbare Caeneus. (Sein Tod wird den ironischen Abschluss des „Festes" bilden.)

Neun Verse dauert das Glück des Brautpaares; dann beginnt schon die Katastrophe: Die Centauren sind völlig betrunken und geil auf die Frauen: Eurytus reißt die Braut an den Haaren, um sie zu entführen, auch die anderen Centauren packen sich „Jeder die, die ihm gefällt". Nach sechs weiteren Versen herrscht im Festsaal Verwüstung: „Das Bild einer eroberten Stadt".

Ovids Plan ist bereits klar: In der Saalschlacht von Betrunkenen wird der Untergang Trojas reflektiert. Homers *Ilias* beschreibt alleine den dritten Kampftag vom 11. bis 18. Gesang in 5.000 Versen – Ovid schildert in 310 Versen (35 mal so viel wie das Eheglück) die gigantische Schlägerei einer Fürstenhochzeit mit bestialischen Details, um den Krieg als Schlächterei zu entlarven. Heldenhafte Taten gehen in dem chaotischen Kampfgeschehen unter in einer nicht enden wollenden Steigerung von verrückten Brutalitäten, die den Leser anekeln würden, wenn nicht die Absicht überdeutlich wäre: das scheinbar bluttriefende bestialische Morden ist in seiner maßlosen Übertreibung nur grotesk; eine Gruselparodie; nicht tragisch; eher burlesk – einfach lächerlich.

---

207 *Nestor* ist in der *Ilias* Herrscher von Pylos im äußersten Süden der Peloponnes; dort wurde der „Palast des Nestor" identifiziert; in der *Odyssee* besucht Telemach den Nestor in Pylos auf der Suche nach Kunde über den verschollenen Vater. Zum thessalischen Adel zählt sich Nestor, um als Augenzeuge der Hochzeit erzählen zu können.

Metamorphosen, 3. Pentade   12. Buch

Die heroischen Kriegshelden des Trojanischen Krieges werden im anachronistischen Spiegelbild einer Hochzeitsprügelei vom Sockel ihrer Verehrung gestürzt und zynisch abqualifiziert als betrunkener, wüster Schlägertrupp.[208]

Kein Ovid-Leser im „Goldenen Augusteischen Zeitalter", dem die Unvergänglichkeit von Kriegsruhm und Macht des Römischen Reiches als Dogma staatlich verordnet war, konnte die Ironie überhören: Der zertrümmerte Hochzeitssaal gleicht „einer eroberten Stadt" (225) – der Trojanische Krieg war ein Gemetzel von Wahnsinnigen.

Vier Verse feierten die Hochzeit; nach weiteren fünf war das Mobiliar des Festsaales schon zertrümmert. Ursache war ein Brautraub. Auch der Trojanische Krieg hat seinen mythischen Ursprung in diesem privaten Ereignis eines Brautraubs (der Helena). Zehn Kriegsjahre spiegeln sich bei Ovid in einem phantastischen Krieg der Hochzeitsgäste. Es ist die barbarischste und komischste Gewaltansammlung der Literaturgeschichte.

Theseus packt einen „zufällig herumstehenden, mit weihevollen Bildern verzierten alten Weinkrug" und wirft ihn dem Bräuträuber ins Gesicht, dass es von Blut und Hirn und Wein überströmt wird. Die Brüder des Getöteten („der Wein machte sie mutig") benutzen das Hochzeitsgeschirr und die auf dem Altar aufgestellten Leuchter und Opfergaben als Wurfgeschosse.

---

[208] *Shakespeare* entzaubert das antike Heldentum in *Troilus und Cressida*: der Protagonist liebt eine Hetäre: Achill ist schwul, Oberkönig Agamemnon ein Trottel, der alte Nestor lüstern auf die schöne Helena.

Einem Lapithen wird der Kopf so zermalmt, dass die Augen auslaufen und die Nase hinter den Gaumen gedrückt wird. Ein anderer schleudert einen qualmenden Opferaltar unter die Kämpfenden. Jagdtrophäen werden von den Wänden gerissen und Hirschgeweihe als Stichwaffen eingesetzt, was besonders den Augen schlecht bekommt. Mit einem brennenden Pfahl schlägt ein Centauer um sich, dass das Blut strömt „wie hellrot glühendes Eisen in der Schmiede". Eine aus der Erde gerissene steinerne Türschwelle ist zu schwer zu stemmen – sie fällt auf den nächst Stehenden und zerquetscht ihn. In einem atemlosen Heldenkatalog werden immer mehr Gewalttätigkeiten aufgelistet, so dass jede die vorhergehende übertrumpft. Auf einem Bärenfell lagert ein bewusstlos betrunkener Centaur – ein Speer fährt ihm in die Kehle („ein schmerzfreier Tod"), und das Blut spritzt im Bogen genau in den Weinpokal in seiner schlaffen Hand und füllt ihn. Einer der Kämpfer versucht eine Eiche mit den Wurzeln auszureißen (die Feier hat sich jetzt offenbar ins Freie verlagert), da trifft ihn eine Lanze, „die sich den Weg durch den Kopf bahnt zum linken Ohr, denn von rechts war sie geworfen". Ein Centaur reißt als Wurfgeschoss den Gipfel eines Bergrückens ab und löst damit eine iliadische Aristie des Theseus aus: der zertrümmert ihm den Ellenbogen, dann springt er mit einem Satz auf den Rücken eines Centaur, (das Bild ruft die Pferdemenschen wieder ins Bewusstsein), drückt ihm wie ein Dressurreiter die Schenkel in die Rippen, fasst mit der Linken die Mähne und zerschmettert mit der Keule „so hart sie auch waren, die Schläfen". Danach tötet er noch fünf weitere berühmte Centauren.

Ein Gegner bricht eine Fichte ab und wirft den halben Stamm auf Theseus. Der weicht geschickt aus (Minerva half ihm dabei); aber der Wurf war „nicht nutzlos"; er trifft einen anderen Lapithen und reißt ihm den Kopf und die halbe Schuler ab. „Er war, O Achilles, Waffenträger deines Vaters gewesen."[209] Jetzt erfahren die Zuhörer, dass auch Peleus an der Feier teilnimmt. Er rächt den Waffenträger, indem er dem Feind die Lanze „in die Knochen schleudert"; als er den Schaft herauszieht, „blieb die Spitze in der Lunge". Der also Verwundete stürzt sich mit Fäusten und Füßen auf Peleus; der stößt ihm quer „mit einem Stich durch beide Brüste". Nestor hatte offenbar vergessen, dass der Vater Achills, bei dessen Gelage er erzählt, auch vorher gewaltige Heldentaten vollbracht hat und holt es pflichtschuldig nach: zwei Centauren hatte Peleus „im Fernkampf" erlegt und zwei im Nahkampf. Als Steigerung ist jetzt nur noch Nestor selbst möglich. Er schleudert seinen Speer, mit dem er bei der Kalydonischen Eberjagd im Stabhochsprung dem Eber entkommen war, auf einen Gegner, der unintelligenter Weise zum Schutz die Hand vor die Stirne hält. „An die Stirn geheftet ist die Hand." Dem Wehrlosen schlitzt er dann noch mit seinem Schwert den Bauch auf, und der Harakiri-Verletzte „schleift wild die eigenen Därme am Boden hinter sich her, tritt darauf, stolpert darüber und verheddert sich in sie."

---

209 Das Eingreifen von Minerva (Athene) ist eine Persiflage der Ilias. Dort kämpfen die Götter in zwei Parteien auf Seiten der Griechen und Troer aktiv mit. Athene ist Schutzgöttin der Griechen und hilft Achill im Kampf. Auch die Anrede „O Achill" ist Ironie: an bedeutsamen Stellen spricht der *Ilias*-Dichter seinen Helden mit „Du" an; z.B. *Ilias* XVI, 20: „Da sagtest du schwer stöhnend, Ritter Patroklos."

Centaurenliebe (393 ff.)

Der über die eigenen Eingeweide stolpernde Pferdemensch strapaziert die Phantasiegrenzen; das widerliche Bild ist in seiner Unmöglichkeit kaum noch komisch, und die emotionale Erfahrung des gnadenlos geführten zehnjährigen Trojanischen Krieges kann nicht ad infinitum gesteigert werden.

Nestor schwenkt plötzlich in die elegische Liebesgeschichte zweier Centauren, die allerdings drollige Komik besitzt: *Cyllarius* übertraf alle Pferdemänner an Schönheit. Makellos war sein menschlicher Anteil: Kopf, Nacken und Brust; ebenso großartig „da, wo er Mann ist": der Pferdeunterleib. Schwarz glänzte sein Fell, der Schweif und die Schenkel schneeweiß. *Hylomene* war „die schönste aller Halbtierfrauen". Gepflegt ihr Leib „so weit es bei ihren Gliedern möglich ist". Zweimal täglich wusch sie ihr Gesicht in der Quelle,[210] ebenso oft badete sie im Fluss. Unzertrennlich trabten die beiden durchs Gelände, vereint kämpfen sie gegen die Lapithen. Da wird Cyllarius von einem Speer im Hals getroffen. Die Wunde ist harmlos, aber der Speer wird ungeschickt herausgezogen und Cyllarius verblutet. Es ist der erste wirklich tragische Tod – durch einen Kunstfehler. Leidend legt Hylomene ihre „Hand" auf seine Wunde und küsst seinen „Mund", aber „die Seele entflieht". Sie sagt noch etwas zu dem Sterbenden, aber wegen des Schlachtlärms ist es nicht zu verstehen. Dann stürzt sie sich selbst – wie auch immer – in den verhängnisvollen Speer und „umfängt im Sterben den Gatten".

---

[210] Ovids Anweisungen aus der *Ars amatoria* für Liebhaber und Liebhaberin gelten auch für Halbpferde.

Metamorphosen, 3. Pentade   12. Buch

Nestors Aristie (439 ff.)

Nestors Heldentat mit dem aufgeschlitzten Bauch des Centauren hatte die Schilderung auf die Spitze getrieben. Die elegische Liebesgeschichte zweier Pferdemenschen brachte Ruhe in die Erzählung.

Aber es ist eine scheinbare Ruhe vor dem Sturm; der Neueinstieg wird krasser als das Vorherige: Ein Baumstamm, den vier Ochsen gezogen hatten, ist einem der Helden nicht zu schwer, ihn auf einen Feind zu schleudern und ihm den Schädel zu zertrümmern; aus Mund und Augen quillt das Gehirn „wie geronnene Milch aus einem geflochtenen Korb". Es ist Zeit für Nestors Aristie: „Und ich – dein Vater weiß es – ich stieß ihm die Lanze tief in die Weichteile." Noch zwei andere zählt er auf, die er gefällt hat – ob sie ebenso wehrlos waren, verschweigt er.

In seiner Jugenderinnerung fühlt sich Nestor als größter griechischer Held und gerät ins Veteranenschwärmen: Der Trojanische Krieg kommt für den Zweihundertjährigen leider zu spät. Aber hätte er „damals" stattgefunden – dann hätte Nestor den Hector besiegt und Troja erobert. („Damals" war er auf der Jagd vor einem Wildschwein auf den Baum geflüchtet, VIII, 366).

Metamorphosen, 3. Pentade 12. Buch

Der Tod des Caeneus (459 ff.)

Der Kreis von Nestors Erzählung schließt, wo er begonnen hat: mit dem unverwundbaren Caeneus: „Fünf hatte Caeneus schon umgebracht. Die Wunden habe ich vergessen, aber die Zahl habe ich behalten." Die Centauren verhöhnen ihn als ehemalige Caenis, die sich ihr neues Geschlecht bei Neptun mit ihrer Hingabe „erkauft" habe.[211] Einen der Lästerer trifft Caeneus mit seinem Speer „an dem Teil, mit dem er auf dem Pferd sitzt". Die Centauren dringen auf ihn ein, aber ihre Lanzen prallen an seinem Leib ab wie an Marmor. Sie beginnen Bäume auszureißen und stapeln sie auf dem Wehrlosen, um ihn zu ersticken. Es entsteht ein sensationelles Landschaftsbild: die thessalischen Berge Othrys und Pelion sind sämtlicher Bäume beraubt; Caeneus liegt unter ihnen begraben. Nestors Zuhörer vor Troja sehen den Ida und können sich das Bild vorstellen, wenn sein Wald vom Erdbeben erschüttert wird; so beschreibt Nestor den an dem Baumberg rüttelnden Helden. „Sein Tod ist umstritten." Manche vermuten, dass der Unverwundbare erstickt ist. Aber einer der Hochzeitsgäste hat beobachtet, dass ein neuartiger Vogel, wie er später nie mehr gesehen wurde, aufflog aus dem Berg von Bäumen, und er ist sicher, dass es der verwandelte Caeneus war. „Man glaubt es, weil er es gesagt hat."

Die Lapithen ruhten nicht eher, bis sämtliche Centauren getötet oder in die Flucht geschlagen waren. **Ende der Hochzeit**.

---

[211] Der Glaube an göttliche Vergewaltigungen wird im Volk begrenzt gewesen sein. Es wäre zu einfach gewesen, jede Jungfrauengeburt auf einen Gott zu schieben.

Hercules und Perclymenus (536 ff.)

Nestor hat die Erzählung von der Hochzeit des Peirithous und der Schlacht der Lapithen und Centauren beendet; es ist einer der berühmtesten antiken Mythen.[212]

Unter den Zuhörern ist Tlepolemus, ein Sohn des Hercules. Er beanstandet, dass Nestor seinen Vater verschwiegen hat, der doch die größten Heldentaten vollbrachte. Nestor muss zugeben, dass Hercules „Unglaubliches" geleistet hat. Aber er hasst den großen Heroen. Auf seinem Siegeszug durch die Peloponnes hatte Hercules auch Pylos zerstört, wo Neleus herrschte. Von dessen zwölf Söhnen tötete Hercules im Kampf „alle außer mir" (Nestor). Besonders tragisch war das Schicksal seines Bruders Periclymenus, der die Gabe hatte, seine Gestalt zu verwandeln und der als Adler vor Hercules hoch in die Wolken geflohen war. Doch dessen Pfeil traf ihn. „Die Wunde war nicht schlimm", nur der Flügel war verletzt. Der Adler stürzte ab und stieß sich beim Aufprall den Pfeil mit seinem Körpergewicht durch die Brust in die Kehle. Nestor rächt den Tod seiner Brüder damit, dass er den Namen ihres Mörders, des hochberühmten Heroen in der Überlieferung ignoriert.

Die Parallele zur ebenso ungefährlichen und dann doch tödlichen Wunde des Cyllarius ist offensichtlich. Zwei „unnötige" Tode. Kriegsschicksale.

---

[212] Die Dramatik der Kampfhandlung zwischen Lapithen und Kentauren am Westgiebel des Zeus-Tempels in Olympia gehört zu den Meisterwerken der antiken Skulptur.

Ende von Nestors Erzählungen (577 ff.)

„Mit süßem Munde" hat Nestor so lange geredet, wie man es von ihm nach der Tradition der *Ilias* erwartet. Den Abschluss der überlangen Erzählungen bildete sein Gedanke, sich am Mörder seiner Brüder zu rächen, indem er ihn totschweigt.

Vielleicht gäbe es weniger macht- und ruhmsüchtige Imperatoren, wenn die Nachwelt ihnen keine Denkmäler errichten, sondern ihre Namen verschweigen würde.

Das Nachdenken über den größten aller Griechen, Hercules, entlarvt den Ruhmesgedanken als tödlichen, menschenverachtenden Irrtum. Er steht am Ende des Gelages beim berühmten Achill, wo von den Helden heroische Geschichten erzählt werden, während ein mörderischer Krieg tobt.

Nestors Geschichten haben die Zuhörer ermüdet. Die Helden haben nur noch den Wunsch, Schlafen zu gehen.

Ein gewaltiger Zeitraum zwischen Essen und Schlafen ist ausgefüllt worden mit dem „Sinngehalt" des Trojanischen Krieges: die unrealistische Schlacht zwischen einem Bergvolk (Sturmgottheiten) und Pferdemenschen scheint komisch zu sein, aber in den Schreckensbildern ist sie nicht weniger realistisch als ein antiker oder modernen Krieg.

Zurück bleibt ein eisiger Hauch.

Metamorphosen, 3. Pentade   12. Buch

Tod des Achilles (580)

Homers Leser kennt die 12.000 Verse *Ilias*, die nur eine Episode aus dem letzten Kriegsjahr beschreiben: den Streit zwischen Achill und Agamemnon. Der Leser Ovids verliert das Zeitgefühl. Nach dem Zweikampf Achill-Cygnus, gleich nach Landung der Griechenflotte, erfährt er über den weiteren Zeitverlauf lediglich: während die Kriegsparteien Stadtmauer und Lager bewachen, kommt ein Festtag, an dem die Griechen feiern und Nestor Geschichten erzählt. Seine Erzählung der Schlacht der Lapithen und Centauren bildet den gesamten Trojanischen Krieg ab.

Direkt anschließend erfolgt der Tod Achills im letzten Kriegsjahr: „Es schmerzt" Neptun (nach 10 Jahren), dass sein Sohn Cygnus von Achill (am ersten Kriegstag) getötet wurde. Er wendet sich an Apollo, den Tod des Griechen, „der grausamer ist als der Krieg selbst", herbeizuführen.

Alles dauert nur 50 Verse: In Nebel gehüllt sucht Apollo unter den Kämpfenden nach Paris, der Ursache des Krieges. Der versendet gerade „spärliche Pfeile auf unbedeutende Griechen". Apollo richtet den Bogen von Paris auf Achill, der mit dem Schwert Heldentaten vollbringt, und lenkt das tödliche Geschoss.

Das ist alles.

In den folgenden Versen wird der größte Held des Trojanischen Krieges bereits bestattet. „Schon ist er Asche, und vom großen Achilles bleibt kaum genug, eine Urne zu füllen." Die lakonische Ankündigung eines Streites um Achills Waffen bildet die Buchgrenze.

Metamorphosen, 3. Pentade 12. Buch

Ovids Sicht des Krieges

Der Trojanische Krieg ist im *perpetuum carmen* von Ovids Weltgeschichte die Schnittstelle und Verbindung von der mythischen in die historische Zeit. In der dichterischen Konzeption des ganzen Werkes gehört der 3. Pentade nach den Göttergeschichten (1. Pentade) und der Zeit der Heroen (2. Pentade) die aktuelle Zeit, bis zu der zu berichten Ovid im Proömium verspricht: *ad mea tempora.*

Umso seltsamer ist die Darstellung des ersten bedeutenden historischen Ereignisses der antiken Kulturgeschichte: der im Römischen Reich als große Vergangenheit gefeierte Trojanische Krieg, dessen Held auf Troer-Seite, Aeneas, zum Gründer des Römischen Reiches wird, ist eine brutale und eklige Schlächterei.

Welche Bedeutung hat dieser gewaltige Erzählblock von Nestor mit der Saalschlacht der Hochzeitsgesellschaft? – Diese Keilerei wie in einem Bierkeller, in der Weinkrüge und Wasserkessel, Kandelaber und Hirschgeweihe, Altäre, Türschwellen und Bäume den mythischen Figuren als Waffen dienen.

Wo liegt der Ruhm und Menschheitsfortschritt und Verdienst dieses historischen Ereignisses? Nestors Aristie mit dem Speer (385) ist eine boshafte Ironie des „Speer-Hochsprungs" aus der Kalydonischen Eberjagd. Auch der über seine Eingeweide stolpernde mythologische Centauer ist für Nestor nicht ruhmvoll. Wozu das ganze schlimme Gemetzel?

Homer erwähnt die Schlacht der Lapithen und Centauren nur am Rande in 6 Versen; bei Ovid sind es 250 Verse. Aber er beschreibt sie im ebenso 12. Buch wie Homer im 12. Gesang der *Ilias*.

Metamorphosen, 3. Pentade 12. Buch

Bei Ovid ist der Mythos von der Schlacht der Lapithen und Centauren ein Ersatz für die 14.000 Verse des heroischsten Werkes der antiken Literatur. Wo er die *Ilias* scheinbar geschmacklos übertreibt, zeigt er den Schmutz und Schmerz des Krieges.[213]

Zweikämpfe werden pervertiert zu Keilereien. Das bedeutet: Heldentum als solches ist in der Gegenwart überflüssig, sinnlos und borniert. Aber Ovid parodiert Homer nicht; die *Ilias* wird nicht lächerlich gemacht, sondern Zeitgenossen, die glauben, solche Werte seien in ihrer Zeit noch haltbar, werden ad absurdum geführt.

Manche brutale Stellen sind kaum übersetzbar, weil der moderne Leser damit Probleme hat. Der antike Leser hatte sie nicht; in seiner Welt waren Schmutz und Gewalt alltäglich; es gab keine Hygiene.[214] Winkelmanns „edle Einfalt, stille Größe" ist ein klassisches Missverständnis der antiken Lebenswirklichkeit.

---

[213] *Ilias* XIII, 387 f.: „Der schnellte ihm den Wurfspieß unter dem Kinn in die Gurgel und trieb ihm die Spitze hindurch." – Ovid XII, 252 f.: „ausgelaufen die Augen, zurückgestoßen, die Nase haftet hinten am Gaumen inmitten zerschlagener Knochen".
Ilias XVII, 617 f.: „Dieser traf ihn unter Kinn und Ohr; der Speer schlug ihm die Zähne aus und zerschnitt ihm die Zunge." – Ovid XII, 456 f.: „Vom Wurfe des Mopsus getroffen, sank der Centaur Hodites und versuchte vergebens zu reden, da ihm die Zunge ans Kinn und das Kinn an die Kehle geheftet war."

[214] Noch die Besucher in Shakespeares Londoner Globe-Theater 1.600 Jahre nach Ovid waren nicht nur ungewaschen; sie aßen und tranken in der Aufführung, und für die Notdurft heißt es: *they used the yard* (sie benutzten den Stehplatzbereich um die Bühne).

Das Miteinander in der römischen Männergesellschaft war ein Kampf ums Überleben, und die Zeitgenossen haben Ovid verstanden: der Trojanische Krieg muss ungeheuer grausam gewesen sein, abscheulich und menschenverachtend.

Menschlich berührende Szenen der *Ilias*[215] bleiben bei Ovid ausgeblendet; aber in den Schicksalen des Centauer Cyrillus und des Nestor-Bruders Periclymenus ist das Sinnlose des Kriegsopfers auch emotional wirksam. Es ist das gleiche brutale Schlachten wie in einem realen Krieg; nur die „Waffen" sind andere. Ovid treibt in seiner Erzählung die Gewalt bis zu einem Punkt, wo sie nicht mehr komisch wirkt, sondern irrsinnig: Krieg ist das Werk von Wahnsinnigen. Rational können die Schrecken des Krieges gar nicht erfasst werden.

Zweitausend Jahre nach Ovid bleibt die Realität in der Berichterstattung der modernen Kriege komplett ausgespart; die Folgen lasergesteuerter Splitterbomben sind weit furchtbarer als die teils ekelhaften Ereignisse in Nestors Erzählung. In den Fernsehnachrichten wären sie nicht ertragbar. Ovid zeigt mythische Geschichten; mit diesem Abstand müssten sie vermittelbar und begreifbar sein.

Ovids Buch vom Trojanischen Krieg ist das kürzeste der *Metamorphosen*. Nur eine einzige Kampfhandlung findet statt: Achills blamabel unheroischer Zweikampf mit dem unbekannten Cygnus am ersten Kriegstag. Die *Ilias*-Handlung ist ausgespart. Auf Nestors Erzählung folgt demonstrativ knapp Achills Tod im letzten Kriegsjahr.

---

215 Hektors Abschied von Andromache (*Ilias* VI, 370-503) u.a.

Die ausschließliche Projektion des Heldenepos *Ilias* auf eine Saalschlacht relativiert das Heldentum ebenso wie den objektiven Anspruch historischer Überlieferung.

Drei Jahrhunderte nach Homer wird der „Erfinder" der wissenschaftlichen Geschichtsschreibung Thukydides – bei der Beschreibung des *Peloponnesischen Krieges*, der 404 v.Chr. mit dem Untergang Athens das Ende der klassischen Antike bedeutet - nachweisen, dass der Trojanische Krieg in seinem Ausmaß und seiner Bedeutung weit überschätzt wurde. Ein zehnjähriger Krieg mit seinen logistischen Problemen (Nachschub von Soldaten und Versorgung eines so großen Heeres in Feindesland auf einem anderen Kontinent) ist zu dieser Zeit schwer vorstellbar. Die Sieger schrieben seine Geschichte.

Die Unzuverlässigkeit geschichtlicher Überlieferung war am Anfang des 12. Buches mit dem *Haus der Fama* thematisiert worden (39-63), und dies ist auch das Thema des Waffenstreits, der über die Buchgrenze ins 13. Buch führt.

Ende des 12. Buches

13. BUCH
vom Waffenstreit bis Scylla und Glaucus

Der Waffenstreit (1-398)

Das 13. Buch wird mit einem Rededuell zwischen Aiax und Ulixes (Odysseus) um die Waffen des toten Achilles eingeleitet. Dieser Mythos war in der Antike hochberühmt. Außerdem bildet der Waffenstreit das Vorspiel zum Selbstmord des Aiax, über den Aischylos und Sophokles berühmte Tragödien schrieben. (Der *Aias* des Sophokles ist erhalten).

Rhetorik war in Rom die alle anderen Wissenschaften überwölbende Grundausbildung.[216] Senatoren – Cicero, Cato ... – waren von Beruf „Redner". Auch wenn sie als Politiker oder Schriftsteller wirkten. Geschliffene raffinierte Rhetorik war Voraussetzung für die Karriere. Der „Rede-Agon" (Wettstreit) galt den antiken Rhetorikern als Paradebeispiel für den Aufbau einer Überzeugungsrede.

---

216 *Rhetorik*: Um 400 v.Chr. gründete der Redner Gorgias aus Sizilien in Athen eine Rhetorik-Schule. Hieraus entwickelten sich die Sophisten. Sie verstanden Wahrheit und Moral als relative Werte, die man dem persönlichen Nutzen zuordnen konnte. Ziel war der Sieg der eigenen Position. (Protagoras: „Die schlechtere Sache zur besseren machen"). Daher legten sie besonderen Wert auf Rhetorik, vermittelten aber ihren Schülern auf allen Gebieten (Naturwissenschaft, Geschichte, Theologie, Geographie, Rechtskunde ...) nützliche Kenntnisse für einen öffentlich-politischen Erfolg. Platon verurteilte die Sophisten speziell dafür, dass sie als Lehrer für ihren Unterricht Geld verlangten; das war neu in Athen und galt als unmoralisch. Als Folge dieser Kritik hat der Begriff Sophist eine negative Bedeutung angenommen, die noch heute zu spüren ist; der Sophist gilt als „Haarspalter, Wortverdreher".

Metamorphosen, 3. Pentade   13. Buch

In den *Metamorphosen* hat die Auseinandersetzung um das Erbe der Waffen des getöteten Achilles eine wichtige Funktion: In den Reden der Kontrahenten wird Troja hier so rekapituliert, wie es im 12. Buch vermisst wurde.

Allerdings sind Aiax und Ulixes Partei: jeder stellt die Geschichte so dar, dass sie ihm nützen soll. Aus dem Munde von zwei ausschließlich an ihrem eigenen Vorteil interessierten Beteiligten wird sowohl der Sinn des Heldentums wie die Objektivität von historischer Überlieferung in Frage gestellt. Es kann nicht einmal der Versuch von Objektivität erwartet werden, wenn zwei Kampfhähne um die besten Waffen der Welt streiten.

Die Rednerfolge lässt vermuten, das Aiax unterliegen wird; der zweite Redner (Ulixes) hat im klassischen Rede-Agon immer die längere Rede; er kennt die Vorwürfe des ersten Redners, kann dagegen argumentieren und die Richter als letzter Redner nachhaltig beeindrucken.

Dieses Rededuell ist das klassische Gegensatzpaar „Faust gegen Hirn".

Metamorphosen, 3. Pentade   13. Buch

Rede des Ajax (1 ff.)

eigener Stammbaum und Schmähung des Ulixes

Die Tendenz der Rede zielt auf die Konfrontation des Helden, dessen Taten echt sind, weil sie von allen bezeugt werden können (Ajax), gegenüber dem schlauen und verschlagenen Ulixes, der die Menschen mit Lügengeschichten gewinnt. „*Ich* tauge zum Kampf in der Schlacht, *der da* taugt zum Schwätzen."

Die Rede von Aiax wirkt schon im Stammbaum umständlich: Er ist der Sohn Telamons, der Troja gestürmt hat zusammen mit Hercules (XI, 216), der auf der Argonautenfahrt mit Jason „den Strand von Colchis betrat;"[217] Hercules ist Jupiters Sohn (von Alkmene, IX 273 ff.). Aber auch Aiax kann sich auf Jupiter zurückführen: Telamon ist der Sohn von Aeacus, der von Jupiter gezeugt wurde (VII, 490 ff.).

Es folgt eine Aufzählung aller im Mythos bekannten Ereignisse, in denen sich Ulixes anfechtbar verhalten hat: Um nicht am Krieg teilzunehmen, spielte er den Wahnsinnigen, spannte einen Ochsen und einen kleinen Esel vor den Pflug und streute Salz in die Furchen; der kluge Palamedes legte den neugeborenen Sohn Telemach vor den Pflug, Ulixes wich vorsichtig aus und seine Verstellung war entlarvt. Vor Troja rächte er sich an Palamedes: er vergrub Geld in dessen Zelt und zeigte ihn als Spion an; dann sorgte er dafür, dass das Gold gefunden wurde, und Palamedes wurde gesteinigt.

---

217 Aiax verfälscht den Mythos: Hercules war nicht beim Goldenen Vlies dabei; er blieb unterwegs auf einer Insel zurück, weil ihm sein Geliebter abhanden gekommen war.

Metamorphosen, 3. Pentade 13. Buch

Der Intrigant und Ränkeschmied überredete die Griechenfürsten auch, den Philoctet auf der Insel Lemnos auszusetzen, weil dessen Schlangenbisswunde eiterig stank; er verhindert damit seit 10 Jahren die Einnahme von Troja, das nach einem Orakelspruch ohne die Pfeile des Philoctet nicht besiegt werden konnte. Als Nestors Pferd in der Schlacht verwundet wurde, war Ulixes zu feige, ihn zu retten.

Ulixes kämpfe mit Worten; nur dafür sei er zu fürchten. Wer sich wahnsinnig stelle, um keine Waffen ergreifen zu müssen, und in der Schlacht feige sei, sie zu benutzen, habe keinen Anspruch auf die berühmtesten aller Waffen.

Er fordert Ulixes zum Zweikampf, um zu zeigen, wer von ihnen der Waffen des Achilles würdig ist.

Lob der eigenen Taten

Aiax listet seine Heldentaten auf: Als Agamemnon, Diomedes und „die erbärmliche Seele" Ulixes gleichzeitig verwundet wurden, hat er den Rückzug gedeckt (*Ilias* XI, 472 ff.). Er streckte Hektor mit einem Feldstein zu Boden (*Ilias* XIV, 402 ff.), und als das Los geworfen wurde, wer gegen Hector im Zweikampf antritt, „da habt ihr gebetet, es möge mich treffen ... und ich wurde von jenem nicht besiegt" (*Ilias* VII, 244 ff.: unentschieden). In der kritischsten Kriegsphase waren die Troer in das Griechenlager eingedrungen, und Hector schleuderte die Fackel in die Schiffe, um den Griechen die Heimkehr zu verhindern. „Wo war da der eloquente Ulixes!" Aiax war es, der die Troer in einer waghalsigen Aristie (Heldentat) von den Schiffen vertrieb (*Ilias* XV, 415 ff.).

Metamorphosen, 3. Pentade 13. Buch

Herabsetzung der Taten des Ulixes

Aiax versucht, die von der Gegenseite erwarteten Argumente vorwegzunehmen. Falls Ulixes sich seiner Taten rühmen sollte: keine davon hat er im offenen Kampf vollbracht; alle bei Nacht; und immer mit Hilfe des Diomedes.

Der goldene Glanz von Achills Helm würde Ulixes in seinen Hinterhalten verraten. Seine Arme sind zu kraftlos für die mächtige Lanze und den göttlichen Schild. „Du übler Kerl! Warum forderst du Dinge, die du zu schwach bist zu tragen". Solche Hände sind nicht zum Waffentragen; sie sind nur zum Stehlen geeignet. Feige sei Ulixes, weil er alle in der Flucht übertrifft.[218] Der Vorwurf „Stehlen" soll seinen Hauptverdienst diskreditieren: den Raub des Palladiums[219] in Troja.

Am Schluss seiner Rede setzt Aias ein besonders wirksame Technik ein: die Unterstützung der Rhetorik durch optische Mittel: Er fordert die Griechenfürsten auf, die Waffen der Kontrahenten zu vergleichen. Der Schild des Ulixes weist keine Kampfspuren auf; sein eigener „klafft von tausend Hieben und Stichen".

---

218 Flucht von Odysseus ist in der Ilias nicht erwähnt. Im Gegenteil: er hindert die Griechen nach Agamemnons gescheiterten Bluff daran, den Krieg abzubrechen (*Ilias* II, 183 ff.).

219 *Palladium*: Statue der Athene auf der Akropolis in Athen. Die Sicherheit der Stadt hing vom Schutz der Statue ab. In der *Ilias* steht sie (noch) in Troja; Odysseus und Diomedes stehlen sie im 10.Kriegsjahr.
Die Römer leiteten ihre Abstammung von den Troern ab und glaubten, das Palladium im römischen Vesta-Tempel, sei das trojanische Original, das von ihrem Staatsgründer Aeneas nach Trojas Untergang nach Italien gebracht worden sei. (Aber es war im Besitz der Griechen).

Die Folgerung klingt zwingend: Aiax braucht einen neuen Schild, Ulixes nicht. In den letzten Worten schließt sich der Kreis seiner Argumente, die Entscheidung nach Verdienst, Mut und Kraft zu treffen: man solle die umstrittenen Waffen in die Mitte der Feinde werfen, dann werde man sehen, wer sie heraushole, Ulixes oder Aiax. Dieser Redeschluss entspricht der modernen Technik des „Verkaufsgesprächs": die Aktionsauslösung am Ende.

Rhetorik

Ein rhetorischer Witz: der schwerfällige Kämpe Aiax beherrscht den Hexameter nicht in seiner „modernen" Form. Vers 74 und 79 benutzt er einen Stil, der zu Ovids Zeit als altmodisch galt. (Emission, Verschleifung von „et" im dritten Metrum).
Pallentemque metu et trepidantem morte futura[220]

– – – v v – v v – – – v v – v

post clipeumque late et mecum contende sub illo

– v v – v v – – – – – v v – v[221]

(aus *metu et* wird „metet"; aus *late et* wird „latet")

Aber: es ist ein Rede-Agon:
Auch Aiax, der sich durch Kraft und Mut auszeichnet und nicht durch feingesponnene Rhetorik, hat gelungene Sentenzen (97): „Die Waffen verlangen nach Aiax! Nicht Aiax verlangt nach den Waffen."
Aiax armis! non Aiaxi arma petuntur.[222]

---

[220] *erbleichen in Furcht und vor drohendem Tod erbeben*
[221] *birg dich hinter dem Schild und kämpfe mit mir unter ihm*
[222] *Aiax wird von den Waffen erbeten! nicht die Waffen von Aiax.*

Metamorphosen, 3. Pentade 13. Buch

Rede des Ulixes (125 ff.)

Eröffnung der Rede (125 ff.)

Ulixes spricht als zweiter. Nach der traditionellen Rhetoriklehre hat er deshalb die besseren Chancen. Die zweite Rede ist immer länger; hier ist der Unterschied sogar gravierend: 253 zu 117 Versen.

Der raffinierteste und erfolgreichste Redner der *Ilias* „senkte den Blick eine Weile zu Boden; dann hob er ihn zu den Edlen" und beginnt seine Rede: „Ihr Griechen. Wären unsere gemeinsamen Gebete erhört worden... gehörten die Waffen noch dir, Achilles." Dann macht er eine Bewegung, als wische er sich eine Träne aus den Augen.

Es ist ein emotionaler Rundschlag: Das Senken des Kopfes nach der Aiax-Rede kann Schuldbewusstsein bedeuten, oder Enttäuschung über die Anklage des Kriegsgefährten, oder Nachdenklichkeit, um die rechten Worte zu finden.

Aber Ulixes überrascht alle: die Waffen scheinen ihn gar nicht zu interessieren in den Stunden der Trauer um den gefallenen Freund. Während Aiax habgierig um das Eigentum des Achilles streitet, betrauert Ulixes dessen Tod, der die Situation überhaupt herbeigeführt hat, und unterstellt, dass die Griechen für das Wohl des Achilles gebetet haben.[223] Mit dem Druck auf die Tränendrüsen hat Ulixes eine religiöse Stimmung erzeugt, in welcher Aiax pietätlos wirken muss gegenüber dem Andenken Achills.

---

[223] Eine Geschichtsfälschung: der *Ilias*-Leser weiß, wie hasserfüllt Agamemnon gegen Achill war, und dass dieser sich in gleichem Hass von den Kämpfen zurückgezogen hatte, damit die Troer siegen.

Aiax präsentierte sich selbst als Helden; Ulixes ehrt den Toten – aber mit einem raffinierten Wortspiel ehrt er sich selbst: „Wer sollte besser dem großen Achill nachfolgen, als der, durch den der große Achill den Griechen gefolgt ist!" (133 f.: *succedat Achilli – successit Achilles*).[224]

Den Vorwurf, kein Mann der Taten sondern der Rede zu sein, entkräftet er leicht: seine Eloquenz habe immer den Führern und dem ganzen Heer genützt.

Damit sind die Vorurteile, die Aiax gegen einen ‚mit allen Wassern gewaschenen Sophisten' schürte, erledigt. Die Brillanz seiner folgenden Rede kann nicht mehr gegen den Redner selbst verwendet werden.

---

[224] Achills Mutter Thetis hatte den Sohn in Frauenkleidern bei den Töchtern von König Lycomedas auf Scyros verborgen, um ihn dem Krieg zu entziehen. Da ein Orakel die Teilnahme von Achill für den Sieg über Troja forderte, schickten die Griechen Odysseus als Cleversten auf die Suche. Er kam nach Scyros und brachte als Gastgeschenke schöne Kleider und Waffen. Als er die Kriegstrompete blasen ließ, flohen die Mädchen mit den Kleidern und Achill stürzte zu den Waffen – er war erkannt und musste Odysseus folgen.

Belanglosigkeit der Abstammung (140 ff.)

Sukzessive werden die Argumente von Aiax abgearbeitet:

Der Vorzug, Urenkel Jupiters zu sein, sticht nicht; denn auch Ulixes stammt in gleich vielen Gliedern von Jupiter ab. Es war ungeschickt von Aiax, etwas für sich zu reklamieren, was genau so für seinen Gegner gilt. Ulixes kann noch zwei Pointen darauf setzen: sein Vater sei „nicht verbannt ... sei schuldlos am Blut seines Bruders",[225] und durch die Mutter gäbe es „einen zweiten Adel durch den Spross der Cyllene".[226] Aiax ist mit seinen eigenen Argumenten geschlagen. Da Ulixes mit seinem Stammbaum den Gegner übertrifft, erklärt er großzügig die Ehren der Vorfahren als irrelevant; nur eigene Verdienste sollen zählen.

Ulixes sieht die Gefahr, dass ein anderes Argument der Verwandtschaft zieht: die Väter von Aiax und Achill sind Brüder; das könnte den Anspruch von Aiax erhöhen. Aber dann stünden noch andere in der Erbfolge vor ihm; sein eigener Vater Telamon und der Sohn von Achilles – und seine eigener Bruder Teucros. „Wo ist da noch Platz für Aiax?"

---

225 Der Bruder von Aiax' Vater Telamon, Peleus, musste wegen Ermordung seines Halbbruders Phocus fliehen (XI, 266 ff.). Ulixes unterstellt, dass Telamon daran beteiligt war. Da der Brudermörder Peleus der Vater Achills ist, stellt sich Ulixes in der Abstammung ethisch sogar über Achill.

226 Cyllene: Gebirge in Arkadien in der Peloponnes; Geburtsort von Mercur (Hermes). Mercur ist der Vater von Autolycus, dieser ist der Vater von Antikleia, der Mutter des Ulixes. Ulixes' Großvater Autolycus erbte von Mercur, dem Gott der Kaufleute und Diebe, Durchtriebenheit; (XI, 291 ff.). sein Enkel wurde der „listenreiche" Odysseus (Ulixes).

Metamorphosen, 3. Pentade　　　　　13. Buch

Lob eigener Taten: der versteckte Achilles (159 ff.).

Ulixes baut seine Rede parallel zu Aiax auf, um sie zu widerlegen, erweist sich dabei aber als der Souveränere. Aiax hatte nach seinem Stammbaum den Gegner beleidigt;[227] Ulixes tut das gleiche, aber unmerklich und auf anderer Ebene: seine Totenehrung hat den Aiax als gefühllosen, habgierigen Egoisten überführt, während er selbst durch den Tod des Gefährten so erschüttert ist, dass ihn Tränen am Beginn seiner Rede hindern. Die Sophistik seiner Argumentation ist versteckt: Ulixes reklamiert das Erbe von Achilles für sich, weil er es war, der ihn im Versteck entdeckt und für den Krieg mobilisiert hat. Zwar ist er dadurch auch schuld an seinem Tod. Aber nach der Sophistik gilt es, „die schlechtere Sache zur besseren zu machen."

Ulixes beschreibt seine eigenen Taten, obwohl er „mehr vollbracht hat, als man in Worten überhaupt beschreiben kann."[228]

Er beginnt seine Aufzählung mit der erfolgreichen Suche nach Achilles, die er mit einem Wortspiel schon angedeutet hatte.[224] „ICH habe in dem Helden männlichen Sinn erweckt, als ich die Waffen zu dem weibischen Tand legte ... ICH legte die Hand auf ihn und sandte den Tapferen zu tapferen Taten" (170: *fortem ad fortia misi*).

---

[227] Nach antikem Rhetorik-Modell fordert die erfolgreiche Rede zunächst die Herabsetzung des Gegners und der Gegenargumente, dann die Würdigung der eigenen Person.

[228] *Unbeschreiblichkeitstopos*: Der Redner kann seine Verdienste endlos beschreiben, um ständig zu wiederholen, dass sie letztlich unbeschreiblich sind. Darüber gibt es keine Steigerung mehr.

„Handauflegen" symbolisiert rechtliches Besitzergreifen, und Ulixes leitet von diesem juristischen Formalismus eine logische Folgerung ab: er ergreift Besitz von den Taten des Achilles, die er nun (statt eigener) aufzählt:

„Mein Werk ist" alles, was Achilles vollbracht hat. In Person des Achilles hat Ulixes Theben, Lesbos, Chrysa, Cilla und Scyros erobert. „Durch mich ist der ruhmreiche Hector gefallen."

Er fordert für sich die Waffen, mit denen er Achilles seine Identität gegeben hat (180): „Ich gab sie dem Lebenden, von dem Toten verlange ich sie zurück." (*arma peto: vivo dederam, post fata reposco*).

Die Forderung von Ulixes ist Geschichtsfälschung und Blasphemie. Denn die Waffen, die Ulixes als Gastgeschenk nach Scyros brachte, sind nicht die Waffen, mit denen Achill in den Krieg zog. In der *Ilias* wird die „Lanze vom Pelion" mehrmals als Vater-Erbe erwähnt. Und wenn es diese Waffen gewesen wären, dann geht der Streit jetzt um ganz andere: Als die Griechen in größter Not waren, lieh Achill seinem Freund Patroklos die eigenen Waffen, um die Troer aus dem Griechenlager zurückzuschlagen (*Ilias* XVI, 38 ff.). Beim Ansturm auf Troja wurde Patroklos von Hector getötet und seine Waffen (die Waffen Achills) als Beute nach Troja geschafft. Achill wollte in die Kämpfe eingreifen, hatte aber keine Waffen. Seine Mutter Thetis bat auf dem Olymp Hephaistos (Vulcan) um eine neue Rüstung. Die folgende *Schildbeschreibung* (*Ilias* XVIII, 478-608) gehört zu den Höhepunkten der *Ilias*.

Um diese Waffen, Lanze und Schild des göttlichen Schmiedes, geht es; nicht um die Gastgeschenke des Ulixes auf Scyros.

Metamorphosen, 3. Pentade   13. Buch

Weitere Taten (181 ff.)

Noch anfechtbarer als der Eigentumsanspruch auf Achills Waffen ist das zweite Beispiel einer heroischen Tat: Ulixes reklamiert für sich, Agamemnon zur Opferung seiner Tochter Iphigenie überredet zu haben, um den Feldzug zu ermöglichen.[229] „ICH habe ihm den weichen Sinn mit meinen Worten auf den Vorteil des Ganzen gelenkt... bis ihn der Nutzen überzeugte... seinen Ruhm mit Blut zu bezahlen."

Um damals Iphigenie ins Soldatenlager nach Aulis zu locken, galt es, ihre Mutter Klytaimnestra „mit List zu täuschen."[230] Wäre Aiax zu der schwierigen Mission ausgesandt worden, „hätten die Schiffe heute immer noch keinen Wind". Die Argumentation von Ulixes spiegelt das Wesen derer, die er gewinnen will: dem „Vorteil und Nutzen" wird alles untergeordnet; selbst das Leben des eigenen Kindes.

„Als kühner Redner" war Ulixes bei Kriegsbeginn ausgewählt worden, um in Troja über die Rückgabe der Helena zu verhandeln. Seine Beredsamkeit überzeugte dort sogar den alten König Priamos. Aber Paris „und die von ihm Geraubte" wurden handgreiflich – „Menelaos, du weißt es!" (Du warst dabei!).

---

229 Als sich die Flotte der Verbündeten aus ganz Griechenland in Aulis (gegenüber Euböa) zur Überfahrt gesammelt hatte, verhinderte Gegenwind die Ausfahrt. Der Seher verkündete, dass die Göttin Artemis (Diana) von Agamemnon die Opferung seiner Tochter Iphigenie fordere, weil er eine ihr heilige Hirschkuh gejagt hatte. Bei Ovid wird der wichtige Mythos zu Kriegsbeginn extrem kurz erwähnt (XII, 6-38).
230 Ulixes belog Klytaimnestra, die Königstochter solle im Feldlager mit Achilles verlobt werden.

Ovid bringt eine neue Nuance in den Mythos: Es gab zwar die verschiedenen Versionen, ob Helena gewaltsam entführt wurde, oder dem schönen Paris freiwillig folgte,[231] aber dass Menelaos in Troja Augenzeuge wurde, wie Helena sich wehrte, zu ihm zurückzukehren, ist neu. Menelaos wird in der Ulixes-Rede zum Hahnrei.

Ulixes schildert seine Verhandlung in Troja beispielhaft als erste Kriegshandlung.[232] Was er im weiteren langen Kriegsverlauf zum „Nutzen" des Heeres noch alles vollbracht hat, würde seine Rede bei weitem sprengen. (Unbeschreiblichkeitstopos). Damit überspringt er die zehn Kriegsjahre, in denen die Troer „keine Gelegenheit zu offener Feldschlacht gaben".

Die Eloquenz des Ulixes muss seine Zuhörer verzaubert haben, wenn er sich solche Abweichungen von der Realität erlauben kann: die *Ilias* beschreibt zwar nur 52 Tage aus dem letzten Kriegsjahr, aber es ist unvorstellbar, dass sich die Troer zehn Jahre lang ausschließlich verschanzt haben und keine Kämpfe stattfanden. Die Richter im Waffenstreit sind die Könige, die in diesen Schlachten in vorderster Linie standen. Aber: Durch den Sprung vom ersten Kriegstag in die Gegenwart haben jedenfalls alle Taten nicht stattgefunden, die Aiax, der mutigste Held nach Achilles, in 10 Jahren vollbrachte – es gab ja keine Kämpfe.

---

231 Euripides schrieb drei *Helena*-Tragödien, in denen der „Raub" unterschiedlich dargestellt wurde.
232 Ulixes widerspricht sogar Ovid, dass sich die Troer nach Warnung durch die Fama heldenhaft gegen die Landung der griechischen Truppen wehrten, und der erste Kriegstag von dem Zweikampf Achill-Cygnus dominiert wurde.

Metamorphosen, 3. Pentade   13. Buch

„Was tatest denn Du in dieser Zeit, der du nichts anderes kannst als kämpfen. Wozu warst du da nützlich?" – wenn es keine Kämpfe gab. Dann listet Ulixes seine eigenen Verdienste in diesen 10 Jahren auf (obwohl er gerade gesagt hatte, dass es aus Zeitmangel unmöglich ist): „Ich stellte den Feinden nach" ist die Rechtfertigung des Feigheit-Vorwurfs, sich nur aus dem Hinterhalt zu betätigen. Er erhebt den Anspruch, den Griechen zum Bau von Mauer und Graben um ihr Lager geraten zu haben. (Der *Ilias*-Leser weiß es besser: Nestor ist es gewesen, *Ilias* VII, 324 ff.). Er organisierte die Versorgung des Heeres und beriet es in der Bewaffnung. (Die *Ilias* berichtet nichts davon). Überall, wo „Not" war und clevere Hilfe gebraucht wurde, stand er bereit.

Unter den Taten, die Ulixes zu seinem Ruhm anführt, gibt es nur eine, welche die *Ilias* genauso berichtet: Ein Traumbild hatte Agamemnon geraten, die Griechen zur Heimfahrt aufzufordern, damit ihr Heldenmut erweckt wird und sie unverzüglich die Stadt erstürmen. Er tat so, aber alle stürmten jubelnd zu den Schiffen. Ulixes trat den Flüchtenden entgegen und hielt sie auf mit einer flammenden Rede. In der *Ilias* ist es der Sieg des Intellekts über die Kraft (*Ilias* II, 183 ff.). Ovid entdeckt in dieser Szene eine feine Nuance: Da außer Agamemnon und Ulixes „alle" abfahren wollten, befand sich auch Aiax unter den Flüchtenden. Und Ulixes findet noch eine weiter Pointe: Alle Heldentaten, die Aiax inzwischen vollbracht hat, „sind mein Werk, weil ich ihn von der Flucht abgehalten habe".

Metamorphosen, 3. Pentade   13. Buch

Hilfe des Diomedes (238 ff.)

Aiax hatte die Verdienste vom Ulixes herabgewürdigt, weil er nichts ohne die Hilfe von Diomedes erreicht habe. Ulixes dreht den Spieß um: Diomedes habe nichts ohne ihn unternehmen wollen. „Und wenn Diomedes einen von so vielen tausend Griechen auswählt, das ist etwas!" (*est aliquid!*).

Aiax betonte stolz, dass er durch Losentscheid für den Zweikampf mit Hector bestimmt wurde; Ulixes vollbrachte seine Taten freiwillig, ohne Auslosung.

Das Ulixes-Bild von Aiax wurde geprägt durch den Vorwurf der Feigheit: was Ulixes überhaupt getan habe, das habe er im Schutze der Dunkelheit getan. Ulixes übergeht diese Details; er sieht nur den Nutzen und beschreibt den Vorteil seiner Taten für die Griechen.[233]

Dass er „die Leute Sarpedons" in der Schlacht getötet habe, ist eine seiner waghalsigen Wendungen, um die Richter zu beeinflussen. Denn aus der *Ilias* ist der Tod des Zeus-Sohnes Sarpedon emotional stark aufgeladen (*Ilias* XVI, 419 ff.): der Göttervater wollte ihn retten, musste sich aber der Schicksalsbestimmung (den Moiren) beugen; Sarpedons Tod wird mit einem der schönsten und eindrucksvollsten Gleichnisse der *Ilias* beschrieben (*Ilias* XVI, 482 ff.). Ulixes verschweigt, dass Sarpedon nicht von ihm, sondern von Patroklos mit den Waffen Achills besiegt wurde. Aber er hatte ja nur von den „Leuten Sarpedons" gesprochen.

---

[233] Ulixes und Diomedes drangen nachts als Späher nach Troja und töteten den Troer-Spion Dolon. Die *Ilias* beschreibt die Ereignisse im 10. Gesang, der „Dolonie", die als einziger Teil der *Ilias* unecht ist. Das war Ovid noch nicht bekannt.

Metamorphosen, 3. Pentade   13. Buch

Höhepunkt: „Wunden" (262 ff.)

Ulixes zählt die Namen der bekannten Troer auf, die er im Zweikampf besiegt hat, „außerdem noch zahlreiche weniger berühmte".

Dies führt zum Höhepunkt in der Mitte seiner Rede: Zur optischen Unterstützung seiner Argumente hatte Aiax seinen Schild vorgezeigt, der zahlreiche Kampfspuren aufweist. Jetzt ist es Ulixes, der sein Gewand auseinander reißt und suggeriert, seine Wunden zu zeigen.

Es ist aber nur seine „Brust, die sich stets für das Wohl des Heeres eingesetzt hat". Gleichzeitig unterstellt er, Aiax habe „noch kein Blut geopfert in all den Jahren".

Dann kehrt er den großzügigen Kriegskameraden heraus: Die Taten von Aiax wolle er nicht schmälern; aber der spreche nur von sich, während „auch Euch (Richtern) ein Teil dieser Ehre gebührt".

Er beschwört die Tapferkeit des gefallenen Patroklos, nach dessen Tod Achill Tränen vergossen hatte – eine der *Ilias*-Stellen, mit denen die Gefühle am stärksten zu mobilisieren waren. (*Ilias* XVIII, 104, Achill: *Ich bin nur noch eine nutzlose Last der Erde.*)

Bergung des toten Achilleus (280 ff.)

Aber der tote Patroklos ist in der Ulixes-Rede nur Vorstufe zum toten Achill selbst, den er „auf diesen Schultern" aus der Schlacht getragen habe; er wiederholt: „Auf diesen Schultern! ich sage es euch! habe ich den Leib des Achilles getragen. Zusammen mit seinen Waffen! Und diese will ich jetzt wieder tragen!"[234]

Wie es möglich sein soll, in einer tobenden Schlacht den Toten samt seiner Waffen alleine auf den Schultern ins Griechenlager zu tragen, werden die überwältigten Zuhörer nicht überlegt haben. Aber das Bild erzeugt Stimmung: Aiax hatte auf einem Höhepunkt seiner Rede ausgerufen: „Was forderst du Dinge, die du zu schwach bist zu tragen". Jetzt kann Ulixes sagen: „Ich habe die Kraft, die Bürde (das ist: die schweren Waffen und die schwere Verantwortung) zu tragen. Und ich bin es auch, der den Sinn für die Ehrung hat."

In wenigen Versen rekapituliert Ulixes die berühmte „Schildbeschreibung" (*Ilias*, 18. Gesang, 369 ff.) und macht Aiax lächerlich: der Kämpfer verstehe das wundervolle Bildprogramm des Schildes gar nicht, in dem Leben und Tod, Erde und Kosmos von Hephaistos (Vulcan) dargestellt werden.

---

234 Aus der *Ilias* sind keine Details zu erschließen, denn sie beschreibt nur 52 Tage aus dem letzten Kriegsjahr und endet mit der Bestattung Hectors. Achill lebt noch. Sein Tod und der Untergang Trojas werden in der *Ilias* nicht mehr erzählt. Der Ovid-Leser kann die Behauptungen von Ulixes nicht überprüfen.

Entkräftung der Vorwürfe (296 ff.)

Ulixes ging es zunächst darum, die Sympathie der „Richter" zu gewinnen; jetzt kann er sich den Vorwürfen von Aiax zuwenden: Kriegsverweigerung, Intrige gegen Palamedes, Aussetzung des kranken Philoctet.

Es geht um das Vermächtnis von Achilles, dem größten Helden vor Troja. Auch er hatte sich, ebenso wie Ulixes, dem Krieg entziehen wollen.[224] Wer Odysseus deshalb schmäht, „schmäht den hochgesinnten Achilles". Eine „gemeinsame Schuld mit Achilles" ist ehrenvoll. Und beide zogen schließlich mit nach Troja. „Durch des Ulixes Geist wurde Achilles entdeckt, nicht durch den des Aiax Ulixes." *Ulixis ingenio*: „das Genie des Ulixes" brachte Achill nach Troja; Aiax besitzt kein *ingenium*.

Ulixes für den Steinigungstod des Palamedes verantwortlich zu machen, ist „tollpatschig".[235] Denn das Todesurteil fällten die gleichen Richter, vor denen jetzt der Waffenstreit verhandelt wird. Ulixes gab „nur" den Hinweis auf das im Zelt vergrabene Gold und erhob „nur" die Anklage wegen Hochverrat. Wer ihn beschuldigt, beleidigt die Richter. Gleichzeitig entlastet Ulixes die Feldherren, sie hätten „die Schuld nicht nur gehört, sondern gesehen" und konnten deshalb nicht anders entscheiden. Dass er das Gold selbst im Zelt des Palamedes vergraben hatte, geht in diesem sophistischen Wirbel der Argumente unter. Unterschwellig erzeugt Ulixes sogar bei seinen Richtern eine Komplizenschaft: sie haben das Urteil gesprochen, für das er jetzt von Aiax haftbar gemacht wird.

---

235 *stolidus*: tölpelhaft, dümmlich, einfältig

Die gleiche Logik gilt für das Schicksal von Philoctet, den die Griechen bei der Überfahrt auf der Insel Lemnos ausgesetzt haben, weil die Wunde eines Schlangenbisses abscheulich stank und eiterte. Ulixes fordert die Richter auf: „Verteidigt selbst, was ihr getan habt." Er habe es nur gut gemeint mit Philoctet, als er riet, ihm „die Mühen der Fahrt zu ersparen und seine wilden Schmerzen in Ruhe auszukurieren. Er gehorchte – und er lebt." Der Hinweis darauf, dass er – wenn auch mit wahnsinnigen Schmerzen und ohne Beistand auf einsamer Insel – noch am Leben ist, verleiht Ulixes den Nimbus eines Lebensretters: so viele wurden vor Troja getötet, sogar der große Achilles; aber Philoctet lebt.

Inzwischen hat sich aber der „gute Rat" von Ulixes als katastrophal erwiesen: die Seher haben ein Orakel gedeutet, nach dem Troja nur mit den Pfeilen des Philoctet eingenommen werden kann.[236]

Mit einer rhetorischen Aufforderung verwirrt Ulixes seinen Ankläger Aiax und ebenso seine Richter: Sie sollen nicht ihn schicken, um Philoctets Pfeile nach Troja zu holen, sondern Aiax soll den vor Schmerz und Zorn Rasenden mit klugen Reden beruhigen und überreden. „Aber eher fließt der Simois rückwärts", als dass dies erfolgreich sein würde. Ulixes erbietet sich großzügig dann doch, das Unmögliche zu versuchen. Dabei deutet er schon den im Mythos bekannten Verlauf an: es geht nicht um Philoctet, sondern um die Pfeile; Ulixes will sie ihm notfalls rauben.

---

[236] Philoctet hatte den Scheiterhaufen des Hercules entzündet und war von ihm zum Erben seiner unfehlbaren Pfeile bestimmt worden. (IX, 233).

Metamorphosen, 3. Pentade   13. Buch

Raub des Palladiums (337 ff.)

In nur 3 Versen steigert Ulixes seine Verdienste auf den Gipfel zu seiner entscheidenden Tat:
Er will sich der Pfeile Philoctets „bemächtigen", *so wie* er sich des troischen Sehers Helenus „bemächtigt" hat,[237] *und wie* er Trojas Schicksal aus Göttersprüchen enträtselt hat,[238] *und wie* er sich nachts heimlich nach Troja geschlichen hat, um das Palladium[219] aus dem Tempel zu „reißen" und „durch die wilden Schwerter" ins Griechenlager zu entführen. (Das Unternehmen war riskant und gefährlich; aber gekämpft wurde nachts nicht). „Und mit mir will sich Aiax vergleichen!"

Der Raub des Palladiums ist kriegsentscheidend; denn so lange es im Tempel stand, konnte die Stadt nicht untergehen. „In jener Nacht habe ICH Troja eingenommen; ICH habe es gezwungen, besiegt zu werden." Zwar: Diomedes war dabei; aber bei den Verdiensten von Aiax war immer sogar das ganze Heer dabei.

---

237 *Helenus*: der Seher war ein Sohn des Priamus; Ulixes nahm ihn gefangen und zwang ihn zur Weissagung von Trojas Schicksal. (Die *Ilias* berichtet nichts davon).
Helenus weissagt dem Aeneas für die Überfahrt und die Größe Roms (XIII, 723 und XV, 437).
238 Die erzwungene Weissagung des Helenus.

Metamorphosen, 3. Pentade   13. Buch

Abschluss (350 ff.)

In seiner Zusammenfassung bringt Ulixes die Tendenz seiner Rede in direkter Ansprache des Gegners rhetorisch glänzend auf den Punkt: Aiax steht für Kraft – Ulixes steht für Verstand.

„*Deine* Stärke ist die Faust im Krieg, aber *dein* Geist muss von *meinem* Geist gelenkt werden. *Du* hast Kraft, aber keinen Verstand. *Ich* erwäge die Zukunft. *Du* kannst kämpfen; aber wann gekämpft wird, berät Agamemnon mit *mir*. *Du* schaffst den Nutzen mit dem Körper, *ich* mit dem Geist."

Aiax hatte am Schluss gefordert, Achills Waffen in die Mitte der Feinde zu werfen, damit sich erweise, wer so stark sei, sie zu erobern. Diese Pointe muss Ulixes übertreffen, um eine positive Entscheidung auszulösen. Deshalb hat er mit seiner Fürsorge argumentiert: die Kraft eines Aiax ist in einem Heer von Einhundert tausend ersetzbar; aber die Intelligenz des Einen nicht. Ulixes bezeichnet sich als „Wächter" der Griechenkönige. Die Waffen sollen „Entgelt für diese Verdienste" sein. In 10 Jahren hatte die Kraft eines gesamtgriechischen Heeres Troja nicht besiegen können, weil die Stadt sicher war, solange sich das Palladium in ihren Mauern befand. „ICH entfernte dieses Hemmnis des Schicksals." Wenn noch etwas fehle, um Trojas Schicksal zu vollenden, dann solle man sich an ihn erinnern.

Natürlich fehlt noch etwas: **Das Hölzerne Pferd**. Ovid unterschlägt es. Aber nicht wie so oft, weil Bekanntes für den Leser uninteressant ist – das Hölzerne Pferd wäre einfach zu wichtig für Troja und für Ulixes. Die Anspielung „wenn noch etwas fehlt" können die Griechenfürsten nicht verstehen; aber Ovids Leser verstehen sie – und schmunzeln.

Die Entscheidung (382 ff.)

In seinem Schlusssatz verbindet Ulixes Verdienste und Souveränität: „‚Wenn ihr die Waffen mir nicht gebt, dann gebt sie diesem!' – und er deutete auf das schicksalsträchtige Bildnis der Minerva (*ostendit signum fatale Minervae*)" (das Palladium).

Nach dieser überlangen Rede braucht die Entscheidung nur zwei Verse: „Er rührte die Edlen, und es zeigte sich, was Redegewandtheit vermag. Der Wortgewandte gewann die Waffen des Starken". Ovid gesteht sie Aiax zu. Aber der Verschlagene gewinnt gegen den Tapferen.

Objektivität der Überlieferung

Gemeinsam ist beiden Bewerbern im Waffenstreit ihre Rolle im Kampf um Troja. Aber die Fakten werden vom jeweiligen Redner zu seinen eigenen Gunsten zurechtgebogen. Beide setzen Gerüchte in die Welt. (Dem Ovid-Leser gilt die *Ilias* als Quelle).

So ergeben sich über die Geschehnisse im Kampf vor Troja zwei Versionen. Bei mehr Beteiligten würden es entsprechend mehr sein. Das verwundert nicht: die Darstellung des Krieges hatte programmatisch begonnen mit dem „Haus der Fama" (XII, 39-63). Dann erst kam die erste Kampfhandlung (Achilles gegen Cygnus).

„Fama" ist sinnbildlich für die Manipulation der Wahrheit und für Vieldeutigkeit – auch für Mehrdeutigkeit in den *Metamorphosen*.

Selbstmord des Aiax (384)

„Er" (Aiax), der allen widerstanden hatte, „widerstand nicht seinem Zorn. Den Unbesiegten besiegte der Schmerz." In seinem Selbstmord klingt noch der Hohn des Ulixes, der behauptet hatte, Aiax habe keine Wunden: „Er stieß sich das Schwert in die Brust, die nun endlich eine Wunde erlitt."

Der Sterbende ist zwar der stärkste griechische Held, aber er hat nicht die Kraft, die Waffe selbst aus der eigenen Wunde herauszuziehen; Ovid zeigt das Heldentum ambivalent bis zur letzten Minute.

Noch im Tode bleibt Aiax der Rasende, Tobende, dem „das Blut das Schwert aus dem Körper heraus schiebt".[239]

Aus seinen Blutstropfen entsteht eine Blume, „wie sie zuvor schon aus der Wunde des Oebalussohnes (Hyacinthus) gewachsen ist." (X, 162-216).[240]

Ein riesiger Redewettkampf endet mit einer trivialen Metamorphose: der kraftstrotzende Aiax (bzw. sein Blut) wird in eine Hyazinthe verwandelt. Wieso sein Name als Klagelaut „auf der Mitte der Blume geschrieben steht", bleibt mysteriös.[169]

Der Weg ist jetzt (fast) frei zur Eroberung Trojas.

---

[239] Von Sophokles ist die Tragödie *Aias* erhalten. Sein Monolog vor dem Selbstmord ist einer der berühmtesten antiken Tragödien-Texte; „der rasende Aiax" wirkt bis in die moderne Werbung, Filme und Sprichwörter.
[240] Die Metamorphose des Blutes ist eine Erfindung Ovids; sie ist im Mythos nicht bekannt.

Metamorphosen, 3. Pentade   13. Buch

Trojas Ende (399 ff.)

„Als Sieger" im Waffenstreit fährt Ulixes zur Insel Lemnos, wo die Griechen Philoctet ausgesetzt haben. Es gelingt ihm, den Kranken zu überreden und mit seinen Pfeilen nach Troja zu bringen.[241]

Jetzt sind alle Voraussetzungen für den Sieg gegeben. Troja fällt nicht durch Kraft und Tapferkeit, sondern weil ein cleverer und listiger Ulixes die schicksalsbedingten Voraussetzungen schafft: er hat die Stadt ihres Palladiums beraubt und die Pfeile des Hercules nach Troja gebracht. Nach 5 Versen kann Troja fallen, und nach weiteren 11 Versen, die im Zeitraffer die bekanntesten Gräueltaten der Griechen aufzählen,[242] sind die Griechen bereits auf der Heimfahrt.

---

241 *Philoctet*: In der griechischen Mythologie wurde Odysseus zusammen mit Neoptolemos, dem Sohn Achills, nach Lemnos entsandt, wo der schwer kranke Philoctet dahinsiechte. Mit einer List brachte Odysseus ihn dazu, mit seinem Bogen und seinen Pfeilen nach Troja zu folgen. Als Philoctet vor Troja eintraf, wurde er von dem Arzt Asklepios geheilt. Er tötete Paris mit einem Pfeil. Nach dem Krieg ging er nach Italien und gründet die Stadt Calabria.

242 Gräueltaten der Griechen: Priamos hatte sich schutzflehend zum Zeus-Altar gerettet, aber die Griechen zerrten ihn aus dem Tempel und erschlugen ihn im Freien; seine Tochter Kassandra, die als Apollo-Priesterin und Seherin die Zukunft kannte, wurde an den Haaren aus dem Heiligtum geschleift und vergewaltigt; Hectors kleiner Sohn Astyanax wurde von Aiax vom Turm herab geschmettert. Bei Homer sind diese Verbrechen nicht beschrieben, weil die *Ilias* nur eine Episode aus dem 10. Kriegsjahr beschreibt: 52 Tage vom Streit zwischen Achill und Agamemnon; sie endet mit der Bestattung Hectors; Achill lebt noch und Troja ist noch nicht eingenommen.

Metamorphosen, 3. Pentade   13. Buch

Der Trojanische Krieg hat in den *Metamorphosen* gar nicht recht stattgefunden. Am ersten Kriegstag kämpfte der größte Held Achilles einen sehr seltsamen unheldenhaften Zweikampf mit einem Troer, der in seinen eigenen Namen verwandelt wurde (XII, 64-145): Cygnus, der Schwan. Die Doublette, dass Phaetons Freund gleichen Namens in das gleiche Tier verwandelt wurde (2. Buch, 377), entwertet Achills Sieg noch zusätzlich.

Die zehnjährigen Kämpfe sind in der Saalschlacht einer Hochzeitsgesellschaft reflektiert, die der redselige Nestor phantastisch und farbenreich erzählt (XII, 210-535). Danach hört man von Nestor noch die private Geschichte vom Tod seines Bruders, und plötzlich ist alles schon vorbei.

In wenigen Versen (XII, 580-619) wird der Tod des Haupthelden Achilles fast beiläufig erwähnt, der nur gebraucht zu werden scheint als Voraussetzung für das Hauptereignis des Krieges: den breit dargestellten Streit um Achills Waffen.

Trojas rhetorischer Untergang wird dann im Zeitraffer erledigt: in 5 Versen beseitigt Ulixes das letzte Hindernis: er schafft Philoctet mit den Pfeilen des Hercules zum Kriegsschauplatz, und lapidar heißt es (408): „Troja brannte".

Da der Trojanische Krieg in den *Metamorphosen* den Übergang von der heroischen Epoche in die geschichtliche Zeit bedeutet, muss überraschen, wie irrelevant dieser Übergang stattfindet. Nicht der Krieg ist das bestimmende Ereignis, sondern die durch ihn gewonnenen Erkenntnisse.

Metamorphosen, 3. Pentade   13. Buch

Die Ereignisse dieser 10 Jahre dauernden Auseinandersetzung zwischen Europa und Asien (historisch um den Zugang zum Schwarzen Meer) werden dominiert von dem Thema der Unverbindlichkeit von Überlieferung.

Am Anfang signalisiert eine Gerüchtefabrik („Haus der Fama", XII, 39-62): alles Folgende kann so oder ganz anders gewesen sein; „die Wahrheit" wird durch Irrtum, Vorurteil oder absichtliche Täuschung verfälscht.

Am Ende der Geschichte steht der Waffenstreit, in dem zwei Parteien opportunistisch die Ereignisse nach Gutdünken und eigenem Nutzen darstellen. „Wahrheit" erlebt immer neue Metamorphosen.

Die Kriegshandlungen werden nur einige Male in wenigen Versen anzitiert. Nach dem Untergang der Stadt tritt jetzt ein neues Thema in den Vordergrund, das in der antiken Überlieferung keine Rolle spielen durfte: Die Leiden des Krieges.[243]

---

[243] Die *Ilias* gilt vielen als Kriegs-Epos. Sie ist in Wirklichkeit das gewaltigste Antikriegsstück der Weltliteratur. Gezeigt wird, wie der Hass den Menschen entwürdigt, dass aber am Ende die humane Lösung immer noch möglich ist. Tragischer weise ist der Mensch erst im eigenen Leiden fähig zum Mit-leid.

Schicksal der Troerinnen: Hecuba (422 ff.)

Mehr als 150 Verse (ein Vielfaches der Kriegsberichterstattung) gelten dem Leid von Trojas Frauen. Mütter, Gattinnen, Schwestern und Töchter sind die unheroischen Leidtragenden der heroischen Ereignisse. Das ist Ovids Botschaft im Rom des Augustus, das seine Größe durch jahrzehntelange Kriege im Äußeren und Inneren gewonnen hat.[244]

Die troischen Frauen werden als Sklavinnen auf die Schiffe verladen, um den Ruhm der Helden in Griechenland permanent zu dokumentieren. Als letzte besteigt Königin Hecuba Agamemnons Schiff; bis zum letzten Augenblick hatte sie Abschied genommen am Grab ihres Sohnes Hector.

Gegenüber von Troja liegt Thrakien. Hier glaubt Hecuba ihren letzten Sohn sicher geborgen: Polydoros, den Jüngsten, hatte Priamos bei Kriegsbeginn zu dem befreundeten König Polymestor bringen lassen, und viel Gold mitgegeben, um den Sohn während des Krieges sicher zu bewahren. Was Hecuba nicht wissen kann: als Troja in Flammen aufging, ermordete Polymestor den Knaben und warf ihn von einer Klippe ins Meer.

Nur einen Vers benötigen Agamemnons Schiffe, um von Troja nach Thrakien überzusetzen.

---

[244] Die gleiche Botschaft findet sich bei Euripides, dessen Tragödien zur Zeit des Peloponnesischen Krieges (431-404 v.Chr.) aufgeführt wurden. Seine Troja-Dramen bieten keine heroischen Heldenschicksale; es sind *Die Troerinnen, Hekabe, Andromache,* zwei *Iphigenie-* und drei *Helena*-Dramen. Sie beschreiben alle Formen des Leidens von Frauen in den von Helden geführten Kriegen.

Metamorphosen, 3. Pentade   13. Buch

Polyxena (442 ff.)

Während sie in Thrakien auf günstigen Wind für die Weiterfahrt zur Peloponnes warten, öffnet sich dort plötzlich die Erde, und der Geist Achills tritt drohend hervor. Für seinen Tod verlangt er als Sühne das Opfer von Hecubas Tochter Polyxena. Die Griechen gehorchen dem „grimmigen Schatten" und schleppen das Mädchen zum Opferplatz.

Ausführlich erzählt wird ihr Heldentum, das in seiner Erhabenheit und Opferbereitschaft die Heldengeschichten übertrifft. Achills Sohn Neoptolemos, der zur Opferung ausersehen wird, ist unfähig zu der Tat. Schließlich tötet der Priester das Mädchen „unter den Tränen, die sie zurückhielt". Ihr Sterben gerät zur düsteren Ironisierung der Heldenepen: „Es lösten sich ihre Glieder" – mit diesen Worten sterben die Helden in der *Ilias*. Aber Polyxena rafft noch im Niedersinken ihr Gewand, „um ihre keusche Scham zu bewahren". Im Sinnlosen dieses Bildes wird die Sinnlosigkeit jeden Opfers der Ehrsucht sinnfällig.

Auf die traurige Ironie folgt ein Bild der Seelennot: Hecuba schließt die Todeswunde mit ihren Tränen. Vierzig Verse (494-533) lang ist ihre Klagerede um die tote Tochter und den Wahnsinn des Krieges. „Wozu bin ich jetzt noch da" erinnerte den antiken Leser an die berühmte Stelle der *Ilias*, wo Achill nach dem Tod des geliebten Patroklos aus Schmerz verzweifelt: „Ich bin nur eine nutzlose Last der Erde." (*Ilias* XVIII, 104). Von diesem Achilles „rast noch die Asche" gegen die Troer.

Aber ein Kind bleibt ihr noch, glaubt die unwissende Hecuba: Polydoros.

Polydoros (429 ff.)

Um die tote Tochter rituell zu waschen geht sie zum Meeresufer Wasser schöpfen und findet die angeschwemmte Leiche ihres letzten Kindes: Polydoros. „Der Schmerz verschlang ihre Stimme, die Tränen quollen nach innen."

Wie eine Löwin tobt Hecuba mit dem einen Gedanken: Rache an dem Mörder. Sie lockt den Thrakerkönig zu einem verschwiegenen Platz, wo sie ihm noch mehr Gold zeigen will. Der geldgierige Polymestor erscheint, und Hecuba bohrt sich mit ihren Fingern in seine Augen und blendet ihn. Wie wahnsinnig taucht sie die Hände in die Wunden und wühlt darin. Es ist ein unerträgliches Bild – aber der Krieg ist der Schöpfer solcher Bilder. Die Thraker wollen sie steinigen. Sie beginnt zu knurren und zu bellen; Hecuba ist in eine Hündin verwandelt. „Die Stelle trägt ihren Namen".[245]

Aurora und Memnon (576 ff.)

Selbst die Götter sind gerührt von Hecubas Schicksal. Nur Aurora, Göttin der Morgenröte, vermag nicht zu trauern, weil Achill im Krieg ihren Sohn Memnon getötet hat. Sie erfleht „irgendeine Ehre" für ihn von den Göttern, und Jupiter formt aus der Asche seines Scheiterhaufens zwei Vogelvölker, die jedes Jahr einmal im Wahn übereinander herfallen und sich gegenseitig umbringen – in Erinnerung an den Krieg.

---

[245] Es gibt in Thrakien einen Platz mit dem Namen „κυνοσ σημα" (kynos sema: Zeichen des Hundes). Wahrscheinlich ist er später aufgrund dieser Metamorphose Ovids so benannt worden.

Metamorphosen, 3. Pentade   13. Buch

Ovids Trojanischer Krieg

Der riesige Komplex des Trojanischen Krieges ist jetzt beendet.

Er hatte Mitte des 11. Buches begonnen mit der Hochzeit von Peleus und Thetis und dem Hinweis auf die Geburt des Achill (XI, 221-409), wurde aber sogleich unterbrochen (Peleus bei Ceyx), und setzte sich im nächsten Buch beiläufig wieder fort mit der Totenfeier für einen Sohn des Priamos (XII, 1), bei dessen Bestattung Paris fehlte (XII, 4); er war offenbar in Griechenland unterwegs, denn schon „bald danach brachte er die geraubte Frau und den Krieg in die Heimat."

In demselben Vers warten bereits tausend griechische Schiffe in Aulis auf günstigen Wind und Iphigenie wird geopfert. Aber nach der Abfahrt (XII, 38) wird der Handlungsstrang sofort wieder abgebrochen mit dem „Haus der Fama" (XII, 39-63), was zur eigentlichen Handlung ohne Beziehung ist.

Danach füllen die Erzählungen Nestors fast das ganze 12. Buch. Am Ende wird auffallend kurz der Tod Achills erwähnt, und die letzten 8 Verse dieses kürzesten Buches der *Metamorphosen* kündigen den Waffenstreit an, der das 13. Buch dominiert, bevor dann – nach einem lakonischem Hinweis auf Trojas Untergang – ausführlich das Leiden der versklavten Frauen erzählt wird.

Die traditionelle Überlieferung des Trojanischen Krieges ist aus den Fugen. Wichtige Ereignisse, vor allem das Hölzerne Pferd, werden unterschlagen.

Das Unbegreiflichste: der Gründer des Römischen Reiches Aeneas spielt nur eine unbedeutende Rolle.

Metamorphosen, 3. Pentade   13. Buch

Aeneas bei *Homer* und *Vergil* und *Ovid*

Homer

In der *Ilias* ist Aeneas der größte troische Held nach Hector und wird mehrfach aus dem Geschehen auffallend herausgehoben. Diomedes schlägt ihn nieder mit einem „Stein, wie ihn nicht einmal zwei Männer tragen könnten, so wie sie heutzutage sind". Die Wunde wird medizinisch beschrieben (*man nennt es die Pfanne*) und von Apollo geheilt.

Die Stellung des Aeneas in der *Ilias* ist so exponiert, dass er für die Homerforschung von enormer Bedeutung wurde. Von dem historischen Homer ist nichts bekannt; nichts über die Person, nichts über seine Herkunft und Wirkungsstätte. Einzig Hindeutungen in der *Ilias* bezüglich Aeneas könnten ein Hinweis sein auf eine Lokalisierung. Im 5. Gesang wird der Stammbaum seiner Pferde (!) beschrieben (263 ff.); eine singuläre Auszeichnung. Als Achill nach dem Tod von Patroklos wieder in die Kämpfe eingreift, bewegt Apollon Aeneas zum Zweikampf gegen ihn (XX, 83 ff.). Beide rüsten zur heroischen Auseinandersetzung. Vor Beginn wird in 42 Versen der Stammbaum des Aeneas beschrieben, dann in 34 Versen der Zweikampf. Aeneas kämpft heldenhaft. Als er zu unterliegen droht, prophezeit Poseidon: „Ihm ist es bestimmt, zu entkommen (aus Troja), damit sein Geschlecht nicht ohne Samen und spurlos vergehe... und seine Kinder und Kindeskinder regieren werden." Der Gott rettet ihn, indem er ihn „vom Boden in die Höhe emporschwingt und über viele Reihen der Helden hinweg schleudert". – Ein phantastisches Bild. Kein anderer *Ilias*-Held wird so spektakulär in Sicherheit gebracht.

Metamorphosen, 3. Pentade   13. Buch

Von der Antike bis ins Mittealter war es üblich, dass Dichter ihre Herrscher und Wohltäter in ihrem Werk durch Hinweise auf das Herrschaftsgebiet ehrten. Die Verherrlichung des Aeneas und seines ganzen Geschlechtes in Stammbäumen, in heroischen Zweikämpfen mit den beiden größten griechischen Helden Diomedes und Achill (die er natürlich nicht überwinden durfte), sowie die mehrfache Entrückung durch Götter (der Prophezeier Poseidon kämpft gar auf Seiten der griechischen Feinde von Aeneas) können ein Hinweis sein auf die Heimat des Dichters.

Als die *Ilias* entstand (um 700 v.Chr.) lebte in der Troas, in der Gegend des antiken Smyrna (heute: Izmir), ein Fürstengeschlecht, das sich auf Aeneas zurückführte. Hier könnte Homers Heimat sein.

Die *Ilias* verfolgt Poseidons Prophezeiung nicht weiter – sie hat ihren Zweck erfüllt, wenn sie das Herrscherhaus des Aeneas preist. Für Rom bekam sie 700 Jahre nach Homer eine neue Bedeutung: Aeneas floh aus dem brennenden Troja und wurde der Gründer des italischen Weltreiches – die wichtigste mythische Gestalt für die Identität Roms.

Vergil

Die Prophezeiung Poseidons in der *Ilias* wurde von den Römern auf den höchsten Gott Jupiter übertragen und ist die Grundlage des römischen Nationalepos von Vergil: die *Aeneis*.

Im Weltenplan der Fata (Weltenschicksal) ist die göttliche Weissagung unabänderlich verankert, und Homers Untergang Trojas wird umgedeutet in die Gründung Roms durch den aus der brennenden Stadt fliehenden Aeneas.

So wird Vergils Epos *Aeneis* zur Deutung einer zwar mythischen aber gleichzeitig historischen Vergangenheit des Augusteischen Zeitalters, die in den großen Prophetien und Zukunftsvisionen des Werkes nicht nur bis in die eigene Zeit Vergils, sondern darüber hinaus in eine fiktive Zukunft Roms reicht: Denn nach Jupiters Prophezeiung sind dem römischen Weltreich räumlich und zeitlich keine Grenzen gesetzt (*Aeneis* I, 279: *imperium sine fine dedi*).

Eine Weltgeschichte, die zu Augustus führt, war für den Römer ohne die Iliadischen Heldentaten des Aeneas und ohne das Orakel der Rom-Idee nicht vorstellbar: „Ihm ist es bestimmt, zu entkommen, damit sein Geschlecht nicht ohne Samen und spurlos vergehe... und damit seine Kinder und Kindeskinder (das Römische Reich) regieren werden." (*Ilias* XX, 302 ff.). Für das Nationalverständnis des Römers war die Prophezeiung unentbehrlich.

Dieser Aeneas **musste** im Trojanischen Krieg eine Hauptrolle spielen. Noch wichtiger: neben der *Ilias* musste von Ovid in den *Metamorphosen* auch die *Aeneis* reflektiert sein. Das forderte die dogmatische Staatspolitik in Rom.

Ovid

Der antike Ovid-Leser musste schockiert sein, dass der römische Nationalheld und mythische Gründer des Römischen Weltreiches, der in Homers *Ilias* eine so exponierte Rolle spielt, in Ovids Trojanischen Krieg kaum existiert.

Aber Ovid gelingt auch hier die Überraschung: Ganz plötzlich steht der Held, den es in Troja nicht gegeben zu haben scheint, wie ein Deus ex machina auf der Bühne: Er verlässt die Stadt und fährt übers Meer. Allerdings ist es nicht die in der Malerei oft dargestellte dramatische Szene, wie er mit dem alten Vater auf den Schultern aus dem brennenden Troja flieht.[246] Die Handlung um Troja ist schon vollkommen abgeschlossen. Nach dem lakonischen „Troja brannte" (408) und den 8 Versen der Eroberer-Gräuel wurden die Folgen des Krieges berichtet: Versklavung der Troerinnen und Hecubas Leid: sie verlor Polyxena als Menschenopfer für den „grimmigen Schatten" Achilles und Polydoros als Mordopfer des goldgierigen Polymestor; am Ende wurde sie durch die Metamorphose in eine Hündin vor der Steinigung bewahrt.

Danach hat Ovid Troja geographisch schon verlassen: die Göttin Aurora beklagt fast 90 Verse lang (576-622) den Tod ihres Sohnes Memnon, und danach bedeutet die Metamorphose seiner Asche in die feindseligen „Memnonvögel", die jedes Jahr einmal einen Vernichtungskrieg führen, die Gründung eines Gedenktags für Trojas Untergang.

Für den Leser ist Troja Vergangenheit.

---

[246] Berühmtes Zitat: *omnia mea mecum porto* (alles Meinige trage ich mit mir).

Metamorphosen, 3. Pentade   13. Buch

Aeneas auf Delos (631 ff.)

Über 200 Verse sind seit dem Brand Trojas schon vergangen, dann folgt diese überraschende Wendung, dass mit Troja nicht sämtliche Hoffnungen untergegangen sind. „Der Cytherëische Heros"[247] trägt seinen Vater auf den Schultern zur „flüchtigen Flotte". Kein Wort über die brennende Stadt.

5 Verse gelten dem Weg zum Schiff, nach 4 Versen Überfahrt gelangen Aeneas und sein Gefolge zur „heiligen Stadt Apollos", der Insel Delos.

Auf Delos angekommen werden sie von König Anius als Gäste empfangen, und der Leser muss am heiligen Orakelort endlich die Prophezeiung des „ewigen Rom" erwarten.

Anchises beginnt das Gespräch in sakraler Sprache (640): „O erlesener Priester des Phoebus!" (*O Phoebi electe sacerdos!*). Aber mit dem nächsten Wort fällt er in die den *Metamorphosen* fremde Umgangssprache: *fallor?* („irre ich mich?"). Das ist die Sprache der Komödiendichter, nicht des Epos. *fallor* hat umgangssprachlich den Sinn: „spinne ich?" Es geht gar nicht um ein Orakel; am heiligen Ort Delos wird über private Dinge gesprochen. Der ganze Satz heißt: *O erhabener Priester Apollos! Spinne ich? Du hattest doch vier Töchter. Wo sind die denn?*

Ein Überraschungswitz eröffnet also die Aeneas-Handlung: sein Vater Anchises war früher hier zu Gast und erkundigt sich zuerst einmal nach den lieben Kleinen.

---

247 Cytherea, neugriech. Kithira; Insel vor der Südspitze der Peloponnes, die der Venus geheiligt war.
Der Heros ist Aeneas, der Sohn der Venus.

Metamorphosen, 3. Pentade   13. Buch

Die Frage nach den Töchtern ist Anlass, als Einlage 73 Verse lang eine Metamorphose zu erzählen:

Der Gott Bacchus hatte den Töchtern die Gabe verliehen, dass alles, was sie berühren, in wertvolle Speisen verwandelt wird. Als Agamemnon davon erfuhr, landete er auf der Überfahrt nach Troja mit seiner Heeresmacht auf Delos und befahl den Mädchen, während des Krieges das griechische Heer zu ernähren. Die vier Mädchen flohen; zwei nach Euböa und zwei zur Insel Andros, wo ihr Bruder herrschte.

Agamemnon folgte ihnen und drohte der Stadt mit Zerstörung, wenn sie die Mädchen nicht ausliefert. In der Not musste der eigene Bruder die beiden schutzflehenden Schwestern dem „Verwüster Trojas" übergeben.

Als die Mädchen gefesselt waren, flehten sie zu Bacchus, der ihnen die verhängnisvolle Gabe verliehen hatte, sie zu erlösen. Und der Gott hat geholfen – „wenn man es Helfen nennen will, dass man auf seltsame Weise vernichtet wird."

Wie die Mädchen ihre Gestalt verloren, ist nicht genau bekannt. Das traurige Ende jedenfalls war, dass ihnen Federn wuchsen und sie in weiße Tauben verwandelt wurden. –

Orakelfahrten bei *Vergil* und *Ovid*

Vergils Aeneas hat eine göttliche Sendung zu erfüllen: die Rom-Idee. Von diesem nationalen Auftrag wird **Ovids** Aeneas völlig befreit. Das Vergilsche Pathos wird ersetzt durch Privates.

Orakelorte werden nicht der Orakel wegen aufgesucht, sondern um Metamorphosengeschichten zu erzählen – denn alles ist Wandel – alles entsteht und vergeht und ersteht neu.

Aber der „privaten Verwandlungsgeschichte" der Anius-Töchter ist ein höchst öffentliches Thema immanent: die Kriegsproblematik. Nur deshalb wird die Metamorphose erzählt.

Nicht nur die Troerinnen sind die Leidtragenden des Krieges. Krieg kennt keine Grenzen. Er macht nicht einmal Halt vor dem hehrsten Heiligtum, der strategisch unbedeutenden Insel Delos.[248]

Der mächtigste Herrscher Griechenlands überfällt die kleine Insel mit bewaffneter Macht, um die Versorgung seines Heeres zu organisieren. Er droht einer ganzen Stadt mit der Zerstörung, wenn sie ihm unschuldige Jungfrauen nicht ausliefert. Dann fährt er weiter nach Asien und vernichtet dort einen Kulturkreis.

---

248 *Delos*: kleinste Kykladen-Insel; Zentrum der Apollonverehrung. Juno hatte befohlen, dass kein Ort der von Jupiter schwangeren Leto einen Platz für die Unterkunft gewähren darf. Nur die schwimmende Insel Delos gab ihr Obdach, und sie gebar die Zwillinge Apollo und Artemis (Diana). Zum Lohn wurde Delos fest im Meer verankert. –
Leto (Latona) musste weiter fliehen. (Geschichte der lykischen Bauern (VI, 313 ff.).

Metamorphosen, 3. Pentade — 13. Buch

Der Trojanische Krieg mit seinem Helden, dem Stammvater des Römischen Reiches, wird als menschenverachtend demaskiert. Nur dazu dient der Besuch von Aeneas auf Delos. Leitmotiv ist nicht mehr wie bei Vergil die Einholung eines Orakels, sondern die Anklage und Demontage des heroischen (epischen) Heldentums.

Am Ende der erzählten Metamorphose werden die von Gewalt bedrohten Jungfrauen gerettet: durch ihre Verwandlung – in Friedenstauben!

Die Hoffnung bleibt, dass der mörderischen Sucht nach Macht und Ehre immer wieder jemand entgegentritt – in diesem Fall war es Bacchus, ein Gott. Ovid verweist die Menschen auf sich selbst.

Abschied von Delos (675 ff.)

„Mit solchen und anderen Geschichten" verbrachten sie den Abend. Vor der Weiterfahrt am nächsten Morgen befragen sie das Apollo-Orakel, das ihnen befiehlt, „die alte Mutter und die Küste ihrer Ahnen" aufzusuchen. Gemeint ist Italien, weil nach einer neueren römischen Sage der Ahnherr des troischen Königsgeschlechtes, Dardanus, aus Italien nach Phrygien auswanderte und Troja gründete. Ironischer weise versteht der alte Anchises das Orakel auch noch falsch und hält Kreta für die „Küste ihrer Ahnen" (weil ein Kreter mit einer Dardanus-Tochter verheiratet war und von Kreta in die Troas zog). Der Orakelpriester will den Stammvätern des Römischen Reiches behilflich sein, und sie merken es nicht.[249] Ovid spielt am heiligen Orakelort Delos mit der Beliebigkeit der Orakel: sie werden erfunden, wie sie gebraucht werden.

Das Krug-Geschenk: die Töchter des Orion (679 ff.)

Zum Abschied erhalten die Gäste einen Krug mit Abbildungen von der Geschichte der Töchter Orions. Sie zeigen im siebentorigen Theben den Tod der beiden Jungfrauen, die sich Schwerter in den Körper stoßen. Bei ihrem Leichenbegängnis versiegen alle Quellen. Auch hier geschieht natürlich eine Metamorphose: der Krug zeigt, wie aus der Asche des Scheiterhaufens männliche Zwillinge entstehen, damit das Geschlecht nicht untergeht.

---

[249] Ursprünglich kommt Dardanos von Samothrake oder von Arkadien; die Römer änderten den Mythos und ließen ihn von italischem Boden auswandern, damit der Stammvater Trojas italische Wurzeln hat. Als Gründer des Römischen Reiches ist Aeneas also kein Asiate, sondern ein Italiker.

Ovids Pazifismus

Die antiken Leser kannten die Orion-Geschichte: Als in Theben die Pest wütete, forderte ein Orakel den Tod zweier Jungfrauen. Wieder sind unschuldige Frauen Opfer einer „Pest" (hier: des Orakels); die Anius-Töchter waren Opfer der anderen Pest: Krieg.

Gegenüber Vergil hat sich das Aeneas-Bild deutlich geändert. Ovids Aeneas tritt in der Handlung stark zurück; er ist kein Heros und vollbringt keine Heldentaten. Die Metamorphosen der Anius- und Orion-Töchter sind deutlich pazifistische Bilder.

Der lange Weg und kurze Auftritt des Aeneas

Das **erste Drittel** des 13. Buches (1-398) spielt noch während des Krieges: Waffenstreit und Selbstmord des Aiax. Der lakonische Vers 408 „Troja brannte" bildet die Zäsur: Troja ist zu Ende erzählt.

Im **zweiten Drittel** (399-575) ist die Stadt untergegangen, die Troerinnen wurden als Sklavinnen auf die Schiffe geschafft. Abschließend wurde Troja geographisch und zeitlich relativiert durch die Metamorphose von Auroras Sohn: eine Vogelkrieg als Veranstaltung zum Gedenktag.

Das **letzte Drittel** (632-968) gehört endlich Aeneas – scheinbar. Aber die Reise nach Delos gilt gar nicht dem Orakelort, sondern sein Vater will einen Bekannten besuchen und Verwandlungsgeschichten werden erzählt. Sie fahren nach Kreta, erkennen ihren Irrtum, und brechen nach 3 Versen auf Richtung Italien. Vergil braucht 600 Verse für die gefährliche Fahrt, bei Ovid ist es ein einfacher Stationenkatalog, und nach 20 Versen sind sie vor Sizilien.

Metamorphosen, 3. Pentade 13. Buch

Statt Aeneas: Metamorphosengeschichten

Als die Schiffe sich Scylla und Charybdis nähern, ist Aeneas schon wieder vergessen.

Die Bedrohung durch Scylla und Charybdis, wie sie der Leser aus *Odyssee* und *Aeneis* kennt, interessiert Ovid nicht. Kompliziert verschachtelte Verwandlungsgeschichten sind wichtiger: Zunächst geht der Blick noch zu dem Monster, das die Schiffe bedroht, aber interessanter ist dessen Vorgeschichte: Die schöne Jungfrau Scylla erzählt bei Nymphen von ihren vielen Freiern.

Sogleich wird sie unterbrochen von Galatea, die lieber die Verwandlungsgeschichte ihres Geliebten Acis berichten will. Anschließend (nach 140 Versen) entfernt sich Scylla von den Nymphen und wird vom Meeresgott Glaucus verfolgt, der bei dieser Gelegenheit erst einmal seine eigene Metamorphose erzählt. Scylla flieht, und Glaucus beschließt, die Zauberin Circe zu fragen, wie man eine Scylla mit Zaubermitteln gefügig macht. Sein Aufbruch zu Circe ist die Buchgrenze; erst im 14. Buch (59-74) erfährt man die Verwandlung der Scylla: zunächst in das Monster, dann in eine Felsenklippe.

Niemand denkt dann mehr an Aeneas. Der Vergilsche Held ist bei Ovid – kurz nachdem er in die Handlung eingetreten ist – schon wieder aus ihr verschwunden.

Dennoch gibt es eine Verknüpfung: Alle Geschichten handeln von Gewalt – und der vergessene Held kommt aus dem Trojanischen Krieg nach Italien, um mit Waffengewalt ein Reich zu begründen, das seine Eroberungskriege über ganz Europa und bis nach Nordafrika und Asien ausdehnen wird.

Metamorphosen, 3. Pentade 13. Buch

Scylla (730 ff.)
als Rahmen bis XIV, 75

Das sizilische Ungeheuer („ihr schwarzer Leib ist mit wilden Hunden gegürtet") besitzt das Gesicht eines Mädchens. „Sie ist auch einmal eine Jungfrau gewesen, wenn nicht alles Einbildung ist (*ficta*: Fiktion), was von den Sängern (*vates*: auch *Wahrsager*) überliefert wird."

Der ironische Seitenhieb drückt die Skepsis gegenüber historischer Überlieferung aus, wie sie im „Haus der Fama" und im Waffenstreit sinnbildlich wurde: So glaubwürdig wie es ist, dass eine Prinzessin in ein Ungeheuer und danach in eine Felsenklippe verwandelt wird, so glaubwürdig ist die Überlieferung politischer Geschichte. Alles ist *ficta*: Fiktion.

Scyllas Geschichte beginnt (und wird gleich wieder unterbrochen): Einer Gruppe von Nymphen erzählt sie hochmütig, wie sie einstmals von zahllosen Freiern umworben wurde; aber keiner entsprach ihren Ansprüchen. Alle Bewerber wies sie ab.

Während sie der Nymphe Galatea die goldenen Haare kämmt, erzählt Galatea ihre eigene tragische Liebesgeschichte.

Es beginnt ein Galatea-Rahmen.

Acis und Polyphem (750 ff.)

Galatea erzählt unter Tränen: Sie sei von ehrbaren Männern begehrt worden, denen sie sich ungestraft versagen konnte; aber ihre Flucht vor einem Kyklopen[250] endete tragisch. Sie war leidenschaftlich verliebt in den Faun Acis,[251] der gerade 16 Jahre alt geworden war und „zum Entzücken" aussah. „Unablässig begehrte" sie ihn – wie der Kyklop Polyphem seinerseits sie begehrt. Sie weiß nicht mehr, was stärker ist: Abscheu vor dem grimmigen Riesen oder Begierde nach dem schönen Faun.

Polyphems Wesen verändert sich durch die Liebe: er vernachlässigt sein Vieh und beginnt sein Äußeres zu pflegen. Den struppigen Bart stutzt er mit der Sichel und begutachtet im Wasserspiegel sein Gesicht.[252] Ein Wahrsager prophezeit ihm, dass Ulixes (Odysseus) sein eines Auge mitten auf der Stirne „rauben" wird. Der tollpatschige Riese hält die Prophezeiung für unsinnig, weil Galatea es ihm „schon längst geraubt" habe.

Es entwickelt sich ein Bild von schwer überbietbarer erotischer Komik: Der Riese sitzt auf einem gewaltigen Felsblock und spielt auf einer Panflöte aus hundert Rohren; analog sitzt Galatea „auf dem Schoß meines Acis". (Der 16-jährige Faun wird mit seiner Nymphe nicht mehr anfangen können als der Riese mit seiner Flöte).

---

250 *Kyklopen*: Riesen mit nur einem Auge mitten auf der Stirne.
251 *Faune*: lüsterne Waldgeister; (griech: Satyrn). Der 16-jährige Acis ist Ideal eines Liebhabers: Anmut, Schönheit, Wollust.
252 Polyphems Hygiene parodiert schlechthin alles, was bei Ovid über äußere Schönheit gesagt wird: von den Ratschlägen für den Amator (Liebhaber) in der *Ars amatoria* bis zum Schicksal des Narcissus (III, 339 ff.).

Metamorphosen, 3. Pentade   13. Buch

Polyphem besingt Galatea in 40 Komparativen: sie sei blühender als Wiesen, munterer als ein Böckchen, süßer als Trauben, flaumiger als Federn, wilder als ein Stier, härter als die Eiche, zäher als eine Rute, stolzer als der Pfau, heißer als Feuer, grimmiger als ein Bär, böser als eine Schlange, flüchtiger als der Wind... Dann droht er der Nymphe. „Fürchte dich, Nereuskind!" Dem Acis „reiße ich die Därme aus." Er fühlt einen Vulkan der Triebe in sich. „Wie ein Stier, dem die Kuh genommen wurde" tobt der unbefriedigte Kyklop.

Die Nymphe flieht ins Wasser, Polyphem reißt den Gipfel eines Berges ab und zerschmettert den fliehenden Acis.[253] Unter dem Felsen rinnt rotes Blut hervor, dass immer heller und klarer wird; dann spaltete sich der Stein und ein schöner Junge mit Schilfkranz im Haar tritt hervor: der in einen Flussgott verwandelte Acis.

Die ganze Werbung mit abschließender Gewaltanwendung ist eine exorbitante Persiflage der *Ars amatoria*.[254] Sie gibt dem Liebhaber Anweisungen, wie er sein Ziel erreicht. Ihre praktische Realisierung durch Polyphem deutet an, dass Ovid der römischen Männergesellschaft nicht einen frivol unterhaltsamen, sondern einen boshaft sozialpolitischen Spiegel vorhält.

---

253 In der *Odyssee* (9. Gesang), schleudert Polyphem dem Schiff des Odysseus einen Felsbrocken nach.
254 Der *Amator* soll zunächst die Schönheit seiner *Puella* preisen, (Schönheitskatalog), erst dann Geschenke offerieren. Falls sie sich immer noch versagt, gibt es auch eine Form der erlaubten Gewalt. Ars *amatoria* (I, 33 f.): "Sicheren Liebesgenuss und *gestatteten Raub* nur besinge ich, nirgends in meinem Gedicht wird ein Verbrechen (*crimen*) gelehrt."

Scylla und Glaucus (898 ff. bis XIV, 74)

Nach Galateas Erzählung löst sich die Gruppe der andächtig lauschenden Nymphen auf, „und sie schwimmen umher in dem sanften Gewoge". Aber ein friedliches Bild verheißt bei Ovid meist Gefahr.

Scylla wandert alleine am Meer entlang, und es häufen sich erotisch aufgeladene, fast laszive Bilder: Sie hat die Kleider ablegt; nackt schlendert sie mit den bloßen Füßen über den feuchten Sand; wenn sie müde wird, erfrischt sie sich im flachen Wasser.

Da kommt der „neulich erst verwandelte" Meeresgott Glaucus „angerauscht" und wird überwältigt von „Verlangen beim Anblick der Jungfrau". Er begehrt sie, „und spricht Worte, von denen er glaubt, sie könnten ihr Fliehen hemmen."

Scylla flüchtet trotzdem, versäumt aber nicht, sich optisch eindrucksvoll nackt auf eine Hügelkuppe zu produzieren, die sich „am Ufer wölbt". Hier ist sie vor dem Wasserwesen sicher, (obwohl die Wortwahl während der ganzen Szene permanent erotische Assoziationen und Fantasien anbietet).

Scyllas Neugierde und Staunen übertreffen ihre Furcht bei weitem. Sie grübelt, ob der Werber ein Gott ist oder ein Unhold (*monstrum* in der Doppelbedeutung „Wahrzeichen" und „Ungeheuer").

Der aufdringliche Verehrer imponiert ihr ersichtlich: „Sie bestaunt seine Farbe (*admiratur colorem*), staunt ob der Mähne, die Schultern und Rücken darunter bedeckt, und dass der gewundene Fischschwanz des Leibes Ende ihm einnimmt".

Metamorphosen, 3. Pentade   13. Buch

Glaucus spürt das Interesse des schönen Mädchens und nimmt eine wirkungsvolle Haltung an: mit einer Hand auf einen Felsen gestützt[255] erzählt er seine Metamorphose, und auch seine Erzählung hat nicht weniger erotische Anklänge als die Gedanken Scyllas (917 ff.):
Mit seiner Rute angelte er nach Fischen. Eines Tages fischte er an einem einsamen Platz, wohin sich noch nie ein Lebewesen verirrt hatte. Es könnte ein *locus amoenus* sein; hier wuchsen Kräuter, „die niemals die hörnertragenden Rinder mit Bissen verletzten". Keine „sanften Schafe... zottigen Ziegen... fleißigen Bienen..." haben diesen Ort vor ihm besucht.
Als er seinen Fang pedantisch nach Größe sortiert auf der Wiese ausgelegt hatte und musterte, begannen die Fische plötzlich im Gras zu zucken und ehe er sich's versah, waren sie alle wieder ins Meer gesprungen. „Auch wenn das erdichtet scheint – aber warum sollte ich."

Lange grübelte er nach der Ursache des Wunders und kam schließlich zu der Erkenntnis, dass es sich auf der Wiese um Wunderkräuter handeln muss. Als er ein Kraut pflückte und es kaute, erlebte er die gleiche Wirkung wie seine Fische: Er begann zu zucken, und sein wässriger Trieb wurde immer stärker. Schließlich zog ihn das Meer so unwiderstehlich an, dass er sich hineinstürzte mit dem Ruf: „Lebe wohl, o Erde, ich werde dich nie wieder betreten."

---

255 Am besten stellt man sich dabei Thomas Mann vor: Als er erfuhr, dass sein erster Roman *Buddenbrooks* im S. Fischer Verlag erscheinen sollte, schrieb er an Bruder Heinrich: *„Ich werde mich photographieren lassen, die Rechte in der Frackweste, und die Linke auf die drei Bände gestützt."*

Die Meergötter Ocean und Thetis nahmen ihn gnädig auf, reinigten ihn „von allem Sündhaften neunmal" (*purgante nefas noviens*); hundert verschiedene Flüsse fluteten über ihn bei dieser intensiven Läuterung. So weit kann er sich erinnern, dann verlor er das Bewusstsein.

Als er wieder zu sich kam, war er verwandelt: er hatte eine grünspanschimmernde Mähne, die er jetzt durch die Fluten hinter sich herschleift; die Arme wurden bläuliche Flossen, seine Schenkel verwuchsen zum Fischschwanz.

Doch was nutzt diese Pracht, wenn das schöne Landkind ihn nicht erhört. Denn obwohl sie jetzt erfahren hat, dass er kein Unhold (*monstrum*) ist, (allerdings musste sein Menschentum „von allem Sündhaften" auffallend lange und intensiv gereinigt werden), „verlässt die Jungfrau den Gott".

Sogleich zeigt sich, dass ein Abgewiesener freundlicher Werber sehr schnell zum Unhold werden kann: Glaucus ist rasend vor Zorn, „und eilt zum Zauberhaus der Circe".

Mit diesem Vers endet das 13. Buch –
im 14. Buch wird die Geschichte tragisch fortgesetzt werden. Aber das kann der Leser noch nicht ahnen; zunächst ist die Situation eher erotisch komisch.
   Wieder einmal dient die Buchgrenze zum Aufbau einer Spannung, die dann in ganz unerwarteter Form bedient wird.

Metamorphosen, 3. Pentade   13. Buch

Galatea hatte für ihre Nymphenliebe[256] einen Faun ausgesucht, der fast noch ein Kind ist. Scylla verkörpert das Gegenteil: sie verdrängt ihre Sexualität, aber ihre nackte Wanderung am Strand muss lüsterne Männer magisch anziehen.

Glaucus erzählt eine kuriose Geschichte, und erwartet nicht nur, dass sie ihm geglaubt wird, sondern er will sogar das Ziel der *Ars amatoria* erreichen. Sein Wesen und Charakter haben sich durch die Verwandlung nicht verändert: aus dem Unterbewusstsein des ehemaligen Fischers wird das verdrängte Triebleben traumatisch ans Licht befördert.

Scylla verdrängt ebenfalls ihre Sexualität und hasst sie, wenn sie immer nach dem nächsten Freier sucht, um ihn abzuweisen. Trotzdem sucht sie nach dem Monster im Mann.

Inzwischen „eilt" Glaucus zu Circe –
vom 13. ins 14. Buch.

Ende des 13. Buches

---

256 Nymphen: im Mythos lustige sinnenfrohe Naturgottheiten; als Nymphomanin liebestoll, unersättlich.

14. BUCH
von Glaucus und Circe bis Romulus und Hersilia

Übergang vom 13. Ins 14. Buch

Im 13. Buch begann die Nacherzählung der *Aeneis*, die noch weniger bot als bloße Zusammenfassung.

Es ist ein Anachronismus: 200 Verse waren nach Einnahme Trojas vergangen und mit der Metamorphose der *Memnonvögel* wurden schon *Gedenktage* angedeutet. Für den Leser hatte längst die Nachkriegszeit begonnen – da drehte die Handlung wieder zurück, und der Held, der bisher noch gar nicht erwähnt wurde, flüchtete aus der Stadt zu den Schiffen: „Nicht jede Hoffnung ging mit Troja unter... Der Sohn der Venus (Aeneas) trägt seinen Vater auf den Schultern" (XIII, 623 f.).

Aeneas fuhr nach Delos, dann nach Kreta (Ursache für die „Irrfahrt" war ein falsch verstandenes Orakel), von dort weiter nach Italien. Als er vor Sizilien an der bekannt gefährlichen Stelle von Scylla und Charybdis ankam, wurde er sogleich wieder aus der Handlung entfernt.

Mit Scylla begann eine Rahmenerzählung, die mit mehreren Verschachtelungen über die Buchgrenze führt. 239 Verse nimmt der Rahmen im 13. Buch ein; im 14. Buch werden es noch einmal 74 Verse sein.

Dann erst taucht Aeneas wieder auf (75): „Nachdem die Schiffe der Troer diese (Gefahren) überstanden haben..." Von Heldentaten des Aeneas wird aber nichts berichtet – im Gegensatz zu den lebensgefährlichen Situationen der Protagonisten in *Odyssee* und *Aeneis*; es geht Ovid nur um die Metamorphosen von Acis und Glaucus.

Metamorphosen, 3. Pentade   14. Buch

Das 14. Buch beginnt auffallend parallel zu zwei anderen Büchern: dem 3. und 7. Buch.

- Im letzten Vers des 2. Buches sieht der Leser Zeus in Gestalt eines Stieres Europa auf dem Rücken über das Meer entführen;
  Vers 1 des 3. Buches sind sie in Kreta angekommen:
  „und schon (*iamque*) hatte der Gott die Gestalt des trügerischen Stieres abgelegt…"

- Im letzten Vers des 6. Buches brechen die Argonauten auf zum Goldenen Vlies;
  Vers 1 des 7 Buches haben sie schon „das Meer durchschnitten" und kommen an:
  „und schon (*iamque*) durchschnitten die Helden die See… indem sie (*dumque*) … erreichten."

- Im letzten Vers des 13. Buches eilt Glaucus zur Zauberin Circe;
  Vers 1 des 14. Buches ist er dort;
  „und schon (*iamque*)" hat er die Reise hinter sich gebracht.

Metamorphosen, 3. Pentade   14. Buch

Glaucus und Circe (1 ff.)

Die ersten Verse des 14. Buches führen in einem einzigen Satz von Sizilien zum italienischen Festland: von Zankle (Messina) zum gegenüberliegenden Regium; endlich scheinen wir uns jetzt der Staatsgründung zu nähern.

Aber es kommt wieder einmal ganz anders: es ist gar nicht Aeneas, sondern Glaucus, der „mit mächtig rudernden Armen" zu Circe schwimmt. Die Zauberin lebt in Latium – (und die Hauptstadt von Latium ist heute Rom. Das könnte sich günstig fügen für den weiteren Verlauf).

Glaucus erklärt Circe „den Grund meines Rasens" und bittet um Kräuter und Zaubersprüche, die Scylla seinen „Gluten" gefügig machen.

Aber keine ist für „Gluten (*flammis*) empfänglicher" als Circe selbst. Glaucus solle verachten, wer ihn verachtet, und „eine Willige suchen, die will, was er will". Doch seine Leidenschaft für Scylla ist so fanatisch, dass er die Göttin abweist.

Da Circe dem Meeresgott nicht schaden kann, rächt sie sich an ihrer Rivalin. Unter magischen Sprüchen zerreibt sie giftige Kräuter und mischt schlimme Säfte, eilt an die Küste bei Regium, „betritt die kochenden wallenden Meeresfluten" und schreitet trockenen Fußes über die gefährliche Meerenge nach Sizilien. Sie geht zur lauschigen Bucht, wo Scylla immer, wenn „die Sonne auf des Scheitels Mitte steht",[257] gerne badet.

---

[257] „High noon", Hitze, romantischer Ort (*locus amoenus*) waren in der Götter- und Heroen-Epoche immer die Voraussetzung für eine erotische Szene.

Metamorphosen, 3. Pentade 14. Buch

Circe verseucht die ganze Bucht mit ihren Giften, und als Scylla ins Wasser steigt, beginnen „bellende Gräuelgeschöpfe" (*latrantibus monstris*) aus ihren Hüften zu wachsen. Zunächst glaubt sie, von den Tieren angefallen zu sein und flüchtet, aber sie wachsen tatsächlich aus ihrem Körper heraus.[258]

Die letzten 7 Verse der Scylla-Geschichte fassen vier Schicksale zusammen: Glaucus, Scylla, Odysseus, Aeneas: Glaucus verließ weinend das „Zauberhaus der Circe", Scylla blieb an ihrem Ort gebannt und fraß aus Rache an Circe von jedem Schiff des Odysseus einen seiner Gefährten[259] –

„und sie hätte wohl auch die Schiffe der Troer versenkt, wenn sie nicht zuvor in ein Felsenriff verwandelt worden wäre" (72 f.).

Damit ist plötzlich Aeneas wieder aufgetaucht (75): Seine Schiffe sind ungefährdet durch Scylla und Charybdis hindurch gekommen. Aber ein Sturm verschlägt sie an die libysche Küste.

---

[258] Hier wird Scyllas erste Erwähnung verständlich (XIII, 732: „Ihr schwarzer Leib ist mit wilden Hunden gegürtet"). Aus der *Odyssee* (XII, 85-100) ist sie anders bekannt: zwar ein „bellendes Wesen", aber nicht mit Gesicht und Oberkörper einer Jungfrau, sondern: 12 Füße, 6 gewaltige Hälse, auf denen schreckliche Schädel sitzen mit drei Zahnreihen und stinkendem Aas im Maul. Der halbe Körper liegt in der Höhle, mit den Hälsen fischt sie Delphine und Seeungeheuer aus dem Meer, und Seefahrer von den Schiffen.

[259] *Odyssee* 10. Gesang: Kirke verwandelt die Gefährten des Odysseus in Schweine. Als er sie nach einem Jahr verlässt, warnt sie, bei Scylla müsse er sich in der Meerenge mit Vertrauen dem Schicksal ergeben. Trotzdem rüstet er sich als Held, und Scylla frisst von jedem Schiff einen seiner Männer. (Ein Rückfall des „Dulders Odysseus" in das Heldentum des „listigen Odysseus" der *Ilias*.)

Dido und Aeneas (78 ff.)

Aeneas ist in Karthago gelandet. Er wird von der „Tochter Sidons in ihrem Haus und in ihrem Herzen empfangen."[260]

Die Handlung ist jetzt beim römischen Nationalepos angekommen: Vergils *Aeneis* beginnt nach dem Musenanruf (8) sofort mit Karthago: *urbs antiqua fuit*: „es gab eine uralte Stadt (Karthago)", und die ersten vier Bücher handeln ausschließlich von Dido und Aeneas. Jetzt muss der Stoff von Vergils 4. Buch erwartet werden, das berühmteste Stück Literatur in Rom, wo in 705 Versen die Tragödie erzählt wird: Dido verliebt sich in Aeneas und er in sie. Jupiter zwingt ihn, seiner Sendung zu folgen (Gründung Roms) und Dido zu verlassen. Daraus entwickelt Vergil ein Seelendrama. Dido begeht Selbstmord; vorher verflucht sie Aeneas. Es ist die etymologische Voraussetzung für die drei Punischen Kriege.[261]

Bei Ovid bleibt fast nichts davon übrig: Dido empfängt Aeneas „in ihrem Herzen", aber er wird sie bald verlassen, und am Scheiterhaufen wird „die Getäuschte alle täuschen".[262] Ende. – Ganze 4 Verse für Vergils 4. Buch *Aeneis*, das als ein Höhepunkt der Weltliteratur gilt. Ovid versucht nicht, den berühmten Vorgänger zu übertrumpfen.[263]

---

260 *Tochter Sidons*: Dido; nach der Gründungslegende Karthagos floh sie vor ihrem Bruder aus *Sidon* im Libanon (antik: Phönizien); landete an der Küste des heutigen Tunesien.
261 *Punische Kriege*: 264-241 – 218-201 (Hannibal) – 149-146
262 Dido ließ einen Scheiterhaufen errichten, um angeblich Erinnerungsstücke an Aeneas zu verbrennen; dort stürzte sie sich überraschend in ihr Schwert.
263 Ovids Dido schreibt lieber einen Brief (*Heroinenbriefe*).

Metamorphosen, 3. Pentade　　　　14. Buch

Irrfahrten (82 ff.)

Ebenso rasant geht die Seefahrt weiter. 18 Verse genügen für 5 Abenteuer: Aeneas „flieht die werdende Stadt (Karthago)", fährt zurück nach Sizilien, wo – wie erst jetzt erwähnt wird – sein Vater Anchises verstorben und bestattet ist, und „ehrt ihn" mit Leichenspielen (3 Verse).

In den folgenden 4 Versen werden umfangreiche Ereignisse aus der *Aeneis* konzentriert: Bei *Vergil* hat Juno, die Feindgöttin von Aeneas, während der Leichenspiele die mit ihm aus Troja geflohenen Frauen angestiftet, die Schiffe in Brand zu stecken, damit seine mythische Sendung (Gründung Roms) verhindert wird. Jupiter, der Aeneas die Prophezeiung gegeben hat (im Gegensatz zu Poseidon in der *Ilias*) schickt einen gewaltigen Regen, der das Feuer löscht. Bei *Ovid* heißt das nur: „die beinahe verbrannten Schiffe". – Danach gelangt der *Vergilsche* Aeneas von den vulkanischen Liparischen Inseln vorbei an der Insel des Aeolus, dem König der Winde: was in der *Odyssee* (X, 1 ff.) seelische Verzweiflung, und in der *Aeneis* (I, 54 ff.) ein phantastisches Naturereignis ist, listet *Ovid* einfach auf: „vorbei am Gebiet des Hippotes-Enkels (Aeolus)". Im gleichen Satz fährt Aeneas noch „vorbei am Riff der Sirenen"[264] (offenbar ohne den Gefährten Wachs in die Ohren zu stopfen) und gelangt in einem Vers und zwei Stationen zur Insel Pithecusa.[265]

---

[264] Man dachte sich den Sitz der Sirenen im Golf von Neapel. Die an einer steilen Felsküste gelegene Stadt Sorrent leitet ihren Namen (Tourismus orientiert) von Sirenum ab.

[265] *Pithecusa* (heute Ischia): „Insel der Affen", d.h. Meerkatzen, bösartige Dämonen mit langem Schwanz; heute die größte und bevölkerste Insel im Golf von Neapel.

Metamorphosen, 3. Pentade 14. Buch

Dem Aufenthalt auf der unbedeutenden Insel werden nun mehr als doppelt so viele Verse gewidmet wie der ganzen vorhergehenden Irrfahrt; denn es gibt eine Metamorphose zu berichten:

Einst lebte auf der Insel ein lügnerisches und betrügerisches Volk. Voller Abscheu hat Jupiter es in „hässliche Tiere" verwandelt – „den Menschen ähnlich und doch nicht ähnlich". Wegen ihrer Meineidigkeit nahm er ihnen die menschliche Sprache, so dass sie nur noch „in rauen Tönen klagen können". (Entstehungsgeschichte der Affen aus Betrügern).

Die atemlose Fahrt (100 Verse bewältigen die Hälfte der *Aeneis*) hat dramaturgische Funktion: nach der hektischen Steigerung muss die Handlung mit einem gewichtigen Ereignis zur Ruhe kommen: dem Gang des Aeneas in die Unterwelt – Höhepunkt aller mythischen Heldengeschichten von Herakles, Orpheus, Odysseus…

Sibylle von Cumae:[266] Der Orkus (101 ff.)

Der Gang in die Unterwelt ist in *Odyssee* und *Aeneis* das Zentrum des ganzen Epos.

In den 12.000 Versen der **Odyssee** bildet er genau den Mittelblock. Odysseus erlebt eine Menschheitsschau aus Urzeiten bis in die Zukunft: von mythischen Heroinen über die Troja-Helden der aktuellen Vergangenheit bis zur Gegenwart des bei Kirke vor wenigen Tagen vom Dach gefallenen Gefährten; fast versgenau in der Mitte steht das in die Zukunft weisende Orakel des Teiresias.

---

[266] *Sibylle* (griech. „Prophetin") *von Cumae*: 6. Jh. v. Chr., Orakel von Cumae in der Nähe von Neapel; berühmte Darstellung an Michelangelos Decke der Sixtinischen Kapelle.

Metamorphosen, 3. Pentade   14. Buch

In den 10.000 Versen der **Aeneis** ist es das 6. Buch, die Mitte. Aeneas wird von der Sibylle von Cumae auf den Abstieg vorbereitet. In der Unterwelt begegnet er dem Höllenwächter Cerberus, trifft seinen ertrunkenen Steuermann Palinurus (wie Odysseus den bei Cirke vom Dach gestürzten Elpenor) und troische Helden; aus der Generation vor Troja den Theseus, und viele andere; er trifft auch Dido; sie wendet sich von ihm ab. Dann prophezeit der verstorbene Vater Anchises dem Sohn die Nachkommen, die Italien regieren werden. Die Weissagung des Anchises war im Römischen Reich das bekannteste Stück Literatur. Es ist die Ausrufung des Imperialismus: eine Heldenschau von Romulus bis zur Gegenwart; und es ist ein Gespräch über Seelenwanderung (*Aeneis* VI, 713 ff.): „Die Seelen, denen das Schicksal neue Verkörperung schuldet ..." Vergils Aeneas stellt dem Vater skeptische Fragen, Anchises erklärt und begründet sie ausführlich: Wenn die Zeit gekommen sei, würden die toten Helden aus der Unterwelt zurückkehren. – Ein sensationeller Text bei Vergil.

In den **Metamorphosen** wird alles ausgeklammert. Bei Ovid ist der Abstieg mit dem Aufenthalt in die Unterwelt so kurz zusammengefasst wie die Irrfahrten. 900 Versen bei Vergil entsprechen 19 Verse der *Metamorphosen*; dann verlässt Aeneas die Unterwelt. Denn: Bei Ovid ist der Wiederaufstieg wichtig: das Gespräch zwischen Aeneas und der Sibylle!

Metamorphosen, 3. Pentade   14. Buch

Aufstieg: Inkarnation als Metamorphose (120 ff.).

Das Hauptereignis von *Odyssee* und *Aeneis* – der Abstieg und Besuch in der Unterwelt – kommt in den *Metamorphosen* fast nicht vor. Was vor Ovid das zentrale Ereignis war, geht in den *Metamorphosen* im Eiltempo vorüber:

Aeneas landet bei Cumae, „betrat die sumpfige Gegend" (103), besucht gleich die uralte Sibylle (104) und bittet, ihn zum Vater in die Unterwelt zu führen (105). Sie bewundert den Helden von Troja (es ist die längste Passage: 106-114), und gibt ihm den goldenen Zweig, der den Zugang verschafft (115).[267] Zwei Verse später ist er schon im „schrecklichen Orcus" (117) und trifft Vater Anchises (118), der ihm prophezeit, „welche Gefahren er in neuen Kriegen bestehen muss." (119) Im nächsten Vers steigt er wieder nach oben und führt ein „Wechselgespräch" (eine Unterhaltung) mit der Sibylle: „um die Mühe des Aufstiegs zu mildern".

Es ist unglaublich: Der ganze Hadesgang besteht nur aus der Ankündigung von Anchises, „welche Gefahren" Aeneas noch zu bestehen habe; aber der Leser erfährt nicht, was dieses „welche" bedeutet. Und nach 6 Versen in der Unterwelt führt Aeneas auf dem Rückweg eine 34 Verse lange Unterhaltung – nur um die Zeit des anscheinend sehr langweiligen Aufstiegs zu verkürzen.

---

[267] *Zweig*: Dante benutzt das Bild in der *Divina Commedia*: Er und sein Führer Vergil werden von Teufelsscharen daran gehindert, den unteren Teil der Hölle zu betreten. Es nähert sich ein nicht genau bezeichnetes geistiges Wesen (Inferno, 9. Gesang, Vers 89): „*Er kam zum Tore und mit einem Zweiglein schloss er es auf.*"

Metamorphosen, 3. Pentade   14. Buch

Aber dieses Gespräch beim Wiederaufstieg handelt von einer Metamorphosen: Die Sibylle von Cumae erzählt ihre Geschichte:

Als Jungfrau war sie von Apollo umworben worden, und der Gott versprach, ihr jeden Wunsch zu erfüllen. Sie nahm eine Hand voll Sand und wünschte sich so viele Lebensjahre, wie es Sandkörner waren, vergaß aber, sich bleibende Jugend zu erbitten. Nun ist sie siebenhundert Jahre alt und hat dreihundert weitere vor sich. So lange muss sie noch das „kränkliche Alter durchleben". Ihr Körper wird verfallen und vertrocknen. „So weit wird die Verwandlung gehen", bis sie unsichtbar geworden, und der Nachwelt nur noch als die sibyllinische Stimme hörbar ist. –

Der Grund, warum Ovid diese Geschichte erzählt, scheint klar (121): *mollit sermone labori*: Aeneas „macht sich die Mühe (des Aufstiegs) leicht durch Reden". Ovid zitiert ein in Rom viel gebrauchtes Sprichwort: *mollit sermone labori* („die Arbeit durch Plaudern erleichtern") sagten die Römer, wenn es etwas Unangenehmes zu erledigen gab; hier ist es die Rückkehr aus der Unterwelt. Der Abstieg war kein Problem; er wirkt wie eine Parodie auf Aristophanes:[268] in den Hades zu gelangen ist einfach; aber das *revocare* („zurückrufen", rückkehren) bleibt ein Geheimnis.

---

268 *Aristophanes*: Komödie *Die Frösche*: Der Gott Dionysos holt sich Rat bei Herakles (der den Höllenhund Cerberus aus dem Hades geholt hatte), wie man in die Unterwelt gelange; Herakles empfiehlt: der Gott solle sich aufhängen, Gift trinken, oder vom Turm springen; dann sei er schnell im Hades. (Der Satz war sprichwörtlich in der Antike). Das Problem ist die Rückkehr.

Ovid reflektiert die Rückkehr des Helden satirisch durch berühmte Zitate. Bei *Vergil* erfährt Aeneas von der Sibylle (VI,126 f.): *facilis descensus Averno, sed revocare ... **hac opus**, **hic opus labor** est*: „leicht ist es zum Avernus[269] abzusteigen; aber das Wiederkehren ... ist Arbeit; und diese Arbeit macht Mühe."[270] Diese Stelle wird schon in der *Ars amatoria* ironisch zitiert: man könne seine *puella* (Mädchen) leicht durch Geschenke erobern; aber ohne Investitionen zum Ziel zu kommen, sei „die eigentliche Arbeit, die Kunst" (*Ars* I, 453: **hoc opus, hic labor** *est*).

Später hat Petronius[271] Ovids Ironisierung noch forciert: Sibylle schrumpelt im Laufe ihres Jahrhunderte langen Lebens immer mehr, bis sie endlich ein Seeigel im Golf von Neapel ist.

Aber Ovid hat verdeckt Ernstestes im Sinn: es geht ihm nicht um die häufig behandelte Geschichte einer Unterweltfahrt, sondern um den Mythos der Sibylle und um die Lehre des Anchises. Sibylle erzählt eine Metamorphose, die jeden Menschen betrifft: das Altern ist permanente Verwandlung: physisch und geistig; immerwährend. Und daraus folgt die Seelenwanderungslehre des Anchises: nach dem Tod wird es die Metamorphose einer Wiedergeburt geben.

---

269 *Avernus*: vulkanische Landschaft nahe Cumae; Averner See; hier ist Vergils Aeneas in die Unterwelt hinab gestiegen.
270 Hindeutung auf Inkarnation, die bei der Weissagung des Anchises im Zentrum steht.
271 *Petronius*: römischer Schriftsteller, † 66. n.Chr. (Selbstmord) am Hof Neros; sein Roman „Satyricon" (nur als Fragment) ist eine glänzende Sittenschilderung von zügellosem Witz.

Metamorphosen, 3. Pentade   14. Buch

Alte Gefährten: Irrfahrtengeschichten (158 ff.)

In Cumae opfert Aeneas den Göttern und begibt sich zu den Schiffen am Strand. Dort erlebt er eine Überraschung:

Macareus, ein ehemaliger Gefährte von Odysseus, war der Irrfahrten überdrüssig und hat sich in Cumae abgesetzt. Jetzt hat er Achaemenides aus der Mannschaft des Aeneas als einen Gefährten erkannt, der bei der überstürzten Flucht vor Polyphem vergessen wurde; er hatte sich auf der Kyklopen-Insel vor den Riesen „viele Jahre zitternd versteckt" (213), ehe Aeneas ihn aufnahm. „Solch ein Zufall!" jubelt Macareus (über die Verschmelzung von *Odyssee* und *Aeneis* in den *Metamorphosen*), und es beginnt ein fröhliches Palaver von Irrfahrten-Veteranen.

Es ist aberwitzig: ein ehemaliger Gefährte des Odysseus entdeckt unter den Troern des Aeneas einen Griechen, den er zuletzt „vor vielen Jahren" (213) bei Polyphem gesehen hatte, und fragt, was er inzwischen erlebt hat.[272]

Die Unterhaltung der beiden Männer aus dem ganz anderen Mythos *Odyssee* liefert dem Leser jetzt die Irrfahrten nach, von denen er glauben musste, dass sie beiläufig in 9 Versen (XIV, 82-90) bereits erledigt waren.

---

[272] Unauffällig streut Ovid einen pazifistischen Gedanken ein (219): „Mich Griechen hat ein troisches Schiff aufgenommen." Krieg ist ein Krieg der Herrscher, nicht der Völker. Er macht Menschen zu Schlächtern; im Frieden können sie Menschen sein und aus Feinden werden Helfer. (Ovids Gedanken müssen im Augusteischen Rom regierungsfeindlich gewirkt haben. Die Weltmacht Rom war ausschließlich auf Kriege begründet).

Achaemenides erzählt:
Das Polyphem-Abenteuer (180-213)

Er schildert seine Panik auf der Kyklopeninsel, als er die Schiffe abfahren sah; danach alles, was zwar Macareus bei Polyphem noch miterlebt hat, der Leser aber noch nicht kennt. Wie eine Parenthese von 46 Versen wird die ganze Polyphem-Geschichte erzählt, nach dem Motto: ‚Macareus du wirst dich erinnern ...' Spätere Abenteuer von Odysseus kennt Achaemenides nicht mehr, weil er ja auf der Insel zurückgelassen wurde. Die kennt aber Macareus – soweit, bis er in Cumae zurückblieb. Und die will Achaemenides jetzt von Macareus wissen.

Macareus erzählt:
Das Aeolus-Abenteuer (223-232)

Der König der Winde bannte die bösen Stürme in Schläuche und ließ nur den einen günstigen Wind wehen, der Odysseus in Sichtweite von Ithaka brachte; aber die Gefährten vermuteten Wertsachen in den Schläuchen, öffneten sie, die widrigen Winde fuhren heraus und die Schiffe wurden zurückgetrieben zu Aeolus. – Ovid erwähnt nicht, dass die Gefährten die Schläuche nur deshalb öffnen konnten, weil Odysseus kurz vor dem Ziel einschlief.[273]

---

273 Das Motiv wiederholt sich in der *Odyssee* beim letzten Abenteuer auf der Insel des Sonnengottes: Odysseus betet auf dem Berg zu Zeus, dass die Gefährten in der Hungersnot die heiligen Rinder nicht schlachten; er schläft ein, sie schlachten sie, das letzte Schiff mit allen Gefährten wird vernichtet (*Odyssee*, XII, 320 ff.). Beide Male besitzt der Held kurz vor dem Ziel noch nicht die Kraft für den letzten Schritt. – Das Motiv erscheint auch im Neuen Testament (Lucas 22 u.a.): die schlafenden Jünger in Gethsemane.

Metamorphosen, 3. Pentade — 14. Buch

Ebenso wenig erwähnt Ovid, dass Odysseus von Aeolus eine zweite Chance erbat, und erfahren musste, dass Lebens-Chancen nicht wiederholbar sind. (Bekanntes wird nicht nacherzählt).

Für *Vergil* war die Homerische *Odyssee* eine ‚historische' Vorlage.[274] Aber *Ovid* will nicht die „Moral" aus den alten Epen nacherzählen.

Macareus erzählt:
Die Laestrygonen (233-240)

Alle Schiffe mit den Gefährten wurden von Menschen fressenden Riesen zerstört – außer dem Schiff des Odysseus. Ovid nennt den Laestrygonen-König Antiphates, sagt aber nichts über den Ort. In der *Odyssee* heißt der Ort *Telepylos* –"Tor am Ende" (der Welt).[275] Es ist ein Schwellenerlebnis vor der Konfrontation mit dem Tod – dem Gang in die Unterwelt.

---

[274] Die Epoche zwischen Trojanischem Krieg (um 1100 v.Chr.) und Homer (um 700 v.Chr.) heißt „die dunklen Jahrhunderte", weil historisch und archäologisch nichts darüber bekannt ist. *Ilias* und *Odyssee* sind die einzigen ‚Zeitzeugen', denn zur Homerzeit waren die Ereignisse durch mündliche Überlieferung noch bekannt. Sie wurden zwar mythisch erklärt (Raub der Helena), aber das beschriebene Leben gilt als historisch.

[275] An diesem Tor „trifft der Hirte, der am Abend die Herde hereintreibt, den Hirten, der die Herde am Morgen heraustreibt". Zeit und Raum sind aufgelöst. Das war nicht römisch; die Römer suchten die Laestrygonen auf der Landkarte: im Marmarameer (weil das folgende Circe-Abenteuer auf der Krim lokalisiert wurde), oder in Sizilien, oder auf dem italienischen Festland.

Metamorphosen, 3. Pentade   14. Buch

Macareus erzählt:
Das Circe-Abenteuer (241-307)

Macareus zeigt, dass die Insel der Circe von Cumae aus „in der Ferne zu erkennen" ist.[276]

Überproportional lang wird das Abenteuer in zahllosen Details erzählt: wie Odysseus die Gefährten ausloste für die Erkundung; wie sie zu dem Haus mit den zahmen Löwen und Bären kamen; die gastliche Aufnahme im Saal mit den Nymphen; die Zubereitung der Speise; wie die Gefährten mit der Zauberrute geschlagen und in Schweine verwandelt wurden, (die Metamorphose in allen Einzelheiten: die Haut beginnt von Borsten zu starren, aus dem Reden wird Grunzen, der Mund wächst zum Rüssel, der Becher fällt aus der Hand, alle landen im Schweinstall - zum ersten Mal wird erfahren, wie schrecklich eine Metamorphose erlebt wird).

En detail wird aus der *Odyssee* nacherzählt, wie Circe die „Lagergenossin" von Odysseus wurde und erst nach einem vollen Jahr die Gefährten entzauberte, die ihre neue Metamorphose vom Schwein zum Menschen bewusst erlebten.

Der Kenner von *Odyssee* und *Aeneis* weiß: nun muss das zentrale Ereignis des ganzen Epos kommen: Circe gibt Odysseus frei, schickt ihn aber zuvor auf den Gang in die Unterwelt.

Doch Macareus erzählt die Hadesfahrt nicht.[277]

---

276 Aus der Seelengeographie der *Odyssee* ist nach 700 Jahren eine reale Römergeographie geworden.
277 Macareus war bei der Hadesfahrt offenbar nicht mehr dabei. Man muss sich vorstellen, dass er Odysseus nach dem Circe-Abenteuer verlassen hat und von der Insel „in der Ferne" zum Festland nach Cumae kam.

Metamorphosen, 3. Pentade 14. Buch

Statt dem zentralen Ereignis, dem Gang in die Unterwelt, erzählt Macareus eine lange Metamorphosen-Geschichte, die ihm eine Magd von Circe verraten hat.

Damit beginnt wieder eine komplizierte Verschachtelung – man stelle sich vor: bei Aeneas in Cumae erzählt ein ehemaliger Gefährte des Odysseus einem noch früheren Odysseus-Gefährten, wie ihm eine Magd der Circe eine Geschichte erzählte über eine Marmorskulptur mit einem Specht auf der Schulter im Palast der Circe, die vor ihrer Verwandlung einmal ein König gewesen ist. Der Übergang vom Circe-Abenteuer zur Schachtelgeschichte erfolgt in 3 Versen (308-311): „Ein ganzes Jahr sind wir dort geblieben, und in dieser langen Zeit habe ich mit eigenen Augen und Ohren viel mitbekommen. Eine der Mägde hat mir heimlich erzählt: ..."

Ovid ironisiert wieder die Unzuverlässigkeit jeder Überlieferung. Macareus erweckt den Eindruck von Authentizität, ist aber keineswegs selbst Zeuge der erzählten Verwandlung gewesen; er hat „viel mit eigenen Augen und Ohren" erlebt, - so behauptet er – aber nicht das, was er erzählt. Die Verschiebung der objektiven Wahrnehmung erhält zusätzlich noch eine satirische Pointe: Macareus müsste ja alles vom Schweinestall aus mitbekommen haben; erst nach einem Jahr wurden die Gefährten zurückverwandelt. Aber das Ereignis fällt gar nicht in „das lange Jahr" bei Circe, sondern es liegt zurück; er hat überhaupt nichts „gesehen" – er hat nur „gehört". Was er berichtet ist nicht mehr, als was ihm von einer Magd erzählt wurde. Ebenso gut wie ein reales Ereignis kann es auch „Hofklatsch" bei Circe sein. –

Macareus erzählt:
Circe: Picus und Canens (440 ff.)
Scheinbar unmotiviert wird das Circe-Abenteuer durch eine Erzählung verlängert, die mit der Irrfahrt in keinem Zusammenhang steht. Sie ist mehr als doppelt so lang wie das längste Abenteuer (132 Verse; Odysseus bei Circe 64 Verse).

Macareus fragte eine Magd, welche Bedeutung die Marmorstatue eines Jünglings mit einem Specht auf der Schulter habe, und „heimlich" verrät sie es; die Geschichte erkläre die „Größe der Macht" Circes.

Einst herrschte Picus als König „in italischen Landen".[278] Er war nicht einmal 20 Jahre alt,[279] außergewöhnlich schön, von edlem Gemüt, berühmt für die Züchtung „kriegsdiensttauglicher Rosse". Zahlreiche Wald- und Quell- und Meeresnymphen begehrten ihn, aber er verschmähte alle wegen Venilia, der Tochter des Janus[280] („wie erzählt wird"). Wegen ihres wunderbaren Gesangs wurde Venilia *Canens*, „die Singende", genannt.

---

278 *Picus*: lat. „Specht"; im Mythos König von *Laurentum*, einer Stadt nahe Ostia (Tibermündung bei Rom). Er ist ein Sohn des *Saturnus* (griech. Kronos; Göttergeneration vor Zeus). Saturn ist Vater von Jupiter. In den *Metamorphosen* herrscht er während des Goldenen Zeitalters.
279 Alter des Picus (325): „Er hatte noch keine vier (Olympischen) Spiele erlebt": weniger als 16 Jahre; Ovid rechnet mit dem römischen Lustrum im Abstand von 5 Jahren.
280 *Janus*: römischer Gott von örtlichem und zeitlichem Anfang und Ende, deshalb auch der Türen und Tore. Die Ost- und Westtüre seines Tempels auf dem Forum symbolisierten Anfang und Ende des Tages; zwischen ihnen stand seine Statue mit zwei Gesichtern, die in entgegengesetzte Richtungen blickten. (Januskopf). Als Gott der Anfänge wurde er am 1. Januar (nach ihm benannt) geehrt.

Beide wurden ein Paar. Als Picus eines Tages auf seinem feurigen Ross durch den Wald jagt, um „Eber zu spießen", in der linken Hand gleich zwei Lanzen, erblickt ihn Circe und ist von seiner Schönheit und Anmut so geschockt, dass ihr die Kräuter aus der Hand fallen (die sie für ihre schlimmen Zaubertränke sammelt). „Heiß rast ihr die Flamme durch Mark und Bein."[281]

Cirke will Picus ihre Liebe gestehen, und da es inmitten seiner Jagdgesellschaft nicht möglich ist, schickt sie ihm das Traumbild eines Ebers und lockt ihn in den dichtesten Wald; dort springt er „vom dampfenden Ross" und verfolgt den Eber zu Fuß.

Sie jagt hinter ihm her, gibt sich als Göttin zu erkennen und fleht ihn an, sich ihrer „Glut zu erbarmen". Aber Picus weist die Göttin ab - er liebt Venilia/Canens und will ihr treu bleiben. Circe droht ihm mit der „Kränkung eines liebenden Weibes".

Die Zauberin berührt ihn dreimal mit dem Stab und singt dazu „drei ihrer Lieder" (387). Picus flieht – immer schneller – er spürt dass er beflügelt ist – „da sieht er die Federn am Leibe". Er wurde zum Vogel.

Aus Empörung hackt er mit seinem Schnabel auf Baumstämme ein. „Von Picus blieb nur Name", und nur das purpurrot-goldene Gefieder des Buntspechts erinnert noch an die königliche Kleiderpracht.

---

[281] Das 14. Buch hatte mit Circes Entflammbarkeit begonnen: Glaucus bat um Kräuter, um Scylla seinem „Rasen" (*furor*) gefügig zu machen. Aber „keine ist empfänglicher für Flammen (*flammis*)" als Circe (XIV, 25).

Die Verwandlung der Natur

Die Begleiter des Königs erkennen in Circe die Schuldige und stürzen sich bewaffnet auf sie. Da vergiftet sie mit ihren Zaubersäften die ganze Landschaft: es wird dunkel, der Wald hebt sich in die Luft – „ein Wunder sozusagen" (*dictu mirabile*) – die Erde stöhnt; blutig tropfen die Pflanzen, Schlangen wimmeln, die Seelen der Toten schwirren umher, mit ihrer Rute schlägt Circe die Männer und verwandelt jeden in eine andere Bestie.

Vergebens wartet Canens auf die Rückkehr ihres Gatten. Die ganze Jagdgesellschaft ist unauffindbar. Schließlich wird die Nymphe wahnsinnig vor Trauer und irrt suchend durch die Wälder. Weit über das Land hört man ihren klagenden Gesang – wie den Gesang sterbender Schwäne. Sie schwindet immer mehr und löste sich schließlich ganz auf „in die flüchtigen Lüfte". Ein Ort bewahrt ihren Namen; er wird „der Singende" genannt. –

Noch einmal wiederholt Macareus: „Viele solche Dinge hörte und sah ich" bei Circe.

Beim Abschied prophezeite die Zauberin Odysseus, dass er noch schlimme Gefahren zu bestehen hat. Da überkam Macareus die Angst. Er verließ Odysseus und „die Insel in der Ferne".

Auf langer Wanderschaft „fand ich schließlich dieses Ufer und blieb hier."

Ovid und der Mythos

Die Metamorphose von Picus entspricht äußerlich vielen anderen Verwandlungsgeschichten, in denen in frühester Zeit die Entwicklungsgeschichte der Welt mythisch anschaulich gedeutet wurde, und das Muster ist auf den ersten Blick das gleiche wie bei den „Lykischen Bauern", die wegen ihrer Boshaftigkeit in Frösche verwandelt wurden (VI, 313 ff.; mythologische Erklärung, warum Frösche quaken), oder vom Gold-König Midas, der im Pactolus badete (XI, 106 ff.: mythologische Erklärung, wieso der Sand des Flusses heute goldhaltig ist), und vieler anderer Metamorphosen.

Picus heißt der „Specht" – umgekehrt: dieser Vogel heißt Specht, weil er der verwandelte König Picus ist. Heute sind es Geschichten für Kinder; in vor- oder frühgeschichtlicher Zeit, als es keine Erklärung dafür gab, wieso die Sonne im Westen unter- und am nächsten Tag im Osten wieder aufgeht, waren solche Verwandlungsgeschichten hilfreiche Erklärungen. Der Raub der Helena war vor 3000 (dreitausend!) Jahren ein verständlicherer Kriegsgrund als ein Wirtschaftskrieg um den Zugang zum Schwarzen Meer.

Der *aufgeklärte* Römer Ovid erzählt nicht alte Mythen und erfindet auch nicht neue, um Naturphänomene zu erklären; ihm geht es um das Wesen des Menschen und seine existenziellen Fragen. Dazu gehört die Frage nach dem Tod und dem, was nach dem Tod vom Menschen bleibt. Antike Religionsphilosophie war von tiefem Pessimismus geprägt. In der letzten Tragödie von Sophokles steht der Vers: „Nicht geboren zu sein ist das Höchste." Es gab keine Perspektive nach dem Tod.

Vergils Seelenwanderung – Ovids Nachwelt

Ovid lebte von 43 v.Chr. bis 17 n.Chr. Er war kein Christ. Seine Totenwelt ist nicht archaisch und nicht christlich. Sie findet in den *Metamorphosen* auf den ersten Blick gar nicht statt.

Der Gang in die Unterwelt umfasst in der *Odyssee* über 600 Verse, bei Vergil etwa 900 Verse - bei Ovid 19 Verse. Das Unterwelterlebnis wirkt geradezu banalisiert, wenn der Höhepunkt im Aufstieg und dem Plaudern mit der Sibylle besteht („er verkürzte sich die Zeit..."). Dennoch ist das Todeserlebnis, die Konfrontation mit der Totenwelt, in den *Metamorphosen* existent – aber dramaturgisch und poetisch kunstvoll verborgen.

Homers Odysseus wird von Circe zur Unterwelt gewiesen: Ehe er seine Heimfahrt fortsetzen kann, muss er dieses Schwellenerlebnis bestehen. Er kommt zurück, und Circe weissagt ihm die letzten drei Abenteuer.

Bei *Ovid* entfällt das alles. Macareus erzählt Details der Zeit bei Circe, und dann – ohne Zusammenhang mit Odysseus – die scheinbar naive Verwandlungsgeschichte von Picus und Canens. Aber genau diese wird zum Äquivalent der Hadesgänge bei Homer und Vergil. Der Held, jung, schön, mächtig, gewaltig, auf dampfendem Ross mit zwei Speeren in der linken Hand zum „Eber spießen" – entkommt seinem Schicksal nicht. In dem kuriosen Bild, dass einer Zauberin ihre giftigen Kräuter aus der Hand fallen, weil sie einen schönen Jüngling sieht, wird verdeckt, dass die Geschichte nur erzählt wird, um Circes Macht (318: *potentia dominae*) zu erweisen. Sie „singt" Picus in seine Metamorphose (387) – so wie Canens ihm sein Königtum gesungen hat.

Ovid ist Herakliteer:[282] nur in den Widersprüchen liegt Erkenntnis: Im Leben ist der Tod eingeboren. Die lebensfreudige Venilia/Canens findet Entsprechung in der Todesgöttin Circe; Tugendhafte Nymphe und erotische Magierin sind die beiden Aspekte des Menschen.[283]

Als Janus-Tochter ist Venilia/Canens auch die Idee von Anfang und Ende in Zeit und Raum – ein Sinnbild der Vergänglichkeit.

Die Todesbotin Circe „vergiftet" (verwandelt) die Natur (403 ff.) – vom Leben zum Tode: Pflanzen verbluten, Totengeister schwirren. Die ganze Jagdgesellschaft ist in das Totenreich eingedrungen. Ovids Totenwelt bedeutet Chaos und Trostlosigkeit. Sie ist das Gegenbild zu Vergils Hoffnung der Seelenwanderung.

Die Picus-Metamorphose ersetzt den Gang in die Unterwelt in *Odyssee* und *Aeneis*. Statt des Protagonisten wird – in dem Bild der anonymen Jagdgesellschaft – die ganze Menschheit mit dem absurd trostlosen Bild einer Nicht-Existenz nach dem Tode konfrontiert.

Aber zusätzlich hat die Geschichte eine dramaturgische Funktion: sie führt unmerklich nach Latium: Venilia ist mit „Picus, dem König Laurentums, vermählt" (336). Laurentum lag bei Ostia, äußerst nahe dem Ort, wo Rom gegründet werden wird.

---

282 *Heraklit* (um 500 v.Chr.): In den Widersprüchen liegt die Wahrheit (Leben/Tod; Tag/Nacht; Gut/Böse).
   Shakespeares *Hamlet* (II,2, 249): „*There is nothing either good or bad, but thinking makes it so.*"
283 In Wagners *Tannhäuser* sind Venus und Elisabeth diese beiden Aspekte: Körper und Geist.

Aeneas erreicht Latium (441 ff.)

„Macareus hatte geendet (*Finierat Macaerus*), und in der Urne geborgen trug die Amme des Helden den kurzen Spruch zu dem marmornen Grabstein: Mich, Caete, hat mein Zögling hier verbrannt mit dem Feuer, das er den Griechen geschuldet hat (*debuit*)".

Triviale zwei Worte (*finierat Macareus*) schließen die Irrfahrtenerzählung und die Picus/Unterwelt-Geschichte ab. Doch der konstruiert klingende Nachsatz konfrontiert auch Aeneas persönlich mit dem Tode: seine Amme Caete, die er aus Trojas Feuer gerettet hat („den Griechen geschuldet"), wird bestattet im Feuer ihres Scheiterhaufens von Cumae. Das sibyllinische Wissen des Lebens als eine permanente Metamorphose lebt im Bild dieser Amme, die den Helden ernährt und ins Leben geführt hat, und die jetzt Asche ist. Es gibt kein Entrinnen: Aeneas konnte sie retten vor den Flammen der Griechen; jetzt hat sie das Feuer in Cumae eingeholt. Nach ihrer Grabstätte ist ein Vorgebirge benannt: Cumae liegt im Westen von Neapel, Kap Gaeta etwa 100 Kilometer weiter Richtung Rom. Wir sind jetzt fest in Latium geortet.

Sofort nach der Picus-Erzählung und Bestattung seiner Amme verlässt Aeneas das Reich „der verrufenen Göttin" Circe (447) und fährt in Richtung der Thybris-Mündung (Laurentum/Ostia).

Hier herrschte einst König Picus, und am Ufer des Thybris – später Tiber genannt – hatte Canens sich in die Lüfte aufgelöst (426). Die „Epoche" *Mythos* und die „Epoche" *Gründungslegende* vermischen sich jetzt als Zwischenstufe zur realen Epoche des *historischen* Rom. Aeneas ist zwar noch nicht geographisch dort angekommen – aber der Leser.

Metamorphosen, 3. Pentade   14. Buch

In **Vergils** *Aeneis* beginnt die 2. Hälfte (7. Buch) mit der Landung der Schiffe in Latium. Es gibt langwierige Kämpfe mit den einheimischen Latinern, die mit dem Stamm der Rutuler verbündet sind. Deren Führer Turnus wird zum wichtigsten Gegenspieler von Aeneas, und die aufregenden Ereignisse werden von Vergil über 6 Bücher hinweg breit dargestellt: die Werbung um die Königstochter Lavinia, Verhandlungen mit Verbündeten, Brand im Schiffslager, Sieg über den Etruskerkönig, Waffenstillstand und neue Kämpfe, Duellvereinbarung zwischen Aeneas und Turnus, Vertragsbruch der Rutuler, Verwundung von Aeneas, letzte Schlacht mit Zweikampf und Tod des Turnus. Vergil legt sogar eine Umdeutung Homers „Schildbeschreibung" in die Kämpfe ein: das Bildwerk des Schildes, den Vulcan für Aeneas schmiedet, zeigt nicht wie in der *Ilias* Mensch, Erde und Kosmos (18. Gesang, 478-608), sondern bedeutende römische Gestalten der Zukunft. Homers kosmischer Schild gerät bei Vergil zur Zukunftsvision des Römischen Reiches. Dann schließlich, nach über 6.000 Versen der Bücher 6 bis 12, stirbt Turnus im letzten Vers der *Aeneis*.

Dieses berühmteste Werk der römischen Literatur war den Lesern wohlbekannt. **Ovid** setzt es voraus für seine forcierte Kurz-Aeneis: Aeneas heiratet die Tochter des Latinerkönigs „nicht ohne Krieg… Lange und heftig wird um die spröde Göttin des Sieges mit Waffen geworben." Beide Seiten werben Bundesgenossen, und hier erst setzt Ovids eigentliche Handlung ein: Aeneas schickt eine Gesandtschaft zu Diomedes, dem Gründer von Argos Hippion (heute: Arpino), etwa 50 Kilometer von Gaeta im Landesinneren.

Diomedes (457 ff.)

Der größte griechische Held nach Achill, der in der Aiax-Rede im Waffenstreit (XIII, 1 ff.) als Helfer des Ulixes herausgestellt war, hatte ebenso eine Irrfahrt wie Odysseus und landete schließlich in Apulien,[284] wo er eine Königstochter heiratete.

Er lehnt Waffenhilfe für Aeneas ab und begründet es mit dem Hass der Venus, der ihn verfolge. Wie Odysseus auf seiner Irrfahrt alle Gefährten verlor, so hat auch Diomedes auf der Heimfahrt von Troja den größten Teil seiner Mannschaft in Stürmen verloren. Sie wurden ein Opfer der Vergeltung, welche die Götter für die in Troja begangenen Gräuel an den Griechen übten. Im Bild der Naturgewalten, denen die Soldaten *nach dem Krieg* hilflos ausgeliefert sind, spiegelt sich die Gewalttätigkeit der Soldaten von Aeneas, die sich gerade *im Krieg* befinden, um fremdes Land zu erobern.

Diomedes lastet die Schicksalsschläge seiner Feindgöttin Venus an und karikiert mit einer Anspielung auf die *Ilias* das heroische Geschehen um Aeneas (477): „Denn sie dachte immer noch an die alte Verwundung."[285]

---

284 *Apulien*: Region an der Ostküste (Bari).
285 *Ilias* (V, 335 ff.): An den Kämpfen in Troja beteiligen sich auch Götter; Aphrodite (Venus) auf Seiten der Troer (weil sie im Paris-Urteil gesiegt hatte). Diomedes vollbringt Heldentaten und es gelingt ihm, auch Aeneas niederzuwerfen, aber Aphrodite nimmt den bewusstlosen Sohn auf die Arme, um ihn zu entrücken. Diomedes erkennt sie und ritzt der Göttin mit seinem Speer die Hand. Sie lässt Aeneas vor Schreck fallen und flüchtet zum Olymp, wo sie weinend auf den Schoß ihrer Mutter Dione springt. – Ein Götterschwank mitten im grausamen Kriegsgeschehen.

Metamorphosen, 3. Pentade   14. Buch

Mit Diomedes ist die *Ilias* ins Spiel gekommen, und Ovids Leser werden den Hinweis auf den homerischen Götterschwank gut verstanden haben: wenn Göttinnen sich im Kampf würdelos und albern verhalten, ist das Heldentum karikiert. Gerade von Diomedes muss die Bitte des Aeneas abgewiesen werden, weil beide eng mit der gleichen Göttin verbunden sind: Aeneas wird von Venus geschützt, Diomedes von ihr gehasst. Alle Kriegsparteien mobilisieren ihre Götter.[286] Für den aufgeklärten Römer Ovid sind die Götter Bilder für die Unbegreiflichkeit des Schicksals. Wie können Menschen friedlich miteinander umgehen, wenn ihre Götter im gleichen Moment lieben und hassen.

Diomedes beschließt seine Erzählung (natürlich) mit einer Metamorphose: Einer seiner Gefolgsleute war von den Schicksalsschlägen psychisch gebrochen; er wiegelte die Gefährten auf gegen die Göttin, der sie die Schuld an ihren Leiden geben: Wenn man so Schlimmes erduldet habe, dass keine Steigerung mehr denkbar sei, müsse man die Götter verachten. Venus strafte die Gotteslästerung und verwandelte den größten Teil der Mannschaft: die Stimme wurde schwächer, der Hals enger und länger, die Haare zu Flaum, Arme wurden zu Schwingen, der Mund verhärtete sich zu Horn, sie hoben sich empor und umflogen das Schiff, „Schwänen nicht gleich, doch weißen Schwänen am nächsten" – Reiher oder Albatrosse.

Ein Aufstand gegen das Schicksal ist einfältig und unsinnig. Das Rad der Fortuna dreht sich.

---

[286] In modernen Kriegen lassen alle Kriegsparteien ihre Panzer segnen.

Die Schiffe des Aeneas (527)

Der Krieg zwischen den Verbündeten des Aeneas und den Verteidigungsheeren des Rutulus tobt, und „es fließt viel Blut auf beiden Seiten". Turnus schleudert Fackeln in die Schiffe des Aeneas, und das Feuer scheint sie zu vernichten. Aber „die heilige Mutter der Götter" Cybele verhindert die Katastrophe; denn die Schiffsplanken sind aus den Fichten ihres geheiligten Ida-Gipfels gefügt. In einer grandiosen Epiphanie fliegt sie mit ihrem Löwengespann über das Meer. Jupiter schickt Regengüsse, Stürme peitschen das Meer. Cybele zerreißt die Schiffstaue, treibt die Schiffe aufs Meer und versenkt sie. Es ereignet sich das Wunder einer Metamorphose: Materie und Farbe aller Schiffsteile verändern sich, bis das harte Holz in zarte Meeresnymphen verwandelt ist. Auch als Nymphen vergessen sie nicht, was den Troern vom griechischen Eroberungsheer angetan wurde. Fortan hassen sie griechische Schiffe. Sie ergötzen sich am Schiffbruch des Odysseus,[287] und sie sehen erfreut, wie das Phäakenschiff, das ihn nach Ithaka brachte, in einen Felsen verwandelt wird.[288]

---

287 Auf der Fahrt von Ogygia zu den Phäaken zerstört Poseidon das Floß des Odysseus mit einem gigantischen Sturm und bringt ihn in Todesgefahr (*Odyssee* V, 286 ff.); die Sturmbeschreibung ist ein poetischer Höhepunkt.

288 Dem Märchenvolk, das Verirrte nach Hause geleitete, war das Orakel gegeben worden, dereinst werde ihr Geleitschiff untergehen und ihre Insel von einem Gebirge umgeben. Nach dem Heimgeleit des Odysseus verwandelt Poseidon das Schiff in einen Felsen. Es bedeutet das Ende des Geleites. Die *Odyssee* bringt ein neues Menschenbild: Eigenverantwortung. Der Mensch kann nicht mehr nur durch Leiden zum Ziel gelangen; künftig muss ihn – ohne Phäakenhilfe – die Suche nach Erkenntnis leiten.

In Vergils *Aeneis* wird die Metamorphose nicht beschrieben. Es heißt nur (*Aeneis* X, 219 ff.): „Inmitten der Fahrt begegnet ihm der Reigen der Gefährtinnen, denen die hehre Cybele befahl, aus Schiffen Nymphen zu werden."

Dagegen liegt Ovids Schwerpunkt auffallend stark auf der Hilfe der phrygischen Naturgottheit.[289] Während des 2. Punischen Krieges (218-201 v.Chr.) rüstete sich Rom zur Eroberung Kleinasiens. Die Vereinnahmung der griechischen Gottheit Kybele als Helferin Roms diente zur Rehabilitierung dieser Eroberungsfeldzüge, die einen großen Teil der östlichen Welt unterwarfen. Cybele war pure Kriegspropaganda. Roms Macht- und Eroberungspolitik sollte religiös beglaubigt werden. Nachdem die vorderasiatische Gottheit als ursprünglich römische Göttin antizipiert war, musste das Volk die Angriffskriege als Rückgewinnung ureigenen Bodens verstehen.

Ovid hat die kurze Nymphenszene der *Aeneis* durch seine bilder- und wortreiche Metamorphose, in der die Vereinnahmung einer uralten vorderasiatischen Naturgottheit durch Rom den politischen Betrug der Weltmacht manifestiert, als politische Propaganda enttarnt. Roms Cybele ist eine perfide (weil religiöse) Variante der Unglaubwürdigkeit von Überlieferung.

---

289 Die Römer übernahmen Kybele als Nationalgottheit von den Griechen und verehrten sie als „Große Göttermutter vom (troischen) Berg Ida". Man brauchte für die Gebietsansprüche in Kleinasien eine mythische Deutung, dass dort die ursprüngliche Heimat des Römischen Volkes sei.

Der Tod des Turnus (566 ff.)

Turnus wird durch das Wunder der Flottenmetamorphose nicht beeindruckt. „Jeder hat seine Götter." Als Götterzeichen („Vorsehung…") wird nur akzeptiert, was der eigenen Seite dient. Der Krieg geht jetzt nicht mehr um Landgewinn und Herrschaft, sondern nur noch um den Sieg. „Aus Scham, die Waffen niederzulegen" führen sie den Kampf weiter. Die Gewalt hat sich selbständig gemacht.

„Turnus fällt" (*Turnus cadit*). Nur zwei Worte stehen bei Ovid für den pathetischen Schluss Vergils. Latium ist erobert. Mit Turnus geht seine Stadt Ardea unter, aus deren Rauch sich klagend ein blasser magerer Vogel erhebt: Ardea (der Reiher). – Damit endet Vergils *Aeneis*. Ovid berichtet nicht einmal, dass Turnus im heroischen Zweikampf von Aeneas getötet wird.

Die Apotheose des Aeneas (581 ff.)

Lakonisch beginnt der Prozess der Vergöttlichung von Aeneas. „Der Sohn der Herrin Cytheras (Venus) ist reif für den Himmel geworden". Venus bittet ihren Vater Jupiter, Aeneas Gottheit zu verleihen – „irgendeine kleine" (*quamvis parvum*). Er habe das Totenreich gesehen, und einmal sei genug.

Alle olympischen Götter stimmen zu, sogar seine Feindgöttin Juno ist versöhnt.[290] Mit ihrem Taubengespann eilt Venus durch die Lüfte zum Ufer von Laurentum (Ostia), wo der Fluss Numicus ins Meer mündet. In seinem Wasser wird alles Sterbliche von Aeneas getilgt, „es blieb nur sein Bestes".

---

290 Juno stand auf Seite der Griechen, weil der Troer Paris den Apfel der Schönsten an Aphrodite vergab.

Den geweihten Leib bestreicht die göttliche Mutter mit Balsam, sie berührt seinen Mund mit Nektar und Ambrosia, „und macht ihn zum Gott. ... Die Schar des Quirinus nennt ihn *Indiges*[291] und erbaut ihm Altäre und Tempel" (607).

„Quirinus" ist der vergöttlichte Romulus; seine „Schar" sind die Römer. Ovid verweist an dieser Stelle auf die erst später erfolgende Vergöttlichung des Romulus.

Das Thema ist angestimmt. Vier Apotheosen[292] werden es am Ende sein: drei im römischen Abschnitt (Aeneas, Romulus, Caesar), eine (Hercules) im heroischen.

---

291 *Indiges*: Lokalheros und einheimischer Gott in der Region Rom: der vergöttlichte Aeneas.
292 *Apotheose*: Nicht der Herrscher verfügte seine Apotheose nach dem Tode, sondern der Senat von Rom. Man kann es etwa vergleichen mit dem starken Wunsch der Bevölkerung in Polen und Deutschland, Papst Johannes Paul XXIII. nach seinem Tode möglichst bald selig, und danach heilig zu sprechen.

Metamorphosen, 3. Pentade · 14. Buch

Der Troja-Rahmen vom 11. bis 14. Buch

Mit der Apotheose des Aeneas ist die Darstellung der Geschichte von Troja abgeschlossen. Da weder die Homerische *Ilias* noch die Vergilische *Aeneis* von Ovid nacherzählt wurden, und bekannte Mythen oft versteckt verarbeitet waren, wie die Lapithenschlacht (XII, 210 ff.) und die Picus-Geschichte (XIV, 308 ff.), konnte der Ovid-Leser nicht realisieren, dass er sich mythologisch kontinuierlich im Stoff von *Ilias, Odyssee* und *Aeneis* bewegte.

Der Trojanische Krieg ist aber für die *Metamorphosen* kompositorisch von zentraler Bedeutung: er bildet das Bindeglied vom mythologischen Heroenzeitalter zur historischen Epoche des Römischen Reiches und der aktuellen Lebenszeit von Ovid; er ist Schnittstelle zwischen der 2. und 3. Pentade.

Das Troja-Motiv wurde zu Beginn der 3. Pentade im 11. Buch sofort angeschlagen: Die von Jupiter verfügte Hochzeit von Peleus und Thetis (XI, 221-265) mit einem kurzen Hinweis auf die Geburt von Achill, dem Haupthelden von Troja.

Ovid setzt beim Leser die Kenntnis der logischen Zusammenhänge voraus: Auf der Hochzeit waren alle Götter geladen, nur die Göttin des Streites wurde vergessen. Sie schleuderte einen Apfel mit der Aufschrift „Der Schönsten" unter die Festgesellschaft, und es begann ein Göttinnenstreit zwischen Athena, Hera und Aphrodite, den der troische Königssohn Paris entscheiden sollte. Aphrodite versprach ihm Helena und erhielt den Preis. (Paris-Urteil). Da der Raub der Helena zum Trojanischen Krieg führte, liegt dessen Ursprung also in der Hochzeit von Peleus und Thetis.

Metamorphosen, 3. Pentade — 14. Buch

Diesen Zusammenhang konnte der Ovid-Leser erkennen und den Trojanischen Krieg als Übergang in die historische Epoche sofort erwarten. Aber dieser Anfang wurde sofort unterbrochen, und es folgten bis zum Ende des 11. Buches fast 600 Verse mit erotisch motivierten Metamorphosen.

Der Leser konnte noch nicht ahnen, dass Peleus am Anfang der 3. Pentade ein Eckpfeiler der Troja-Erzählung ist, der am Ende des 14. Buches mit dem letzten in den *Metamorphosen* erzählten Mythos korrespondiert: Die Werbung des Naturgottes *Vertumnus* um die Nymphe *Pomona* (XIV, 622 ff.).

In beiden Geschichten kann einer der Partner sich in verschiedene Gestalten verwandeln (Thetis und Vertumnus), und beide Liebesgeschichten haben im Gegensatz zu allen anderen ein echtes Happy-End.

Allerdings kann Peleus seine Gattin nur durch Vergewaltigung gewinnen – das ändert sich im historischen Rom.

Metamorphosen, 3. Pentade　　　　　14. Buch

Pomona und Vertumnus (622 ff.)

Auf die Apotheose des Aeneas folgt ein Katalog seiner Nachfolger. Jetzt müsste der Schritt in die historische Epoche geschehen. Aber in die Erzählung, die schon fast in historische Zeit vorgedrungen ist, wird eine 150 Verse lange Verwandlungsgeschichte eingeschoben, die in sich wiederum eine weitere Metamorphose birgt.

Die Liebesgeschichte, mit der die 3. Pentade begann – Peleus und Thetis – war auf Vergewaltigung gegründet. Diese Art der „Eroberung der Frau" war auch im Augusteischen Zeitalter (trotz offiziell rigoroser Sittlichkeitsgesetze) nicht unüblich.[293]

Der letzte Mythos der *Metamorphosen* wird eine Wende bringen.

Zu der Zeit, als Proca Herzog von Alba ist,[294] lebt die schöne Dryade (Baumnymphe) Pomona.[295] Sie besitzt einen wunderbar gepflegten Obstgarten, und die Beschreibung ihrer gärtnerischen Betätigung sprüht von hocherotischen Anspielungen: „üppiges Wachstum, wuchernde Triebe, bändigen und beschneiden, der Schlitz der Rinde, dürsten, tränken und saugen, sie entzieht dem fremden Trieb den Saft …" Alles das ist ihre einzige Lust.

---

293 *Ars amatoria* (I, 33 f.): „gestatteten Raub nur besinge ich, nirgends in meinem Gedicht wird ein Verbrechen gelehrt." Der *amator* (Liebhaber) durfte bei seiner *puella* (Geliebten) durchaus Gewalt anwenden, wenn sie eine *dura puella*, „hart(herzige) Geliebte" war.
　In Deutschland wird „Gewalt in der Ehe" seit 2001 strafrechtlich verfolgt – 2000 Jahre nach Ovid.
294 *Alba Longa*: von Ascanius, dem Sohn von Aeneas gegründet; heute Castelgandolfo, Sommerresidenz des Papstes.
295 *Pomona* von *pomum*, „der Apfel".

Ovid deutet unterdrückte Triebe an, denn Pomona verlässt nie ihren Garten, aus Angst vor der „Gewalt der Bauern". Viele freien um sie, aber sie versperrt die „lachenden Äpfel" in ihrem Reich und lässt keinen Mann daran rühren.

Ihr leidenschaftlichster Werber ist Vertumnus.[296] Er wirbt in vielen Gestalten: als Schnitter „mit frischem Heu um die Schläfen gewunden", als Pflüger „hält er den Stachel in der Hand", er nähert sich mit der Leiter, „um die Äpfel zu pflücken", dann zeigt er sich als „Krieger mit seinem Schwert" und als „Angler mit seiner Rute" – aber in keiner Gestalt erhält er Eingang zur Geliebten.

Schließlich verwandelt er sich in ein altes Weib, betritt den Garten, „bestaunt die Äpfel, küsst Pomona – so hätte eine wirkliche Alte niemals geküsst – und setzt sich neben sie".

Am Beispiel ihres Wundergartens wirbt „die Alte" bei Pomona, ihre „Liebesverweigerung" aufzugeben. Wie die Weinrebe sich herrlich an der Ulme emporwindet,[297] so solle sie sich an den Liebhaber schmiegen; die Ulme sei nichts ohne Rebe, die Rebe sei nichts ohne den Baum. „Sie" bürgt für den würdigsten Werber: für Vertumnus. „Der schweift nicht umher wie andere Männer… die immer das lieben, was sie gerade sehen". Pomona werde seine „erste und letzte Flamme" sein; Vertumnus sei anders als die anderen; er habe innere Werte und „will nicht nur deine Äpfel ernten, sondern will dich ganz".

---

296 *Vertumnus*: Gott der Fruchtbarkeit; *vertere*: „wenden" – das sich in Jahreszeiten wendende Jahr – deshalb auch ein Gott der Verwandlung, der viele Gestalten annehmen kann.
297 Weinreben werden dort heute noch an Bäumen gezogen.

Wenn Pomona weiterhin sich versage, müsse sie die „Rache der Venus" fürchten.

Praktischerweise erzählt „Die Alte" gleich ein Beispiel verweigerter Zuneigung, das Pomona erweichen soll:

Einst hatte Anaxarete in dem jungen Iphis die Leidenschaft entzündet. Nachdem Iphis lange „mit Vernunft" gegen seine Gefühle gekämpft hatte, kam er „flehend zu der Türschwelle und gestand seine Liebe... bald schmeichelnd, bald dringlich." Blumengebinde und tränenfeuchte Liebesbriefe hängte er an die Türe der Angebeteten, und legte sich, „die weiche Flanke auf dem harten Holz der Türschwelle gebettet und schalt den feindlichen Riegel". Aber die Angebetete war „härter als Stein und Eisen".

Schließlich konnte der Abgewiesene „die Marter des langen Schmerzes nicht mehr ertragen und sprach vor der verschlossenen Tür seine letzten Worte": Gerne werde er jetzt sterben und auf ewig das zweifache Licht entbehren: die Geliebte und die Sonne. Sie aber solle ihre Augen an seinem entseelten Leib weiden.

Dann schlang er ein Seil um den Türbalken, rief noch fragend, ob der Harten „ein solches Gebinde" besser gefalle als seine Blumensträuße, und erhängte sich, „nach innen gewendet". Seine „zuckenden Füße" klopften an die Türe.

Später sah die Ungnädige von ihrem Fenster aus dem Trauerzug zu, der „den leichenblassen Leib zum Brandplatz" fuhr. Als ihr Blick den Toten traf, erstarrten ihre Augen, das Blut in den Adern erkaltete, sie wurde bewegungslos.

Die Harte wurde zu Stein.

Metamorphosen, 3. Pentade 14. Buch

Anfang des 17. Jahrhunderts wurde in Florenz die erste Oper aufgeführt; sie behandelte die Daphne-Geschichte[298] - es ist die erste Verwandlung in den *Metamorphosen*. Die zweite Oper kam bald danach in Paris heraus; sie behandelte die Pomona-Geschichte – die letzte Verwandlung.

Mit Pomona werden die mythologischen Metamorphosen abgeschlossen und das Hauptthema Erotik, das die anderen beiden Epochen prägt, zu Ende geführt.

Daphne und *Pomona* bilden inhaltlich und verbal einen der zahlreichen kompositorischen Rahmen der *Metamorphosen*; die Geschichten bieten Verwandtes in unterschiedlicher Ausprägung.

Daphne ist die feurige Jägerin: barbarisch, im wilden Wald, griechisch; fremdartig für den Römer.

Pomona lebt nicht in der Wildnis; sie pflegt einen Garten, sie ist kultiviert, eine zivilisierte Römerin.

Verbindendes Motiv bleibt die Erotik. *Pomona* hat wunderschöne Äpfel, sie wird von allen Männern umworben, aber sie lehnt alle ab. Sie ist die „*dura puella*" (das harte, abweisende Mädchen).

Es ist die Grundkonstellation der *Ars amatoria*: die Frau „verschließt sich", der Mann „will hinein". Um sein Ziel zu erreichen, muss sich der Liebhaber etwas einfallen lassen. Seit der ersten Metamorphose geschieht das in zahllosen Varianten (I, 504 ff.: Apollo bittet Diana, langsamer zu fliehen, dann werde er sie langsamer verfolgen).

---

[298] Die Musik dieser Oper ist verloren. 300 Jahre später hat Richard Strauß eine *Daphne* komponiert.

Pomonas intensivster Werber ist Vertumnus; *vertere* in den Bedeutungen „wenden, verwandeln, Version" (auch „werden" kommt von *vertere*) deutet auf die Fähigkeit, sich zu wandeln. Das ist Bestandteil der Liebeswerbung. Am Ende der *Ars amatoria* empfiehlt der Dichter seinem Leser, er solle in vielen Rollen „die tausend Formen des Bodens bearbeiten" – das zu beackernde Feld sind die Frauen. Und: „Wer klug ist, der passt zahllosen Typen sich an." Der Liebhaber muss Rollen spielen nach einem vorgegebenen Muster.

Bis zur Schluss-Pointe der Pomona-Geschichte werden die Regeln der *Ars amatoria* ins Mythische übersetzt. Im scheinbar unveränderten Verhalten des Werbers zeigt sich aber: *Vertumnus* ist ein moderner Römer; er hat die *Ars* gelesen. Er geht elitär vor und besitzt eine große Fantasie, welche die von Apollo und Jupiter bis Peleus angewandte Gewalt ersetzt durch das Gespräch; er repräsentiert den kultivierten Fortschritt der römischen Neuzeit.

Mit Täuschungsmanövern als Schnitter, Fischer, Soldat (mit Stachel, Rute, Schwert) hat er keinen Erfolg mehr. In Gestalt einer alten Frau verschafft er sich Zugang zu Pomonas Privatsphäre und beschreibt sich selbst als treuen Ehemann. Anders Apollo und Jupiter: sie gingen mit Gewalt direkt darauf los, denn sie wollten die momentane Lust. Der neue römische Mann ist distinguiert und geschmackvoll. Vertumnus will die „ewige Liebe".

Das Ganze spielt in der Umgebung der hohen römischen Gartenkultur; sie war ein Zivilisationsakt gegenüber der vergangenen griechischen Kulturstufe.

Metamorphosen, 3. Pentade 14. Buch

Die Beispielgeschichte der Alten erzählt zunächst die klassische elegische Situation: die *puella dura* ist hart wie Stein. Der Werber liegt auf der Schwelle und beklagt den Riegel, der sein Hineinkommen verhindert. Dann folgt, was die *Ars amatoria* verbietet: der Liebhaber gibt auf und bringt sich um. Es ist eine gruselige Moritat. Er hängt an der Türe wie vorher seine Blumensträuße, die Füße des Baumelnden klopfen um Einlass. Immerhin: seine letzten Worte gelten der Fruchtbarkeit: die Äpfel mögen nicht verderben. Zur Beglaubigung ihrer Geschichte betont die Alte, dass in Salamis auf Zypern die Versteinerung zu besichtigen ist. So unkultiviert lebten damals die Alten Griechen...

In den letzten beiden Versen folgt überraschend die nicht mehr erwartete Schluss-Pointe – eine Sensation: weil der Freier in Gestalt der Alten mit seiner (griechisch unzivilisierten) Geschichte erwartungsgemäß bei einer kultivierten Römerin keinen Erfolg hat, verliert der bisher so liebenswürdige Vertumnus die Geduld. Er hat genug Rollen gespielt, nimmt seine göttliche Gestalt an und will handeln wie alle Götter vor ihm (770): *„Er will ihr Gewalt antun. – Doch ist Gewalt nicht nötig. Die Nymphe ward von des Gottes Erscheinung überwältigt und erwiderte seine Gefühle."*

Die moderne Römerin muss nicht gewaltsam erobert werden; sie wird beeindruckt von dem Werber, der „er selbst" ist (der Mann als Gott). Züchtiges schamhaftes Verweigern ist altmodisch geworden. Man muss keine Rollen mehr spielen. Es gibt eine neue Gesellschaft, in der sich der Bürger nicht mehr scheinheilig verstellen muss, sondern selbstbewusst auftritt und sich durchsetzt.

Gründung Roms – Sabinerinnen (772 ff.)

Ungeduldig erwartet der Leser das offensichtliche Ziel des 14. Buches: die Gründung Roms durch Romulus und Remus. Sie wird aber nur beiläufig erwähnt. Ovid setzt voraus, was jeder Römer weiß, und gibt nur in Andeutungen verschlüsselt einen kurzen Hinweis: „Man legte den Grund zu den Mauern der Stadt am Fest der Pales." Dies ist alles. „Man" sind Romulus und Remus.

Die Existenz der neuen Stadt dringt nur ins Bewusstsein durch die Geschichte vom Raub der Sabinerinnen, die aber ebenfalls verschlüsselt umschrieben wird, denn sie war bestens bekannt:

Die alteingesessenen Sabiner führen Krieg gegen die neue Stadt, weil Romulus ihre Töchter rauben ließ. Die Tochter des Kommandanten auf dem Capitol-Hügel verspricht den Belagerern, nachts das Burgtor zu öffnen, wenn sie ihr das geben, was sie am linken Arm tragen. Die Sabiner tragen aber nicht die erwarteten goldenen Armreife, sondern ihre Schilde am linken Arm und begraben die Verräterin darunter. Nun marschieren die Angreifer zum Stadttor am Palatin-Hügel. Juno öffnet es „und ließ kein Knirschen beim Drehen der Angel vernehmen". Nur Venus hat einen leichten Schlaf und hört es. Aber „eine Gottheit darf das, was eine andere getan hat, nicht zunichte machen;" Venus muss zu anderen Mitteln greifen, um die Stadt zu retten. Sie bittet die Nymphen, die Wasser in der nahen Janus-Quelle mächtig fließen zu lassen, damit die offenen Tore überflutet werden. Die Nymphen entzünden die Quelladern mit Erdöl (*bitumen*), das Wasser beginnt zu sieden, die Torpfosten qualmen, und der Zugang ist „durch die kochende Quelle gesperrt".

Romulus stürmt mit seinem Heer aus der Stadt, die Schwiegerväter (Sabiner) und Schwiegersöhne (Römer) kämpfen gegeneinander, und „der Boden von Rom ist bedeckt" mit Leichen.[299] Endlich beschließen beide Parteien, „den Krieg durch Frieden zu stillen". Romulus teilt die Herrschaft von Rom mit dem Sabinerkönig Tatius, und gemeinsam regieren sie bis zu dessen Tod. (Die erste Koalition).

Das offizielle Gründungsdatum Roms wurde von dem größten gelehrten Schriftsteller des Römischen Reiches, Varro[300] „errechnet": 21. April 753 v.Chr. Als Gründer gilt Romulus, dessen Vergöttlichung bereits bei der Apotheose von Aeneas angedeutet wurde. Bevor Romulus von den Menschen (und aus dem Mythos) entrückt wird, beschreibt Ovid als letztes unhistorisches Ereignis diesen Raub der Sabinerinnen. Im Bewusstsein der Römer war das schon „historisch", denn Varro hat sogar die heiße Quelle lokalisiert, und Kämpfe der Ureinwohner gegen die Landnahme der Eroberer gab es sicherlich. Aber der Anlass des Krieges, der Raub ihrer Töchter, erinnert an den *Raub der Helena* als Ursache des Trojanischen Krieges. Mit diesem Motiv wird das (verschleierte) Hauptthema des 14. Buches – Troja – endgültig abgeschlossen. Der mythische *Raub der Jungfrauen* bringt gleichzeitig ein Ende der gewaltsamen Werbung und einen friedlichen Zukunftsaspekt für die Stadt. Als die Ehefrauen der Mannschaft von Aeneas sind die Sabinerinnen die Urmütter aller Römer.

---

299 Im Mythos warfen sich die entführten Sabinerinnen zwischen die Kämpfenden und beendeten so den Krieg

300 *Varro, Marcus Terentius* (116-27 v.Chr.); Reichsbibliothekar Caesars; fordert in aggressiv-witzigen Stil alte Römergröße.

Apotheose des Romulus (805 ff.)

Nach dem Tod von Tatius vereinigt Romulus beide Völker. Der Kriegsgott Mars (der „den Helm vom Kopf genommen hatte" – es ist Friede) bittet Jupiter, Romulus als Gründer des von ihm selbst prophezeiten Reiches (Vergils *Aeneis* I, 279: *Imperium sine fine dedi*, „Herrschaft ohne Ende habe ich verliehen") in den Himmel zu versetzen, denn „die Stärke der Römischen Sache ist sicher und fest begründet und nicht mehr von einem Herrscher abhängig."

Jupiter gewährt die Bitte. Er verfinstert die Erde mit schwarzen Wolken und „schreckt den Erdkreis mit Donner und Blitzen" – es ist das Zeichen für Mars, den „versprochenen Raub" (die Vergöttlichung) auszuführen.

Wie ernst nimmt Ovid solche Apotheosen?
Ars amatoria erlaubt Gewalt bei der Liebeswerbung (I, 33 f.: „gestatteten Raub besinge ich"); dies sei kein *crimen* (Verbrechen). Aber Pomona und Vertumnus haben diese vor-römische Lebensform als barbarisch, unkultiviert und altmodisch griechisch bloßgestellt. Vertumnus hat es nicht nötig, sich zu verwandeln; Verwandlung ist falscher Schein; er hat gewonnen, wo er ganz er Selbst ist. Diese lange Geschichte wird direkt vor der Gründung Roms und der Apotheose des Romulus erzählt – und es ist die einzige Verwandlungsgeschichte auf römischem Boden in den ganzen *Metamorphosen* – sie muss als programmatisch gelten für das Folgende.

Wenn Jupiter die Entrückung von Romulus einen „versprochenen Raub" nennt (818: *promissae rapinae*), dann erinnert das den Römer peinlich an eine überwundene Kulturstufe.

Metamorphosen, 3. Pentade 14. Buch

Im 15. Buch wird Caesar unter die Sterne versetzt werden, und der Dichter wird die Götter bitten, die Apotheose des (noch regierenden) Augustus möglichst weit aufzuschieben; scheinheilig wünscht Ovid dann dem Herrscher, der ihn aus Rom in die Öde am Schwarzen Meer verbannt hat, ein langes Leben – damit er noch lange nicht vergöttlicht wird.

In dem „gestatteten/versprochenen Raub" von Herrschern zum Zwecke der Vergöttlichung steckt verborgen Ovids böse Ironie oder gar Zynismus. Der Dichter musste es tiefgründig verstecken.

„Auf die Lanze gestemmt besteigt er (Mars) kühn das Gespann mit der blutigen Deichsel; er lässt die Geißel klatschen und jagt in steiler Fahrt durch die Lüfte." Das Bild könnte eine Szene der *Ilias* sein – aber Homer liegt 700 Jahre zurück, und die griechische Welt (Dianas Wälder) wurde gerade durch römische Ästhetik (Pomonas Gartenkultur) als antiquiert gezeichnet.

Es ist ein phantastisches Bild, wie ein Kriegsgott sich „auf die Lanze stützt" und „kühn" auf seinen Wagen mit der blutigen Deichsel schwingt. Die Erinnerung an Nestors „Stabhochsprung" bei der Kalydonischen Eberjagd (VIII, 260 ff.) liegt nahe.

„Er lässt die Schläge der Geißel klatschen und jagt in steiler Fahrt herab durch die Lüfte."

Auf der „waldigen Höhe des Palatin" macht Mars kurz halt und entreißt der Stadt ihren Herrscher mitten in der Amtsausübung, wie er gerade den Bürgern „Recht – kein tyrannisches – sprach".

Die Reaktion des versammelten Volkes auf das plötzliche Erscheinen des Kriegsgottes und die Entrückung des Herrschers wird nicht berichtet.

Während des Raub-Fluges schwindet die Körperlichkeit von Romulus „wie die Bleikugel beim Flug durch die Sonne schmilzt"; Romulus wird schöner und würdiger und nimmt schließlich die Gestalt des Quirinus an.[301]

Die einsame Gattin Hersilia trauert um den verlorenen Gatten und die Götter haben Mitleid mit ihr. Juno schickt Iris auf dem Regenbogen zu Hersilia und lässt ihr die nahe Aufnahme unter die Götter verkünden.

Hersilia besteigt einen Hügel, ein Stern schwebt vom Himmel und hebt sie empor in die Lüfte. Sie wird von Romulus-Quirinus empfangen, verliert ihre Leiblichkeit, und ist künftig als Göttin Hora (Göttin der Stunden) mit ihrem Gatten vereint.

Diese beiden Apotheosen ereignen sich direkt vor dem endgültigen Einstieg in die reale Welt des Römischen Reiches: Die römischen Götter zeigen sich archaischer als die Menschen; sie scheinen in die neue Welt nicht mehr zu passen.

---

301 *Quirinus*: ursprünglich Gottheit der Sabiner; ein Kriegsgott, ähnlich dem Mars, der ihn später ablöste. Nachdem Romulus als der erste König von Rom unter die Götter erhoben wurde, identifizierte man ihn mit Quirinus.
Einer der 7 Hügel ist nach ihm *Quirinal* genannt; hier errichtete der Senat einen Tempel für Romulus.

Metamorphosen, 3. Pentade 14. Buch

Ovids „Aeneis"

Das 14. Buch der *Metamorphosen* ist Ovids „Aeneis". Aber es ist nicht sehr viel von Aeneas zu sehen. Bei Vergil besteht die erste Hälfte (Buch I-VI) aus den Irrfahrten (analog der *Odyssee*), die zweite Hälfte (Buch VII-XII) aus Heldengeschichten (analog der *Ilias*) mit einem großen heroischen Zweikampf am Schluss.

Die Bücher IX bis XII, in denen bei Vergil nur gekämpft wird, schildert Ovid in 15 Versen (566-580), und davon sind 7 Verse eine Metamorphose. Danach bleiben nur 25 Verse für Heldenkämpfe.

Insgesamt umfasst die Geschichte des Staatengründers Aeneas (die im Augusteischen Rom ein Dogma war) bei Ovid 70 Verse gegenüber 1.000 Versen bei Vergil; denn bei Vergil umfasst das Heldentum des großen Vorfahren alle 12 Bücher mit je etwa 800 Versen.

Die *Einlagen* in diesem 14. Buch der *Metamorphosen* entsprechen fast einem ganzen Buch der *Aeneis*. Ovids ironische Kritik an Heldentum und Größe des Römischen Reiches ist nicht mehr zu übersehen.

Ende des 14. Buches

15. BUCH
von Numa bis Caesar und Augustus

Gründung von Croton (1 ff.)

Würdiger Nachfolger des vergöttlichten Stadtgründers wird König Numa.[302] Er strebt nach Wissen und „forschte nach dem Wesen der Dinge" (*quae sit rerum naturae, requirit*).

Eine von Numas Forschungsreisen führt ihn nach Croton;[303] er will Genaues über die Geschichte dieser Stadt wissen, und am Ort erfährt er die Gründungslegende:

Einst kam Hercules zur ärmlichen Behausung des Croton, um auszuruhen von seinen 12 Arbeiten. (Er trieb gerade die Rinderherde des Geryones durchs Land).

Beim Abschied kündete er dem edlen Gastfreund ein Orakel: zur Zeit seiner Enkel werde an dieser Stelle eine Stadt entstehen.

Seltsam:
Die historische Epoche der *Metamorphosen* beginnt mit einem heroischen Mythos um Hercules.

---

302 *Numa* Pompilius: im Mythos nach Romulus zweiter König von Rom; stammt aus Cures im Sabinerland; wird als König von der Nymphe Egeria beraten und gilt als Friedensfürst; der römische Kalender und die Ordnung des Sakralwesens werden auf ihn zurückgeführt.

303 *Croton*: griechische Kolonie in Kalabrien. Ovid nennt nicht den Grund, warum Numa ausgerechnet hier Erkenntnis sucht. Aber der Leser wusste, dass der bedeutende griechische Philosoph Pythagoras dort lebte und lehrte. Pythagoras wird die Zentralgestalt dieses letzten Buches sein.

Metamorphosen, 3. Pentade   15. Buch

Gründer Crotons war Myscelus, ein Bürger aus Argos, im Osten der Peloponnes. Hercules erschien ihm zweimal im Traum, und befahl ihm, seine Heimat zu verlassen und den Fluss Aesar[304] aufzusuchen. Myscelus wagte es nicht, denn auf Auswanderung stand in Argos die Todesstrafe.

Als er es nach dem zweiten Traumbefehl doch unternahm, wurde er angeklagt. Die Richter warfen schwarze Stimmsteine zur Verurteilung in die Urnen; aber als sie zum Zählen entnommen wurden, waren sie alle weiß; Hercules hatte sie verwandelt.

Myscelus verließ Argos und gelangte nach langer Fahrt über das Meer zu der vom Gott beschriebenen Flussmündung in Süditalien. Dort baute er Mauern beim Grabe des Croton und gab der Stadt dessen Namen.

Hierher kommt Numa auf seiner Forschungsreise und sucht Erkenntnis und Wissen.

---

304 *Aesar*: unteritalienischer Fluss bei Croton

Metamorphosen, 3. Pentade 15. Buch

Pythagoras[305] (60 bis 478)

Vir fuit hic. Ortu Samious. Sed fugerat una / et Samos et dominos odioque tyrannidis exsul / sponte erat. („Hier war ein Mann. Geboren in Samos. Aber geflohen; von der Insel und vor ihren Herren. Als Feind der Tyrannis lebte er freiwillig in Verbannung.")

Die Hauptperson des letzten Buches ist eingeführt: Pythagoras. „Er drang in das Wissen der Götter ein, und was die Natur vor den menschlichen Augen verbarg, erkannte er mit seinem inneren Auge." Vor staunendem Schülerkreis lehrt er: „Die Uranfänge des großen Weltalls, den Ursprung aller Dinge, die Unterschiede zwischen Natur und Gott." Er lehrt die Entstehung von Schnee und Blitz, und „ob Jupiter donnere oder ob es der Sturm ist, der die Wolken zerreißt und damit die Erde erschüttert".

Numa will die Erkenntnisse des Pythagoras studieren und befragt ihn.[306] Er wird in einer fast genau 400 Verse langen Grundsatzrede belehrt.

---

305 *Pythagoras*: studierte die vorsokratischen Philosophen Thales, Anaximander und Anaximenes; Reisen durch Ägypten und Babylonien; seine Abneigung gegen den Tyrannen Polykrates soll ihn um 530 aus Samos nach Kroton vertrieben haben; hier gründete er die Schule der Pythagoreer, einen Kreis mit sittlich-religiösem, politischem und wissenschaftlichem Impuls; er starb um 500 v.Chr.; seine Philosophie ist nur überliefert in Nachschriften seiner Schüler, die ihn als Weisen verehrten; der nach ihm benannte pythagoreische Lehrsatz stammt aus älterer Zeit: die Fläche eines Quadrats über der Hypotenuse (Grundlinie im rechtwinkligen Dreieck) entspricht der Flächensumme der Quadrate der beiden anderen Seiten ($c^2=a^2+b^2$).
306 Nach der (halbgeschichtlichen) Überlieferung lebte Numa 715-672; also etwa 150 Jahre vor Pythagoras.

Metamorphosen, 3. Pentade   15. Buch

Pythagoras wendet sich gegen jeden Fleischgenuss: „Beseeltes (*animalia mensis*) wird aufgetischt als Mahl"; die Menschen schänden ihre eigenen Leiber, wenn sie das Fleisch von Lebewesen verzehren; es gibt genügend Speisen, die „frei von Mord und von Blut sind". Das vergangene Goldene Zeitalter habe sich glücklich von den Schätzen der Erde ernährt.

Er beschreibt eine Entwicklungsgeschichte des sich immer mehr steigernden „Frevels" von Fleischgenuss. „Was haben euch die friedlichen Schafe getan", die mit ihrer Wolle die Menschen umhüllen.

Nicht genug der Verirrung, glauben die Menschen, sie könnten die Götter mit Tieropfern versöhnen (127 ff.). Minutiös und en detail wird der Vorgang der Tötung beschrieben wie in einem Schlachthaus. „Hiervon wagst Du zu essen, menschliches Geschlecht."

Auf das Grauen folgt das eigentliche Argument gegen den Fleischgenuss: alle Lebewesen sind inkarniert: in ihnen leben Existenzen aus einem früheren Leben. „Wenn ihr den Gaumen letzt an erschlagenen Rindern ... zerkaut ihr den eigenen Gefährten."

Lehre vom Wandel (143 ff.)

Im 19. Jh. wurde die Pythagoras-Rede als rationale philosophisch-wissenschaftliche Untermauerung des mythologischen Teils verstanden. Aber Ovid hat die Rede mit so viel Ironie durchsetzt, dass man das langatmige Lehrgebäude distanziert lesen sollte: Mehrmals sagt der Philosoph, er wolle nicht abschweifen oder nur noch kurz etwas anfügen – aber er redet und redet immer weiter. Scheinbar gelehrte Argumente sind in Wirklichkeit pseudowissenschaftliche Paradoxongraphien,[307] wie sie in der Antike zur intellektuellen Unterhaltung sehr beliebt waren. Ovid treibt sein Spiel damit, Mythologisches naturwissenschaftlich zu erklären.

Die Römer glaubten vieles in der Mythologie, aber nicht alles. Die Grenze war in der Bevölkerung fließend. Damit lässt der aufgeklärte Dichter seinen Philosophen regelrecht Hokuspokus treiben. Pythagoras vermischt Heraklits grundlegende (bis heute unwidersprochene) Lehre vom *Wandel*[308] mit dessen physikalisch unhaltbarer Lehre vom Übergang der vier *Elemente* ineinander.

Der Verzicht auf Fleischgenuss und die Verurteilung der Tieropfer nahm 70 Verse ein und ging nahtlos über in das Thema „Seelenwanderung". Darauf folgt die Darstellung der Heraklitischen Lehre vom Wandel – aber zuvor nimmt Pythagoras 10 Verse lang Anlauf, sich selbst als göttlich beauftragten Verkünder vorzustellen.

---

[307] *Paradoxongraphien*: offensichtlicher Widerspruch, der sich von gültigen Argumenten abzuleiten scheint; er beruht auf fehlerhaften oder unvollständigen Prämissen.
[308] Aller *Wandel* ist im Ovidischen Sinne eine *Metamorphose*.

Metamorphosen, 3. Pentade 15. Buch

„Da ein Gott mir den Mund bewegt, werde ich dem Gott auch folgen und mir mein eigenes Delphi, ja selbst den Äther erschließen, und den hocherhabenen Sinn des Orakels entriegeln, und Großes verkünden, was noch keiner vor mir aufgespürt hat, und was so lange verborgen lag (bis ich es verkünde). Es (das Orakel) erhebt sich, zu durchschweben die hohen Sterne, erhebt sich, mit der Wolke zu schiffen, verlassend der Erde trägen Sitz, auf die Schultern des starken Atlas zu steigen, fern auf die schweifend zerstreuten, der Einsicht mangelnden Menschen niederzuschauen, sie, die bang um ihr Ende in Furcht sind, so zu mahnen, und so des Schicksals Lauf zu entrollen."

Quintessenz: Den aus Angst und Grauen vor dem Tod verstörten Menschen kann er eine eigene Seelenwanderungserfahrung schildern: „Ich selbst – denn ich erinnere mich – (*ipse ego – nam memini –*) bin zur Zeit des Trojanischen Krieges[309] Euphorbus gewesen" (ein Troer), der von der Lanze des Menelaos getötet wurde.[310] Und „neulich in Argos (*nuper in Argis*)" hat Pythagoras im Juno-Tempel seinen troischen Schild erkannt, den die Griechen als Beute dort geweiht haben. – Auch sehr mythengläubige Römer müssen jetzt skeptisch geworden sein. Aber diese für den berühmten Gründer einer Philosophenschule eher bizarre Begründung der Seelenwanderung wird vermischt mit der unbestrittener Erkenntnis Heraklits: „Alles wandelt sich; nichts vergeht" (*omnia mutantur, nihil interit*).

---

309 Pythagoras lebte 600 Jahre nach dem Trojanischen Krieg.
310 Troer werden im nächsten Leben Griechen, und umgekehrt; eine völkerverbindende Idee, die Krieg ad absurdum führt.

Der Wandel der Elemente (237 ff.)

Aus der Kombination seiner eigenen Seelenwanderungs-„Erfahrung" mit Heraklits Lehre vom Wandel folgert Pythagoras, dass auch der Geist des Menschen sich wandelt „von dort nach hier und hier nach dort" (*illinc huc, hinc illuc*), sich „dieser und jener Glieder bemächtigt", aus Tieren in Menschenleiber und von dort wieder in Tiere wandert.

Heraklits Kernsatz „Alles fließt" (παντα ρει) wird jetzt wörtlich zitiert (*cuncta fluunt*): der Tageslauf, die kosmischen Konstellationen, die Zeit, der Fluss,[311] die Jahreszeiten, und der Mensch vom Kleinkind zum Greis. Aus dem Einen folgert er das Andere und gelangt von Heraklits (unbestrittener) Philosophie des Wandels zu dessen (naturwissenschaftlich unhaltbarer) Lehre von der Verwandlung der Elemente. „Die wir die Elemente nennen" (*quae nos elementa vocamus*) machen ebenfalls Mutationen durch.

„Aufgepasst! Ich will es euch lehren (*Animos adhibete! Docebo.*)" Zwei Elemente werden vom eigenen Gewicht nach unten gezogen: Erde und Wasser. Die beiden anderen – Feuer und Luft – steigen schwerelos in die Höhe. Im Kreislauf der vier Elemente geht jedes immer aus einem anderen hervor und verwandelt sich wiederum in ein anderes: Erde löst sich in Wasser, Wasser verflüchtigt sich in Luft, Luft verdünnt sich in Feuer.[312]

---

[311] Heraklit (Fragment B12): „Niemand kann zweimal in denselben Fluss steigen"; nur der Name des Flusses ist gleich geblieben; das Wasser ist neu, der Mensch verändert.

[312] Noch das Mittelalter vermutete oberhalb der Lufthülle eine Feuersphäre. (Dantes Weltbild in der *Divina Commedia*).

„Glaubt mir! (*mihi credite!*)": Nichts vergeht, alles ist nur Wandel (Ovid: „Alles ist *Metamorphose*").

In bester Paradoxongraphie wird der Elementen-Wandel bewiesen mit der Landgewinnung aus dem Meer (Erde aus Wasser), und mit Flüssen, die wechselweise austrocknen und Wasser führen (Luft aus Wasser).

Über dreißig Verse lang listet Pythagoras geographische Beispiele auf – dann geht seine Naturwissenschaft unmerklich über in Mythos:

Das Wasser eines sizilischen Flusses war genießbar, bis die von den Pfeilen des Hercules verletzten Centauren ihre Wunden darin wuschen – seither ist es ungenießbar – „falls man Sängern/Wahrsagern nicht jedes Vertrauen entzieht."[313]

Kunterbunt geht es durcheinander: Die begründete These, dass Messina (290: *Zancle*) einst mit dem italienischen Festland verbunden war, wird vermischt mit den beliebten Legenden um versunkene Griechenstädte, deren Mauern „noch heute" von den Schiffern auf dem Meeresgrund gezeigt werden.

Berge entstanden durch massive vulkanische Auffaltungen – stimmt –, ein thrakischer Fluss wandelt alles, was er benetzt, in Marmor – was eher unwahrscheinlich ist...

Die rhetorische Frage „Wer hat nicht schon von der Salmacis gehört" (die mit Hermaphroditus in einen

---

[313] Die fast gleiche Formulierung findet sich bei der versteinerten Scylla (XIII, 730 ff.), die vorher ein Ungeheuer und davor eine schöne Jungfrau war: „wenn nicht alles Einbildung ist (*ficta*: Fiktion), was von den Sängern (Dichtern, Wahrsagern) überliefert wird." Es ist Ovids Ironie gegenüber den wundersamen Erklärungen der Natur durch den Mythos.

Zwitter verwandelt wurde[314]) impliziert, jeder Mann, der in dieser Quelle bade, werde der Quelle als Zwitter entsteigen.

Eine andere Quelle hilft gegen Alkoholabhängigkeit (328: sie erzeugt „Hass auf Wein"), seit – „wie man dort erzählt" – Zauberkräuter in ihr gewaschen wurden, mit denen eine Tochter des Verwandlungsgottes Proteus vom Wahnsinn geheilt wurde.

Das Wasser zweier Flüsse bei Croton färbt (erweislich) die Haare gelb (golden) – damit wird die Entstehung des goldbraun-gelben Bernsteins erklärt.

Ein See in Arkadien wandelt sein Wasser Tag und Nacht: am Tag ist es rein, bei Nacht verdorben.

„Es gab eine Zeit", da schwamm die Insel Ortygia im Meer; jetzt liegt sie fest verankert vor Syrakus.

Die Symplegaden[315] am Eingang zum Schwarzen Meer wurden auf Jasons Argonautenfahrt überlistet und verloren dadurch ihren Zauber.

Alles in der Natur ist Änderungen unterworfen: Alles ist Wandel: der Ätna wird nicht immer glühen und er hatte nicht immer geglüht (342); denn „die Erde ist ein Wesen, das lebt und atmet an vielerlei Orten".

Im Indikativ und Konjunktiv frei gemischt erzählt Pythagoras munter von den sensationellsten Ver-

---

314 *Salmacis und Hermaphroditus*: 1. Pentade, IV, 276 ff.
315 *Symplegaden*: „Klappfelsen" am Eingang zum schwarzen Meer, die zusammenschlugen, wenn ein Schiff einfahren wollte. Jason ließ eine Taube hindurch fliegen, und während sich die Felsen kurz öffneten und schlossen, schlugen sieb der Taube noch die Schwanzfedern ab; doch die pfeilschnelle mit der aus dem Holz der Eiche vom Zeus-Orakel in Dodona geschnitzten Athena-Gallionsfigur war schon hindurch gefahren. Seither ist der Zugang zum Schwarzen Meer frei.

wandlungen (356 ff.): „In Pallene[316] soll es Männer geben (*esse viros fama est*: „es geht das Gerücht, dass ..."), denen am Körper Federn wachsen, wenn sie neunmal in einen bestimmten Teich eintauchen. „Glauben möchte ich es ja nicht (*haud equidem credo*[317])" – glaubt er es nicht oder „möchte" er es nur nicht glauben? Immerhin: den skythischen Frauen wachsen ebenfalls Federn; allerdings nur, wenn sie sich mit Gift bespritzen...

---

316 *Pallene*: In der Antike ein attischer Demos (Teil der Stadt Athen); außerdem Name des westlichsten „Fingers" der Halbinsel Chalkidike (heute Kassandra); im Mythos eine Tochter des Giganten Alkyoneus, der beim Ansturm auf den Olymp von Pfeilen des Herakles getroffen wurde.

317 *haud*: lat. „nicht gerade; nicht unbedingt";
equidem: lat. „allerdings".
haud equidem credo: wörtlich: „allerdings glaube ich es nicht unter allen Umständen."

Pseudowissenschaft (361 ff.)

„Erprobten Dingen" (*rebus probatis*) müsse man Glauben schenken.

Pythagoras überschüttet seinen einzigen „Schüler" Numa (und Ovids Leser) mit immer mehr solchen „Erfahrungen" (*cognita res usu*). Suggestiv fragt er: „Siehst du etwa nicht", dass sich ein Kadaver in Kleingetier verwandelt: aus verendeten Stieren entstehen Bienen, aus Rössern Hornissen, und wenn man einem frisch gefangenen Krebs die Scheren abschneidet und den Rest in der Erde vergräbt, werden daraus Skorpione.

Diese „Erfahrungen" sind Mischungen aus realen Eindrücken (auf Tierkadavern beobachtet man Kleingetier), ungenauen Beobachtungen (auf dem Kadaver sind Insekten, vielleicht auch Hornissen, aber jedenfalls keine Bienen) und falscher Folgerung (das Getier würde aus dem Aas entstehen), wobei störende Konsequenzen (der Kadaver müsste sich vor allem in Aasgeier verwandeln) eliminiert werden.

Es entstehen pseudowissenschaftliche Erklärungen natürlicher Vorgänge – Ovid treibt die Technik der Paradoxongraphien auf die Spitze. Seine Leser werden sich daran ergötzt haben.

Ein buntes Gemisch aus offensichtlichen Erscheinungen, Halbtatsachen, Legenden, scheinbar vernünftigen und dann wieder verworrenen Erklärungen lässt die Grenze zwischen Märchen und Realität ständig verschwimmen. Gutgläubige Leser kann Pythagoras durchaus verwirren mit seinen immer wieder eingestreuten realen Beobachtungen.

Metamorphosen, 3. Pentade 15. Buch

Die Verwandlungen (Metamorphosen) in der Natur sind so wunderbar wie unglaublich; und durch die, welche man sicher erkennt, sollen alle anderen glaubhaft gemacht werden; dabei sind in der Paradoxongraphie Trugschlüsse erlaubt.[318]

- Die Raupen auf dem Gemüse verwandeln sich in „grabmalschmückende Schmetterlinge[319] – die Bauern beobachten es" (*res observata colonis*). Jeder Leser hat es schon beobachtet.

- Aber im nächsten Vers erzeugt ein geheimnisvoller Samen im Schlamm die Frösche – die Zuhörer können nicht qualifiziert widersprechen: sie sehen die Frösche am verschlammten Teich, aber wie sie laichen war nicht bekannt.

- Die Bärin gebäre ein lebloses Stück Fleisch, das sie erst in seine Form lecken müsse. (Bärenjunge werden mit verklebten Augen blind geboren und die Mutter leckt ihnen – nur – die Augen frei).

---

[318] Der griechische Philosoph Zenon von Elea hat im 5. Jh. v.Chr. mathematisch-logisch „bewiesen", dass der schnelle Achilleus eine Schildkröte nie überholen kann; denn: bevor er sie überholt, muss er zuerst ihren Vorsprung einholen. In der Zeit, die er dafür benötigt, hat die Schildkröte einen neuen, wenn auch kleineren Vorsprung gewonnen, den Achilles ebenfalls erst einholen muss. Ist ihm auch das gelungen, hat die Schildkröte wiederum einen – noch kleineren – Weg-Vorsprung gewonnen, und so weiter. Der Vorsprung, den die Schildkröte zu jedem Zeitpunkt hat, werde zwar immer kleiner, bleibe aber dennoch immer ein Vorsprung, sodass sich der schnellere Läufer der Schildkröte zwar immer weiter nähern, sie aber niemals einholen und somit auch nicht überholen könne. (Die „Grenzwertrechnung" bleibt unberücksichtigt).

[319] Schmetterlinge wurden als Bild der Seele häufig auf antiken Grabsteinen abgebildet.

- Bienen werden ohne Gliedmaßen „geboren" (aus den Eiern der Königin entwickeln sich zunächst Larven).
- „Junos Vogel", der Pfau mit den wunderschönen „Augen" auf dem Gefieder,[320] und der Adler des Zeus, und die Tauben der Venus entstehen alle aus dem Dotter der Eier. „Wer hielte es für möglich, wenn er nicht wüsste, dass es so ist".
- Schlangen entwickeln sich in den Gräbern aus dem Mark toter Menschen.
- In Ägypten entsteht der Vogel Phoenix durch Selbstzeugung; wenn er sein fünfhundertjähriges Leben vollendet hat, richtet er sich mit duftenden Kräutern ein Nest, trägt es durch die Lüfte zum „Tor des Sonnentempels" (der Palast des Sonnengottes) und legt es dort nieder.
Zu Beginn des 2. Buches hatte Phaeton den Sonnenpalast seines Vaters aufgesucht, und dieser Mythos aus der 1. Pentade (Göttergeschichten) scheint hier gestützt zu werden; denn wenn Pfau und Adler und Taube für jeden deutlich erkennbar aus Eiern schlüpfen, dann ist für den verblüfften Beobachter geradezu nichts mehr unmöglich – das heißt: er erliegt den Trugschlüssen.

Man wundert sich, dass die Altphilologie lange in der Pythagoras-Rede eine naturwissenschaftliche Deutung oder Bestätigung der mythologischen ersten beiden Pentaden verstanden hat; es ist nur eine pseudowissenschaftliche spannende Unterhaltung des Publikums.

---

320 Die hundert „Argusaugen" wurden auf das Gefieder von Pfauen versetzt, die Junos Wagen ziehen (I, 668 ff.).

Metamorphosen, 3. Pentade 15. Buch

Da verwundert es jetzt nicht mehr,

- o dass die weibliche Hyäne eigentlich ein Männchen ist, und ihr Geschlecht nur vorübergehend zur Zeugung wechselt
- o und dass sich das ständig die Farbe ändernde Chamäleon ausschließlich von Luft ernährt
- o und dass der Urin der Luchse augenblicklich versteinert
- o oder dass Wasserpflanzen, sobald sie mit Luft in Berührung kommen, zu Korallen werden.

Die Pythagoras-Rede schildert einen Rausch von Veränderungen. Alles in der Welt ist dem Wandel unterworfen. Ob die Menschen es mythologisch erklären oder ob sie es aus direkter Anschauung und Erkenntnis beweisen können – immer geht es um das Selbe: *Metamorphose*.

Das ist die Essenz der Pythagoras-Rede, mit der er alle Lebensbereiche erfasst.

Doch diese Erkenntnis bildet nur die Umhüllung für eine **politische Aussage**, die für Ovid lebensgefährlich gewesen wäre, wenn er sie offen geäußert hätte: Wenn alles Wandel ist – also dem Untergang geweiht – wie „ewig" ist dann Rom - - -

Aufstieg und Untergang von Macht (420 ff.)

Die geradezu maßlose Aufreihung von echten, vermuteten und skurrilen Verwandlungen soll den hochpolitischen Aspekt verdecken, der am Ende der Rede unauffällig nachgeschoben wird: Raupe und Schmetterling wandeln sich wie die Jahreszeiten und wie der vorbeifließende Strom... ebenso ändern sich auch Machtverhältnisse. Troja war reich und mächtig und ist nur noch eine Ruine. Von den herrlichen Burgen in Sparta, Mykene, Theben und Athen ist nichts geblieben als der Name. Die Schlussfolgerung ist überdeutlich: ein *Imperium sine fine* („Herrschaft ohne Ende") des Römischen Reiches kann es nicht geben; es widerspräche dem unumstößlichen Naturgesetz des Wandels.

Die Herrlichkeit und Unbegrenztheit des Augusteischen Rom war aber ein Dogma. Jeder Zweifel wäre Ketzerei und Rebellentum gewesen und hätte zur Verurteilung geführt – wahrscheinlich zur Verbannung.

Ovids Schicksal – sein Exil am Schwarzen Meer – ist vielleicht doch nicht das große ungelöste Geheimnis seiner Biographie. Am Ende der Pythagoras-Rede wird deutlich, dass die über 400 Verse (75-478) überhaupt keine philosophische Aussage haben und ebenso wenig den Mythos wissenschaftlich deuten. Es ist das politisch hochexplosive Kernstück der Metamorphosen – verpackt in eine phantastisch schillernde Paradoxongraphie, die den Leser geradezu einlullt, ehe der Blitz einschlägt: auch Rom wird untergehen – wie alle Machtzentren vor ihm und nach ihm.

Metamorphosen, 3. Pentade 15. Buch

Nur 9 Verse (422-430), gelten der ketzerischen Erinnerung, dass alle alten Kulturen und Machtzentralen untergegangen sind - dann lenkt Pythagoras von dem Grundsatzgedanken schnell ab und wendet sich wieder an Numa.

In 23 Versen plaudert er über Rom, als sei diese Stadt keiner natürlichen Weltordnung unterworfen. „Jetzt, so erzählt man", wurde am Tiber die Basis einer großen Herrschaft geschaffen, und einst wird diese Stadt „das Haupt des unermesslichen Erdenrund sein". So prophezeite es dem Aeneas der troische Seher Helenus, ein Sohn des Priamus: ein „troisches Rom" - begründet von dem Troer Aeneas und seinem Sohn Ascanius. „Sie wird groß, wie keine sonst ist, noch je eine sein wird, noch früher eine gesehen ward." (445)

„Ein Spross des Julierhauses[321] wird sie zur Herrin der Welt machen", und sein Abgang (Tod) wird zum Himmel führen (*caelumque erit exitus illi*). Der „Spross" ist Julius Caesar.

In dieser grandiosen Ruhmrede ist nur der Weg zur Weltherrschaft vorgezeichnet. Das hatte sich zur Lebenszeit von Ovid und Augustus bereits erfüllt, und die vom Senat verfügte Verstirnung von Julius Caesar ist Vergangenheit. Roms Zukunft über Augustus hinaus bleibt offen. Diese Zukunft kann nach dem unabänderlichen Gesetz der Metamorphose nur der Untergang sein.

---

321 Julus wird der mythische Stadtgründer Ascanius genannt; ein Sohn von Aeneas. Caesar und Augustus sind „Julier".

Pythagoras: Schluss der Rede (453-478)

Im Schlussteil scheint Pythagoras seine lange Rede über das Weltgesetz der Verwandlung zusammenzufassen. Den rahmenden Abschluss bilden Seelenwanderung und Verpönung von Fleischgenuss.

Aber das kennt der Leser bereits alles. Die Rede folgt der rhetorischen Regel, dass Kernaussagen nicht durch weitere wichtige Gedanken gestört werden dürfen. Der Geist des Zuhörers ist nicht unbegrenzt aufnahmefähig für schockierende neue Erkenntnisse; er muss „ausruhen" können und „verdauen".

Exzellente Rhetorik war in Rom die Grundlage für politischen, beruflichen und gesellschaftlichen Aufstieg; der Römer musste überzeugen, um etwas zu erreichen.

Pythagoras „verpackt" deshalb seinen revolutionären Gedanken – der Untergang des Römischen Reiches – in Themen, die den Zuhörer nicht mehr ablenken können. Die Botschaft darf nicht verwässert werden. Dann wird der wachsam gewordene Leser die Übergangsverse nicht auf das Kommende beziehen (die Seelenwanderung), sondern als rückwirkende Zusammenschau verstehen: *caelum et, quodcumque sub illo est, immutat formas tellusque, et quiquid in illa est.* („Der Himmel und alles was unter ihm ist, wandelt ständig seine Form; und auch alles was es auf ihr – der Erde – gibt.")

Daraus folgert dann Pythagoras wie am Beginn seiner Rede noch einmal die Seelenwanderung, und aus dieser leitet er, wie ebenfalls schon am Anfang, das Verbot des Fleischgenusses ab.

Alles ist nur Ablenkung vom Hauptthema: auch Rom ist keine ewige Weltherrschaft beschieden.

Metamorphosen, 3. Pentade 15. Buch

Moralische Begründungen können durchaus sinnbildlich verstanden werden für die opportunistische römische Oberschicht: den Vogel zu essen, dem man vorher die Körner gereicht hat, ist eine feige Täuschung der vertrauensseligen Kreatur. „Das Rind soll pflügen und ehrenvoll sterben. Das Schaf soll dem Menschen Wolle liefern gegen die Kälte", aber der Mensch soll Lebewesen nicht essen.

Das war nachvollziehbar. Es brachte kein neues Thema und lenkte nicht ab von der überraschenden und kompakten Rückschau auf die alten Kulturen Troja, Sparta, Mykene, Theben, Athen, „die heute nur noch ihre alten Ruinen zeigen" (424). Die ohne Vorwarnung in teilweise originell abstruse und unterhaltsame Verwandlungsgeschichten eingefügten 9 Verse verfehlten ihre Wirkung nicht.
Das Wort „Ruinen" wirkte als Schock.

Mythologie und Naturwissenschaft

Das Nebeneinander von Mythologie und Naturwissenschaft ist nur scheinbar neu in der Rede; das gab es auch vorher schon. Es ist sogar charakteristisch für die *Metamorphosen*.

Bereits die Erschaffung des Menschen am Anfang der *Metamorphosen* wird zuerst mythologisch („mag sein"), und dann naturwissenschaftlich („mag auch sein") gedeutet.[322] Und als Hercules den Unglücksboten Lichas, der ihm das tödliche Gewand brachte, in hohem Bogen ins Meer schleudert, wird dessen mythologische Verwandlung in einen Felsen mit der naturwissenschaftlichen Entstehung von Hagel und Schnee verglichen (IX, 205 ff.).

Pythagoras redet nur zum Schein naturwissenschaftlich; in Wirklichkeit sind reale Erklärungen in seiner Rede selten und dienen nur dazu, mit umso unglaublicheren Märchen aufzuwarten.

Der berühmte Philosoph wird zur komischen Figur und tritt in Konkurrenz – oder wird Spiegelbild – mit dem unterhaltsamen Erzähler, als den sich Ovid gerne präsentiert. Er erklärt, nicht abschweifen zu wollen; aber dann erzählt er endlos weiter[323] – bisweilen seltsam komisch und aufdringlich.

---

322 „Mag sein (*sive*), dass Er, der Ursprung der besseren Welt, (ein Gott) ihn (den Menschen) aus göttlichem Samen schuf; mag auch sein (*sive*), dass Erde, die gerade erst von hohen Äther getrennt wurde, den Samen vom ursprungverwandten Himmel behalten hat, … und dann, mit Regenwasser vermischt, geformt wurde." (I, 78 ff.).

323 „Ungeheuer viel habe ich gesehen und gehört, aber ich will nur noch weniges erzählen" (307). – „Bis die Sonne untergeht … kann ich nicht annähernd alles erzählen" (418).

Die Untergangsvision des Römischen Reiches geht fast geschwätzig über zur Wiederholung von Seelenwanderung und Vegetariern (453): „Damit ich nicht mein Ziel (Thema) verfehle und meine Pferde die Bahn verlieren (am Thema vorbei gehen)", will er konkret werden: Seelenwanderung und Vegetarier als die Summe seiner langen Rede.

Scheinbar darauf bezogen sagt er den folgenschweren Satz: „Der Himmel und alles was unter ihm ist, wandelt sich." Das gilt auch für die Seelenwanderung; aber in Wirklichkeit ist es die Summe der 9 Verse mit dem verschlüsselt prophezeiten Untergang des Reiches, die als „Thema verfehlt" kleingeredet werden.

Metamorphosen, 3. Pentade 15. Buch

Die Summe der Geschichten

Konzeptionell sind die 400 Verse der Pythagoras-Rede eine umfassende Überschau der vorhergehenden 14 Bücher der *Metamorphosen*.

- Die Schöpfung (I, 89 ff.) spiegelt sich in der Rede vom zeitlichen Wandel (XV, 260): „So seid ihr vom Gold auf das Eisen gekommen."
- Der von Pythagoras gewünschte Zustand der Menschheit ist eine Variante des Goldenen Zeitalters, und die Rede über den Wandel der Jahreszeiten greift auf das Silberne Zeitalter zurück.
- Der Wandel der Elemente wiederholt die Entstehung der Natur (Berge u.a. I, 342 ff.).
- Der feuerspeiende Ätna fand im Gesang der Muse Calliope die Ursache in dem in den Tartarus gestürzten Riesen Typhoeus (V, 345 ff.), und Pythagoras erklärt ihn mit Stürmen im Erdinnern (XV, 342: „die Erde lebt und atmet"). Da auch er den Vulkanismus nicht exakt naturwissenschaftlich beschreibt, entsteht zwischen den beiden Erklärungsmodellen eine interessante Spannung – das letzte Buch des Werkes korrespondiert hier mit dem Schluss der 1. Pentade.

Besonders reich an Bezügen quer durch alle Bücher sind die Entstehung und die biologischen Veränderungen in der Tier- und Pflanzenwelt.

Die Koralle wird in der Perseus Handlung auf das Gift des Gorgonenhauptes zrückgeführt (IV, 749 f.); Pythagoras erklärt sie mit dem Austrocknen von Wasserpflanzen (416 f.).

Die Frösche waren mythologisch ehemals Bauern, die als Strafe für ihr Schimpfen zum ewigen Quaken verdammt wurden (VI, 377 ff: das sprachliche „Quakquak"). Aber: die legendäre Metamorphose der Bauern klingt wie ein medizinischer Bericht gegenüber der nur scheinbar naturwissenschaftlichen Version des Pythagoras (die hinteren Beine sind länger als die vorderen); andererseits lebt in den Schlamm-Keimen eine moderne Vorstellung der Kaulquappen (Froschlurche).

Alle „wissenschaftlichen" Erklärungen verbreiten mehr Konfusion als Information, und man könnte sogar vermuten, dass viele Römer eher an verwandelte lykische Bauern als an Schlammgeburt glaubten. Sie glaubten ja auch an Jupiter und Minerva (und die Griechen an Zeus und Athene).

So entsteht eine dynamische Spannung zwischen metaphorischen und naturwissenschaftlichen Erklärungen, und am Ende kann der Leser nicht mehr ahnen, was Ovid eigentlich will.

Pythagoras erscheint als Abbild des Haupterzählers Ovid: er ist eine lustige, komische Figur an der Grenze zwischen Ironie und Zynismus. Als Hauptargument für die Seelenwanderung präsentiert er sich selbst, weil er in Argos den Schild sah, mit dem er vor 600 Jahren in Troja gekämpft hatte.

Ovid zwinkert. Der skurrile Pythagoras ist seine eigene Karikatur – und sein Sprachrohr. Er darf den Untergang Roms voraussagen.[324]

---

[324] In Shakespeares Dramen ist der Narr der Weise.

Vision vom Untergang des Römischen Reiches

Mit dem Verweis auf den Untergang von Troja und Sparta und Athen bezieht Pythagoras die Lehre von der Veränderung aller Dinge auch auf die Politik. Das gibt der Rede ihre Sprengkraft, auch wenn diese politische Schlussfolgerung nur in 9 Versen am Ende versteckt ist und als abschweifendes Geplauder beiseite gewischt wird.

Die Rede verändert die politische Landkarte, denn scheinbar prophezeit Pythagoras die ständig weiter wachsende Größe Roms. Zur Lebenszeit Ovids war Rom der Mittelpunkt der Welt; dieses Reich sollte immer größer werden und nie untergehen. (Jupiters Prophezeiung *„sine fine"* bedeutet: ohne zeitliche und ohne geographische Begrenzung). Aber wer genauer hinsah, musste die Logik durchschauen: Das Römische Reich konnte nicht das einzige Gebilde auf der Welt sein, dass frei ist von Metamorphose.

Augustus hatte ein neues Goldenes Zeitalter geschaffen. (So war es in Vergils *Aeneis* triumphal dargestellt). Das Augusteische Rom hatte eine einzigartige kulturelle Hochblüte erlebt; die Stadt war voller Kunstwerke und imposanter Bauten.

Dieser Gesellschaft verkündet nun ein bedeutender Philosoph (420-452): Rom wird einst die Hauptstadt des Erdkreises sein. Aber gleichzeitig sagt er: die Zeiten wandeln sich; Völker wachsen und verfallen. Troja, Sparta, Athen und alle die alten Metropolen gibt es nicht mehr.

Der trojanische Seher Helenus hatte prophezeit: Caesar und Augustus machen Rom zur Herrin der Welt. Die Bevölkerung glaubte an Weissagungen, aber glaubte Ovid daran? Und Augustus?

Metamorphosen, 3. Pentade — 15. Buch

Herrscher waren nicht unvergänglich wie ihre Stadt; sie waren sterblich. Aber ihr Tod durfte nicht vorkommen; deshalb wurde ihre Vergöttlichung bzw. Verstirnung angekündigt. „Das Ende ihres Lebens (*exitus*) wird der Himmel sein." Mit dieser Apotheose der römischen Kaiser laviert sich Pythagoras/Ovid aus der politischen Sackgasse. Aber die Metamorphose aller Dinge ist ein Naturgesetz. Pythagoras sagt nicht: Rom ist ewig. Sondern: Troja... also wird auch Rom einst Asche werden. (430): *Quid Pandioniae*[325] *restant, nisi nomen, Athenae?* („Was ist von Pandions Athen geblieben außer dem Namen?"). Es war ein berühmtes Zitat im Altertum. Der Name des mythischen Königs *Pandion* bedeutet wie „Pantheon" (παν: alle; θεοσ: Gott): die Gesamtheit aller verehrten Gottheiten. Das Pantheon in Rom wurde einhundert Jahre nach Ovid errichtet,[326] und der Vers gewinnt Prophezeiungswert: Was ist von den alten Göttern geblieben außer ihren Namen? Alle großen Kulturen folgen dem Gesetz des Wandels: von der Blütezeit in die Bedeutungslosigkeit. Die thematischen Verbindungen aller 15 Bücher zu der Pythagoras-Rede erheben diese Erkenntnis zum fast unsichtbaren, aber letztlich alles beherrschenden Thema der *Metamorphosen*.

---

325 *Pandion*: König von Athen; in den *Metamorphosen* Vater von Procne und Philomele (VI, 412 ff.).
326 *Pantheon*: größter Rundtempel und Kuppelbau der Antike. In den Nischen standen Götterbilder. 609 n.Chr. wurde es christliche Kirche; danach Begräbnisstätte von Raffael u.a.

Numas Friedensherrschaft (479 ff.)

Das 14. Buch endete mit der Apotheose von Romulus. Mit seinem Nachfolger Numa begann das letzte Buch. Über die Hälfte dieses 15. Buches (400 Verse lang) war Numa nur Schüler des Pythagoras. Doch von dessen historischer Lehre erfuhr er nur Seelenwanderung und Vegetariertum. Die eigentliche naturwissenschaftliche Lehre der pythagoreischen Schule blieb völlig ausgespart. Der berühmte Gründer einer eigenen Philosophenschule vereinnahmte die Philosophie des in Ephesus lehrenden Heraklit vom Wandel aller Dinge.

Mit der Stadtgründung Roms 753 v.Chr. sind die *Metamorphosen* in die historische Epoche eingetreten. Aber diese Beschreibung beginnt mit einem Anachronismus: Numa lebte (wenn er überhaupt historisch ist) 150 Jahre vor Pythagoras. Die beiden sind sich nie begegnet; es ist eine historisch-mythologische Konstruktion.

Numa „sei" von Pythagoras „im Herzen belehrt" worden – berichtet Ovid im Konjunktiv – er sei nach Rom zurückgekehrt und habe die Herrschaft in Latium als Nachfolger von Romulus angetreten. Über allem schwebt ein „so erzählt man".

Die Königsfolge in Rom ist ein Spiel mit verteilten Rollen: Romulus ist der Kriegskönig (Mars besorgt seine Vergöttlichung), Numa ist die erste politische Gestalt mit innenpolitischer Gesinnung (483 ff.): er installiert einen religiösen Kult in der Stadt und gibt ihr eine Verfassung. Nach den kriegerischen Eroberungen von Aeneas und Romulus wird Numa der Friedensfürst. Dabei bleibt er im Halbdunkel der pseudohistorischen Überlieferung: verheiratet ist er mit einer Nymphe: Egeria.

Metamorphosen, 3. Pentade   15. Buch

Egerias Schmerz (479 ff.)

Als Numa stirbt, wird er im ganzen Volke beweint. Er hat „das an wilde Kriege gewöhnte Geschlecht zum Frieden geführt". (Eine Vision des kommenden Augustus).

Die Gattin des Numa verwindet den Verlust nicht. In unendlicher Trauer schweift sie klagend und seufzend durch die Wälder. Dort begegnet ihr ein Mann, der sie mit einem schrecklichen Schicksal zu trösten versucht.

Damit beginnt wieder einmal eine Verschachtelung:

Egeria: Schicksal des Hippolytus (497 ff.)

Der Fremde erzählt die weitberühmte Geschichte von Hippolytus, der wegen der Leidenschaft seiner Stiefmutter und der Leichtgläubigkeit des Vaters tragisch endete; das sei doch sicher auch der Egeria bekannt. Sie werde es kaum glauben: er selbst ist dieser Hippolytos. [327]

Der Hippolytus-Mythos war eine der bekanntesten Geschichten der Antike. Jeder Grieche und Römer kannte den Mythos bestens; wenn dieser Hippolytus jetzt Egeria im Wald begegnet, muss er auf irgendeine Weise wieder zum Leben erweckt worden sein. Nur das ist neu – die Geschichte selbst kann Ovid voraussetzen. Euripides schrieb zwei Hippolytus-Tragödien, der Römer Seneca trieb sie auf den blutigen Gipfel.

Bei Ovid gerät die Ich-Erzählung des tragischen Helden zur gigantischen gruseligen Seneca-Parodie (506 ff.): „Als Hippolytus auf der Flucht am Meer entlang fährt, schwellen die Wasser gewaltig an, wölben sich zum Gebirge, das ein Brüllen ausstößt als sich der Gipfel spaltet. Ein furchterregender Stier durchbricht das Gewoge, reckt die Brust in die Lüfte und speit einen Teil des Meeres aus den Nüstern und dem klaffenden Maul."

Die Gefährten des Hippolytus geraten in Panik; „ich selbst blieb furchtlos; ich hatte ja schon an meiner Verbannung genug." Die Pferde scheuen und rasen mit dem Gefährt „durch die Klippen".

---

[327] *Phaedra* liebte ihren Stiefsohn mit kolossaler Leidenschaft, aber der tugendhafte *Hippolytus* wies sie ab. Sie bezichtigte ihn beim Vater *Theseus* der Vergewaltigung; der verfluchte und verbannte den Sohn.

Metamorphosen, 3. Pentade 15. Buch

Hippolytus steht aufrecht im Wagen und steuert die wahnwitzige Fahrt der Pferde „mit weiß umschäumten Mäulern" souverän. „Ihre Wut hätte meine Kraft nicht überwunden", aber ein Baumstrunk ist im Weg und das Rad zersplittert, „genau da, wo es immer die Achse umrundet". Hippolytus wird vom Wagen geschleudert, sein Körper verstrickt sich in den Zügeln, und nun geht die Schauergeschichte erst richtig los. „Da hättest du meine lebendigen Eingeweide geschleift sehen können! Meine Muskeln blieben an Bäumen hängen, meine Gliedmaßen wurden abgerissen, die Knochen zerbarsten mit lautem Krachen – und die ermattete Seele hauchte ihr Leben aus." Es gibt keinen Körper mehr. Nur noch eine einzige Wunde. „Wagst Du es immer noch, dein Los mit meinem zu vergleichen, Nymphe?"

Aber eine gruselige Hollywood-Geschichte hat ein Happy-End. Der Wunderarzt Aesculap naht „mit starker Arznei" und fügt die Wunde wieder zu einem Körper. Zu allem Glück erhält Hippolytus auch eine neue Identität: Diana verwandelte sein Äußeres. Damit sein Name nicht mehr an seine todbringenden Pferde erinnert,[328] gibt sie ihm den neuen Namen *Virbius*.

Fremde Trauer kann die eigene nicht lindern; Egeria bleibt untröstlich. Sie windet sich am Boden, und „am Grunde der Wurzeln liegend zerfließt sie in Tränen". Gerührt verwandelt sie Diana in eine Quelle – und sie wird der sprichwörtliche „Tränenquell".

---

328 *Hippolytus*: der von Pferden (hippo-) Zerrissene (-lytos).

Metamorphosen, 3. Pentade   15. Buch

Kult und Saklarwesen (552 ff.)

Im Prooemium hatte Ovid angekündigt, dass sein *carmen perpetuum* „vom Ursprung der Welt bis herab zu unseren Tagen" führe (I, 4). Inzwischen wurde mehrmals Roms Weltherrschaft und die Vergöttlichung seiner Kaiser beschworen. Aber 300 Verse vor dem Ende sind die *Metamorphosen* immer noch nicht in der römischen Realität und der Lebenszeit von Ovid und Augustus angekommen.

„Rom" wird in den kleinen Schlussabschnitt gezwängt, und auch der behandelt zunächst mythische Ereignisse. Allerdings zeigt sich ein gravierender Unterschied: alles Griechische und Fabulöse wird in den folgenden Geschichten ausgeschaltet, es geht nur noch um Kultartiges; also um den Aufbau des modernen römischen Staates. Dabei kann nicht übersehen werden, dass der Übergang gezwungen wirkt. Rom entstand nicht reibungslos von einer Kultur in die nächste.

Dem kriegerischen Rom hatte Numa Frieden gegeben. Jetzt entstehen (in wenigen Versen) religiöse Kulte: Eingeweideschau, Romulus-Kult, republikanisches Denken.

„Hippolytos staunte über das Quellwunder nicht weniger als der Bauer", vor dessen Augen sich aus einer Erdscholle ein Mensch bildete. Der lehrte die Etrusker die Eingeweideschau (8 Verse). – „Ebenso staunte einst Romulus", als er sah, dass die Lanze, die er in die Erde gestoßen hatte, sich mit Blättern belaubte.[329] (5 Verse).

---

[329] Noch zur Regierungszeit Caligulas (bis 41. n.Chr.) wurde der Kirschbaum gezeigt, der aus der Lanze des Romulus gewachsen sein soll. Ovids Römer glaubten daran.

Metamorphosen, 3. Pentade   15. Buch

„Oder wie Cipus staunte, als er im Wasserspiegel seine Hörner sah". Dem siegreichen Feldherrn wuchsen Hörner aus der Stirne, und der Seher deutete, er werde zum Tyrannen ausgerufen. Da verkündete er dem Volk, wenn sie ihn nicht aus der Stadt vertrieben, werde er ihnen nach der Weissagung des Sehers „Knechtsgesetze" geben. Das Volk schenkte ihm so viel Land, wie er an einem Tage pflügen konnte, und Cipus verbannte sich selbst aus der Stadt, um Rom keinen Tyrannen aufzuzwingen.

Ovid ist ein Jahr nach der Ermordung Caesars geboren: dem Einschnitt in die römisches Geschichte: Caesar musste sterben, weil er sich zum Kaiser machen und damit die Republik zerstören wollte. Auch Augustus war ein nahezu unumschränkter Herrscher, und ihm gehörte dazu noch die Verehrung des Volkes. Die Gefahr des Machtmissbrauchs bestand permanent. Wenn Ovid an dieser Stelle die Cipus-Geschichte einschiebt, ist das ein ungeheurer Affront gegen Augustus: auch ein Kaiser braucht nicht mehr Land, als er an einem Tag pflügen kann; es sei denn, er will freie Menschen unterjochen.

Die Hörner von Cipus weisen darauf hin, dass sich die *Metamorphosen* dem Ende nähern: römische Buchrollen wurden auf einer Walze gedreht, und hatten an beiden Seiten horngestaltige Hebel.[330] *ad cornua* („bis zu den Hörnern") bedeutete sprichwörtlich: fertig lesen (bis zum Ende gedreht); übertragen auch: eine Sache zu Ende bringen. Der aufmerksame Leser musste bei der (erfundenen) Hörnergeschichte denken: Waren die *Metamorphosen* schon zu Ende? Ohne Augustus?

---

330 „*ad cornua*" siehe Europa und der Stier, Ende des 2. Buches.

Metamorphosen, 3. Pentade 15. Buch

Der Musenanruf (622 ff.)

Jetzt endlich erfolgt der Musenanruf. In *Ilias* und *Odyssee* werden die Musen im ersten Vers angerufen.[331] Ein Musenanruf erst vor den letzten 250 von 12.000 Versen der *Metamorphosen* wirkt als Provokation der literarischen Tradition. Aber für den Leser bedeutet das: jetzt kommt der Höhepunkt!

Aesculap (626 ff.)
Kulturelle und geistesgeschichtliche Gründung Roms

„Eine schreckliche Seuche[332] verpestete die Lüfte Latiums. Blutlos schwanden und bleich die Leiber in zehrendem Siechtum." Als die Krankheit andauert und alle Hoffnung auf ein Ende der Pestilenz vergeblich ist, reist eine römische Gesandtschaft „zum Mittelpunkt der Welt"[333] nach Delphi, um dort das Apollon-Orakel zu befragen.

Der Tempel erbebt unter den Worten des Gottes, als die Pythia das Orakel verkündet: nicht er werde Rettung bringen, sondern sein Sohn, der Heilgott Aesculap.

---

331 Die *Ilias* hat auch spätere Musenanrufe an besonders wichtigen Stellen: II, 484 ff. (Schiffskatalog); XI, 218: (Agamemnons Aristie). XIV, 408 (Rettung von Hektor); XVI, 112 (Eintritt Patroklos in die Handlung). – Die *Aeneis* erst VII, 641 (bei der Sammlung der italischen Truppen gegen Aeneas).
332 Meist mit „Pest" übersetzt. Aber die Krankheit (*dira lues*) ist nicht genau zu fassen. *diritas*: „schreckliches Unglück"; *lues*: „ansteckende Krankheit".
333 *Delphi* galt als Mittelpunkt der Erde, weil Zeus zwei Adler in entgegengesetzter Richtung fliegen ließ; wo sie sich trafen, war die Mitte. Im Museum von Delphi wird der „Omphalos" (Nabel) aufbewahrt; daher der sprichwörtliche „Nabel der Welt".

Metamorphosen, 3. Pentade　　　15. Buch

Der Senat von Rom forscht nach dem Aufenthaltsort des Gottes und findet ihn im Tempel von Epidaurus; gemäß dem Orakelspruch die Götterstatue nach Rom zu senden. Aber die Ratsversammlung in Epidaurus ist gespalten, ob man den Gott in die Ferne entlassen soll.

In der Nacht erscheint dem römischen Gesandten der Gott im Traum; er hat einen Wanderstab in der Hand, um den sich eine Schlange ringelt und verkündet, dass er in dieser Gestalt nach Rom reisen werde.

Am nächsten Morgen versammelt sich der Rat im Tempel und bittet den Gott um ein Zeichen, wo er seinen Tempel wünsche. „Da erscheint als Schlange mit güldenem Kamme der Gott", und ein mystisches Zischen lässt die Menschen vor Schreck erblassen. Der Seher deutet, dass der Gott einen neuen Aufenthaltsort suche.

Altar und Tempeltüren, Marmorboden und goldener Giebel erbeben, als sich die Schlange mit funkelnden Augen aufrecht erhebt. Die „Aeneas-Enkel" bezeugen ihre fromme Verehrung und „der Göttliche nickt ihnen zu". Mit einem doppelten Zischen gleitet die Schlange die Tempelstufen hinab, dann wendet sie sich zurück und grüßt Abschied nehmend „die vertraute Behausung".

In mächtigen Bögen schlängelt sie sich durch Epidaurus und über die Blumenwiesen hin zu den römischen Schiffen im Hafen. Dort „bettet der Gott seinen Leib" auf dem römischen Schiff, dass von seinem gewaltigen Gewicht tief in die Fluten gedrückt wird. „Die Schar des Aeneas" opfert einen Stier und begibt sich auf die Fahrt – „hoch ragte der Gott auf dem Heck".

Metamorphosen, 3. Pentade   15. Buch

Die Fahrt von Epidaurus nach Rom führt an den Orten vorbei, die Aeneas auf seiner Irrfahrt berührt hatte – „vorbei an dem durch den Tempel der Göttin hochgefeierten Kap" (Bruttium)... und zu den Rosengärten des lauen Paestum... vorbei an des Aeolus königlichem Haus" – über Apulien bis Herculaneum und Cumae, dem Eingang zur Unterwelt, schließlich kommt das Schiff zu „der Circe Land[334] und Antiums festem Gestade."[335]

Hier landen die Schiffe wegen stürmischer See. „Der Gott entrollte seines Leibes Kreise und glitt, in vielen gewaltigen Bögen sich windend, ein in des Vaters Haus.[336]

„Als sich das Meer beruhigt, verlässt der Gott „des Vaters Altäre" (die ihn in Latium begrüßten), „furcht durch den Ufersand mit knirschenden Schuppen, klimmt an dem Ruder empor und bettet des Hauptes Last auf dem hohen Heck, bis er nach Castrum kommt, der heiligen Stadt der Lavinia an der Tibermündung."[337]

---

334 „*der Circe Land*": Gebiet um Circaei bei Antium
335 *Antium*: antike Hafenstadt in Latium (heute Anzio), etwa 60 km südlich der Tibermündung; um 340 v.Chr. von den Römern erobert. Die Schnäbel der im Krieg gegen Antium erbeuteten Schiffe brachten die Römer an ihrer Rednerbühne auf dem Forum Romanum an – daher die Bezeichnung *rostra* („Schiffsschnäbel") für die römische Rednerbühne. Die römischen Kaiser Caligula und Nero wurden in Antium geboren.
Der *Apoll von Belvedere* im Vatikanischen Museum wurde in Antium gefunden.
336 Der Apollo-Tempel in Antium.
337 *Lavinium* galt als Gründung des Aeneas und wurde als Hauptstadt des Alten Latinerbundes die „mythische Metropole Roms" genannt.

Metamorphosen, 3. Pentade 15. Buch

Das Volk eilt zum Meer und feiert enthusiastisch die Ankunft des Gottes. Auf beiden Seiten des Flusses bilden rauchende Opferaltäre das Geleit für die heilige Prozession. Als das Schiff „im Haupte der Welt, der Römer Stadt", ankommt, erhebt sich die Schlange majestätisch und windet sich um den Mast. Es ist die Epiphanie des Gottes; Metamorphose seines Sinnbildes.

Das Schiff gleitet weiter zur Tiberinsel. Dort im Tempel nimmt der Gott seine Urgestalt wieder an, „setzt der Trauer (Pest) ein Ende und kommt der Stadt als Bringer des Heiles."

Metamorphosen, 3. Pentade 15. Buch

Das historische Rom

Fast bis zum Ende der *Metamorphosen* hat es gedauert, bis die Musen als Instanz angerufen wurden, um den Höhepunkt zu besingen: das erste nachweisbare geschichtliche Datum Roms: es ist der 1. Januar 291 v.Chr.: Die Weihung des Aesculap-Tempels.

In diesem Moment, dem Einzug des Gottes im Tempel auf der Tiberinsel, beginnt Römische Geschichte. Die *Metamorphosen* sind im historischen Rom angekommen.

Dem flüchtigen Leser musste die Aesculap-Geschichte seltsam erscheinen als Höhepunkt des Eintritts in die historische Phase der *Metamorphosen*. Aber sie steckt voller literarischer, politischer und philosophischer Sinnbilder.

Die Reise des Heilgottes auf dem gleichen Weg wie Aeneas ist eine Metapher für die Reise, die der Leser der *Metamorphosen* durchlaufen hat. Sie ist auch eine Heiligung des Aeneas-Weges und eine Rechtfertigung der gewaltsamen Eroberung von Latium. Die Schlange bringt Tod und Leben; φαρμακον (pharmakon) ist im Griechischen *Gift* **und** *Medizin*. Damit ist die Schlange ein Sinnbild für „Stirb und Werde" (Goethe): die Metamorphose des Lebens.

Mit dem Sinnbild der Metamorphose schlägt Ovid beim Eintritt in die reale römische Geschichte das kritischste Thema im Augusteischen Weltreich an: *Imperium sine fine dedi* hatte Vergil in seiner Aeneis den höchsten Gott prophezeien lassen (I, 279): „Herrschaft ohne Ende habe ich verliehen". Die Römer glaubten an Jupiter wie die Christen an Christus glauben.

Metamorphosen, 3. Pentade   15. Buch

Entgegen der Staatsdoktrin von Jupiters Prophezeiung hatte Ovid in seinen *Metamorphosen* fast 12.000 Verse lang gelehrt, dass alles auf Erden dem Wandel unterworfen ist – das Kleine wird groß, das Große wird klein.

Jetzt wird das erste historische Datum Roms mit dem Bild der Schlange illustriert, die *Leben* und *Tod* bringen kann und die sich in ihren regelmäßigen *Häutungen* immer wieder erneuert und verändert. Roms Aufstieg beginnt – und sein Untergang liegt darin begründet wie in der Geburt der Tod eingeboren ist.

Im Musenanruf wird die Ankunft des „Sohns der Coronis" (Aesculap) in der „Romulus-Stadt" beschworen. Das Schicksal von Coronis war schon in der 1. Pentade erzählt worden (II, 542-595): wegen Untreue wurde sie von Apollo getötet; er „entriss dem Schoß ihren (gemeinsamen) Sohn": Aesculap.

Coronis heißt *Schlussschnörkel*; das *Coronid* ∫ zeigt den Schluss an. Wenn die Schlange sich bei der Ankunft in Rom am Hauptmast aufrichtet, nimmt sie diese Gestalt an. Das Ende des Buches naht.

Die ganze Fahrt und der Einzug des Gottes in Latium gestalten sich hintergründig und vieldeutig als Sinnbild für Ovids Buch der Bücher: Wenn der Heilgott italischen Boden betritt, um mit dem Einzug in „des Vaters Haus" auch religiös Besitz zu ergreifen von dem Land des Aeneas, dann „entrollt er seines Leibes Kreise und gleitet in den Apollotempel, sich windend in vielen gewaltigen Bögen" (721: *magna volumina*): *volumen* heißt: Krümmung, Band, Schriftrolle; Ovids Buch ist zu Ende gerollt und das Versprechen des Proömiums ist eingehalten: *ad mea tempora*, „bis in meine Zeit".

Metamorphosen, 3. Pentade   15. Buch

Caesar (745 ff.)

Das historische Rom ist erreicht: „Er (Aesculap) kam als Fremdling hierher zu unseren Tempeln; aber Caesar ist der Gott seiner eigenen Stadt."

Caesar war ein bedeutender Krieger und ein großer Staatsmann; er wurde vom römischen Senat vergöttlicht und als Komet an den Himmel versetzt. Er hat „die Briten gebändigt und hat siegreich Schiffe durch die sieben Nilarme gesteuert", hat den Aufstand des Mithridates niedergeschlagen und zahllose Triumphe gefeiert.

Aber mehr als alle Ruhmestaten zählt, „Vater eines solchen Sohnes zu sein": Augustus ist die größte Tat, die Caesar „gezeugt" hat. Und: „damit dieser (Augustus) nicht menschlichem Samen entstamme, musste man jenen (Caesar) zum Gott erheben."

Diese Anhimmelung des regierenden Augustus liegt hart an der Grenze zur Satire. Sie ist fast kitschig und man kann den Gedanken schwer ernstnehmen: Caesars Vergöttlichung entspringe gar nicht dessen Taten; er musste nur vergöttlicht werden, damit Augustus nicht von Menschen stammt.

Gipfel der Ironie: Augustus war gar nicht Caesars Sohn – er war nur adoptiert worden.

Nach der Vorwegnahme der Verstirnung wird Caesars Ermordung breit ausgeführt – aber auf Götterebene. Venus beobachtet die Vorbereitungen der Verschwörung. Um sie zu verhindern geht sie von Gott zu Gott (wie der römische Politiker von Wähler zu Wähler akquiriert) und bittet, Caesars Leben zu retten. „Immer ich", klagt sie, müsse sich mit Sorgen quälen.

Metamorphosen, 3. Pentade   15. Buch

Venus jammert, ihr Sohn Aeneas habe gefährliche Irrfahrten durchstehen müssen; dann „dieser Krieg gegen Turnus – oder: um die Wahrheit zu sagen – gegen (seine Feindgöttin) Juno."
Mitten in den aktuellen politischen Ereignissen Roms springt Ovid wieder zurück in die längst abgehandelte mythologische Zeit – was jetzt kommt (die Vergöttlichung Caesars), wird der Realität enthoben und in alte, überholte („altmodisch griechische') Sphären eingebettet.
Venus kann die Götter nicht rühren, denn die Schicksalsgöttinnen stehen über ihnen; niemand kann seinem Schicksal entgehen. Durch übernatürliche Zeichen kündigt sich die Mordtat an: es fällt blutiger Regen,[338] an tausend Stellen ruft der Todesvogel Uhu, aus den Wäldern tönen Schreckensrufe, heulende Hunde streunen um die Tempel, ein Erdbeben erschüttert die Stadt.[339] Aber Götterzeichen können das Schicksal nicht aufhalten. „Gezückte Schwerter werden zum Tempel getragen", und in der Curie – nicht wie historisch auf den Stufen davor – geschieht „der grässliche Mord". Venus „birgt den (toten) Spross des Aeneas in derselben Wolke, in der sie (in Troja) den Paris vor Menelaos und den Aeneas vor Diomedes geborgen hat."

---

338 Die Situation im realen Rom spielt mit Verweisen auf den „Mythendichter" Homer. *Ilias* IX, 441 ff. will Zeus seinen Sohn Sarpedon retten; aber „ein Mann, der sterblich ist, ist seit jeher dem Schicksal verfallen". Der höchste Gott muss dem Schicksal seinen Lauf lassen, „und blutige Tränen schüttete er hinab zur Erde".

339 Shakespeare hat in *Julius Caesar* die übernatürlichen Zeichen ins Phantastische gesteigert; in einem Traum von Caesars Gattin Calpurnia (II, 2, 17 ff.) öffnen sich Gräber, auf dem Kapitol wurden Löwen gesehen, es hat Blut geregnet.

Metamorphosen, 3. Pentade 15. Buch

Caesars Verstirnung – Augustus (807 ff.)

Jupiter verkündet Venus, dass er Caesar unter die Sterne versetzen wird. „Er hat seine Zeit erfüllt, die er der Erde schuldig gewesen ist."

Drei Verse (816-819) sind die Einleitung für den eigentlichen Grund der Verstirnung, aber 42 Verse lang werden die Taten seines (adoptierten) Sohnes Augustus prophezeit: Octavian, der sich dann „*augustus*" nennen wird: „hochheilig, ehrwürdig, erhaben, ehrfurchtsvoll."

Bei Pharsalus wird er die Heere der flüchtigen Mörder Brutus und Cassius vernichten; „des römischen Feldherrn ägyptisches Weib" (Antonius und Kleopatra) wird er besiegen; und „wozu soll man all die Barbaren, am West- und am Ostrand des Meeres aufzählen", die er unterwerfen wird. „Was nur die bewohnbare Erde trägt, wird ihm (Augustus) unterstehen. Und wenn er der Erde Frieden geschenkt hat, wird er das Interesse der Bürger auf ihre Rechte lenken, Gesetze von höchster Gerechtigkeit wird er geben und durch seinen eigenen Lebenswandel Vorbild sein (*exemploque suo mores reget*). Und wenn er als Greis die Jahre des Alten von Pylos (Nestor) erreicht hat, wird er seinen Sitz im Äther gewinnen und dem Stern seines Vaters folgen."

Die Zeit hat den Atem angehalten. Während Jupiters Rede lag der ermordete Caesar unter der Wolke der Venus verborgen im Senatssaal. Jetzt entrückt sie ihn zum Himmel, die Seele verlässt den Leib, ein „Schweif von feurigen Flammen" zieht hinter ihr her: es ist die Metamorphose Caesars in einen Kometen.

Metamorphosen, 3. Pentade   15. Buch

Caesar/Augustus – Saturn/Jupiter (850 ff.)

Caesars Verstirnung bildet nur den Vorwand zur Verherrlichung des Augustus. Er wurde als Komet an den Sternenhimmel versetzt, „um seines Sohnes Taten zu bewundern. Diese erklärt er für größer als die eigenen und freut sich, von ihm übertroffen zu werden."

Beispiele von Söhnen, die ihre Väter übertrafen, folgen: Agamemnon war größer als Atreus, Theseus übertraf seinen Vater Aegeus, „und wie Peleus kleiner war als Achill, so ist Saturn kleiner als Jupiter (*Saturnus minor est Jove*)."

Jupiter herrscht im Himmel, die Erde ist Augustus untertan. Ovids Dichtung hat ihren Kulminationspunkt erreicht: Augustus wird Jupiter gleichgesetzt.

Aber gerade in dieser scheinbar größtmöglichen Erhöhung des Kaisers liegt der Affront: Caesar ist Saturn, Augustus ist Jupiter. Der Leser wird sich doch an den Beginn der *Metamorphosen* erinnern, an die vier Weltzeitalter, die direkt nach der Schöpfung erzählt wurden (I, 98 ff.): Saturn war der Repräsentant des *Goldenen* Zeitalters, mit Jupiter kam das *Silberne*.

Ist das *Goldene* Zeitalter mit Caesar vergangen und hat mit Augustus das *Silberne* begonnen? Auch das Silberne wird keinen Bestand haben: das *Eherne* wird folgen und darauf das *Eiserne* (I, 125 ff.).

Denn alles ist dem Wandel unterworfen – alles ist *Metamorphose*.

Metamorphosen, 3. Pentade   15. Buch

Paradox der Erhöhung von Augustus

Augustus selbst hatte bei den Jahresfeiern 17 v.Chr. für sich beansprucht, das römische Volk in das „Goldene Zeitalter" geführt und das Imperium durch seine außen- und innenpolitische Leistung zeitlos gesichert zu haben. Dies war die theologische Rom-Idee, wie sie Vergil in der *Aeneis* formuliert hatte (Aeneis I, 279): *imperium sine fine dedi* – „Herrschaft ohne (zeitliches und räumliches) Ende habe ich verliehen."

Diese Prophezeiung gibt Jupiter gegenüber Venus. Als Mutter des mythischen Romgründers Aeneas ist sie die Stammmutter des Kaiserhauses. Die Unvergänglichkeit des Römischen Reiches war also religiöses Dogma. Aber der intellektuelle Künstler Ovid spürt, was Politiker und Volk noch nicht wahrhaben wollen: er steht an der Schwelle vom Goldenen zum Silbernen Zeitalter; die Dekadenz des Römischen Reiches hat begonnen; schließlich wird Rom in Ostrom und Westrom gespalten sein, Päpste werden kommen und gehen, die Landkarte Europas wird permanent umgestaltet werden. [340]

Ein Paradoxum signalisiert Roms Niedergang vom Goldenen Zeitalter ins Silberne. Augustus soll zwar alle Vorgänger übertreffen, aber im Göttervergleich ist er als (Adoptiv-)Sohn Caesars (des „goldenen" Saturn) dessen Nachfolger: „der silberne" Jupiter.

In den letzten 20 Versen der Dichtung wird Vergils Prophezeiung, auf der das Römische Nationalverständnis beruhte, ad absurdum geführt. Roms Niedergang wird vorhergesagt.

---

[340] Das „(Goldene) Augusteische Zeitalter" zählt vom Tode Ciceros (43 v.Chr.) bis zum Tod des Augustus (14 n.Chr.).

Metamorphosen, 3. Pentade   15. Buch

Die Huldigung an Augustus (861 ff.)

Es folgt ein Gebet an die Landesgötter, den Tag möglichst weit hinauszuschieben, an dem „Augustus, das Haupt des Erdkreises, sich zum Himmel erhebt, und denen, die ihn anbeten, seine Gunst schenkt."

Die scheinbar großartige Huldigung entspricht dem üblichen Schema römischer Preisreden. Auch die Verstirnung war keine neue Erfindung, sondern hatte antike Tradition.[341] Augustus ist 63 v.Chr. geboren. Als er Ovid im Jahre 8. n.Chr. verbannte, war er schon über 70 Jahre alt. Ovid starb 17 n.Chr., drei Jahre nach dem Kaiser. Bis zu seinem Tode im Exil am Schwarzen Meer arbeitete er an der Endfassung der *Metamorphosen*. Als er die Verse schrieb, in denen er die Götter um ein „langes Leben" für Augustus anruft, war dieser also bereits tot.

Kein Leser konnte in dieser „Huldigung" die Ironie – oder ist es Zynismus – überhören.

---

341 Die wohl originellste Dichtung einer Verstirnung schuf Kallimachos (etwa 300-250 v.Chr.), Hofdichter von Ptolemaios II: Berenike, Gemahlin des ägyptischen Königs Ptolemäus III., gelobte bei seinem Feldzug gegen die Syrer, falls er unversehrt aus dem Krieg heimkehre, werde sie der Göttin Aphrodite ihr prachtvolles Haar opfern. Ptolemäus siegte und Berenike hielt ihr Gelübde, indem sie ihr Haar abschnitt und in einem Tempel darbrachte. Trotz strenger Bewachung war das Haar am nächsten Tag verschwunden. Der Hofastronom deutete, die Götter seien über das Opfer so erfreut gewesen, dass sie die Haarpracht am Himmel verewigt hätten. In der kuriosen Geschichte des Kallimachos beklagt sich die Haarlocke darüber, dass sie vom Haupt der Berenike (bzw. aus dem Tempel) an den Himmel versetzt wurde. – „Haar der Berenike" ist ein unscheinbares Sternbild am Frühlingshimmel zwischen Großem Löwen und Bootes.

Metamorphosen, 3. Pentade   15. Buch

Der Schluss (871-879)

Den Schluss der *Metamorphosen* bildet eine Verewigung besonderer Art. Der Dichter spricht (871 ff.):

Jetzt habe ich ein Werk vollendet, das nicht Jupiters Zorn, nicht Feuer, / nicht Eisen, nicht das nagende Alter vernichten können wird. / Wenn er will, mag jener Tag, der nur über meinen Leib / Gewalt hat, kommen und mir die ungewisse Frist des Lebens beenden. / Mit meinem besseren Teil jedoch werde ich mich, ewig fortdauernd, / hoch über die Sterne emporschwingen, und mein Name wird unzerstörbar sein. / Soweit sich die Römische Macht über die unterworfenen Länder erstreckt, / werde ich vom Mund des Volkes gelesen werden (**legar**). *Und über alle Jahrhunderte / werde ich – sofern an den Vorahnungen der Dichter auch nur etwas Wahres ist – im Ruhm fortleben* (**vivam**).

Legar: „Ich werde gelesen werden".

Vivam: „Ich werde fortleben". ICH – in meinem Buch.

Im direkten Anschluss an die erwartete Apotheose des Augustus – der als Jupiter das *Silberne* Zeitalter repräsentiert: den Niedergang nach dem *Goldenen* – verkündet Ovid mit der Stimme der Vorsehung, sein *„besserer Teil ... (werde) hoch über den Sternen fortdauern"*. Also hoch über Caesar und Augustus. Die Kaiser werden fortleben in Geschichtsbüchern;[342] ihr Werk aber wird untergehen, denn es ist dem Gesetz des Wandels unterworfen.

Ovid sagt: sie sind tot, aber ich lebe noch, und ich werde ewig fortleben in meinem Werk – „Vivam".

---

342 Der Monat Juli ist nach Julius Caesar benannt, der August nach Augustus.

Metamorphosen, 3. Pentade　　　　15. Buch

Das ist mehr als eine *Apotheose*. Es ist *Metamorphose*: der Dichter hat sich in sein Buch verwandelt. Nicht Feuer, nicht Eisen, nicht die Zeit werden sein Werk zerstören, nicht einmal Jupiters Zorn. Jupiter ist Augustus, der gerade gestorben war, als die Zeilen gedichtet wurden.

Die Verwandlung des Dichters in sein Buch bedeutet die Überwindung alles Vergänglichen. Vier Apotheosen gab es in den *Metamorphosen*: Hercules, Aeneas, Romulus, Caesar. Auch sie wurden der *Erde* enthoben. Hercules starb im *Feuer*, Aeneas ging ein in *Wasser*, Romulus wurde in die *Luft* entrückt, und über ihm zieht der Komet Caesar seine Bahn. Aber über allen, „*hoch über den Sternen*", wird Ovid in seinen *Metamorphosen* überdauern.

Dieses ewige Fortleben des Dichters in seinem Werk scheint ein Problem aufzuzeigen: Alles ist dem Wandel unterworfen – wieso kann das Kunstwerk ewig unverändert weiter bestehen?

Es wird wirken im Rezipienten. Unablässig über die Jahrhunderte verwandelt sich das Werk in dem Verständnis des Lesers. Antike, Mittelalter, Romantik, Atomzeitalter... jede Epoche hat einen eigenen Zugang zum Kunstwerk. Und jeder Mensch, der sich mit Kunst beschäftigt, wird das Werk in sich neu erfinden. Er wird es nicht nur anders erleben als andere, sondern auch immer wieder neu in den verschiedenen Phasen seines Lebens. Wenn das Gemälde signiert wird, ist es nicht „fertig"; erst wenn es von Menschen betrachtet wird, beginnt es zu leben. Das unsterbliche Kunstwerk wird sich mit jeder Betrachtung permanent wandeln – und der Betrachter selbst kann sich wandeln durch die Auseinandersetzung mit Kunst.

Metamorphosen, 3. Pentade │ 15. Buch

Ovid hat in seinen *Metamorphosen* sehr oft mit den Augen gezwinkert und am Ende gibt es noch eine typisch Ovidsche Pointe:

*Ad **mea** tempora* – „bis in **meine** Zeit" versprach der Prolog zu berichten. Aber das letzte erzählte Ereignis ist der 15. März 44 v.Chr. (Caesars Ermordung).

Ovid wurde erst im nächsten Jahr geboren:
am 20. März 43 v. Chr.
Aber: im Juli 44 war erstmals das Sternbild Caesars am Himmel erblickt worden –
genau 9 Monate vor Ovids Geburt – – –

∫

Bücher von Hanskarl Kölsch

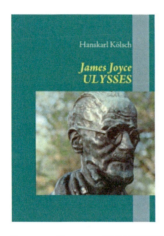

James Joyce: *ULYSSES*
416 Seiten, gebundene Ausgabe mit Schutzumschlag

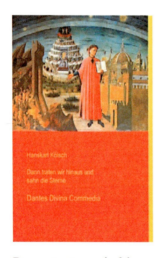

Dann traten wir hinaus und sahn die Sterne
Dantes Divina Commedia
428 Seiten, gebundene Ausgabe mit Schutzumschlag

Bücher von Hanskarl Kölsch

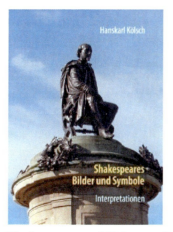

Shakespeares Bilder und Symbole
128 Seiten, gebundene Ausgabe mit Schutzumschlag

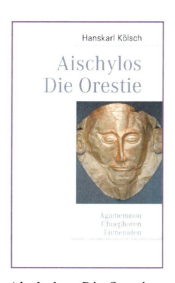

Aischylos: *Die Orestie*
230 Seiten, gebundene Ausgabe mit Schutzumschlag

Bücher von Hanskarl Kölsch

Thukydides: *Der Peloponnesische Krieg*
292 Seiten, gebundene Ausgabe mit Schutzumschlag

Alle Bücher
im Buchhandel oder direkt beim Autor
HK.Koelsch@online.de
www.hk-koelsch.de